映像世博

李 季 许润禾 主编

中国建筑工业出版社

图书在版编目（CIP）数据

映像世博／李季,许润禾主编. —北京：中国建筑
工业出版社，2012.8
ISBN 978-7-112-14469-3

Ⅰ.①映… Ⅱ.①李… ②许… Ⅲ.①博览会－概况
－上海市－2010 Ⅳ.①G245

中国版本图书馆CIP数据核字（2012）第146139号

责任编辑：王雁宾　张振光　费海玲
责任校对：王誉欣　王雪竹

映像世博

李　季　许润禾　主编

*

中国建筑工业出版社出版、发行（北京西郊百万庄）
各地新华书店、建筑书店经销
北京方舟正佳图文设计有限公司制版
北京方嘉彩色印刷有限责任公司印刷

*

开本：880×1230毫米　1/16　印张：23¼　字数：510千字
2013年1月第一版　2013年1月第一次印刷
定价：**228.00**元
ISBN 978-7-112-14469-3
　　　（22530）

编委会名单

编 委 会 主 任：周干峙

编委会副主任：章克勤　柳玉滨　范玉刚

主　　　　编：李季　许润禾

执 行 主 编：杨雅军

编 委 会 成 员：（按姓氏笔画排序）

万家全　刘济生　刘涛雄　李　昶

李　新　沈忆秋　吴珏婷　吴炜炜

吴剑平　邵　旻　杨宪敏　张　健

张建东　张　莉　范玉刚　郭万新

姚　琼　戚纪良　葛焰燃　彭韫琪

谢咏冰　翟　恺

摄　　　　影：凌建中　项欣荣（原《上海世博》编辑部）

前 言
Preface

     中国2010年上海世博会在上海成功举办，实现了中华民族的百年世博梦。在184天难忘的日子里，246个国家和国际组织的参展方紧紧围绕"城市，让生活更美好"的主题，秉承"理解、沟通、欢聚、合作"的理念，通过展示、论坛、活动等形式，一起探讨城市未来发展前景，共同谱写了一曲人类文明和谐共生的激情乐章。上海世博会把一座意义深远的里程碑，矗立在漫长的世博史上。新的历史纪录诞生在渴望开放的中国，诞生在凭海临风的上海。

     世博会把不同国家、不同民族、不同文化背景的人们汇聚在一起，沟通心灵，增进友谊，加强合作，共谋发展。中国元素、中国特色、中国气派在世博会生动呈现，世界从这里了解一个真实的中国，一个拥有5000多年文明历史的古老中国，一个正在改革开放中快速发展变化的现代中国，同时也是中国了解世界的窗口。

     自1851年的第一届伦敦世博会至今，工业文明硕果累累，让人们享受祖先无法企及的舒适快捷的现代生活。然而，工业文明又是一柄双刃剑，使人类共同面对随之而来的环境危机、汹涌的城市化带来的诸多窘境。上海世博会在展示现代文明的同时也给我们一个停下来思考的时刻。什么样的城市让生活更美好？什么样的生活观念和实践让城市更美好？什么样的城市发展模式让地球家园更美好？于是，世博园里，我们听到了政府官员关于"城市，应该以人为尺度"、"用可持续发展理念改造街区"的议论；听到了企业家关于"材料主导制造"、"节能方能产能"的思辨；还听到了"做低碳达人"、"减排从饮食做起"等年轻人的宣言。当人类在欢聚中沟通，在理解中合作，和平与发展的梦想才会不断延续，城市才会让生活更加美好。

     为了中国文化在经济全球化语境中找到跨越式发展战略和路径，宣传和弘扬世博精神，研究世界各国的发展理念和总结科技成果，原世博局主题馆部、主题演绎部和清华大学社会科学学院新经济与新产业研究中心及相关单位一起，为了一个名为"上海世博会特色场馆展示形式和多媒体设计的研究"课题走到一起。我们实地考察了各个场馆，并对各个场馆进行了仔细梳理，深入剖析了关联产业的核心特色和未来发展，拍摄了大量的照片，在第一时间取得珍贵的一手资料。编委会成员及各位专家在历时两年半的编撰中兢兢业业、孜孜不倦，终于在2012年年初截稿，为后世博时代献上一份厚礼。

此书共展示了31个极具代表性的国家馆，详细地介绍了展馆的"主题陈述"、"展馆概况"、"专家点评"和"BIE点评"；并与设计师进行访谈及信件交流，保持原声对话，价值极高。

此书把上海世博会的经典完美地呈现在了读者面前。这里有异域的风土人情，有思想和创意之美，有天马行空的想象设计，有新兴科技带来的心灵震撼。这里有宛如"东方之冠天下粮仓"的中国馆，"会呼吸的"环境控制技术日本馆，有以纸为墙的芬兰"冰壶"，还有随风摇曳的英国"种子圣殿"等等。

作为文化的先行者和实践者，我们相信这本研究成果，会成为中国吸收和消化上海世博会成果的重要研究文献。也必将为构建中国当代文化产业体系作出开拓性的探索。

目 录
Contents

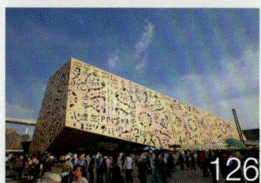

亚 洲 篇

中国
国家馆 180

中国
香港馆 192

中国
台湾馆 200

中国
澳门馆 208

印度
尼西亚馆 216

以色列馆 226

日本馆 248

尼泊尔馆 254

韩国馆 262

沙特
阿拉伯馆 276

阿联酋馆 292

欧洲篇
Europe

欧洲西临大西洋，北靠北冰洋，南隔地中海和直布罗陀海峡，与非洲大陆相望，东与亚洲大陆相连。面积1016万平方公里，共45个国家和地区。地形以平原为主，大部分为温带海洋性气候，约7.28亿人，约占世界总人口的12.5%，是人口密度最大的一个洲。欧洲绝大部分居民是白种人（欧罗巴人种）。主要语言有英语、俄语、法语、德语、意大利语、西班牙语、葡萄牙语等近30种语言，是世界上语言种类最丰富的地区之一。

自17世纪以来，欧洲逐渐成为世界经济的中心，经济发展水平居各大洲之首，工业、交通运输、商业贸易、金融保险等在世界经济中占据重要地位，在科学技术的若干领域也处于世界领先地位。

欧洲有着悠久的文明史，公元前4000年在南欧和西欧曾广泛分布有巨石文化；公元前6世纪开始的希腊文明，为人类提供了民主、科学、自由、法治的价值准则，影响了整个人类，给人类留下了丰富的文化遗产。古罗马国家兴起，逐渐发展成一个囊括半个欧洲及北非、西亚在内的庞大帝国，又为人类提供了共和精神。文艺复兴运动奠定了欧洲近代文化，为资产阶级革命做好了思想上、舆论上的准备。欧洲对人类历史所做的贡献，包括先进人文的思想，包括社会进步的重大社会创举，包括在科技领域的重大发现、发明和创造，还包括文学艺术殿堂辉煌灿烂的文学艺术珍品。许多城市，比如巴黎、维也纳、罗马、柏林、莫斯科，以及佛罗伦萨、威尼斯、伦敦、圣彼得堡都属于历史文化名城。此外，在许多城市还有很多重要的剧院、博物馆、交响乐团以及其他重要的历史名胜以及文化设施。

欧洲45个国家参展，包括法国、荷兰、摩纳哥、瑞士、乌克兰、意大利、西班牙、匈牙利、德国、克罗地亚、英国、保加利亚、波兰、卢森堡、阿尔巴尼亚、土耳其、比利时、立陶宛、黑山、摩尔多瓦、白俄罗斯、俄罗斯、葡萄牙、塞尔维亚、芬兰、阿塞拜疆、希腊、捷克、前南斯拉夫马其顿共和国、罗马尼亚、爱尔兰、塞浦路斯、奥地利、丹麦、瑞典、圣马力诺、挪威、斯洛伐克、爱沙尼亚、波斯尼亚和黑塞哥维那、冰岛、马耳他、斯洛文尼亚、拉脱维亚、列支敦士登。

欧洲各个国家展示了他们的经济、文化、科技、艺术等等多方面的创意，在世博会上引起很大的反响，参观的人可以说是人山人海。特别是德国馆、英国馆、意大利馆、西班牙馆、俄国馆，非常吸引人。

一个国家创意产业的发展水平和能力等级，直接影响着这个国家的经济增长。文化创意产业在全球的兴起为各国实现经济结构调整提供了良好的发展机遇。当下，文化在各国经济中发挥的作用日益显著。发达国家由制造型国家向创造型国家转型过程中的经验表明，文化创意产业在克服传统产业的瓶颈，调整产业结构，保持经济的创新与增长活力方面发挥着重要的作用。

欧洲国家在广告、建筑、艺术品与古董、手工艺、设计、时装设计、电影与录像、互动休闲软件、音乐、表演艺术、出版、软件与计算机服务、电视与广播等方面，都发展了自己的文化创意产业。欧洲被称之为创意的殿堂，云集了众多文化创意产业发达的国家和著名的创意类企业。英国是最早提出文化创意产业政策、战略的国家，也是产业化程度较高，发展比较成熟的国家，是世界上仅次于美国的第二大创意产业强国。来自英国的优质设计，随处可见。目前，全球生产的每一辆车的原型中，都有英国皇家艺术学院学生的创意。在过去的10年，以创意产业为主的新兴产业开始在大伦敦地区异军突起，创意产业为伦敦注入新的发展动力。伦敦成为全球三大广告产业中心之一，全球三大最繁忙的电影制作中心之一，享誉全球的国际设计之都，2/3以上的国际广告公司的欧洲总部都设在伦敦。号称是"艺术大国"的法国在创意产业上也有着自身的特色，表现在以文化和艺术为主轴，在创意产业链条中，文化和艺术的渗透全面而深入，法国的文化、历史、国家形象与创意产业紧密融合交汇。法国的三大精品创意产业：法国香水及化妆品、时装、葡萄酒以其独特的法兰西文化元素享誉全球，征服了全世界的消费者。

法国国家馆在展示自己的优势方面令参观者充满新奇。从外观上看特别奇特的是西班牙馆、英国馆、俄国馆、芬兰馆。西班牙馆从空中看是舞蹈起来的裙子，飘飘洒洒，魅力无穷；英国馆像一只蒲公英，傲然开放、凌空欲飞；俄国馆宛如矗立在冰天雪地的城堡，天然纯净、冰清玉洁；而芬兰馆则是一只干干净净的大瓷碗。除此之外，法国馆、德国馆、意大利馆、罗马尼亚馆的外观也是别出心裁，寓意盎然。至于内部的展示，则需要进一步去体会。北欧国家善于体现自然与创意；东欧国家往往侧重于自己的工艺与创意；西欧侧重于科技与创意；南欧侧重于浪漫主义的创意。这些国家馆都别具一格，特色鲜明，科技含量很高，创意新颖，令所有的参观者赏心悦目。

捷克馆

主题陈述①

展馆外貌

展馆外部呈现出历史和未来间的连续性。在建筑的阴面上会有捷克城市缩影的各种形象。而在阳面上，大大的水滴形成的水流，既创造了视觉帷幕，同时，也调节了展馆内部的温度。

它使人产生对一种巧妙技术的联想，即利用雨水，来使城市中的居民生活更美好。水流于是转移到展馆内部，形成小瀑布，借助不同工具而不用任何外力使水流在向下流的过程中自然变化出各种形状。

展示将以"文明的果实"这个参展主题来体现上海世博会的重要主题"城市，让生活更美好"。捷克将向目标受众——中国家庭展现捷克既保留大型的古老城市中心，同时又将它们和 21 世纪现代城市设计和解决之道相结合的独特方式和成果。

参展主题——"文明的果实"

城市本身就是文明的成果。城市中我们可以发现各种文明的成果，这些成果通过不同文化和谐共处的方式，并运用技术创新来使我们的城市生活更美好得以体现。随着城市的老龄化，为了让各个年龄层次的人生活更美好，产生了一些非常独特的方案。未来是由捷克学生最出色的发明来描绘的，它们代表了年轻一代心目中在"城市，让生活更美好"方面我们城市未来的方向。

交流观念

捷克展馆首先通过外形来吸引游客驻足观赏，然后驱使他们进入并观看展馆内部。我们将会让游客看到符合他们要求的各种设计和设施，来满足各个游客团体对展示的期望。展示分为几个部分：主要展示空间、多媒体大厅、主题室、餐厅、捷克特色商店，以及为工作人员和管理人员所设的办公空间。

主要展示空间

主入口引导游客进入每小时最多可容纳3500人的公共开放区域，让他们在这个区域中穿行，欣赏展览。设计的专门路线使游客可以自然地浏览整个展览。这样的参观是互动的，富有生气的，有时令人惊叹，有时让人沉静，引导游客产生越来越好的感觉，并让情绪通过健康的方式抒发。

展览被捷克著名艺术家、作曲家所创作的音乐环绕着。观众对捷克对世界贡献的认知将主要通过文化和社会活动来了解。捷克的展示将在整个展示主题和概念框架下提供一个独到的解决方案，以捷克传统成就为基础，更向前进一步。

游客可以和一些展品产生互动，营造出展馆内整体气氛。

多媒体大厅

多媒体大厅将提供方便，让游客看到展现捷克国家的不同展项，包括其独特的城市规划——大型中世纪的中心和现代化的发展，城市和乡村间的互动——捷克人周末离开城市去郊外享受村庄生活。多媒体房间的外形设计反映出放映电影的主题，同时也会承担其他展示项目中文化活动的部分。

---

① 根据《中国2010年上海世博会注册报告》的要求，各参展方需向组织者递交一份《主题陈述》的文件，以说明本国国家馆的主题内容。

主题室

展馆主题室的设计是为有特别兴趣和需要的特殊人群专门开辟的，这些人可能想要了解更多关于捷克的国家、城市、发展、历史、现在和未来。在这里，我们将会着重展现捷克的现实，展示处理过去或现存的不同文化遗迹的创新方式。在这个前提下，我们会针对游客的不同要求提供更为详细的信息，展示的目的是为树立捷克的形象，并进行推介。主题室的内部将体现捷克设计的最佳水准。

展馆概况[②]

捷克馆位于世博园区 C 片区，建筑面积 2000 平方米，是由 FilmDekor 公司主持设计的。其主题是"文明的果实"，意寓城市就是文明的果实。馆内所有的展品都是原创的，不仅展示了捷克人在音乐、艺术上的成就，也将自然之美和工商业融入其中。因此，城市的出现本身就是人类文明的果实。为了城市更好地发展，不少技术革新应运而生，人们在城市里可以发现不同种类的文明成果。捷克展馆将通过展现虚拟的城市化景观，聚焦技术创新来体现这一理念。

捷克展馆的外观体现了捷克首都及历史中心布拉格的风貌，白色的外墙上，遍布着黑色橡胶制成的"冰球"，拼出了布拉格老城区的地图。这些"冰球"共有 63415 只，每只都呈圆柱状，高 2.54 厘米，直径约 7.62 厘米，让白色场馆变得立体起来。捷克多次在国际重大冰球项目比赛中获胜，冰球也是捷克重要的出口商品，捷克希望通过冰球体现该国的特色。

捷克展馆通过"文明果实"的形式体现了上海世博会主题"城市，让生活更美好"，它既保留了大量的原始历史城区，又结合了 21 世纪城市设计。

捷克馆分为主要展示区域、多媒体大厅、主题馆和纪念品商店等几部分。为了更好地体现"文明的果实"这一主题，捷克馆结合了过去与未来的元素。展馆重点体现环保概念，如展馆外部将设计一个模拟天然降水的装置，向参观者展示如何循环利用自然降雨。

捷克馆的主展厅营造了一种积极向上的氛围，参观者可以和部分展品进行互动。展馆内的多媒体展厅呈现了捷克用其独特的方案解决交通拥堵、环境污染等城市问题。主题馆部分用创新形式强调捷克的现状，把当地的多元文化遗产呈现了出来。

整个展馆分为左右两部分。在展馆入口的左侧分为上下两层，一层设有多媒体展厅、主题馆、纪念品商店等，而右侧的主展示区，是一个在松软的草地上浮动着的城市。一大片起伏的草地占据了大半个展馆，仿佛冈峦起伏，衬托着一个小型的人工湖。从馆顶延伸下来的柱子，也契合草地的高低起伏，

---

② 以中国2010年上海世博会官方网站展馆大全为原始素材，对各展馆落成后的展示内容和效果进行描述。

代表鳞次栉比的房屋，由此组成了一座绿色的城市。观众漫步在松软的草地上，抬头仰望，会看到柱子悬空的底部是一块块巨大的屏幕，用高科技手段呈现出漂浮流动的城市景观。

捷克馆放弃了封闭的展馆，而选择一个开放的空间作为主展区，是希望传达这样一种理念：城市不会限制个人，而是向每个人张开怀抱。

专家点评③

捷克共和国是欧洲中部的内陆国家，东连斯洛伐克，南接奥地利，北邻波兰，西与德国相邻。捷克共和国展馆的主题是"文明的果实"，意寓城市就是文明的果实。馆内所有的展品都是原创的，不仅展示了捷克人在音乐、艺术上的成就，也将自然之美和工商业融入其中。

冰晶玉洁的创意

捷克共和国的国旗呈长方形，由蓝、白、红三色组成。左侧为蓝色等腰三角形。右侧是两个相等的梯形，上白下红。蓝、白、红三色是斯拉夫民族喜欢的传统颜色。捷克人的故乡是古老的波希米亚王国，这个王国把红、白两色作为国色，其中白色代表神圣和纯洁，象征着人民对和平与光明的追求；红色象征勇敢和不畏困难的精神，象征人民为国家的独立解放和繁荣富强而奉献的鲜血与取得的胜利。蓝色来自原来的摩拉维亚和斯洛伐克省徽章的颜色。

捷克首都布拉格中心的历史建筑物基本上是白色的。捷克展馆的外观体现了布拉格的风貌，在其白色的外墙上，遍布着黑色橡胶制成的"冰球"，拼出了布拉格老城区的地图。

展馆重点体现环保概念，如展馆外部设计一个模拟天然降水的装置，向参观者展示如何循环利用自然降雨。展馆内的多媒体展厅呈现了捷克用其独特的方案解决交通拥堵、环境污染等城市问题。观

---

③ 除署名外，由刘济生、范玉刚两位教授分别从文化背景、地理环境的角度，为各国家馆的主体陈述及最终呈现效果的成因进行分析。

众漫步在松软的草地上，抬头仰望，会看到柱子悬空的底部是一块块巨大的屏幕，用高科技手段呈现出漂浮流动的城市景观。

文物古迹的复制

捷克国家馆在展馆复制了自己国家的一些文物古迹。从布拉格查理斯大桥上扬，聂波姆斯基的雕像旁走进捷克馆，整个展馆分为左右两部分。在展馆入口的左侧分为上下两层，一层设有多媒体展厅、主题馆、纪念品商店等，而右侧的主展示区，是一个在松软的草地上浮动着的城市。

布拉格城堡：位于伏尔塔瓦河的丘陵上，已有 1000 多年历史，60 多年来历届总统办公室均设在堡内，所以又称"总统府"。2002 年 8 月，布拉格遭受严重的洪灾，城中多处毁坏。幸好主要的景观（如查理大桥）无恙。

圣维塔大教堂是布拉格城堡最重要的地标，除了丰富的建筑特色外，也是布拉格城堡王室加冕与辞世后长眠之所。圣维塔大教堂历经 3 次扩建，从 929 年的圣温塞斯拉斯圆形教堂开始，一直到 1929 年才正式完工，前后达 1000 年。

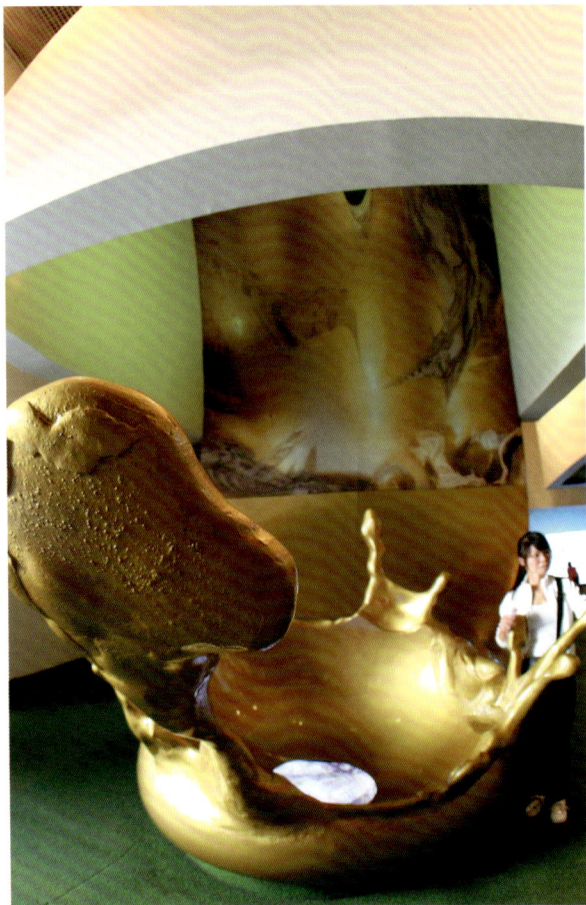

经济发展的展现

在图片与媒体的展现中，使人们看到了捷克经济与社会生活的情况。捷克属于前华沙条约组织国家之一，与西欧国家接触较密切，也是工业化程度与经济情况较好的国家之一。2005 年捷克国内生产总值达到 2 兆 9311 亿捷克克朗。捷克原为奥匈帝国的工业区，70% 的工业集中在此。它以机械制造、各种机床、动力设备、船舶、汽车、电力机车、轧钢设备、军工、轻纺为主，化学、玻璃工业也较发达。纺织、制鞋、啤酒酿造均闻名于世。

介绍自己国家人民生活的特性，是几乎所有的国家馆惯例，捷克当然不例外。1996 年啤酒总产量达 18.3 亿升。1999 年捷克人均啤酒消费量达到 161.1 升，比啤酒消费大国德国多 30 升，居世界首位。

其实这些是捷克人民的幸福生活的一个镜头。捷克文化的发展前景乐观，捷克电影迄今已经有 100 多年的历史，《科瑞亚》与《好兵帅克》都是中国老百姓所熟知的。而在 20 世纪 80 年代引进中国的动画片《鼹鼠的故事》更是成为一代中国人的回忆。

总体上看，捷克国家馆外观创意非常好，对历史遗留下来的名胜古迹复制得逼真，展现了现代化的成就，再现了捷克人民的生活习性，并对中国人熟悉的艺术品作了必要的介绍。

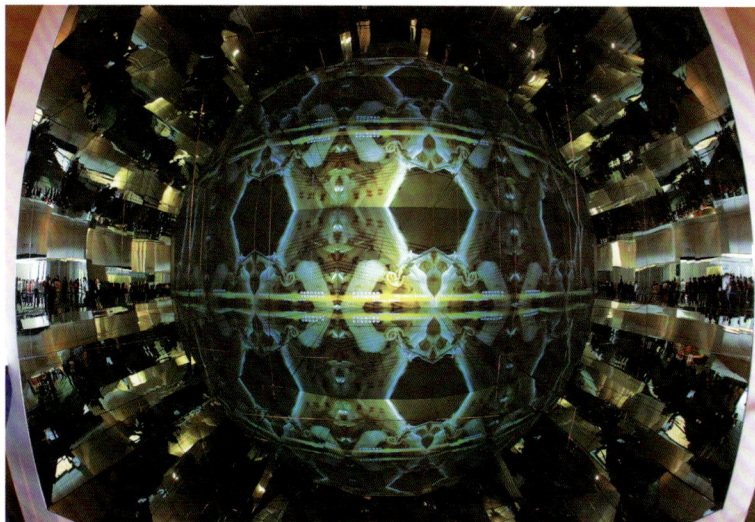

BIE 点评④

C 类奖项：创意展示奖

银奖授予捷克馆，因为该馆的螺旋形设计非常优雅。

SILVER goes to the Czech Republic for the elegantly designed spiral structure.

---

④ 摘录自世界博览会管理机构——国际展览局（BIE）对外公布的中国2010年上海世博会展馆评奖评语。原BIE评奖共分 A、B、C、D四类奖项，同时每类奖项下设主题演绎奖、创意展示奖与展馆设计奖。为忠实原意，特附英文原文。

丹麦馆

主题陈述

展馆外貌

　　丹麦参加2010年世博会旨在展示和宣传丹麦与上海世博会的总主题"城市，让生活更美好"相吻合。整个展馆的设计和理念是建筑师们竞争的结果，展示的形式和内容则考虑了中国和丹麦两国的关系，抓住了中国人皆较为熟知的丹麦元素，比如"小美人鱼"、安徒生童话以及自行车。

　　整个展馆将力邀您成为新童话——"梦幻城市"的一部分。"梦幻城市"这个名字是社会保障（Welfare）的本质和童话两者的结合。它让我们每一个人能够有机会经历一个个人的独特童话，这一童话讲述生活的质量以及如何适应人类和环境的需求创造城市。

　　"梦幻城市"并非只是一幢建筑或一次展览；它使得测试丹麦生活以及创造属于你自己的童话成为可能。你可以去骑脚踏车、遇见丹麦人，看到他们的生活以及他们的梦想。让您的孩从天然游乐场中获得乐趣吧！享受一次有机的城市野餐吧！将您的脚趾在池塘里蘸一蘸吧！

　　就展馆展示的内容而言，可持续性是一个重要内容。其目标是将丹麦可持续的复杂状况进行视觉化

展示。中国目前处于经济改革的中期，繁荣昌盛之后，它的目标将是社会保障以及可持续的生活方式。我们希望展示未来可能的需求。

展馆被设计成一个完整的城市结构，梅比乌斯带的形状，在屋顶上是一个组合的步行街和自行车道。顶层还包括孩子们的天然游乐园以及户外的冰淇淋展台。

入口处由一个池塘组成，来自哥本哈根海港的小美人鱼雕塑矗立其中，创造出接近海洋的景象。池塘周围区域以及展馆结构的下层是一个绿色的草坪，欢迎宾客们携带着野餐包在那里休息。

童话故事的生动读本

展馆的内部展示将以童话故事的生动读本展开。它是一本互动的图画书，邀请参观者添加自己的故事，主要目的是创造中国和丹麦之间的一次对话，其话题就是关于城市中美好生活的想法。

这本童话故事书主要由以下章节组成：

我们如何生活的故事

这是来自丹麦城市的故事。在那里，可持续已经成为了人们日常生活的一部分。它可以是有关自由使用城市自行车的故事，有关幼儿园每天去森林的故事，有关在哥本哈根港口洗澡的故事，或者许多其他的故事。

我们喜爱什么的故事

这部分是丹麦人在城市中喜欢做什么的故事。星期天早上拜访跳蚤市场的个人故事，早上在港口游泳的故事，星期天在花园中的故事……参观者可以进入到他们自己的故事中，创造丹麦和中国城市生活之间的对话。

我们去哪的故事

这是有关丹麦的技术和解决方案的故事，它们能够让明天的城市生活变得更加美好。它可以是有关清洁水的故事；有关风能、太阳能和生物能这些能够进行能源生产的可持续解决方案的故事。

丹麦馆的故事

透明度和积聚的经验是可持续规划的重要部分。因此，展馆的次要部分将致力于通过一件件事对展馆的内容进行描述，提供创造丹麦人理念中"梦幻城市"的人和技术的有关信息，还将包括对CO_2的叙述。

丹麦的价值观

"梦想城市"将要讲述的故事是一个有关丹麦和中国的私人公司和公共机构如何在中国的发展中相互合作的事情。通过"梦幻城市"，所要交流的丹麦的价值观是：

· 丹麦将人置于创新和设计的中心。

· 丹麦从整体上进行考虑和行动，主要为了使消费和增长能够与可持续和社会责任齐头并进。

· 丹麦在发展中尊重传统。

· 丹麦支持透明——每一件事情必须清晰可见，并且在尊重公共价值观的基础上产生。

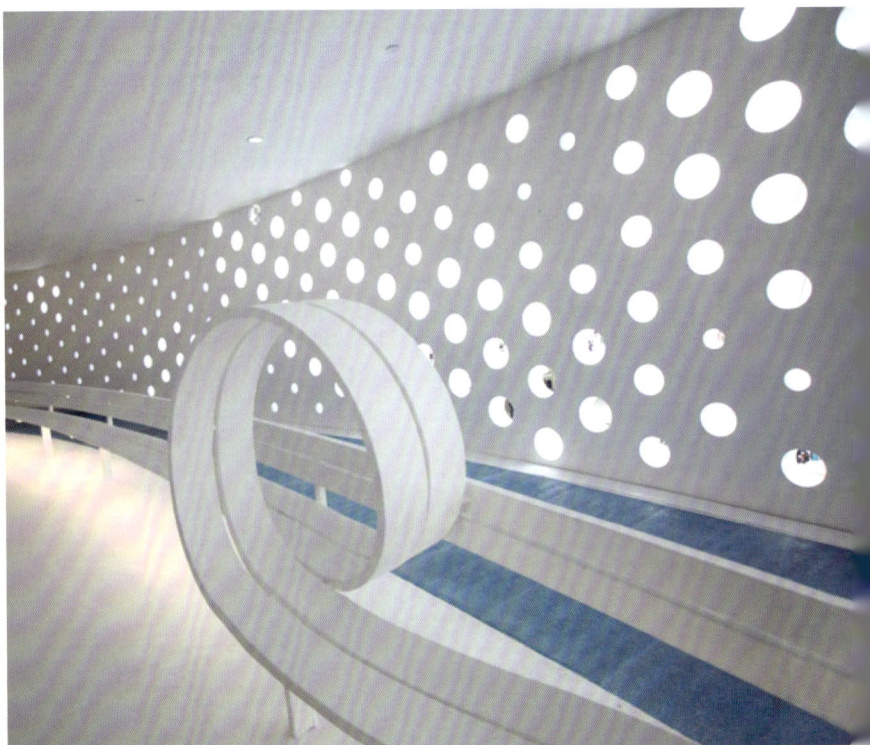

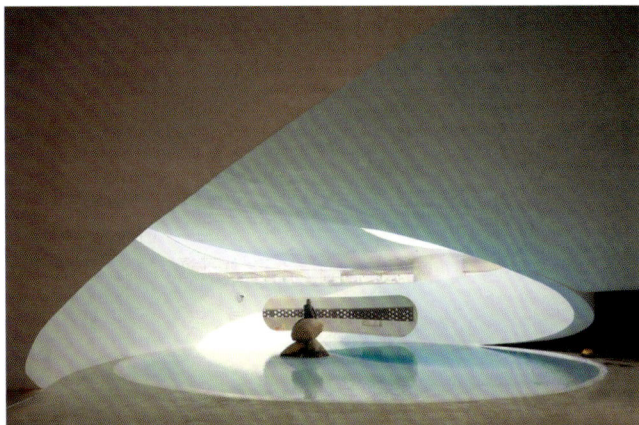

展馆概况

　　丹麦馆位于世博园区C片区，占地面积3000平方米，主题是"梦想城市"。这座展馆运用许多丹麦和中国的共同元素，通过饶有趣味的互动形式向参观者展示这个国家。展馆由两个环形轨道构成，形成室内和室外两个部分，从上俯瞰形似一个螺旋体，超越了传统的展览形式，带来不断穿梭于室内与室外的感受。展馆就像一本打开的童话书，分为"我们如何生活"、"我们如何娱乐"、"我们如何设想未来"三章，介绍丹麦人的日常生活、性格爱好以及对未来的展望。丹麦的象征、著名雕塑"小美人鱼"第一次走出国门，放置于丹麦馆的中央，让参观者感觉仿佛置身于安徒生的童话王国。通过"梦想城市"这个主题，向参观者展示福利并不仅仅是与财富的数量有关，而是提供一种充满人文关怀且与自然和谐相处的生活方式。"梦想城市"将生活方式、消费和发展、可持续性和社会思考紧密结合在一起。

　　丹麦馆从本国实际出发，从不同视角展示其文化、传统和科技。展馆使用了小美人鱼、自行车、港口浴场等多个真实的展示元素。在展示内容方面强调人类发展应该顾及环境发展，在生产、工作之余应该多亲近自然、保护环境、改善环境。

　　整座建筑是一个巨大的管状钢结构，就像一艘钢铁巨轮的船身。展馆的外立面是该建筑中最为经济、节能的部分。外立面上的孔洞可以让阳光照进室内，还有助于自然通风，每个孔洞都安装有LED光源，既可以调节场馆内的光线，也可以在夜间照亮外立面。因此，丹麦馆的外立面犹如一幅光与影的抽象图案，映射出场馆内川流不息的人流、自行车以及钢墙内的压力流动。

　　丹麦馆如同一本生动的童话书，带领参观者亲身体验丹麦的城市生活。童话书分为三个章节：丹麦著名电影导演Martin de Thurah制作了第一章"我们如何生活"，讲述了丹麦人如何在城市生活以及他们的日常生活结构，包括如何创建拥有高质量生活的城市；第二章"我们如何娱乐"则是与摄影师Peter

Funch联手制作的，介绍了丹麦人以及他们关于生活价值的个人故事；最后一章"我们如何设想未来"则展望了丹麦—中国的共同未来，以及双方在技术和知识领域的合作将如何改善城市生活。

专家点评

丹麦王国，位于欧洲北部。南同德国接壤，西濒北海，北与挪威、瑞典隔海相望。面积43万多平方公里（不包括格陵兰和法罗群岛）。人口521万人（2011年1月），首都哥本哈根，是发达的西方工业国家，人均国内生产总值居世界前列，居民生活幸福指数很高。对此，游客在丹麦国家馆中有着深刻的感受。有数据显示，500多万人口的丹麦，城市人口占到了87%，每百人拥有83辆自行车，堪称"自行车王国"。不能不提的是，丹麦还孕育了一位享誉世界的大作家——汉斯·安徒生，他以创作童话故事而闻名世界。他的作品有《小美人鱼》、《丑小鸭的故事》、《卖火柴的小女孩》等，为无数孩子带来了欢乐，正因如此，丹麦有了童话王国的美誉。因此，丹麦馆便与童话有了不解之缘。

"小美人鱼"入驻上海世博园

丹麦自建的国家馆虽小，却演绎了童话的大创意。从丹麦运来的海水形成了象征哥本哈根海港的人工湖，还有安徒生童话中的"小美人鱼"雕像，第一次走出国门入驻上海世博会，使丹麦馆宛若一个蔚

蓝海水中的童话世界，寄予了人们对未来美好生活的向往与憧憬。丹麦馆展示的是一个童话世界，其主题是"梦幻城市"。展馆是一个环形建筑，由两个环形轨道构成，形成室内和室外两个部分，并有一个连贯的平台连接。从上俯瞰形似一个螺旋体，超越了传统的展览形式，带来不断穿梭于室内与室外的感受。建筑的主色调是淡蓝色和白色，赋予展馆以清新、浪漫和航海的特征，淡蓝色是丹麦自行车车道的颜色。展馆就像一本打开的童话书，分为"我们如何生活——讲述丹麦人是如何把可持续发展作为生活方式的"、"我们如何娱乐——讲述丹麦人最中意的城市生活"、"我们如何设想未来——讲述丹麦技术和解决方案是如何用来改善未来城市生活的"三部分，介绍了丹麦人的日常生活、性格爱好以及对未来的展望。丹麦的象征——"小美人鱼"雕塑第一次走出国门，被置于丹麦馆中央的水池中，与观众友好亲切地对视着，使游客如同置身于安徒生的童话王国，以其创意和设计很好地展示了国家形象。

谈起游览丹麦馆的感受，游客可能会吃惊于丹麦馆精湛的分析，在游戏般的实验过程中不断推敲，思考社会责任感的同时，又不乏幽默。建筑师以对数螺旋线作为平面外形，数学神奇的美感和场所充分的表达性使整座建筑在理性中透露出童话般的趣味。在这里，参观者不但可以步行体验建筑的展示空间，还能骑上最能代表丹麦节奏的交通工具——自行车，进行一场精彩的"丹麦之旅"。一个贮满净化水的水池，池中摆放着"小美人鱼"的雕像，围绕着水池的是双螺旋形钢结构形体，这一绵延不绝的连续螺旋形箱体将自行车、展示功能与建筑形式完美地统一在一起。这或许是丹麦馆最大的亮点，这一创意使游客更能感受到丹麦舒缓自如而又可持续的城市生活。

"幸福"与"童话"

丹麦馆不仅限于展出本土文化，游客还能够在此互动式地真实体验哥本哈根最具吸引力的城市自行车、港口浴池、游乐场和野餐区。自行车作为交通工具在丹麦广受欢迎，哥本哈根力争成为世界自行车城市的先锋。游客可以免费使用展馆的城市自行车，全程体验整个展会。展馆建筑物的设计呈现步行道和自行车车道的双螺旋线，游客可以从地面沿着曲状通道直达12米高的楼层继而再回到地面。由此，游客以两种速度同时体验丹麦馆室内和室外的展会：一面平静地慢行来感受周围的氛围，一面骑着自行车感受城市和城市生活的掠影。

游览展馆使游客充分体验哥本哈根的魅力：自行车、海湾浴场、自然游乐场，还有那闻名世界的美人鱼铜像。哥本哈根属于港口城市，其污染风貌不再存在，取而代之的是港口公园和文化机构，人们甚至能在洁净的水里游泳。展馆向游客展示了哥本哈根如何把20年前严重的污染港改造成清洁的生态港。"港口水池"位于展馆的中心，孩童可以在水池边戏水，由此来体验丹麦城市的生活，即港口洁净的水资源。"小美人鱼"端坐于"港口水池"中央，一如她在哥本哈根的姿态。丹麦馆浓缩了丹麦城市生活的"真实"体验，这一宗旨以具象的方式体现在原版"美人鱼"上。作为丹麦文化符号之一的"小美人鱼"雕像端坐在象征哥本哈根海港的水池中央，向来自世界各地，特别是中国的参观者问候。没有高大

的体量，没有斑驳的光影，人鱼公主静静地坐在丹麦馆的底层，一汪池水环绕四周。自1913年以来，她就端坐在哥本哈根的朗格宁海湾。2009年3月12日，哥本哈根市政府首次同意让这座丹麦著名的地标式雕塑走出国门，做客2010年上海世博会。无需更多的修饰，万里迢迢来到中国的"小美人鱼"本身就是世博会的明星。"幸福"与"童话"是丹麦馆的两大关键词。作为"童话"的象征，"小美人鱼"承载了人们对未来美好生活的向往与憧憬。而"幸福"不单取决于财富，更重要的是一种和谐共存的人性化的生活体验。通过"小美人鱼"这扇窗口，丹麦馆想展现的是其精神风貌、生活方式及城市理念。

展馆的整体结构为自我承重的白漆钢，屋顶覆盖淡蓝色的合成纤维涂层，次涂层在丹麦是用于涂抹自行车车道用的。室内地板连同淡蓝色自行车车道的地板材料都为环氧树脂。展馆的室内呈封闭型且功能多样化，宽度依内部空间的规划而各不相同。展馆的室外，即外立面，由穿孔钢构成。夜间，展馆的室内活动能为外部的游客提供照明。自行车车道将沿途摆放丹麦艺术家杰普·韩恩设计的"互动式长凳"，这些长凳的功能随物赋形、随境而变，有时可作为餐饮吧台。

开放的外观造型与憧憬未来的无限创意

与大部分世博场馆不同，丹麦馆没有严裹全身的外观，它是线条的艺术表达，开放清爽。从远处就能看到两个双螺旋的环形轨道，整个场馆如同两个巨大的圆环上下相锁扣在一起，上下重叠而又倾斜。从上俯瞰是一个螺旋体——超越传统的展览形式，宛若一只栖居在上海世博园区的巨型纯色海螺。这种螺旋上升的形式并非是建筑师的智力游戏，而是与博览建筑中经常采用的循环式路线相呼应。场馆的造型源于由人行道和自行车道两条路线的需求环绕而成的结，用这样一个结状空间来组织起整体的展示。场馆本身就是一个循环往复的自行车道，淡蓝色的人工材料从屋顶铺至地面进口层。这不仅是自行车的轨道，还是一条衬托出主体建筑"纯白"的蓝色线条，展示了丹麦国家的海洋气质，象征着具有海洋文化的丹麦国家。

丹麦馆的墙面上有大小不一的白色孔洞，不仅使得馆内明亮通风，还可使得游客能随时倾听"海螺"外的世界。远看，这些孔洞以一种诗意的方式抽象地勾勒出丹麦起伏的城市剪影，向世界展示丹麦的城市文化的演进。近看，圆孔对于联系室内外空间起到了似隔非隔、似透非透的功能，给人通透的视觉效果。若隐若现，引人遐思。夜幕降临，场馆的灯光透过孔洞放射出旖旎的光芒，与纯白色的墙面组成了明暗交织的抽象图案。场馆内川流不息的人流和自行车流则折射成了这幅图案中可变的生动影像。

　　游览丹麦馆，会使我们感动于丹麦人的用心、细心和细腻，小美人鱼、自行车，这并非高科技的产品却抓住了我们的心，开启了我们的想象空间，以童话的书写，去憧憬无限的未来。丹麦是一个现代服务业和高科技产业高度发达的工业化国家，但它却给我们讲述了一个童话故事，对于童年听着安徒生童话故事长大的人来说，还有比这更令人神往和刺激的吗？在一种简洁、素朴中我们感受到了创意无限的力量。安徒生说过："旅行即生活"，或许"小美人鱼"的上海之行启示我们：城市，如何使生活更美好！

BIE点评

B类奖项：展馆设计奖

　　铜奖授予丹麦馆，因为该馆很好地将户外与室内区域用两个环的方式连接在一起，用一个平台作为连接点。其内部空间也布置地相当不错。

BRONZE goes to Denmark for the very attractive way in which an outdoor and indoor area are united in two circles and connected by a platform as well as very attractive interior space.

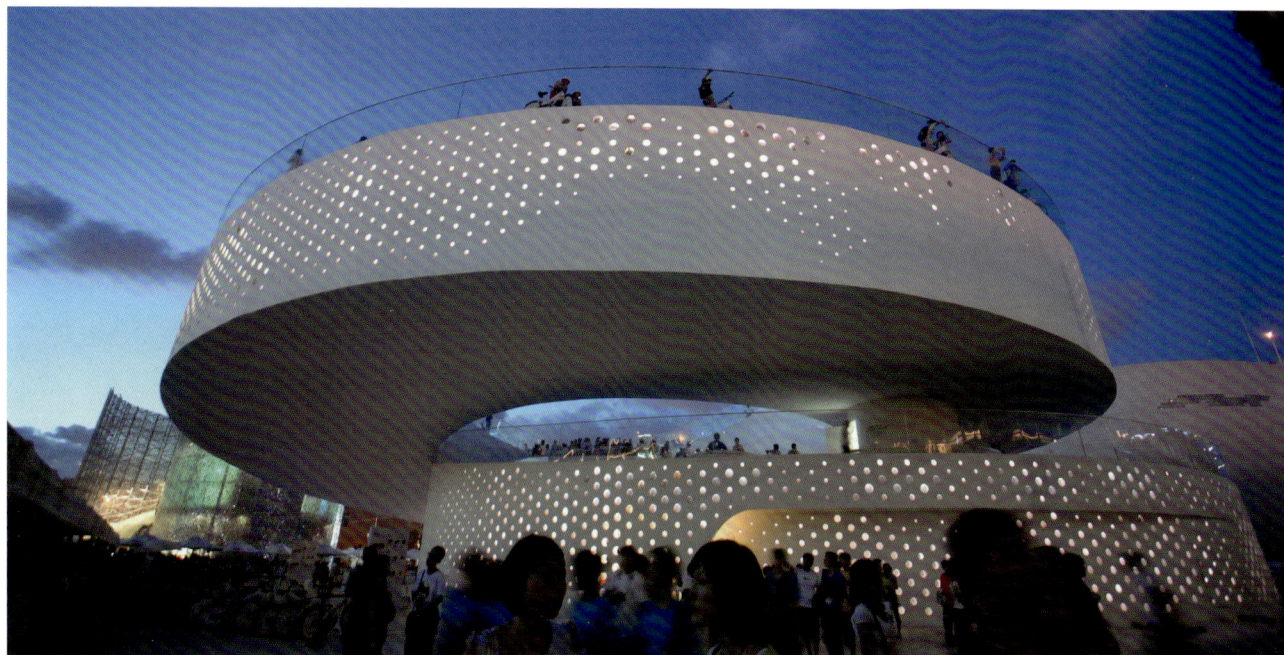

设计师访谈

丹麦馆项目负责人：Finn Norkjaer
（Bjarke Ingels Group）
时间：2010年11月29日

采访人：首先能介绍一下您在丹麦馆中的工作吗？

Finn Norkjaer：我是丹麦馆的项目负责人，负责在建筑施工、艺术设计等过程中的沟通和协调工作。

采访人：丹麦馆的主题是"梦想城市"。正如您在之前回复中所说的，丹麦馆展示的是"提供一种充满人文关怀，并与自然和谐相处的生活方式"。您能不能再具体讲讲丹麦馆的"梦想城市"是什么？

Finn Norkjaer：在最初构想的时候，我们就希望从本国的实际出发。丹麦国家不大，通常情况下，以现代城市为背景大多数展馆会呈现一些高新科技，但我们希望从不同的视角来展示。因此，丹麦馆重点展示文化、传统或技术含量不那么高的元素，如小美人鱼、自行车等。

采访人：我们非常欣赏丹麦馆让小美人鱼踏上与公众沟通的长途跋涉之举，当初是经过了怎样的一个决定过程？是通过人们投票决定的吗？

Finn Norkjaer：小美人鱼来到上海涉及政府层面的决定，虽然没有经过投票，但每个丹麦人都参与并表达了他们的看法，因此可以说每个丹麦人都知道上海，知道上海世博会。在小美人鱼"出国"问题上，人们分成了两种观点，一部分人支持把小美人鱼搬到上海，而另一部分人则认为小美人鱼作为国家最知名的旅游景点，不应该出国。我们在最大范围内听取意见和讨论后，最后决定让小美人鱼踏上上海之旅。

采访人：我们回到"梦想城市"这个主题上来。您提到，"梦想城市"将"生活方式、消费和发展与可持续性以及社会思考紧密结合在一起"，为什么会选择从这几个方面体现"梦想城市"？

Finn Norkjaer：我们没有用讲故事的形式，而是选取了几个方面。丹麦国家虽然不大，但也希望能够展现国家本身的真实价值，而不是通过幻灯片的形式。所以我们使用了真的小美人鱼和自行车、港口浴场等四五个真实的展示元素，让参观者能够亲身参与，看小美人鱼，骑自行车。

采访人：我们看到丹麦馆里展示了一些生活理念，展示了丹麦人怎样工作、怎样生活。比如，说到"幸福是无论何时何地，做你所爱，爱你所做"，请问，这些是丹麦人实际的观念和实践，还是只是一种理想状态？

Finn Norkjaer：丹麦在展示内容方面强调人应当顾及环境发展，在生产工作之余亲近自然、更好地照顾环境、改善环境，照顾到方方面面。在丹麦，工作、生产当然也是很重要，但是在环境方面，我们也投入了很多力量在水处理上，关注我们的湖泊、河流、大海。在丹麦，全国有三分之一的人口每天骑车上班出行，展示了他们对梦想城市的构想与实践。

采访人：丹麦馆为什么使用白色？是因为白色体现了丹麦的国家形象吗？

Finn Norkjaer：如果能让你们看到我们此刻街道上的样子，你就会有所体会——这里已经积了14厘米厚的雪。我们并没有在颜色上作过多的考虑，但白色的确是具有代表性的。为了避免单调，我们更多地考虑了使用光影的效果。展馆通过打孔加入LED灯，可以衍变出色彩斑斓的视觉效果。除了白色的固定色外，馆内的自行车道也使用了和国内自行车道一样的淡蓝色。

采访人：展馆由建筑和内部展示部分构成，请问你们是如何协调这两部分以体现共同的主题？

Finn Norkjaer：丹麦馆的建筑设计和内部展示设计

都是我们公司负责的，很幸运我们也得到了内部装饰的承包工程。因此我们不需要做太多的协调工作，整个展馆的风格是统一的。

采访人： 丹麦馆的建筑用了一个双环形的结构，这个建筑形态是怎样表达"梦想城市"的？

Finn Norkjaer： 展馆最初的设计和最终方案是不同的。最初，展馆的外立面是打孔外形，简单表现了一个北欧城市的形象。设计过"鸟巢"的中国公司（ARUP）提供了修改建议，提出了更多要求，使外立面的打孔能体现出力的流向，大的洞表示墙的应力小，小的洞表示墙的应力大，同时外立面还运用了光，体现更好的效果。

采访人： 谈到外立面的打孔，其中哪些部分是由现场女工来完成的？

Finn Norkjaer： 你指的女工是？外立面的孔不是在现场完成的，而是在工厂里制作完成的。

采访人： 因为在之前的回答中您提到了"女工的传统手工艺和尖端技术的结合"，我想知道女工具体完成的是其中的哪一部分的工作？

Finn Norkjaer： 展馆外立面打孔是由工厂来完成，内部板材为石膏板。女工完成的部分是将空心管置入石膏板中。

采访人： 将主题理念有效地传达给参观者是展示的主要目的，您认为丹麦馆在展示形式上是否成功？是否让参观者认同和感受到了丹麦馆所要传达的主题思想？

Finn Norkjaer： 丹麦馆总接待人数为500万，这远远超过了我们300万的预期。通过设置在出入口的闭路电视，我们可以了解观众进出展馆的直观感受，同时我们采访了一些游客，获取观众反馈，观众普遍反映他们喜爱和欣赏丹麦馆。

采访人： 我们也很喜欢。丹麦馆的宣传策略很独特，展区分布、环形长椅的设计很合理，人流也很顺畅。我们还注意到展馆内除了最热的几天放了立式空调来调节室温，平时都不用空调。

Finn Norkjaer： 我在夏天的时候来过世博会，虽然不能说丹麦馆里是非常凉快的，但是我想这体现了对大自然的关切与能源的节约。我们认为，即使在居室内安装使用空调也应该是非常谨慎的，所以我们在丹麦馆里没有安装空调。

采访人： 丹麦馆不仅搬来了真正的小美人鱼，还把自行车放了进来。在那么大人流量的世博会、面积非常有限的展馆中，让参观者真正骑上自行车来体验丹麦生活方式，同样是一个非常大胆的尝试。为什么会有这样的设想？

Finn Norkjaer： 在实际建设开工前，丹麦团队在本国建立了一个1：1的木结构丹麦馆模型。利用模型，我们进行了长椅、屏幕、坡道、坡度、光效的全方位测试。

采访人： 我们看到展馆里的海水一直保持着非常清澈湛蓝的样子，是不是利用了水净化系统？能为我们简单介绍一下水的处理吗？

Finn Norkjaer： 在水处理方面，过去的几十年，丹麦一直致力于工业及生活用水的净化处理，处理后的水直接排入海洋，同时适合人们游泳。丹麦馆的海水最初计划从哥本哈根港口运输至上海，由于运输技术不够成熟只好放弃，取而代之的是结合了水净化技术的上海本地自来水，两天的净化处理使水质无异于丹麦当地的水质。

采访人： 关于展馆内的几部影片，是否在确定脚本、表现的主题方面与导演有沟通？

Finn Norkjaer： 丹麦馆的3部影片都由一名导演完成，另外还有一位摄影师完成了8幅美景。关于主题事前确有讨论，我们会讲述我们的主题和思想，导演会听，但拍摄时导演是比较自由的，可以运用他喜欢的方式进行。

采访人：导演、摄影师都是视觉艺术专业的，你们的沟通会不会有困难？

Finn Norkjaer：我们之间的沟通非常好，我们彼此都很欣赏。尽管可能大家的视角会不同，但是我们整个团队非常团结一致，互相借鉴好的想法，使得最后的技术处理非常成功。

采访人：在你们整个展馆设计和建设、布展的过程中，您觉得什么是最困难的？花费了最多的人力、财力和精力？

Finn Norkjaer：最大的困难肯定是时间紧张。因为总共只有一年半的时间，而且这个工程是在距丹麦非常远的上海施工。我想即使是在邻国建造一个工程，也是非常困难的，更不用说是在上海了，困难可想而知。如果我们可以多半年的时间，肯定会做得更好。

采访人：如果多半年的时间，你希望可以改善哪里？

Finn Norkjaer：如果再多半年，很多仓促完成的细节一定可以做得更完美。不过瑕不掩瑜，对于外形和总体构想以及最终效果还是令人满意的。

采访人：我们注意到你们使用了中文的"大"字作为你们的形象标志，为什么？

Finn Norkjaer："大"字来自公司名称首字母BIG在中文中的意思。近期我们有一个"人"字形的项目计划成形，正在寻找合作伙伴共同实施。

采访人：谢谢你们接受采访，欢迎以后再来上海。

Finn Norkjaer：谢谢。

邮件交流

丹麦馆项目负责人：Finn Norkjaer
（BIG）

一、展示内容

1.展馆的主题和理念是什么？

2010年上海世博会丹麦展馆被称作"梦想城市"。这座展馆将运用许多丹麦和中国的共同元素，通过饶有趣味的互动形式向参观者展示我们这个国家。通过"梦想城市"这个主题，我们想要向参观者展示福利并不仅仅与财富的数量有关，还包括提供一种充满人文关怀且与自然和谐相处的生活方式。"梦想城市"将生活方式、消费和发展与可持续性和社会思考紧密结合在一起。

2.怎样使展馆的设计同世博主题"城市，让生活更美好"联系起来？

我们想到了世博主题"城市，让生活更美好"注重的是可持续发展。同时，我们也想到了220个国家将如何展示自己，或许这次世博会可能成为一次环保技术的狂欢节。所以，我们或许需要从一个特殊的角度来思考：丹麦能为中国提供什么？这个方法看起来是非常成功的。这座展馆讲述了丹麦所擅长的方方面面，即将我们的发展置于全面关注人性化尺度及我们国家在国际社会中的位置之上——关于生活质量和如何设计城市使人类的福祉与更好的自然环境相协调，这就像一个硬币的两面一样。丹麦馆的参观者将会体验到丹麦真实的城市生活。因为，比起您见过的任何展品，亲身尝试的事物将更令您难忘。

3.如何看待参观者对设计的理解？

尽管我们无法在上海构筑一座完整的丹麦城市，但展馆将让参观者有机会亲身体验丹麦城市生活中最美的一面。参观者可以骑着哥本哈根城市的自行车绕丹麦展馆和整个世博会场一圈；与家人一起参观美妙的游乐场，或者在屋顶花园品尝美味的有机食品。

4.有无一些针对中国参观者定制的考虑和设计？

一开始我们就在问自己："丹麦能够展示哪些与中国相关的东西？"直到我们看到近期上海和哥本哈根的城市发展，我们才为展馆找到一个显著的标志。随着大规模经济繁荣和飞速的城市化进程，每个人都想拥有一辆汽车，街道上交通堵塞，甚至在一些地区自行车被禁止通行。而同时，哥本哈根一直在建设更多的自行车道和减少汽车的使用。自行车成了可持续城市和健康生活的象征。我们开发了多种类别的自行车，不仅运送我们自己，而且还运送我们的孩子和物品。并且，我们有一个所谓的城市自行车供游客们在返程前免费使用和环游城市。因此，我们在想："为什么我们不把这种自行车带到上海来吸引人们的关注？"我们将给上海捐赠1001辆城市自行车，而且这些自行车在世博之后仍将留在上海。所以，当您参观世博会，请直接到丹麦馆来，领取您的城市自行车，然后骑车去参观瑞典馆、韩国馆或阿塞拜疆馆。因此，我们想象丹麦馆就是一个自行车的世界，就像一条缠绕的自行车道。

正如之前所提到的，上海和哥本哈根都是港口城市。但是，在哥本哈根已经将工业产业移至它处或对其进行净化处理。以前的工业区现在已经变成了公园，而且水变得十分干净，您甚至可以直接在其中游泳。事实上，Brygge港口浴场是我们做过的首批项目之一，它简单地将城市生活从陆地延伸到了水中。所以，我们计划用油轮将哥本哈根港口运送100万升的港口海水运抵上海。在展馆中心，我们将建立一座海港浴场，如果参观者有胆量参与，可向我们借一套红白相间的泳裤或泳衣，然后畅游在真正的哥本哈根港口海水中。并且我们计划在这个哥本哈根港口的中心建立一个岩石群，并将真正的小美人鱼雕像放入其中，就像真正的哥本哈根港口一样。这座小美人鱼雕像不是一个复制品，而是真品（中国已经拥有数个复制品）。安徒生说过："旅行即生活"。现在，小美人鱼最终恢复了生机。

二、展示设计

1.您如何运用设计语言来诠释贵馆及上海世博会的主题？什么是主线、焦点和亮点？

展馆被设计成固定在一个结上的环形交通轨道，供城市自行车和行人流动。放置于屋顶的300多辆免费城市自行车为参观者提供了一个体验丹麦城市生活方式的机会，包括骑自行车到各处畅游。环形轨道将两个区域连接起来。参观者可以从室内出发，移步于屋顶之上，然后挑选一辆自行车，沿室外车道骑入室内车道，沿整个展览会场骑行时再次观赏展览，最后离开进入世博场地。在两个平行立面间——室内和室外开展一系列活动。室内是封闭的，而且包括展馆不同的功能。室内规划决定了其不同的宽度。展馆的外立面由有孔洞的钢结构构成。在夜晚，这个立面则成为了一个为路人提供交互式照明的工具。这个展馆是一个喷涂为白色的钢架单体结构，由于自身的散热特性，即使在夏季上海的炎炎烈日下展馆内也可以保持凉爽。屋顶覆盖有淡蓝色纹理的表面材料，这是众所周知的丹麦自行车道的颜色。在室内，地面覆盖浅色环氧树脂材料，而且同样设有一条蓝色自行车通道，自行车可以由此穿越整栋建筑。立面钢结构的孔洞反映了真实的结构应力，展馆正在体验将其制作成1：1压力测试。蓝色的自行车道和白色的混凝土地面进一步界定到达和离开的区域。来自哥本哈根海港的、真正的小美人鱼雕像端坐在展馆中心的海港池中。作为几乎每个中国儿童都阅读过的安徒生三个童话之一，这座雕像象征着中丹两国在文化上的慷慨大度。同时，当小美人鱼来到上海时，艾未未的多媒体艺术作品代替她安放在哥本，其中包括一次在上海对雕像的现场直播。其他的艺术家，包括来自丹麦的Jeppe Hein，他在自行车道沿线设计了一个融合包括食品和饮料吧在内的不同功能，能够适应各种环境的"互动长凳"。Martin De Thurah和Peter Funch的作品也收入在展区内。

2.你们的设计是如何优化空间利用的？

我们将其构思成一个双轨环形自行车道，其长度能够满足参观者通过一个舒适的坡度到达屋顶和回到地面。因为这个所需长度比会场长，所以轨道自身绕了两圈，有点像数字"8"，或者无穷大符号"∞"。然而，事实上，我们觉得这个形式很不错，它的确是一个供行人和自行车不断移动的环形轨道。

3.贵馆设计的游客容量是多少？

1800人。

4.针对大客流，你们会采取什么措施？

展馆坡道的设计适用于所有人。斜坡设计使得人们在参观时可以步行，可以骑着带有婴儿车的自行车，也可以坐在轮椅上畅通无阻地畅游整个展馆。这是一种舒适的、休闲而又有活力的城市生活体验。

三、技术事项

1.设计实施过程中都应用了哪些先进技术？

这是我们在中国的首个竣工建筑。结果出现了比预期大的困难，需要运用参数设计整个展馆。包罗万象的CAD模型使得我们能以难以置信的精确度完成工作，并处理十分复杂的结构，创造出与众不同的空间。但在实际操作过程中，数字化设备，包括CAD/CAM激光切割机，研磨机和焊接机都没得到充分利用，都是由女工在粗钢上印出，用尺子和白粉笔画出来的。尖端技术和原始手工艺相结合，真是一个奇迹。

　　另外，场馆是由奥雅纳公司的迈克尔·郭设计的。他也是北京奥运会"鸟巢"的设计者，"鸟巢"无论在规模还是容量上，都是没得说的。由于实际操作的复杂性，场馆的建筑难度与鸟巢不相上下。它并不大，但却必须满足一些特殊要求。比如大楼中不能看见柱子。我们想创造一座看起来好像在空中浮动的展馆，事实上，这是一个非常具有挑战性的成就。

　　2.设计实施过程中最大的遗憾是什么？

　　我认为，唯一的遗憾就是未能有足够的时间去和每天首次进馆和骑单车游馆的人进行互动。我很希望和中国人民交流，听一听他们对于我们所设计和创造的体验的看法。为了庆祝世博会和丹麦馆的开幕，我们所有的办公室人员（60位设计师）在中国工作了10天。目睹我们充满生机的展馆以及我们两国文化实现共享，我感觉这是我人生中最奇妙的一段日子之一。这样的生活我真想再过六个月。

芬兰馆

主题陈述

1. 背景

芬兰于2007年1月决定参加世博会，芬兰总理马蒂·万哈宁（Matti Vanhanen）先生向2010年世博会的组织者发出芬兰确认参展的信函。芬兰国内负责此事的人是芬兰就业和经济部部长，主要的资金来源于该部门，而芬兰贸易科技中心（FINPRO）已经被指定用来计划和执行这一项目，它是一个促进贸易和芬兰公司国际化的国家实体。为了这一活动的整体成功，私人的商业团体也会积极参与到这个项目中。

芬兰政府于2007年9月1日任命胡毅督（Pertti Huitu）为芬兰展区的总代表。

操作层面的芬兰参展项目由一个指导小组进行指导，它由就业和经济部部长担任主席，其成员有芬兰工业EK联合会、芬兰贸易科技中心（FINPRO）以及外交部的代表。后由芬兰国家世博会委员会承担此项工作。

2. 芬兰参展目的

（1）增加人们对芬兰的意识以及加强芬兰的积极形象；

（2）支持芬兰业务的国际竞争力，尤其在中国；

（3）推广芬兰作为创新中心和创造力源泉的牌子；

（4）推广芬兰作为投资中心的品牌；

（5）增强中国和芬兰在科研、教育、艺术和文化方面的合作；

（6）推广旅游。

3. 芬兰展示主题

芬兰参展主题根据《参展指南》的指示进行演绎并且主要与如下副主题相吻合：

（1）城市经济的繁荣；

（2）城市科技的创新

芬兰围绕"更美好的生活"这个要素构建其展示；

（3）福利、竞争和环境

这些也形成了"更美好生活"的坚实基础。

福利涵盖了竞争和环境

福利构成了人们憧憬更美好生活的基础。在芬兰，对福利的理解既包括物质上的也包括精神上的，以及干净的环境。不断地发展自己的机会以及没有限制地"走来走去"是福利的重要元素。福利的先决条件之一是具有充分的经济增长，这方面私营部门扮演着重要角色，为国家经济增长的促进提供了额外的资源。

由国家和市当局提供的公共服务对于芬兰的繁荣也是必不可少的。由于人口的老龄化，有关卫生保健的服务变得越来越重要。

竞争，建立在教育、研究、创新和创造力上

芬兰选择通过教育、研究、创新和创造力来构建社会的战略，在其丰富的教育、研究和创新领域，以及创意领域中便清晰可见，这些投资由公共和私营部门完成。

支持终身学习是知识型社会的重要方面。在芬兰，所有的市民都有机会享用信息社会的服务，无论他们居住的地方或者社会地位怎样。芬兰享有丰富的文化供应，它的创意产业增长强劲。

国家、大学和商业工作合作紧密，对于创新和新技术的促进相当客观。而且，团体积极参与国际合作，促进国际的流动，从而找到专家。

环境是重要的竞争领域

芬兰拥有丰富的森林和水资源。然而，由于他们在种类方面相当有限，社会已经学着采用可持续的方式来使用它们。权威人士、企业，还有市民，都强调对可持续使用自然资源和自然保护的重要性。北部的气候已经教会芬兰人有效利用能源和随处节约能源。区域加热和冷却确保了家庭和工作场所的温度——甚至在外面冰天雪地时。能源的有效利用也体现在工业，包括大工业和中、小公司为特色，无论它们处于什么部门。

芬兰已经发展了许多世界级环境技术和适用于废弃物管理、回收、水净化、气候和土壤杂质的监测，以及其他许多目的的应用软件。清洁技术的使用使得工业能够坐落于接近都市的环境中。

4. 口号

芬兰的规模让人相信他在国际社会能够发挥更大的杠杆作用。它是一个相对互动开放的国家，并且为了更美好的未来乐意分享它的技能和知识。

我们在上海世博会的口号是："芬兰：分享灵感"

此处"分享"指我们的运行手段，"灵感"指我们的资源。我们欢迎所有的参观者在世博会上分享我们的灵感。

5. 芬兰参展模式

展馆

芬兰想在世博园区C-10地段独立建馆，已经得到了允许且地块面积共3000平方米。芬兰展馆建筑设计竞赛已于2009年8月18日落下帷幕。我们共收到了104个作品，结果已于10月6日公布。获胜的概念

叫做Kirnu，由来自赫尔辛其的建筑师JKMM设计和提交。由竞赛裁判团匿名提名芬兰馆的获胜提案并且支持其实施执行。

自己的展馆将促使芬兰展示创新的材料，结构性解决方案以及建筑技术，同时也是一个介绍芬兰建筑的机会。建筑竞赛的指导手册包括许多要求，涉及功能、经济、生态以及展馆的后续利用。展馆更多的细节描述会在后面介绍。

展馆由下列运营元素组成：

（1）为了世博会的参观者而办的展览（大约1300平方米）；

（2）商业活动小型餐厅，厨房和商店（大约350平方米）；

（3）会议、会见、招待场所（大约340平方米）；

（4）办公和为展馆个人所提供的社会设施（大约250平方米）；

（5）技术、维持、存储和其他运营有关的设备（大约350平方米）。

芬兰日

芬兰有意在世博会期间对特别的芬兰日加以庆祝。为芬兰所设定的暂定时间是2010年5月27日、星期四。

文化活动

文化活动是芬兰参与模式中必不可少的内容。在所有的推进过程中和世博会期间，芬兰计划提供一个多姿多彩的、有芬兰自己特色的文化活动，比如音乐、舞蹈、视频以及表演艺术等，同时也会和世博会的组织者紧密地联合在一起。

奥鲁市对城市最佳实践区的贡献

奥鲁市成功地赢得了参加城市最佳区项目的资格，在"今日的未来技能"主题下参展。芬兰馆与奥鲁项目团队建立紧密的合作关系，共同在2010年世博会上展示芬兰。

交流项目

芬兰正计划在世博会之前，在上海和中国实施一个复杂的交流项目，旨在促进芬兰的参展概念和参展主题。除了为新闻传媒工作外，还将使用虚拟交流的手段来迎接潜在的参观者。

6. 芬兰馆建造

在2010年世博会上，芬兰馆叫做Kirnu（冰壶）。下面对于冰壶概念的描述，是设计者们在角逐中对自己提案的大致描绘。

小型城市

芬兰馆将用模型来描绘自己的国家，向世界展示芬兰以及它的社会结构。展馆雕塑建筑主要为了创造未来自由、创造力和创新的景象。展馆将从水上升起，像一个岛屿上的小型城市。桥梁将引导参观者从水面穿过进入展馆，展馆的中心由小型城市的中心和论坛"Kirnu"组成，这个地方是观念碰撞和融会的地方。

自然

展馆的建筑从芬兰的自然界中汲取灵感。自然的元素在展馆中再次得到诠释，像在岛屿上发现的小石块形状，鱼的表面，水面的反射，天空的大致印象以及木头上沥青的味道。像自然一样，展馆为任何一个希望进入的人提供一个非常安静的庇护场所，远离繁忙的城市生活。

经历

展馆呈白色，轻盈地浮在水面上。一层薄薄的水幕将会使展馆充满凉意。走进建筑物时，展馆精致的、鳞状表面结构逐步揭开面纱。一座平缓的桥将引导大家进入入口，温和的木表面形成了一个隐蔽而又吸引人的入口。参观者随即进入到Kirnu论坛，由布做成的纤薄的墙面直插云霄，展览品和照明设备与楼层融合在一起，当参观者从上面走过时创造了一个实体展览。展厅之后，坡道朝着出口、商店和餐厅继续向下。

活动

活动和设施以清晰、可被触及的方式坐落于展馆。第一层有Kirnu论坛、餐厅、商店、衣帽间、公共休息室、储物间。参观者可以在参观完展览后去商店和餐厅，无需交通运输即可到达。VIP通道的地点远离主入口。基本的设计是让大量的人在精彩的地方能够平缓地移动。娱乐、会议及员工设施在第三层。

美好的生活

展馆最主要的目标是展现"美好生活"的一面。美好生活的六个方面是自由、创造力、创新、社区精神、健康和自然，所有的这些内容都融入到展馆的建筑中，即它的空间和功能性解决方案中。雕刻的设计代表了建筑的自由和创造力可以通过技术来实现。创新也已经被引入到项目中，在透明度和技术性的细节方面体现出来。展馆与论坛绑在一起，希望让即将到来的人和社区精神成为建筑基本设计的一部分。自然元素中的水和天空是建筑抽象的部分。展馆是一个舒适的、令人鼓舞的小型城市，它也会提供健康环境的例子。人、自然和技术共同来到这里。展馆里举行了一场论坛，讨论更美好城市的发展政策。

建筑过程

将创造一个3D的计算机模型模拟建造过程。展馆垂直承载结构由钢制成。建筑物的正面由狭长的部件组成，将会在现场安装上去。水平结构由木制套管元素和底板组成。木制和底板将在内层使用。外立面将覆盖由纸和塑料的复合片组成的鳞状现代木瓦，它是工业循环产品。中庭墙体和二层的一些墙体由布做成，中庭还会覆盖一层透明的布。楼梯和电梯将从单个元素方面建造。所有的建筑元素都被建造成可拆除和再安装的形式。

可持续的建造

在不久的将来，一个巨大的挑战就是为城市建筑找到一个可持续的并且保护自然资源的建筑方式。芬兰展馆就是可持续建筑的实验室，展现未来都市建筑的芬兰解决之道。其目标就是根据建筑手段和维修性能，发展节约能源的、低排放的和环境友好型的解决方法。设计具体表现了诸如可再生能源的内容。在最炎热的季节里，屋顶的太阳能电磁组会驱动冷却设备，直接将电力输送到建筑网络内或者储存在电磁中。自然通风设备的使用将减少对机械通风设备的需求。送入的风可以通过房间底部的水平面收集。中庭厚厚的墙体形成了自然烟道，包围了螺旋形的入口坡道。开放的墙体和顶棚开口加强了天然的通风，设施的方向、光表面的使用以及窗户的结构减弱了太阳造成的热的压迫。种植植物的屋顶能够驱除热的侵袭。雨水在房顶收集起来，引到院中的水池中。

建筑材料被精心挑选，主要为了使建筑产生尽量少的温室气体。分析材料的装载、再使用和回收是为了展馆的整体生命循环。

7. 展馆展示

来宾在芬兰馆的部分经历前面已经有过描述，将通过福利、竞争和环境三个主要元素突出芬兰的主题：

福利：健康和人道，生活方式，食物，和谐的社会，公私合作伙伴关系

竞争：芬兰教育体系，终身学习，知识社会，研究，创新，以使用者为中心的创新，现实生活实验室，创造力，设计，技能。

环境：与自然和谐，可持续发展，能源效率，碳汇，清洁技术，废水管理，回收，生态城市，可持续生活，健康生活，能够适应的生活环境。上述提到的问题将在展示中通过诸如实体展品、陈列品、照片、图片、影片、视频装置、声音、灯光、互动、虚拟、工作商店等手段加以处理。特别的关注会放在引导安排上：我们的目标是友好地接待每一个来到芬兰馆的参观者，就像芬兰的客人一样。排队安排也是我们展馆展示必不可少的部分。此外，还有很小比例的文化活动将间隙安排在展示中。

展馆概况

芬兰馆位于世博园区C片区。其外形独特新颖，"冰壶"形展馆宛若一座矗立于水中的岛屿，外墙使用鳞状装饰材料，看似由许多冰块堆砌而成。来自芬兰的自然风貌，如海岛礁石、鱼鳞、碧波倒影，还有木头散发出的阵阵清香，种种自然元素经过重新诠释，以新的面貌呈现。美好生活的六大要素——自由、创造力、创新、社区精神、健康与自然都完美地融合在建筑、空间和功能设计中。Partanen &

Lamusuo Partnership公司设计的展示部分带来了各种感官体验。"优裕、才智与环境"的主题通过"创意泡沫"和"灵感的种子"得以直观展示，它们在展馆中缓慢浮动，可以让参观者跟随参观。多媒体投影的神奇故事和音乐造景带领参观者感受芬兰从现在到未来的社会和自然城市：来到"梦幻城市"。

设计师说："芬兰人的生活非常接近自然，即使是城市中亦是如此。我们是自然的一部分，这是个重要的事实。将来我们需要将环境和人类的福祉结合起来。我们相信通过共同努力，一切将会更加美好。"细小的行为可以创造大成就。每个展品的设计都是以人为本、以环境为本来设计的，这也体现了芬兰馆的主题。这些展品都代表了芬兰人人性化的生活，也代表了芬兰人对环境保护和对未来的一个展望。

芬兰馆是一处宁静的港湾，漫步其间的人们，都得以暂时脱离都市生活的喧嚣和疲惫，任凭自由的思想和观点在这里碰撞、交流和融合。

参观者由多媒体引导着穿过展厅，该多媒体类似于展示的男女主人来提供虚拟导览。这种虚拟导览结合了自然和科技，有些像动物，有些又进行了数字化处理。栩栩如生的虚拟导览反映了芬兰与自然和信息科技的本质联系。展馆内的导览人员和虚拟导览将进行互动。Partanen & Lamusuo Partnership公司还挑选并带来了特别的艺术家在展馆内外进行表演，通过艺术形式诠释展示故事，吸引并鼓励参观者进来参观。

展馆二楼展厅被分成三个部分，第一部分是欢迎区，被称作"芬兰精灵"的虚拟向导将与讲解员一起陪伴参观者，让他们对展览内容有多方面的了解。第二部分则通过一幅幅壮观美丽的画面和景象，清晰地展现芬兰精神的本质。这些场景与自然、国家特色、社会、文化、经济和教育环境之间的深层联系转化成了一个虚拟的世界，和现实紧密相连。第三部分构建了梦想之城，以互动的方式表现芬兰创造"更美好生活"的基本要素，表明芬兰愿与他人分享解决方案，交流思想，共同为争取一个均衡与可持续发展的未来而努力。 展厅空间设计实用而简洁，形似雪窟和浮云的结构悬在空中，在灯光的辉映下显

得格外美丽。它们将地板与楼顶之间的一切空间元素相连，其中包括内墙上悬挂的一幅纺织艺术品，这也是世界上最大的纺织艺术作品之一。 整个视听空间没有文字说明，也完全没有言语解说。安静的背景音乐，令人难以忘怀的互动式动画以及舞台上讲解员偶尔呈现的短剧表演，使参观者能够以自己的节奏充分享受参观之旅。

专家点评

芬兰，全称芬兰共和国，是世界上处于最北的国家之一，被誉为"千湖之国"。 位于欧洲北部，北面与挪威接壤，西北与瑞典为邻，东面是俄罗斯，南临芬兰湾和波罗地海，面积33万多平方公里，人口519.5万（2002年）。首都赫尔辛基位于南部的一个半岛上，是芬兰最大的城市和主要的商业、海港、文化、制造业中心，人口56万（2002年）。其国土有2/3为森林覆盖，人们极为重视环保，蓝天白云，空气清新，湖水清澈宁静，游艇经过，总能在水面上划出一道道美丽的弧线。芬兰的桑拿举世闻名，全国只有500多万人口，却有50万个桑拿室，几乎每户人家皆备。世博会期间，芬兰馆配备了一间供贵宾使用的桑拿室，面积超过100平方米，每次可容纳10～15人。上海世博会，芬兰馆是以高科技应用和展示引人注目的。

清凉的"冰壶"造型，展现了一个"微型芬兰"的魅力

设计师希望以"冰壶"的形象表现芬兰人的特质和精神，在冰壶形成的场域中，各种思想、观点在这里碰撞、交流和融合。展览旨在营造一种"美好生活"的远景。美好生活的六大要素——自由、创造力、创新、社区精神、健康与自然都完美地融合在建筑、空间和功能设计中。如雕塑式的设计体现了高科技建筑的自由和创造力；创新则表现在构造的简洁和各种技术细节的运用上；展馆作为一个舒适而激发灵感的微型城市，本身就是和谐社区和健康环境的典范。人类、自然与技术在这里和谐共处，展馆为公众提供了一个探讨美好生活蓝图的平台。像大自然一样，场馆营造了一片超脱于繁忙城市生活的宁静天地，令人不由自主地徜徉其中。

独特的"冰壶"造型使芬兰国家馆在众多展馆中脱颖而出、一目了然，首先从外形设计上一下子就征服了观众。其次它以其创意在与游客的互动中展示了一个微型的芬兰，向世界展现了芬兰及其社会结构。展馆旨在以雕塑式的建筑风格营造自由、创意、革新的远景。芬兰馆的设计体现了传统的建筑思想与现代高科技理念的融合，中国文化与西方思想的碰撞，使芬兰馆成为世博园中一道中西结合的独特风景。走在炎炎夏日的世博园中，游客历经众多世博场馆的视觉冲击，在芬兰馆面前会情不自禁地停下脚步，忘却酷暑，被"冰壶"的玄妙形态所吸引。整个展馆从水中升起，成为一个岛屿式的微型城市，游客可通过一座桥跨水入馆，展馆的中心是微型城市中心和公共活动场所。"冰壶"的造型奇特，是一个

非对称建筑，场馆四周，清风微拂，水波粼粼。当众多场馆采用竹木等天然材料时，建筑师独创性地采用一种新型复合材料，完成了一种具有可持续性的建筑。纸塑木瓦呈鳞片状附在建筑外表面，均质而细腻的肌理，体现出芬兰人细致的个性。夜晚，场馆上部端口的不远处会透出室内灯光，远观两小片亮光贴附在"冰壶"上，如同希腊英雄胜利后头顶月桂树叶编织的王冠凯旋一样庄严肃穆。

　　展馆建筑外形的灵感源自芬兰的自然环境，展馆对自然元素进行了重新诠释，如岛屿海岸上的小岩块形状、鱼的外观、水面倒影、天空剪影以及木焦油的气味。展馆为任何一个希冀进入展馆的游客提供了一个远离繁忙都市生活的静谧空间。展馆如同一只巨大的"冰壶"浮于水面，薄薄的水层冷却了展馆周围的流动空气。展馆近处，鱼鳞式的精致表层结构特别显眼。平坦的桥梁通往入口，入口是一处由暖木表层构成的通往展馆的荫凉地。在"冰壶"的公共活动场所，由植物构成的陡墙直刺天空，融入楼层的陈列品和照明设备营造了一个游客穿行的虚拟展会，缓坡在"冰壶"的厚壁间轻柔地上行直至展厅，形成一个缠绕中庭的高位空间。缓坡穿过展厅后绵延向下至出口、商店和餐厅。

　　"冰壶"是一处宁静的港湾。漫步其间的游客得以暂时脱离都市生活的喧嚣和疲惫，任凭自由的思想在这里碰撞、交流和融合。整个芬兰馆环绕室内广场，人的欢聚和社区精神成为场馆的基础设计。自然元素，即水和天空，是整个场馆中最迷人的部分。芬兰馆不仅呈现了一个舒适而富有活力的微缩城市，还成为健康环境的典范。这里体现了人、自然和技术的统一。

高科技产品的展示演绎了"灵感分享"的世博主题

　　展馆意在表达"美好生活"的愿景。展馆的建筑整合了美好生活的六个重要理念，即自由、创意、革新、社区精神、健康和自然。空间和功能方案也融合了这六个理念。雕塑设计利用科技手段表现自由和创意。革新理念表现在项目的简洁和技术细部方面。展馆沿着公共活动场所蜿蜒盘旋，将人们的聚会

和社区精神融入基础建筑设计之中。水和天空等自然元素成为建筑的抽象部分。展馆不仅是舒适的、令人振奋的微型城市，同时也是健康环境的范例。人们可以在展馆的公共活动场所，就美好生活的政策畅所欲言。芬兰馆在建筑材料、构造上都展示了新的基于可持续发展理念的高新科技，它的表皮是一种新型纸塑复合材料，以标签纸和塑料的边角余料为主要原料。这种特殊的环保建筑材料十分坚硬耐磨，不褪色，可重复使用，移动或拆卸很方便，还能全部回收利用。屋顶的雨水收集系统和太阳能电力系统可为建筑节能和供能；"冰壶"的中庭上方设有可以收放的、似轻薄织物的透明塑料薄膜。晴天时，薄膜可以完全收起，场馆的大部分空间都能直接与大自然亲密接触。墙壁和屋顶的开口促进了自然通风，控制展厅与室外环境的热交换。

　　芬兰馆的中心是一个露天的中庭广场。踏着木质的地面，地上摆放着芬兰特有的大石块，加上空调制造出的"冰壶"庭院里冰冷的虚拟效果，使游客犹如走进一个有着流水岩石的庭院，抬头看到蓝天白云，四周是内墙视频展现出的芬兰湖泊、岛屿、海洋等美景，仿佛亲临壮美的北欧自然风光。纯净的水面与建筑，给人以优雅、超凡的第一印象；沿着桥面进入场馆，象征着美好生活的六根柱子，编制的内表面，缓缓上升的曲线环抱起头顶的一片天空。芬兰馆以最简洁、纯净的方式体现自然，不禁引人深思。

　　"城市，让生活更美好"，在芬兰馆是通过展示以"清洁技术"为核心的高科技产业呈现的。在梦想之城的展厅，以互动的方式表现芬兰创造"美好生活"的基本要素，表明芬兰愿与他人分享解决方案，交流思想，共同为争取一个均衡与可持续发展的未来而努力。展馆的建设致力于在建筑方法和维护方面研发节能、低排放和环保的解决方案。以二氧化碳的低排放为标准来选取建筑材料，在展馆的整个生命周期里，都将探讨材料的装卸、重新使用和再循环。世博会后，"冰壶"可被方便地拆卸，然后异地重建，后续利用。整个视听空间没有文字说明，也没有言语解说。安静的背景音乐，令人难以忘怀的互动使画面以及舞台上讲解员偶尔呈现的短剧表演，使游客能以自己的节奏充分享受参观之旅。

芬兰馆除了造型独特颇富创意的设计，高科技元素与互动体验的结合成为芬兰馆的最大亮点，从中可以感受到芬兰人民追求高新技术的热情，芬兰创造力的国际知名度帮助赫尔辛基市脱颖而出，被授予2012年世界设计之都的称号。赫尔辛基拥有很多全球知名的芬兰品牌，比如，阿泰克、伊塔拉、玛瑞米科、诺基亚和通力等。其实，"冰壶"作为一个绿色建筑，就展示了芬兰最新的"生态、清洁"方面的尖端科技，同时展现了芬兰最传统的森林产业的创新实力。外墙使用新型高科技环保材料，即一种由废纸和塑料制成的复合板。整个芬兰馆设计方案遵循可持续建筑和建筑生命周期节能的理念。整个展厅外墙是全景的投影屏幕，墙面上投映着蓝色的海洋幻影，一片片流线型的白色轻纱薄片从屋顶上空垂吊下来，上面打着气泡的投影，使人误以为已经置身于芬兰的海底世界。继续往前走过白色区域，外圈上的屏幕又出现了阳光、植物和建筑，似乎在展示芬兰是一个白雪皑皑、靠海的地方，也是一个充满人情味，享受阳光的天堂。如此生动的虚拟向导与屏幕内容形成有趣的互动，无需任何言语便能帮助游客了解三个展厅的主题和内容。说到诺基亚手机，可能是很多人士青睐的高科技产品，芬兰馆首次在诺基亚N900手机上公开演示增强显示技术，游客可以在刺激、互动的冒险之旅中享受融入了多种不同的芬兰元素的增强现实体验。展厅的互动电子艺术墙上有200个移动电话，通过改变其展示的色彩来对路过的参观者做出反应，同时，参观者可以自己拍照，并将照片添加到艺术作品中。

说到亮点，还要提及芬兰馆内的电梯。芬兰馆电梯的设计复制了中国灯笼的效果，并配以芬兰的特色。结合创新科技与前卫设计的电梯既具备电梯的实用功能，同时还是展馆的展品之一。电梯使用了最新的射频识别技术，可将展馆的贵宾送达三楼。芬兰馆以其独特的清凉造型和高科技的内容展示，为炎炎夏日的上海世博园带来了沁人心脾的温馨，使游客记住了芬兰馆！

BIE点评

B类奖项：展馆设计奖

金奖授予芬兰馆，因为该馆的杰出设计灵感源于自然，同时它也以创新的模式诠释和再现了各种自然模式。

GOLD goes to Finland for splendid architecture inspired from nature and the masterful way of interpreting and reproducing natural elements in an innovative way.

设计师访谈

芬兰馆展览总监：Petri Ryoppy
时间：2010年10月12日

采访人：我们是世博局课题小组的成员，希望通过这次采访能够更深入地了解芬兰馆。我们认为，建筑和展览是一个整体。很多建筑设计师和展示设计师也是在这个过程之中配合得比较好。作为展览总监，您是如何考虑将展示和建筑结合的？另外，我们知道芬兰的自然风光特别优美，又有自己最好的解决城市问题的方法，这些都是要通过世博会展馆表现出来的。你在设计的时候是如何考虑的？

Petri Ryoppy：我们在设计芬兰馆的时候，结合了这次世博会的主题"城市，让生活更美好"，并以此为重心来进行设计。从整个建筑来说，首先你一进到芬兰馆就可以看到一个镂空设计的中庭，在那里你可以直接看到天空。脚下是我们芬兰的原木地板，而且整个芬兰馆又是在湖水的环抱之中，这就与我们的国情十分贴切。芬兰是一个"千湖之国"，是一个自然景观非常美好的国家。因此，芬兰馆的整体建筑是综合了芬兰的国情和世博会的主题来设计的。

芬兰的人力很少，整个芬兰只有530万人口。在芬兰，每个人都职责非常明确，做事情也非常清晰。那么怎么将这个理念加入到我们的芬兰馆呢？每当有游客进来，就会由我们芬兰的讲解员跟他们做一个沟通。到了我们主展区，游客就能通过我们讲解员获得很多很多的信息和知识。如果你单单只是走过这个展区的话，获得的信息可能会非常少。绝大多数的中国游客到展馆来，因为对芬兰的了解很少，所以就会觉得他离得很远。因此需要通过讲解员把这些信息、把我们需要传递的一些

知识告诉这些游客。

采访人：我们能够从芬兰馆的外观设计和展项设计中看出设计师对世博会超大人流量的充分考虑，这方面是如何体现的？

Petri Ryoppy：在选取设计方案时，芬兰开展了一个比赛。我们从二三十个的设计方案中选择了它，因为它把空间放到了首位。当初在参加中国的世博会时，我们就想到了会有很多很多的参观者。在芬兰，从来不可能有100万或200万、300万的游客去参观一个博物馆，整个芬兰就530万人口。因此我们在设计时会考虑，如果这个芬兰馆改（建）在芬兰，可能整个展览里有很多展示品就是整个道路的中间。但是现在我们看到，整个展区（被）放到一边，留给我们的游客很大的一个空间去走去看，这就是我们对空间和人流量的考虑。并且，整个芬兰馆出入都是同一个通道，是像迷宫一样循环的。这样就给人流的自由行走创造了很大的一个机会——不会有很多障碍物阻碍游客在我们展馆中自由活动。

采访人：正如刚才您提到的，芬兰馆设计本身就是围绕世博会主题展开的，并且把世博大人流量的情况考虑进去。芬兰馆里安排了讲解员，不过即使在没有讲解员的情况下，我们也可以感觉到芬兰各种特点和气氛。比如刚进芬兰馆时看到中庭的天空，就等于是芬兰的建筑把上海的蓝天融合在一起了；比如我们进入核心通道，在主展厅的一边是精灵童话的影像，一边是芬兰非常先进的设计。您刚才说考虑到大人流量的因素，就把一些展项放在两边，一边是影像一边是实物。这个想法在设计之初是建筑设计师还是展示设计师来协调这个创意的？

Petri Ryoppy：这是个非常特殊的项目，因此主要的芬兰馆设计、空间感都是以原设计为主。当初大家在选择我的设计时，我们就已商榷过，展区会由另外一个设计团队来完成，就是考虑到上海世博会的人流量和一些实

际的情况。所以，我的设计仍是作为主要原则。不过，有些是我们以设计师的主要想法为原则来进行设计的。比如说，在整个展览设计上，有哪些例子是我们设计师想要把它展现出来的？比如说我们看到的这后面的一个个钢管设计，是原本设计的一部分，是设计师想把它展现出来的。但是哪一些是我们展馆的设计师希望把它藏在展馆后面的呢？我们整个展馆会需要用什么材料？木地板要用什么材料……这些问题都是跟设计师做沟通的。

我们主要在展示区域做了一些小小的改动来增加容量，使展馆流动性能更大一点。展区里的这些展品，都遵从了设计师原本的宗旨，具有其特殊性。这就是为什么我们会从千千万万的同类产品中选择它来展现芬兰、代表芬兰。比如你现在坐的椅子，它本身是一个作为设计品的椅子，但是从可持续发展的角度来说，因为它是用纸做的，所以它是个可持续发展的产品。每个产品刚开始设计的时候，我们就会考虑到它以后的产品线是如何发展的。因为我们芬兰馆的主题就是可持续发展的、绿色环保的、而且人性化的，所以我们看到所有的展品都是以人为本、以环境为主要的基础来设计的。我们在展厅里面所有选的这些材质、这些展品都代表了芬兰人的生活——人性化的生活，也代表芬兰人对环境的保护和未来的一个展望。

采访人：在展示里的影像的设计里边也用了很多精灵、动物的元素，其中又有很多现代生活的元素，这方面又是如何考虑的？

Petri Ryoppy：是这样的。芬兰和大自然的连接是非常非常亲密的。2000年我们参加德国世博会的时候，在那里展示了很多很多芬兰的自然。由于这届世博会的主题是"城市，让生活更美好"，所以我们以此为主题来设计我们的展览。

我们的展区一共分为两个部分。一部分是我们的物质墙，我们可以看到有很多展品摆在那里。那是芬兰人日常生活。芬兰人家里会用到一些什么东西，那是人们

可以触及的而且非常接近人们生活的。另一边就是你刚看到的故事墙，就是我们投影墙上面有一些像精灵一样的人物——我们以这样的方式表达我们芬兰人和自然的一个结合。你看到的这个小精灵，他的头部一下子会变一个动物，就是展现这样的一个信息：芬兰人和自然非常接近。这样一个小精灵，他从一开始就在那里，带领游客走完我们芬兰馆的整个展览。如果你仔细观察的话，你会跟着他一起从我们第一个投影墙，一直到第二个投影墙到最后一个投影墙。另外一个我们要传递给大家的信息：在未来的世界里，可持续发展的物质是多面性的，他并不是我们所能想象到的或者触及得到的，是一种我们想象不到的东西。就像我们的精灵一样，他一下子是人，一下子就变成一个动物，变成了一个精灵。如果你仔细看的话，即使没有讲解员讲解，你也能跟随着我们投影墙上的虚拟讲解员，走完整个展示区域。很多人感觉芬兰馆有点搞不清楚方向，往哪里走？哪里出去？哪里进来？如果你跟着这些虚拟讲解员，方向其实是非常明确的。

采访人：影片里还有一个像是普通观众的影像，请问这个影像是普通观众的影像，还是提前设计进去的？

Petri Ryoppy：其实我们整个芬兰馆有78个赞助商，国家级的赞助商有3个，NOKIA就是其中一个。但是我们的展区并不像市场推广那样，每个产品都有很大的牌子展现在那里。我们就在想如何能推广？比如大家都知道NOKIA这个牌子，如何能更进一步推广它，但不那么太明显？那么，我们在第二展区有一个媒体墙，那个媒体墙就是由200多个NOKIA N810的屏幕组成的。你在那里可以做一个互动游戏，一般的游客可以自己拍照，拍完以后你的照片就会传到旁边的小屏幕。作为一个惊喜，照片会在我们最后一个投影墙的泡泡里出现，就是你刚才所提到的。这不仅是给游客的一个惊喜，也是从另外的角度来展现我们芬兰的艺术。这个媒体墙它本身就是一个现代艺术

一个展品，只是电子化的一个部分，它其实可以摆放到我们的现代艺术博物馆里面去。游客也可以给自己拍了照以后可以做背景颜色调节，你可以快进，你可以把它布满整个一个展区，这是非常随机的，也是我们展览里面最受欢迎的一部分。

在二楼，我们以一种非常典型的芬兰人的方式来推广他的品牌，以艺术的方式、低调的方式来推广。当初我们在设计时候就跟NOKIA的发展部联系，了解未来的信息发展、未来的技术发展将会是怎样的一个形式。每一秒钟都有新的游客到芬兰馆来，所以我们要呈现的是怎样以最快的方式让我们的游客能融入到我们的展品、我们的展示区域里。

其实当初NOKIA在设计的时候有很多很多不同的主意，但是我们只能将其中的10%——也就是媒体墙呈现给大家。因为我们考虑到展馆人流量会很大，如果每个人都要在我们这个展区花上10分钟或者20分钟时间的话，就会形成很长的队伍，而且得到体验的人会很少。所以说，我们将这样一个媒体墙呈现在那里，客人能以最短的时间体验NOKIA的新技术，然后他也能以最快的速度让更多的人来参与这一互动游戏。我刚才也提到了，我们每个人家里都有很多的遥控器，有很多的按钮，如何以最快的速度能让我们的客人融入到我们展区，成为我们展区一部分？这就是我们呈现给大家的一个概念。

采访人：非常好，这也是我们口号所提到的"灵感分享"的一个具体的表现，一个重要的表现。

Petri Ryoppy： 其实我们的投影墙是由芬兰的一个设计团队来设计的，非常高科技。如果游客对这方面感兴趣的话，我们完全可以将它展现给大家看我们是如何控制整个光、整个屏幕的。

投影墙并不是一个电影，它是由一个芬兰的动画公司来设计的。它和实际的芬兰生活融合在一起，其本身也是个设计。但这并不是我们主要想展现给大家看，因为一般的客人对科技并不非常感兴趣，他们感兴趣的是芬兰这个国家本身。这是个怎样的国家？这是个怎样的人文环境？他们的文化是怎样的？他们日常生活是怎样的？因此我们把展现芬兰的国情作为我们的主要目的，展现给所有的游客。科技是为人服务的，并不是人为科技服务，所以我们把主要想展示的东西用最好、最直白的方式呈现给大家。就像NOKIA，最早也是从一个很小的小镇开始发展，直到现在成为一个国际化的大型企业，成为世界上相对最好的这样的一个品牌，都是从最小开始做起的。芬兰馆要展示的就是人类和自然是怎样非常完美地结合在一起。其实很多人到我们芬兰馆，有一个印象就是：这里的环境很优雅、非常安静。每位游客在我们展馆大概停留10–15分钟，那我们希望就在这10–15分钟我们以最好的、最直白的方式给他们留下一点点印象。到第二天他们回想起来会觉得，芬兰馆比较特别，会有一些东西会留在他们记忆里面，就是和别的馆有一些不同的地方。

采访人：即使没有讲解，参观者还是可以对芬兰馆有印象，所以我们觉得芬兰馆设计得非常好。最后还有一个有关工作方式的问题：作为设计总监，是否有其他的团队来作为您的支持？不同的团队来加入，互相之间的这种协调工作是如何来完成的？

Petri Ryoppy： 我们所有的展品都是在芬兰进行挑选的，其中参考了设计师的初衷和很多设计团队的意见。这些东西从芬兰直接运来布置展馆。我们对当地的，很多是上海的设计团队招标，竞标成功的团队会跟我们一起将这整个展区布置好。当然，在这过程中会存在很多文化上的差异，我们所有的合作团队，从世界的两端走到一起的团队，肯定需要磨合的过程。但同时，我们还是将工作成果以最好的方式呈现给大家。我觉得这次合作非常成功，也希望能再有一次这样的机会跟中国的团队一起合作。毕竟芬兰人的生活模式、生活方式想要展现的东西跟中国人所要看到东西，在概念上有很大的差异。如果一味地按照我们的思想来呈现我们展区，可能会不符合中国人的一些品味或者口味，所以我们也采取一些当地人、当地的设计团队和有经验的团队的意见，将我们的一些产品更好地展现给大家——就是中国人感兴趣的一些产品展现给大家。

总结一下，为什么在那么多国家里人们要对芬兰这个国家感兴趣？为什么会选择芬兰？几个月前，一个非常大的一个国际的机构在综合了各方面因素后，将芬兰评为世界上最好、最适合居住的国家。芬兰是一个非常讲究平衡的一个国家，不管是你的私人生活，还是你的公共生活，不管是工业化、城市化，不管是设计还是什么，芬兰人讲究的就是一个平衡。如果你在各方面如果都能做到平衡，其实就非常好了。这也是为什么人们要选择芬兰：无论是你想要去求学，或是你已经有自己的一些专业特长，或者是想从事一些什么职业，都可以在芬兰得到很好发展——因为芬兰是一个平衡、公平的国家。芬兰人一般都是非常安静、非常沉着冷静的。但是，一旦我们有一些派对什么的，芬兰人就会变得非常疯狂。芬兰人其实也是蛮喜欢喝酒的，也是我们文化的一部分。

采访人：刚才您提到"平衡"两个字，就像我们这个的主题，优越、材质和环境，不同方面，从这个商业、生活基础，到精神，到环境，社会各方面都可以，非常完美。非常感谢。

邮件交流

展示设计师：Janna Partanen, Heikki Lamusuo / Partanen & Lamusuo Partnership

一、展示内容

1.贵馆的主题和理念是什么？

芬兰馆是对芬兰文化、城市和自然的探险。Pa-La公司设计的展示部分带来了各种感官体验。"灵感分享"的主题通过"创意泡沫"和"灵感的种子"得以直观展示，它们在展馆中缓慢浮动，可以让参观者跟随参观。多媒体投影的神奇故事和音乐造景带领参观者感受芬兰从现在到未来的社会和自然城市："梦幻城市"。

参观者由多媒体引导，穿过展厅。该多媒体展示男、女主人以提供虚拟导览。这种虚拟导览结合了自然和科技，有些像动物，有些又进行了数字化处理。栩栩如生的虚拟导览反映了芬兰与自然和信息科技的本质联系。展馆内的导览人员和虚拟导览将进行互动。Pa-La还挑选并带来了特别的艺术家在展馆内外进行表演，通过艺术形式诠释展示故事，吸引并鼓励参观者进入参观。

芬兰人的生活非常接近自然，即使是城市中亦是如此。我们是自然的一部分，这是个重要的事实。将来，我们需要将环境和人类的福祉结合起来。我们相信通过共同努力，一切将会更加美好：细小的行为可以创造大的成就。

2.如何将贵馆的设计与"城市，让生活更美好"的主题联系起来？

Pa-La公司的整体设计理念讲述了芬兰对实现"城市，让生活更美好"的解决之道。我们希望通过讲述我们城市和生活中的迷人故事来与大家分享灵感。展示想要表达的主要信息是：为更美好的生活所作出的改变始于每个人亲身迈出的步伐。通过共同努力，我们可以让地球更加美好。我们还是可以通过决心和行为来阻止气候变化等环境问题的。科技可以以各种有益的方式得以运用。比如在我们的展示中，"梦幻城市"的设计在能源和供水方面是自给自足的。这些解决方案不仅仅是对未来的梦想，而是可以切实采用的选择。

3.贵馆是如何考虑参观者对展馆设计的感知？

Pa-La设计的展示部分采用了各种感官体验，在参观过程中参观者将被灵感、愉悦和幽默感所包围，并参与进去。在迎宾区，展馆将介绍芬兰的精华，这里还将有虚拟导览（芬兰精神）陪伴宾客参观展馆。第二个区域展开的是激动人心的景观，这些是与芬兰的基础相关的：自然、民族性格、社会、经济、教育和文化。第三个区域叫"梦幻城市"，展示了更美好生活的元素，并且可以在这里参与互动。这里还提供芬兰希望与大家分享的解决方案和看法。

视觉故事这里没有文字，也完全没有口头的评论。组合的音乐造景、难忘的互动动画，加上艺术家导游和男、女主人偶尔在舞台上带来的简短表演，让参观者以自己的步伐体验这种愉悦。虚拟导览将一直伴随着展示。艺术家导游也会在展馆外进行表演，通过通用的艺术语言来介绍我们的展示内容。

4. 有没有针对中国参观者特别进行思考和设计？

展馆为忙碌的大城市生活提供了安静而神奇的避风港，就像大自然一般。虚拟导览的慢动作可以说是模仿了中国功夫。艺术家导览以互动的方式进行表演，并与中国参观者进行开放和愉快的接触。

二、展览设计

1.您是如何使用设计的语言来诠释展馆和世博的主题？主线、重点和亮点是哪些？

Pa-La公司设计的多媒体展示投影到展示间巨大的弧形墙上，形成连续性的述说和一系列的体验。虚拟导览、男女主人和特别的艺术家导览配合多媒体展示，介绍了芬兰展示中包含的主题和故事。

展览的介绍部分叫做"芬兰流"，参观者由虚拟导览带领着进入一个魔幻世界。在"创意泡沫"部分，缓慢滑动的泡沫里包含了芬兰社会、风俗和文化特征。最后，"梦幻城市"介绍了未来的愿景，是城市化的，但也是贴近自然的：与自然和谐共处的清洁科技创新和服务将带领我们走向更美好的城市环境。艺术家导览和媒体功能结合起来，创造出令人兴奋的互动体验。

我们希望展示的芬兰价值和特征是自然、纯净、环保、生态、人性、简单、功能、自然材料和高科技。我们专注于分享灵感，并鼓励人们通过每天的小行动做出有意义的改变。

2. 您的设计如何优化空间利用？

展示的核心是由Pa-La公司设计的巨大的多媒体展示。展示内容被投影到环形展示空间的巨大弧形墙体上，这是非常节省空间且有效的展示方案。实体展品是由Muotohiomo Oy公司设计，安排在展示室对面的墙里。展馆内的参观者由虚拟导览和男女主人引导，而艺术家导览则在展馆内外表演吸引并鼓励游客进来参观。

3. 参观者的设计人数是多少？

预计每天可接纳超过3万名参观者。

4.如何处理大量人流？

展馆面积为3100平方米。展示沿着环形展馆轻松展开，让参观者以自己的步伐参观。多媒体展示并不需要参观者近距离观看，或是在大厅内停留。他们可以慢慢地行走，这样避免了堵塞和过度拥挤。

三、技术问题

1.落实设计中您使用了什么先进的技术或技巧？

设计过程中我们运用了高科技3D模型和动画程序。动画技术过程是由Anima Vitae Ltd.公司完成的。多媒体投影运用了特别的高级电子投影仪。投影仪由芬兰一家创新公司操作，高科技电脑程序由Exiformat Oy开发。展示的亮点在于高科技、互动性、可持续性创新、芬兰文化和设计。

2.落实设计中最大的遗憾是什么？

因为缺乏可用的技术，Pa-La公司所有的未来的和创新的理念此次都未能得以实施。除此之外，我们对于设计成果以及我们想要表达的愿景都感到非常满意。我为我们的设计感到自豪。

法国馆

主题陈述

与其区分中国和法国两个国度，不如突出两国具有世界历史文化参照价值的共通之处。无论在千年文化传承，还是在现代历史，或是科学技术领域上，这些共通之处都无处不在。

中国和法国将在展区中，见证共同的命运与前程，无论是过去，还是现在或将来。

世博会法国馆主要致力于吸引中国参观者。在10～30分钟的参观时间中，展馆将是中法两国对话的最佳空间。宁静的避风港，围绕法国式的庭院，充分营造和谐氛围。信息传达简洁而易见。展览主题深化从不赞成复杂性和过多的信息传播。展馆将是文化交流的空间，丰富多彩，安宁平和，容易让人理解并传述的展览。

对于中国参观者，场馆是个自由畅快呼吸的地方。展示拒绝"黑盒子"式展览舞台设置，弱化了商品宣传，取而代之的是盛情款待的场景。

展馆

展馆将"平衡理念"作为建筑设计背景：技术和感性，创造和永久，革新和品质，行为和思想，城市和区域的平衡。在上海2010年世博会，这个言简意赅的信息将赋予法国卓越的国家形象。创新和具有活力的平衡理念摒弃了"传统法国和当代法国"的老牌对比。

法国的生活艺术是一种面对21世纪宁静而自信的生活态度；是一种改革创新与平等自由、与文化形象、与人道主义、与安康生活，共存的处事姿态。

味觉、视觉、触觉、嗅觉、听觉、平衡、演变：通过这些简单易记的感性城市概念，亲密探讨法国的形象标志和魅力。参观体验将是一种独特而和谐的亲身经历。组合和对立关系不断地激发兴趣，创造奇迹。

根据感官次序展开的叙述，它结合了21世纪科学技术创新与人文城市、感性城市的概念：城市对于人类来说，是经历、相遇、交流、愉悦的场所；对参观者来说，是能产生共鸣和渴望的城市概念。

透过中国感性意识形态的三棱镜，因此更要突出法国是"文明国家"（价值观、文化、创新、传统领域），"区域城市"（日常生活、习俗、交流、生活场所等）。

这就是法国馆对上海2010年世博会主题"城市，让生活更美好"的诠释。

展示内容

法国国家馆是一座简单的建筑物，漂浮于占据整个展馆面积的水平面上。这种脱离地面的手法，能尽显水韵之美及水的反射现象；能活跃排队等候区的现场气氛；更能突出法国庭院的风采。

展览区域从斜坡道上开始，游客从高处入口进入展馆直到低处出口离馆。展馆构思是为了避免螺旋式旋转的影响。连续展示区域的环境特征，使参观者始终感到跟随着一条参观主线。参观持续时间经过严格计算，将控制在10～30分钟。

展馆是超越时间的建筑理念。它是宁静安详的，并与当今社会信息超载形成对比。这是一种城市现象，建筑是人与人之间一段对话，而不是一系列的空谈。

展馆概况

法国馆位于世博会园区的C片区，毗邻瑞士国家馆场馆片区，以"感性城市"为主题。2008年3月，法国设计师雅克·菲利耶设计的这个名为"感性城市"的方案从44个入选者中脱颖而出，被时任法国总统萨科齐钦定为上海世博会法国馆设计方案。其核心理念是让游客体验味觉、嗅觉、触觉、听觉、视觉、平衡以及演变的多重享受，通过这些中西方共通的感觉来诠释城市的概念。

对于生活在现代化城市的人们来说，科技的发展能让大家更好地享受生活，即使在充满钢筋混凝土的城市中，我们依然希望享受到阳光、绿色和水，所以法国馆将凡尔赛花园搬到了黄浦江畔。作为设计者，雅克·菲利耶的设计作品在上海世博会上充分展示出了法国馆现代化城市与古典花园相结合的城市风韵。

设计师将平衡理念作为设计背景，技术和感性、创造和永久、革新和品质、行为和思想、城市和区域的平衡。创新和具有活力的平衡理念摒弃了"传统法国和当代法国"的老牌对比，从各方视角探讨法国形象标志和魅力，并通过创新科技，在节能、可持续发展等方面展示上海世博会"城市，让生活更美好"的主题。

展馆被一种新型混凝土材料制成的线网"包裹"，仿佛"漂浮"于地面上的"白色宫殿"，尽显未来色彩和水韵之美。馆内，美食带来的味觉、庭院带来的视觉、清水带来的触觉、香水带来的嗅觉以及老电影片段带来的听觉等感性元素，带领参观者体验法国的感性与魅力。

整个浮于水平面的法国馆尽显水韵之美——溪流沿着法式庭院流淌、小型喷泉表演、水上花园，感性的设计外观构成了一个清新凉爽的水的世界。从排队等候区开始，参观者就身处在纯正的法式庭院。自动扶梯缓缓地将游客带到展馆的最顶层，展览区域在斜坡道上铺开，沿着下坡路回到起点。参观路线的一侧是视觉效果强大的影像墙，法国老电影的片断或现代法国的图像，无不在阐述着关于法国的城市印象。位于展馆正中的浅水池只要将水排干，便是一个各式文化节庆活动的舞台。配合着璀璨绚丽的灯光效果，使这座"感性城市"尽显妩媚的风采。顶层的法式餐厅展现了法国餐饮的精致与浪漫，漫步屋顶花园，更把浦江美景尽收眼底。

法国馆的中心位置是一座法式园林，溪流沿着法式庭院流淌、小型喷泉表演、水上花园等，构成了一个清新凉爽的世界。参观者可以在阳光和水的环绕中享受鸟鸣、美食和花香，同时，现场还播放法国城市的环境声效。在展馆内，设计师以平衡理念作为设计背景，设置大量的视频投影、活动图像，以及不规则线条外框、反射跳动的波光……这都使建筑物产生了动感。巴黎奥赛博物馆七幅法国国家珍藏品也出现在了法国馆中。参观者可以在法国馆开馆现场共享印有"2010年上海世博会法国馆"字样特别版香槟酒，而且每位到法国馆的参观者都有机会得到一份神秘礼物。

浪漫婚典、国家珍藏品、亮点绿意园林是展馆的三大亮点。

专家点评

法兰西共和国，位于欧洲西部。与比利时、卢森堡、德国、瑞士、意大利、西班牙、安道尔、摩纳哥接壤，西北隔拉芒什海峡与英国相望。濒临四大海域：北海、英吉利海峡、大西洋和地中海。面积63万多平方公里，人口6502.7万。首都巴黎，市区人口217万（2010年）。说到法国往往和浪漫、时尚、感性相连：塞纳河边的散步，香榭丽舍大街树荫下的徘徊，酒吧里的浅酌，咖啡馆里的细语，卢浮宫的名画……法国式的浪漫无一例外地与鲜花、烛光、香水、时装、艺术相关联，其实法国人的浪漫表达更体现在他们对优雅、精致、舒适生活的追求。法国是一个人文大国，有着不可胜数的艺术家、文学家、哲学家，如卢梭、伏尔泰、狄德罗、笛卡尔、萨特等哲学家，巴尔扎克、雨果、于连、罗曼·罗兰等文学家，高更、梵·高、罗丹、莫奈等艺术家；有着闻名于世的博物馆、艺术馆和经典艺术品，如巴黎卢浮宫的艺术珍品；有着丰富的、难以尽数的文化遗产和人文历史古迹，如埃菲尔铁塔；此外，它还是浪漫时尚之都，有着数不尽的法国名牌和设计产品，法国在世界上有着太多引以为荣和举世闻名的珍品，

无疑处于人类社会文明的前沿。当前，法国作为高度发达的工业化国家和文化艺术大国，正以其先进的理念追求低碳生活的和谐人居环境，这是他们在上海世博会上的最大亮点。

造型独特、浪漫、绿意盎然的"感性之城"

穿行在法国馆的浪漫园林中，绿意几乎无处不在。仿佛一个神秘的珍珠盒，打开之后，"回"字形内部空间中竖向铺设的法式园林呈现出一个令人耳目一新的绿色场景。垂直绿化一直延伸到屋面，形成一道道独特的"绿色瀑布"，建筑和绿化在水的倒影中相互交融。这是一个处处都充满绿意的空间，生态的表皮让盛夏炎热的法国馆凉爽了不少，屋顶的太阳能光伏板为餐厅供电，减少能耗。

"我们希望建造一座'感性城市'，以自信、明朗的态度面对21世纪的法式生活艺术。"建筑师雅克·菲利耶这样说，游览过法国馆的人都认为不虚此行，法国馆的设计理念基于感性和浪漫，这是大多数人对法国文化的理解。设计师的初衷旨在以眼花缭乱的背景创造出一个平静祥和而又令人印象深刻的建筑，以白色网架为建筑特征来统一主体建筑，使法国馆看起来朦胧、神秘，深刻地演绎了"感性城市"的世博主题。除了在外表设计上迎合主题，法国馆的"感性城市"营造并未就此终止而简单地沦为"理性方盒"。建筑师在场馆的内部设计中，运用了建筑与园林相结合的设计手法，园林是中法两国建筑界的共同语言。建筑师带来了融合两国文化的全新凡尔赛花园，展出了法国馆现代城市与古典花园相结合的城市风韵，恰切地表达了"感性城市"的法国。菲利耶说："在这车水马龙的现代化工业城市中，人们害怕闻到汽油的味道、看到灰色的天空。"因此，他在法国馆的设计中包含了水、院子和现代园林。

通过六种感官相交融的"平衡理念"，展现多维的法国形象

"平衡理念"是法国馆又一颇富创意的亮点：技术与感性、创造与永久、革新与品质、行为与思想、城市与区域之间的平衡。城市和生活相融合的积极形象，是自然和人造建筑物相互交织的缩影，因此，法国馆注重人工与自然的和谐。垂直的法式园林打造出前所未有的花木园景，园林环绕着展馆延伸到屋顶，在水面的映衬下尽显法式园林之美。游客在树荫下可享受休闲宁静的时光。法国馆给参观者的

积极形象是城市与生活的融合，是自然和人造建筑相互交织的艺术呈现。矿物薄层网格结构悬吊于倒影池的上方，并围合着笛卡尔四边形的法国馆。这个"展览盒"的中心是规整式法国花园，垂直的布局在整体上随意地营造了舞台式植物布景。环绕着花园缓缓而下的坡道为展厅通道，由此，花园置身于城市展厅的中心。设计师试图将展馆作为法中文化交流、互动的空间，凸显"感官城市"的主题，将6种感官相交融：味觉、嗅觉、触觉、听觉、视觉和平衡运动。由此，展现在游客面前的法国不是抽象、晦涩的，游客完全可以通过自己的五官感觉和运动，最直接地感受法兰西的魅力。尤其是顶层，邀请了以地中海特色为基础的美食餐厅入驻"第六感"展区，由法国高级厨师掌厨，提供纯正的法国美食。游客穿过种满各色植物花卉的屋顶法式花园，在餐厅入座后，不但可以通过餐厅的透明玻璃欣赏外面浦江的风景，还可以清楚地看到烹饪的全过程，这种独到、综合感知的方式，超越了传统法国与现代法国的二元式对立，以"城市生活的艺术"表达了法国人对21世纪宁静安详、信心饱满的生活态度，这一设计理念和构思从多个角度展示法国国家形象与魅力，使参观者对法国形象难以忘怀。

　　高科技是菲利耶设计的另一个亮点，也是他一贯主张的"实用性"原则的具体体现。在场馆中，游客将体会到如何利用创新科技改善生活，主要体现在保护环境、节约能源、循环再利用等方面。此外，游客还可以看到法国馆通过高科技的视觉效果——强大的影像墙，展演法国老电影的片断和现代法国的图像，给人以完美和感性的法国城市印象。远观法国馆，被一种新型混凝土材料制成的网线所"包裹"，简洁明了。从空中俯视，整个法国馆呈"回"字形，其方正对称的形态体现出强烈的理性主义的哲学思维模式。而承载这个"回"字的建筑结构实际上是高度理性主义的，平面而整齐的钢结构柱网，追求稳定而高效的交通布局以及底层架空的空间处理手法，体现的是现代主义建筑设计的理性价值判断。由于法国馆是由正方形白色斜纹网格包裹的回廊式建筑，其优雅的形态、平衡的色彩组合，在争奇斗艳的众多世博场馆中，显得特别淡雅矜持。法国馆就像一个漂浮在水面上的白色宫殿，如镜的水面倒映着白色网格状的外墙，俨然一个清凉的水世界。在这座面积达6000平方米的场馆的馆壁和馆顶上，植物错落有致地生长着。而夜晚的法国馆，随着网格间若隐若现的白色灯光逐渐点亮，

远远望去，仿佛一位笼罩在一层晶莹剔透的面纱之下的少女，展现其妩媚的风采。这种绿色园林式的外观设计是法国馆的一大亮点。在法国馆内，不仅有对"城市未来"的憧憬，以可持续发展的理念和生态的视角应对巨型城市的挑战，展现出一种人本的乐观主义情绪，预示着人作为环境中自然和感官的主导地位。此外，展馆更有法国人引以自豪的大艺术家罗丹的作品展示，以艺术的力量征服了参观者。

国宝珍品的海外巡展与"最浪漫的婚礼"

回味法国馆,最值得提及还有巴黎奥塞博物馆的七幅法国国家珍藏品亮相上海世博会,包括法国画家米勒的《晚钟》、马奈的《阳台》、梵·高的《阿尔的舞厅》、塞尚的《咖啡壶边的妇女》、博纳尔的《化妆间》、高更的《餐点》(又名香蕉)以及罗丹的雕塑作品《青铜时代》,据悉,这批展馆珍藏品从未同时在法国境外展出。这些珍品使游客大饱眼福,深深地感受到了法国经典文化的深厚底蕴。这是上海世博会法国馆的最大亮点,展示了法国辉煌的艺术成就。

此外,在上海世博会期间的6个月里,歌手的美妙歌声演绎了法国馆主题曲"最浪漫的婚礼",一直环绕在"感性城市"中。同时,现场还会播放法国城市环境声效。法国政府总代表何塞弗雷表示,法国馆浪漫婚典的初衷是使中法两国人民分享幸福和浪漫之爱,希望新人们在庆婚的同时,了解到与自己的文化颇为亲近的另一种文化。新人们只要身着结婚礼服来到法国馆,就可以获得一张"法国馆浪漫婚典"新婚证书以及一份精美的纪念礼物。每对新人凭证书还可以参加一次抽奖活动,中奖者将有机会赴法免费旅行一周。这可以说是上海世博园中最浪漫的事,也是法国馆最具创意和亮点之处。

法国馆确实以感性和浪漫为上海世博会增添了一处动人的风景,充满灵性和美轮美奂的造型设计,让人们的想象力肆意驰骋,设计融入了法国人对城市、对未来、对生活的理解,五官感觉和运动感的通用,也许只有法国人才能做得这般贴切。庭院、美食、艺术品、浪漫之旅,法国馆以独特的法国文化符号对其辉煌成就的渲染似乎水到渠成。这种设计理念和对中国元素的理解运用,是否可以在城市设计的文化传承与保护上给中国的城市建设者和主导者以启示呢?

作为最具创意色彩的展馆,在上海世博会的国家馆中,德国馆和法国馆在诠释"城市,让生活更美好"的主题时,都以其建筑设计展示了"平衡、低碳"的人文理念,这种理念的一致性显示了城市化进程中,如何协调人与自然之间的平衡关系一直是城市管理者和建筑师共同思考的课题。在展馆的设计中我们看到建筑体量是作为一个城市的有机体来考量的,在建筑的内部呈现出自然,把现代建筑的钢筋混凝土所占去的绿地在楼层中或是屋顶得以再现,从而营造出低碳生活的和谐人居。但同为"平衡"理念的展示,德国馆是在一种动态的、貌似失衡的状态中感知和谐的,几个巨大的体量架空漂浮于花园的景观上空,连成片的绿化在几个体块间穿插,蜿蜒而上,在空间被分割的绿意环绕的动态中,呈现出一幅田园风光的城市。而法国馆则是在绿意烘托的浪漫中如同打开的神秘珍珠盒,"回"字形内部空间中铺排的法式园林给人以稳定和谐之感,垂直绿化延伸至屋面,形成一道道独特的"绿色瀑布",建筑和绿化在水的倒影中相互交融。在一种空灵感中充斥着想象、惬意和婉约,置身绿意的空间,即使盛夏的法国馆也能让人感觉一丝凉意,这就是展示生态平衡的法国馆给人留下的深刻印象。

BIE点评

A类奖项：主题演绎奖

  铜奖授予法国馆，因为该馆描绘了富含文化的日常生活。它让参观者能在漫步于各种感官体验中体验一座城市。

  BRONZE goes to France for their portrayal of everyday life mixed together with culture. The pavilion allows the visitor to walk through the senses and experiences of a city.

德国馆

主题陈述

世博会的主题"城市，让生活更美好"。德国馆将对比德国各大城市，展示其多样性，这也是典型德国城市的一个重要特点。观众将进入一个城市环境对比明显的国度，体验德国城市的高生活质量及特别的活力。展馆将向大众展现一个多面、创意、创新、着眼未来的德国，以及同时，德国对文化遗产及传统保护的重视。

德国参展 2010 年上海世博会，围绕"城市，让生活更美好"的主题，将展示更好的城市发展理念，这些理念不仅增强德国城市生活吸引力，也对未来理想城市的建立有参考意义。德国的"未来之城"强调多样化和平衡，而非整齐划一。我们对于未来的畅想以及 2010 年世博会的贡献将在于在城市差异和居住的各个城市中寻找平衡。

德国馆将展现一个重建与维护、创新与传统、城市与自然、社区与个人、工作与休闲、全球化与国家个性中都处于平衡的城市。这一中心思想将贯穿整个展馆。因此，观众能够亲身体验"城市，让

生活更美好"，理解这一简洁明了的世博会主题内涵。德国馆将忠实体现 2010 年上海世博会的副主题，展现德国最新技术理念和应对之策，关于：

（1）城市多元文化的融合；

（2）城市经济的繁荣；

（3）城市科技的创新；

（4）城市社区的重塑；

（5）城市和乡村的互动。

展览内容

观众参观展览，既是主动也是被动的，有时候需要步行参观，有时候乘坐电梯或传送带，就像在一个现实的城市中一样。观众有机会参观不同展区，沉浸于不同的氛围中，体验德国的多样性以及德国提出的实现城市平衡的解决之道。展览将以德国的视角回答 2010 年上海世博会提出的三大问题：

（1）什么样的城市让生活更美好？

（2）什么样的生活观念和实践让城市更美好？

（3）什么样的城市发展模式让地球家园更美好？

1. 德国景观及德国城市

航空照片、平面展示和互动展项：

（1）德国图片和印象、德国联邦政府、旅游目标、世界文化遗产、众所周知的德国和不为人知的德国；

（2）德国城市中绿化带的意义、重塑自然等。

2. 城市发展和城市规划

模型、绘图、图表：

（1）城市结构重塑、革新和维护；

（2）畅想未来之城的生活；

（3）城市规划、城市调整和城市住房计划等。

3. 城市休闲区

展品、图片和音效：

（1）城市休闲区的意义；

（2）在德国为城市居民创造平衡的计划和理念。

4. 德国城市的技术与创新

互动展品、物品、电影和平面展示：

（1）德国的理念和创新；

（2）适用于城市生活的发明、国际专利、设计产品；

（3）德国自主研发的创新材料。

5.国家及城市的文化与社会

产品、图片、音效及展品：

（1）城市中文化区域的重要性；

（2）中国和德国的文化合作项目；

（3）跨文化交际和合作；

（4）德国城市里不同种族混居。

6.城市中最重要的因素——人类

展览压轴展示："秀"

（1）一次美妙的综合体验；

（2）一场融合并激发观众的多媒体展示。

展馆概况

德国馆位于卢浦大桥附近黄浦江南岸的世博园区 C 片区，与瑞士、法国和波兰馆相邻，占地面积
6000 平方米，以"和谐城市"为主题。整个场馆是由德国联邦政府委托德国经济部，并由科隆国际博

览局作为官方代表进行公开招标，最后由米拉联合设计公司中标。该建筑体现了"城市，让生活更美好"的世博会主题，并说明了一个宜居城市范例。城市发展和社区之间的更新和维护，社区和个人的发展与全球化和国籍的平衡是展览的核心议题，也在展馆的建筑设计中反映出来。展馆不是作为一个建筑构思，而是与周边形成整体。

展馆由自然景区和展馆主体组成，外墙包裹透明的银色发光建筑膜，主体由四个头重脚轻、变形剧烈、连成整体却轻盈稳固的不规则几何体构成，阐释了"和谐城市"的主题。开放状的建筑外形轻盈而飘逸，似乎在向参观者们发出真挚的邀请。

"严思"、"燕燕"——两位特殊的虚拟讲解员，陪伴着每一位参观者穿行于各个展馆。穿越了一条充满典型德国都市画面的"动感隧道"后，参观者们便会踏入"和谐都市"内设计布置奇妙的体验空间。有用灯光、色彩和声响打造的"人文花园"、展示德国设计产品的"发明档案馆"和"创新工厂"、展示各种德国发明的新型材料的"材料之园"。

"动力之源"展厅顶端悬挂着巨大的、表面浮动着多种图像和色彩的金属感应球。进入大厅的参观者被分为两组一起呼喊。金属球将移向呼声更大更整齐的那组，并变化其球面的图案和色彩。金属球静止后其表面会呈现地球、地球孕育种子、种子又变成花的生命诞生的过程。

"海港新城"展厅观众每20人一组被请入展厅，穿过一个暗室，登上电动滚梯，之后穿行于一条隧道。顿时，"火车、汽车、公共汽车"交替出现，广播报站声，鸟儿啾啾鸣啭，水上荡舟的孩子们欢乐的笑声不绝于耳……当然，这只是一个用多媒体创意制作的美妙世界，指示着"你已进入德国城市"。走出隧道人们豁然开朗，隧道末端出现了一个湛蓝色的海底世界——伴着水声、泛着气泡，水光倒映四射。人们好似跃出水面一般，眼前忽然呈现出一幅动人的、指向未来的画卷：灿烂阳光下的汉堡海港，蓝天白云，海鸥翱翔，还有令人叹为观止的现代建筑群。

专家点评

　　德意志联邦共和国，面积 35 万多平方公里，位于欧洲中部，东邻波兰、捷克，南毗奥地利、瑞士，西界荷兰、比利时、卢森堡、法国，北接丹麦，濒临北海和波罗的海。人口 8200 万（2006 年）。德意志民族是一个勤于思考、勇于创新的伟大民族，创造了辉煌的文化和历史，在世界文明史上可谓群星璀璨。产生了康德、黑格尔、马克思、尼采、雅斯贝斯、海德格尔等世界知名哲学家，贝多芬、巴赫、韩德尔等音乐家，歌德、席勒、海涅等世界级文豪，尤其是世界级大科学家爱因斯坦。德国是精密制造业发达的国家，是历史遗迹、文化遗产深厚的大国，更是追求绿色环保、生态低碳的现代化国家。德国人喜欢把自己的住宅涂上缤纷的颜色，在窗前摆上盆栽花木。搭配上蓝天白云和清新的空气、洁净的河流，形成美丽的花园城市。在这个美丽的国度，"平衡的理念"被广泛应用于解决各种城市问题。因此，就有了上海世博会德国馆"和谐都市"的展览主题，其理念就是：世界上虽然充满着矛盾的事物，但都可以通过平衡达到和谐。

"和谐都市"的创意理念与国家形象的展播

　　"和谐都市"是德国馆建筑师为上海世博会呈现的理解中的未来城市。建筑师认为贯穿城市发展历程、环环相扣的三个要素是人、城市和环境。人创造了城市，使城市不断地演化和成长为一个有机的系统，城市在环境中是可持续发展的。只有这三个要素达到一个平衡点，它们之间相互制约的要素最终才可以在相互的关联和博弈中达到平衡状态，人与城市才能实现共赢，才能有机和谐地可持续发展下去。这在德国馆中是通过两点来实现的：其一，德国馆展示空间的巨大体量架空漂浮于花园景观上空，它们看似稳定的同时又是不稳定的，这是各个体量之间的相互作用创造了群体内在的平衡关系。这种设计旨在用空间形体的组合关系隐喻城市的内在本质。其二，一片自然风景区和一个城市空间交

相融合。通过底层架空，将展示空间悬浮在高处，同时在架空的底层以及行走的步道两侧植入更多的自然景观，当游客步入展厅时，能够欣赏沿路的风景，强烈地感受到德国城市空间的重要基石——建筑和自然风景之间的平衡。人造物和自然景观的叠合，历史元素与现代都市元素的相互作用，构成了现代城市生活的多样性，多元文化融合是现代城市的基本特征。展区一部分模拟自然景观，一部分则象征城市空间，有室外小舞台、小广场、餐厅、酒吧等多种活动场地和休闲空间。此外，托架而起的展馆给馆外景区搭建了一个可以遮风挡雨的天篷。连成片的绿化在几个体块间穿插，蜿蜒而上，场馆内与外的空间被打破，到处都是绿意环绕的怡人景色。游客被设想为沿着这样一条动态的路线去游离一座动态的场馆，仿佛徜徉于一座充满田园风光的城市。可以说，不露声色的高妙的创意设计理念以及把理念完美地展现出来，是德国馆的一大亮点。

在上海世博会的众多国家馆中，德国馆可以说是知名度和游客提及率最高的为数不多的几个馆之一。远观德国馆好似悬浮于空中的建筑，开放状的建筑外形轻盈而飘逸，似乎在向参观者发出真挚的邀请。游览完德国馆，游客获得的各种体验，不仅包括由建筑布局组成的视觉感受，还包括听觉、触觉等全方位的体验。穿行在被命名为不同主题的展厅之间，游客被应用多媒体设计的展示场景带入各种城市景象和音效中，德国城市的活力和科技水平彰显无遗。但德国馆到底好在哪里，很难一言以蔽之。也就是说，他们的创意已融入整体和细节中，一切显得那么自然和水到渠成。德国馆的创意可以说无所不在，正如武林高手，达到了胸中无剑的境界。从大处说，整个展馆很好地诠释了世博会的主题：城市，让生活更美好。他们以自建馆的形式，通过四个不规则的几何体的联结与平衡表达了对"和谐城市"主题的理解。德国人以环保的建筑外形和内在设计的理念显示，"和谐"就是要追求城市的多样性和平衡，因此，他们独出心裁地把平衡（Balance）和城市（City）两个英文词汇相加为Balancity，成为在本届世博会上首创的主题词，巧妙地传播了他们的设计理念。用德国人自己的话说："文化产生变化，变化促进文化"——

这在鲁尔工业区演变中出现的看似漫不经心的一句话，恰是对德国馆从建筑外形到布展设计最好的诠释。"和谐城市"的创意理念在德国馆有了最生动的展示，自然元素在城市空间以及建筑理念的渗透使德国馆像一个充满激情的城市有机体，一座可以漫步其间的城市雕塑，把都市生活与田园风光体现得淋漓尽致。在所有上海世博会国家馆中，德国馆是展示内容最多、最丰富的一个。通过布展设计和内容展示与想象，德国馆成功地展播了国家形象。

富有灵性、飘逸的创新之美

通过建筑学与展示空间的融合范例，生动地诠释了诗、思合一，艺术与技术对话的可能性，使德国馆富有灵性、飘逸的创新之美。在通常的印象中，德国是一个盛产哲学家的地方，以思想深刻严谨著称。同时，也是推崇艺术创新和尊重艺术的国度。在德国馆中我们可以感受到音乐、绘画、哲学与诗以及设计的融合，并在这里闪现出奇异的色彩，德国馆的细节和不经意间给我们的强烈的思想和视觉冲击，使游客受到文化和精神的震撼。德国馆的建筑师、设计师魏悉理的观点颇有哲思，通过设计表达了他对世界的看法：每个人或者群体都有自己的立场，在说着不同的话——要达到和谐，首先就必须承认这样的现实。同时，存在矛盾并不意味着分崩离析，总有办法做到整体的和谐。德国馆以无限的创意为21世纪都市生活的创新与传统，共性与个性，工作与休闲，以及全球化与民族性提出了新的时代主题的诠释。有着这样的理念，德国馆最终获得上海世博会A类展馆主题演绎奖金奖就不足为奇了。

德国馆的创新首先体现在建筑设计上，不规则的几何形体的变形处理打破了通常德国人对规则遵从的期待，他们以作品诠释了现代主义的建筑风格，简洁、冷色调、不规则的几何形体在此建筑中表现得尤为充分。在内部的展示空间处理上，德国馆的设计遵从了有序的处理原则，从一开始便不断地制造惊喜，从风景区、市郊、动感隧道到海港新貌、创新工厂、艺术工作室、动力之源，既可以在内涵上感受到德国著名城市的景观特色，又可以体会到德意志民族自强不息的民族精神。悠久的历史和时尚的当下构筑了德国馆对历史文脉传承精神的把握，以及他们对现代城市构想的新颖独到之处，最后的结尾收在未来，以互动体验完成了"未来城市让生活更美好"的想象。

德国馆给游客的印象是它充分展现了一个创意和多元化的民族特质。一座城市代表了各种多元化之间的平衡，是由许多不同的历史内容、空间、功能和环境所组成。在许多城市中，从以产品为中心的工业化到以服务为定位的变革致使许多大型工业场所转变为宜人的公园和住宅环境。自然风景以其独有的方式进入城市，在欧洲城市的现代规划中，城市和乡村这两个在历史上曾被分别定义的部分正在朝着同一个和谐的有机体发展。德国国家馆的建筑非常像一个动态而都市化的有机体，一个可行的三维空间结构，反映着德国的国家和城市中的多元化生活。作为勇于创新又具有前瞻性的国家，德国深深地扎根于它的文化和历史遗产。相对于千篇一律的设计，多样化和平衡性对城市未来更为重要。德国不同城市间差别的相互作用，为特别的生活品质和活力提供了生长空间。因此设计师坚信：在不

放弃创新和技术的前提下保护这些差异和区别非常必要，德国馆以可信和显著的方式表达了这种非常个性化的远景。一座城市对创新和传承、改革和守护、都市与自然、社会和个体、工作和娱乐，以及全球化和民族特性之间的平衡。徜徉在德国馆中，我们会不由自主地被这种理念所感染和感动，平衡的城市是"平衡"和"城市"的组合，是德国对于"城市让生活更美好"的上海世博会主题的诠释。

海港城市与能量之源

德国馆的游览是一个发现平衡城市的快乐之旅。游览德国馆如同漫步在优美的小径：游客时而走在小路上，时而漫步在自动扶梯上，展现了多样化的城市景观。单层空间与双层空间相互结合，不同空间的斜坡和转弯则引导着人们的行程。参观者在典型的都市空间中徜徉：这里有工作和创意的空间，也有娱乐和休闲的空间，还有文化和群体的生存空间。旅程是从天然的户外环境开始的，经过城市、然后到达德国的特色空间。严思（德国小伙）和燕燕（中国姑娘）的虚拟讲解与游客的互动成了德国馆的亮点之一，其实，所谓虚拟解说员并不虚拟，而是实实在在的真人秀，他们将德国多样化的文化融入到信息化和娱乐化的生活中。在景观平台游客会发现许多由严思寄给燕燕的特大明信片上展示的德国各个州的一些风景名胜和地标建筑。当游客到达城市内部时，不断变换的历史展示用各种感官方式呈现了德国生活的印象。同时，这些明信片也是拍照的绝佳地点。因此，即使是排队等待的过程也是令人感兴趣的迷人发现。在往上延伸的斜坡，许多城市的航拍照片在地面上映现，与通过放大镜展示出来的各种互动体验一起构成了多样化的德国印象。经由德国城市的解说文字、实况和特点，游客可以领会到每张图片蕴含的内容，能够从声音、影像、触觉甚至是气味上全面领略德国。火车、汽车、公共汽车和播音公告与鸟鸣声相应和，划船的声音和孩子的笑声一同呈现。

活化出一座"海港新城"，这是德国馆的亮点之一。伴随旅程的豁然开朗，隧道末段出现了一个湛蓝色的海底世界——伴着水声、泛着气泡，水光倒映四射。在港口，出现了一座迷人的未来城市：白天的汉堡港口、蓝色的天空、海鸥的叫声，还有人群。独特的天际线逐渐浮现，典型的港口声音不断回响。这不只是复兴，也是对历史的保护，在传统和历史的基础上创造新事物。影像展示出：都市生活的新类型、各种不同的城市生活、人们在不同的年龄段的思想、生活方式和国籍在未来都可以共存。经过花朵、能量和活力的欢乐海洋，游客进入了城市的花园、仓库、工厂、公园。这里通过影像、音响和三维物体的表述，将绿色空间和休闲时刻的意义引入现代的活力大都市中。在仓库中放满了各种著名的发明和设计产品，这是艺术家们提升城市生活品质的重要内容。通过不同的照明效果，游客们进入一个白天的城市生活环境，之后进入舞台后方的生活场景。许多展柜展示了各种文化项目，尤其是歌剧。德国是歌剧的故乡。在德国馆中，歌剧是邂逅的空间，是文化、艺术、传统保护和发展的空间。经过区域的入口，游客在掌声中越过剧场的幕布，将会惊喜地发现自己置身于舞台的中央，成为艺术表演的一部分，使游客感受到文化对城市生活的重要性。

快乐之旅的终点是能量之源表演区，这是游览的高潮，也是德国馆的最大亮点，它位于一个圆锥体中，空间的尽头是深红色的神秘律动。在圆锥体中你可以尽情地发出不同的声响和叫声，好奇和悬念会油然而生。这是整个展馆的聚焦点，是动力之源，是场馆的磁场，它生成的能量维系着都市的生命力。这是和谐都市展馆的心脏，一座城市的能量诞生地，展示着德国馆的精彩。在这里每个人都是中心人物，都是活动的主导者，能够控制发生的一切。游客进入了一个令人兴奋的空间，这里光影跳跃、色彩旖旎。展区的观察者都在关注空间的焦点，一个直径三米的极大球体，表面布满了数以千计的 LED 灯光、图像、颜色和形状。这个巨大的圆球是德国为世博会提供的一个加速器，也是德国对于

"城市让生活更美好"主题的贡献，游客可以在这里体验一场长达 7 分钟的震撼"现场秀"。在严思和燕燕的带领下，游客们分为两组推动着圆球的运动。他们也从此前的平衡城市陪伴旅程的虚拟形象中脱出，成了真实的存在。在这里，游客们的运动和叫声推动着圆球的运动。声音越大，圆球的摆动越大，球体的颜色就变得更加丰富。圆球的能量反映在圆形剧场中、栏杆、墙壁、顶棚和地板等各个地方，这颗球象征了城市真正的动力以及生命的核心。伴随它的运转，德国的各种景象和游客们眼中的平衡城市开始呈现，游客们的情绪随之高涨。其后，金属球体开始减速变得静止，空间洋溢在绿色光线中，愉快的气氛和蓝色的天空成为主导。金属球上显现"地球"，地球上出现了一粒象征希望的种子，然后变成了花朵，新的生命诞生了，新的生活开始了。游客带着满腔的乐观情绪，仿佛全身充满了由大家共同营造的能量，愉快地离开了德国馆，离开了难忘而新鲜的景象。谈及金属球的设计理念，设计师说是为了传递"个人与集体"的平衡理念，"要启动这颗球，需要在场所有参观者的共同努力。我们希望参观者可以真正成为展示中的一部分，在这里他们才是主角，这是一种非常好的集体体验。"相信游览过德国馆的游客，至今不会忘却共同经历了齐心协力所产生的巨大能量带来的喜悦，这提醒着我们创造城市美好生活要依靠每个人的努力！德国馆以其亮点频频高妙地演绎了上海世博会的主题。

BIE 点评

A 类奖项：主题演绎奖

金奖授予德国馆，因为该馆清晰地传递了各种教育性的信息，并且从各个角度全方位地演绎了主题。

GOLD goes to Germany for their clear educational messages and their complete development of the theme from all angles.

设计师访谈

德国馆展示设计团队成员：Peter Redlin、
　　　　　　　　　　　　　　Marianne Pape
时间：2010 年 10 月 29 日

采访人： 我大概看了德国馆 3 次，每一次看，都对德国馆的设计愈加地敬佩。我们想从设计、工程执行以及如何与公众沟通诸方面了解一下。

第一个问题：请你们介绍一下你们当时参与德国馆项目设计竞标的一些情况。在得到了这个项目以后，你们有没有得到德国政府层面给予你们的一个委托文件，包括这个委托文件里面的内容？

Peter Redlin： 委托方是德国联邦政府，而真正代表官方的执行机构是科隆国际博览公司，刚才您讲的政府的委托是由联邦政府经济部来完成的。

采访人： 经济部委托科隆国际博览公司，然后？

翻译：直接委托，但是经过了投标。

采访人： 上海世博会的展示项目差不多也是这样操作的。你们是通过投标竞标之后得到这个项目的，那当初拿到政府的委托书(或文件)大概包括哪些内容？

Peter Redlin： 投标分成两个阶段，第一阶段第一轮，有 25 家公司竞标，加上我们一共是 26 家。第二阶段挑选了 6 家，再进行招投标的一个比赛过程。第一轮是自由申报，不过政府要求参赛者要有过世博会的办展经验。我们 (米拉联合设计公司) 曾有过类似经验，加上这届世博会，我们一共拥有 3 次 (世博会) 经历。第一届是 1998 年在里斯本，之后是 2000 年汉诺威，在德国本土。

委托书的内容：首先是整体的一个规划，也就是说世博会的主题"城市，让生活更美好"，德国国家馆的一个主题必须迎合它。又包含了一些主要的联邦各个部，每个部都有一些需要展示的(方面)，包括经济部、交通部、城市发展规划部都有。

采访人： 有 6 个部是吗？

Peter Redlin： 有很多，各种各样的部，但是它主要是体现这几个方面。一个是作为德国的一个呈现展示方面、创新方面、经济的实力，除此之外还有文化、旅游方面，还有可持续发展的。还有不仅仅是德国联邦政府的各个部，还有很多的企业，他们也有想法。所以在这个展示表达当中，都应把他们需要沟通的内容都能包含在设计中。

采访人： 您最先拿到这个文本，包括政府跟企业的要求都已经有了？

Peter Redlin： 是的。

采访人： 那就意味着，这些企业已经答应了支持德国馆作赞助商？

Peter Redlin： 不是全部，只一部分企业是作为赞助商。这个项目是由政府财政部负责财政事务，整个费用是从政府支出的。我们不是说要求企业来赞助，我们的态度是对企业不要有压力。我们可以问企业，你们愿意赞助吗？在我们的"储藏室"展区里的这些展品并不是企业赞助的，而是我们根据展示内容的需要自己挑选的。挑选的依据，比如说，可持续性，绿色产品，或者是二氧化碳是否符合低排放要求等，然后去问这些企业愿不愿意把产品拿到我们展区。

采访人： 那这是免费的，还是要收取一定的费用？

Peter Redlin： 展品是免费提供的，但是整个的展品选择，它的整个的展示方案，包括它整个物流运输，整个环节都是由德国馆方负责。物流也是预算的一部分。我强调这点是作为展示的设计公司，我们是独立工作，不受到任何机构的影响，也不是指定性的，只是会得到一些指示和推荐，然后和一些商业委员会进行沟通。比如说工业园，我们会听听德国的工业化标准协会的意见。相对而言我们工作是比较独立的。

采访人：*不受单个企业的要求，所有你们挑选的对象都是符合和谐主题的。*

我的第二个问题就是：你们是负责展示设计的，那么展示设计是如何与建筑的空间设计来共同完成"和谐城市"主题的？这个空间里的展示设计是如何迎合"城市，让生活更美好"世博会主题的？您刚才告诉我，这个"和谐城市"是您想出来的，那么您当初为何对这个主题的理解会产生这样的联想？德国要表现的是和谐城市？

Peter Redlin：当时首先想到"和谐都市"这个主题。我当时一直在考虑，我们要展示德国的话，德国的城市会和中国的城市有什么差别？有什么不一样的地方？或者说德国想展示出我们有特色的地方是什么地方？因为德国的城市规模和中国的城市规模完全是不能相比的，所以我们首先考虑的就是如何从我们自己的眼光来看我们的城市。我们发现，相对而言，在德国的城市建设当中，我们比较注重传统的一些保护——也就是说有一些平衡。工作之余的休闲，和工作是非常重要的一对。还有就是城市里面的这些自然风景，包括绿化公园，绿化设施。还有一些个体和群体又是一对，比如说我们有很多的协会、团体，但也有一些个人的区域。比如说我们展示与家人一起分享的"私人花园"（所谓私人花园，指德国的郊外或园林里，有私人认养或租借的，面积不大的"植物空间"，供家庭成员享用——修剪枝叶和聊天休息。平日里则由代管人管理该"植物空间"），主要就是想展示，在我们的城市里，"私人花园"相对来说也是一种格局，也是一种多样性非常强的现象，它们与城市的公共空间是同时并存的。在面临全球化这样的一个背景时，我们要体现城市的多元化的特征，这是城市的一个区域的特点。同时，我们认识到，更加富有创造力的其实是

居住在城市里的居民，他们是最有创新能力的。

我们对城市的展示完全是我们自己的想法，自己的一些理念，而不是说要把这个推介给中国，把这个模式搬到中国来。而是说，让我们的参观者能够看到哪些是有意义的，哪些部分是可以借鉴的，哪些在中国是比较可行，可以去做的。而并不是一个同样的、某种展示的模式照搬到中国来，或者照搬到其他城市去。在这样一个多样性的展示考虑的基础上，我们就得出了自己的设计理念。我们的理念就是引导观众像一个游客一样来到一个陌生的城市，到城市不同地点去进行旅游观光，包括我们的港口、规划室、工厂、公园。但在整个观光的过程中，工作和休闲是紧密联合在一起的。比如说我们去工厂工作，然后公园是休闲的，同时还有很多文化的元素也在展示。从展示规划来说，一个展厅结束后到另一个展厅，给大家一个惊喜，下一个展厅的感觉和前面一个展厅是完全不一样的一种感觉。

采访人：*工厂后面就是花园。*

Peter Redlin：就像我在上海的感觉一样。有很多展馆给人（参观），下一个展馆就是给人耳目一新另外的一种景象。

Marianne Pape：有时候我们喜欢用对比的手法，或者说是为表达平衡的内容来规划我们的展示内容。比如说，"规划室"展示的是很大规模的城市规划，而接下来的展区是一个"花园"，就是私人的、小规模的且个体的。前面一个是大规模的一个群体，后面一个是很私人的个体的规模。

P & M：以"规划室"为例。因为我们规划的时候就是一张白纸，所以规划室的感觉会是比较明亮的。亮是用白色来表现的，因此展区基本给大家就是比较白的感觉，进去以后会觉得它有很多日照的光线，然后下面的展区有很多的色彩。不仅有色彩，还可以让大家触摸展品，和人们所展现的电脑高科技的东西一样，让大家

通过互动触摸得到一个良好的感受。再讲到"储藏室"。储藏室就像一个图书馆，将德国制造的这些创新的产品、发明都集中在这里。但是"工厂"的感觉就完全不一样。之前图书馆是一个比较静的展示，工厂这边就会有很多技术的展示、产品制造的流程——它是在流动的，体现出很繁忙、很忙碌的工作场景，让大家感觉到一定的节奏。

采访人：还有这个声音，在"嘭——"

Peter Redlin：这个声音是乐队演奏的金属乐。

采访人：我知道，就是模仿工厂里面的。

Marianne Pape：对，用了一些工厂里的声音把它混合成的合成音乐。

采访人：工厂里现场的声音跟乐队演奏的乐曲合在一起。

采访人：那我请问一下这个声音的设计是你们负责的设计，还是另外的人设计？

Peter Redlin：展示方面，包括展品、声音、灯光都是由我们设计的。

Marianne Pape：每个展厅声音的节奏都是不一样的。

Peter Redlin：我们看到"工厂"是一个声响比较剧烈的、比较动感的，但到了公园这块，相对来说就比较舒缓休闲了。整个展区的背景都是可以触摸的纺织面料，顶上像一个倒挂的草坪一样，植物往下面长，（这些植物）都是手绘的。

采访人：我们有一些关于公园的问题要问。我第一次看的时候就被这个流线，花园的那个流线感动："哇，好美！"但是我已经忘掉这部分要表现什么了。前天我们来拍这个展区的时候，才知道这是个倒挂的公园，我觉得这个创意很好。你们怎么会想到把这个公园倒挂的？有人告诉我们展区里有青草味，真的吗？

Peter Redlin：人太多了，味道闻不到。在德国我们有句话，什么东西倒过来就会吸引人的注意。

采访人：我一开始不知道这是倒过来的。

Marianne Pape：这个是一个视角的感觉，如果转换一个视角，你看到的世界就是另一种样子。大家如果是对这个关注了感兴趣了肯定是会进一步提问题，对它的了解可能就会更加的深刻。

采访人：一开始我以为上面表达的是一朵花，其实它是表达草地的。可能因为观众太多的关系，整个空间已经感受不到了，我只能感受到局部，所以只是看到上面。如果观众比较少的情况下，可能这个空间的倒挂形式就比较明显一点。

Marianne Pape：整个流线表现的高低起伏，是一个三维的感觉。

采访人：实在是太美了。

Peter Redlin：还是前面公园和工厂的比较。工厂是一个群体性的、整体的，大家都能够看，每个人都在看。而公园，最后是每个人在植物底下，它是个体的眼光。而且最关键的一点，就是公园是被安排可以去坐，可以休息的。这就是工作和休闲很好的一个结合，而且在公园里面还有这样的一个功能设计，大家比较放松，懒散的休息。

采访人：还有倒挂的花朵，可以让观众钻进去看的。

Peter Redlin：对于一个参观者来说，你可以坐在那边看其他游客是怎样参观的。对于参观者来说钻到花朵里去看，也是非常有意思的。

采访人：也就是说您在设计时已经设定了，你希望参观者不仅是去看展示的这些内容，也希望那些坐在花园展区的人，去欣赏在展区里的其他参观者的整个场景，就像观看一座大花园一样。

Marianne Pape：所以我们在设想展示方案、展示内容时，心中有着参观者的视角和形象，没有观众的展示是没有生命力的。而且看着观众怎么样一个心情愉快地参观、有所收获，我也非常地喜悦。

采访人：你有没有去观察过观众？

Peter Redlin：我学了很多东西，也感受了很多。特别令我们高兴的是，我们设计展示时考虑到的不同的目标群体——年长的、年轻的、还有些人可能就是想走马观花随便看看的……我们非常欣喜地发现，这些观众都能体会到我们想展示的理念，我们的理念完全被观众接受了。

Marianne Pape：其实我们也碰到一些问题，包括在这整个设计过程中，大家获取信息的途径，接受的过程可能还是不一样的，地区差异也很大。比如说我们有互动媒体的环节，它能够进行一个非常好的沟通，但有些人对这样的多媒体还不是很了解，他获取信息可能就比较困难，但我们还是希望能够通过各种各样的展示使参观者都能获取这样的信息。

采访人：我非常欣赏您刚才讲的内容：对几个展区预定的效果和后来观众获取的信息。那么在您组织设计、做施工方案的时候，有没有碰到过困难？有没有哪些展项跟你们原先的设想是完全不一样的？有些是做不到的，有些反而比你们设计的时候更好？您能不能举例说明一下？

Peter Redlin：可以说我们的设计理念完全得到了贯彻和落实，100%。我们现在的设计方案就是我们当初投标的时候获胜的方案，这种情况不是经常会有的，我们也不知道为什么这次能实现。从贯彻设计理念来说，方案都没问题，可能唯一的问题就是在整个设计当中的执行。在最后一个环节，我们讲究的是质量。你可能说你这个知道是 100% 的质量，还是 90%。我们打 100 分？90 分？还是 80 分？就是这个质量。

采访人：这个质量就是它的施工质量？

Peter Redlin：包括施工的一个质量，还包括很多产品的质量。我们是第一次在中国做这样一件事，所以有相当一部分产品是我们自己与中国工人一起工作的结果。我们第一次到中国来做这样大的项目，在别的国家我们有做过其他的项目。我们有这样的一个要求，到当地并不一定能够做到 100%，但是如果我们在那里工作几年，我们就会非常清楚我们能达到一个怎样的目标。

Marianne Pape：这是一个像惊险故事一样的经历。还有很多要在建造或展示的过程当中去做。我在工地、车间里和我们的中方的同事一起沟通、一起工作。我感觉到双方文化背景完全不同，工作流程也完全不一样。但是到最后，互相沟通取得了很好的效果，不断地会有些很新的小创意产生。其实我们也体会到，很多东西在德国是难以想象的，但在这里完全不是问题。比方说有一个拱门，它是铁制的，如果在其他国家展示的话，我们肯定不用铁，而是用展示的替代品，不会用真的铁去制作。但在这里我们就做了个铁的拱门，我觉得效果非常好。我也在工厂看到了铁块是怎样制作、怎样切割的。

P & M：在制作的过程当中，比如说"储藏室"，相对来说，我们想可能在中国制作成本比较低一点，但是不仅要成本低，还要达到我们的标准。非常幸运的是，中国工人在工作的时候，他们不会说"我没有兴趣了"，"我累了"，或者"我不愿意做了"。只要我提出要求，我们的工人就会不厌其烦、一遍一遍地做，一直做到符合标准为止。

采访人：我和同事在一起参观的时候，对这个"储藏室"的印象非常深刻。我们当初就觉得，只有"德国制造"的展区才会有这么精良的装饰产品，没想到它们是在上海加工成品的，上海工人也体现出对这种精良品质的追求。

整个德国馆是最令我最感动的，除了刚刚说的公园，还有"绊脚石"。我问题就是，你们当初是怎么想到这个"绊脚石"的？我第三次来看的时候，被它感动了，眼泪都在眼眶里打转。我觉得，这是一个设计师对历史问题的回答，通过艺术品来纪念或者评价我们以往的那些故人或者事件。"绊脚石"展示的是那些被纳粹驱逐出去的那些犹太人的名字和相关信息，当初你们想出这个方案的时候是怎么考虑的？

P & M： 这可能有些误解，这个绊脚石不是我们发明的，是 10 ～ 15 年前一个艺术家的设计。那么我们是出于怎样的理念来考虑这个设计的呢？我们的考虑就是，能够将艺术家的一个个体的、自发的创作的产品拿来展示，而且把它融入进去——当时第一个做它的地方现在已经成为一个很著名、很有规模的艺术创意景点。这也是我们讲的一个非常德国化的主题，让我们能通过这样一个主题的演示让大家不要忘记过去。特别是现在的年轻人、我们现在的小孩可能对这段历史不是很了解，通过这样的一个主题展示让他们也能够了解并且避免今后再次发生这样的事情。

采访人： 当我看到展厅里的这个"绊脚石"时，刹那间的感动之余，我深深体会到德意志民族是一个不会忘记过去的民族。

我想很多参观德国馆的观众都是冲着最后一个展区去的，就是"动力之源"。那么当初"动力之源"的概念是怎样的？然后，我会猜想，您是不是考虑了人体生理的一个需求，要喊出来的那种需求？还是您要教育观众，大家要齐心协力这个球才会动，大家要团结做一项事业？我想知道当初设计这个"源"是基于什么考虑的？在构思"动力之源"时，是否考虑在整个运营当中有两个人来作互动引导，观众一起互动的效果？还有它整个上面的一个设备体系如何工作互动的？

Peter Redlin： 应该说，我们米拉联合公司已经有了世博项目的经验，所以我们要考虑的，一方面是参观者在参观中一个信息的获得，还有一方面就是体验。体验的时间越长，这个馆给游客留下的印象也就越深。在整个展示中，展馆最后总是该有个亮点，或是大家都能够体验的这样的一个展示区域。作为设计师来说，我感

到非常懊恼的是，一般的展示往往到最后总是互动——个体的互动，了不起一个人看看显示屏，或是两三个人弄一个互动。它没有群体的、大规模的互动，所以我就设想一定要有个大家都能参与的一个互动环节。包括刚才您讲的，考虑到人的肌体生理的一个需求——释放。人要释放，要和大家在一个大的氛围、群体中去释放。

P & M： 因为我们说，声响是内心发泄的一个最好的途径。但是怎么做是可以让人比较接受，而且符合展馆接待量的？在一开始考虑时，我们是直接考虑这个"动力之源"的接待量的。现在一场最多要达到 600 人，德国馆每天接待的游客要 3 ～ 4 万，这样的话我们就会考虑每场几分钟是最为恰当的。这是一个大规模的互动项目，我们想要一个像剧院一样的中心场区，观众围在四周。我和我们建筑师考虑是不分层的——它是螺旋形的，但是在一两分钟内，600 人无法一下子疏散掉，这个问题需要我们重新考虑人流动线的设计。所以我们后来就把它做成分层，分了不同的出口，分了层次。非常紧密地和建筑师进行了沟通。当时也考虑了有 600 个人在这样的场地，如果每个人通过手上的一个接口或者机器来运作的话成本太贵，每一场结束以后都要去清洁、更换。所以我就想通过语言，这种最简单的方式。最后就设想中间用一个实体球，然后两边的观众通过呐喊的声响来进行互动。这个球体是一个非常好的象征，它象征了和谐，象征了一个动力的源泉，也象征了我们的地球。所以，如果大家在四周的话，就像手中握着、捧着一个地球，你能够去推动它、能够去控制它。

您到"动力之源"这个展厅的话，还可以看到它非常好、非常漂亮、非常有创意的一个技术。如果您去看球体上面是怎么控制的，上面的细节部分会让您觉得非常有意思。一方面是技术的展示，同时人是更加重要的展示因素。人类来发展技术，推动技术的发展。所以这当中是一个展示技术创新的方面，也展示我们设计的一个理念。

我们这个项目也是，大家对新技术都很期待，我们对这个金属球的演出效果也很期待。如果通过大家的互动体验能够改变参与者原有的思维，也就意味着符合了世博的主题。通过大家的共同努力，我们能够推动地球。通过大家的共同努力，我们也能够改变城市的面貌。前面的各个展厅，不管是个人也好，或者是小群体也好，个人、和家人在一起，或者和同事在一起，还是比较小的一个展示。而这里，大家是在一个大的社会群体里面，可能就是一个社会、一个民族，甚至我们现在所讲的，来自各个国家的、全球的一个群体来进行这样的一个互动。

采访人："动力之源"经过您这么精心的解释，我更能感受到其丰富的魅力。我再问一个比较苛刻的问题，这个球真的是用声音来控制的吗？

Peter Redlin：这是个秘密。球上面的"眼睛"，"眼睛"里的画面，可以说是完全受到，或者说是根据我们大家的声音及其他的音量来进行反应和控制的。它的上方有 11 个话筒收集声音，包括球中展示的公共汽车。球跟着引导员转动，这些都是真实的。那为什么现在大家都有这个疑问，或者是不相信呢？这是因为，这个球自重 1.2t。它的启动模式是：从积累了一定量的声响以后到能推动球动起来，需要 1.5s。这就是启动所呈现的一个滞后现象。所以很多人感觉，当他们呼喊的时候，这个球好像没有反应、没有动。

采访人：就是说，球的启动源泉来自参与者的声音，当声音积累到一定程度，成为了推动它的动力，之后球就受制于控制系统了，是吗？

P & M：是的，就是大家的声音推动了这个球，声音是关键因素。这就是我们的构思，我们希望通过互动让人们理解：我们团结一起，共同努力是可以推动社会进程，推动世界变革的。

采访人：我非常欣赏你们的这个推动社会进步的构思。同时，我也很欣赏你们为"动力之源"设计的

声音效果。我最后一次来到这个互动展区，发现是我们自己推动了这个球以后，随之而来的是耳畔人声鼎沸的声音效果，场面非常感人。我本来还以为是展区里的人们在呼喊，其实不然，是你们的音响在"呼喊"。尤其是当足球比赛的场面出现时，我们就好像置身于足球赛的现场，要融化在这个气氛中。我个人认为，这个声音系统建立得很好，声音响，但不吵，让我觉得除了被感动，没有其他。

Peter Redlin：是的。我觉得最好的一个场景是，周围都很安静、没有声音的时候，球慢慢、慢慢要停下来的时候，出现地球的画面。

采访人：非常好。最后一个问题：德国馆现在外面排队已经超过 5 个小时了，我女儿曾排了 3.5 半小时才进入馆的。你当初在规划展馆展示区域时，有没有考虑如何适应中国观众高人流的需求？德国馆前面几个展区都很小，很拥挤，有没有想到要把它放大一点？或者说曾有过放大的想法，但是受限于展示空间的尺寸，所以不得已才弄得这么拥挤？还是你是有意要造成这么拥挤的一个状况？

P & M：首先这个世博会肯定是要排队，而且热门场馆肯定是要排长队的，我们有过这样的经验。比如说在里斯本，那届世博会德国馆是最热门的外国展馆，所以也有很多人在排队。应该说德国馆的面积还是有限的，我们拿到的 6000 平方米，已经是能够提供给参展方的最大面积了。如果是我们能够达到主题馆这样的规模，那么我们整个的设计就会是另外一个样子了。还有就是考虑到一个经费的问题。如果是主题馆这样的一个规模，支出的经费也是另外一回事了。同时，如果馆真的那么大，它当中的个体和整体的关系，它们之间的平衡可能就不能像现在这样被顾及到。另外，如果说前面的那些的展厅不是现在的尺寸体量，很空旷的话，那么大家对这些展厅停留的时间会比较短，看得也会比较粗糙。现

在则不同，参观者在这些展厅停留的时间还是比较长的，看到的东西也比较多。如果把它设计得比较大，很多人就会直接一路走下去，那么在最后"动力之源"区域就会集聚很多等候的人。所以现在这样规划，还是有效的。

采访人： 理解，您规划的人流动线就是这样一步一步慢慢行走的，最后在规划的时间内聚满 600 人，进入"动力之源"的展厅内。

Peter Redlin： 如果可能的话，把展馆排队等候区也纳入到世博展馆的设计当中来，会是一个好的减少排队等候烦恼的解决方案。我们经验中的世博会，70% 是展馆，30% 可能就是等候区域。如果等候区域里有一些展馆相关信息介绍，有一些互动，有一些别的信息，把等候区域的设计划归到各自展馆的展示设计框架内，可能会比较好。

采访人： 你们当初没有考虑吗？

Peter Redlin： 因为等候的区域不是在我们德国馆的这个面积区域，是世博园区的一个区域。

采访人： 我们主题馆各展馆的展示设计就包含了门外的等候区的规划和互动设计。这可能是我们组织方在这个环节没能与各参展方取得明确的沟通和确认。

Peter Redlin： 还有包括资金的问题，如果这块要做的话，到底是谁来出钱？所以对我们来说，如果说是这样的一个考虑的话，第一展厅是等候区，第二展厅是展馆，这样还差不多。那就可以纳入到德国馆的这个资金预算中来。

采访人： 但我觉得从目前这个状态，你在展览各个州府的地方倒是可以作为等候区域的。

Peter Redlin： 对，我们当时曾考虑到这个因素，但是这片区域的疏散条件不够，几个疏散出口不够消防相关的要求。疏散通道区域只能满足 350 个人，但如果作为等候区域的话，那疏散通道就不够要求了。

采访人： 对，疏散的直线距离是 45 米，那个区域明显不符合消防要求了。

采访人： 我想问一下细节的问题：这个花园里边的香味是怎么散发出来的？是通过电子的控制，还是做好了现成的香水？

P & M： 我们有一个露营的毛毯，就是草坪的底下有一块东西每天都灌了香水，香水遇到空气就散发了，但是散发的话也就是两三米的范围，可能人多了或者远了你就闻不到这个味。所以我也考虑到，并不是把整个房间都变成有香味，因为有的人可能会过敏，只是说谁愿意，觉得这个香味不错你就去闻闻，但是知道有这个香味就可以了，否则的话，也就是个体的一个行为。

采访人： 您这个香水是市场里买的，还是自己专门特制的？

P & M： 它有不同的香味。有一个公司专门提供这样的服务，你可以提出你的需求，让他帮你做不同的产品。我们需要有一个青草味的香水，他帮我们做好就行了。

采访人： 我还想问一个问题，就是关于里斯本、汉诺威和上海这三次世博会的。三次世博会您都是作为德国国家馆的设计师，那么这三次有什么不一样的？虽然我相信肯定会有相同的地方，就是传达国家的信息、国家的形象。您是如何处理好用不同的设计来传达同样的要求的？还有就是不同点在哪里？

P & M： 首先，所有的这三个项目的德国馆，都是为我们的参观者量身定制、注重参观者的人体感受的。我觉得它注重的不是功能性，而是更多地关注它所要反映的主题和思想。它们的共同点，就是互动性非常强，与此同时是拥有一些新的创意在其中。你可能想象不到的一些创新表现手法和手段。比如说，在上海我们的"动力之源"金属球；在里斯本，我们采用一个电梯把观众送到地下 100 米。其实这是虚拟的，真实的只是那么小小的一段，它靠多媒体的手法让你感觉到被送到了地下 100 米，大部分的观众相信他们已经在地下 100 米了。除了设置互动环节和设计令人意想不到的展示效果外，我们还会在接到项目之初，就关注于如何讲述我们的故事，从我们的角度来展现一些理念，这会是我们设计展馆共同的起步。然后关注展示手法和理念不要太严肃，要稍微轻松一点，有一点幽默的元素。这样与参观者沟通起来会更轻松，感觉更亲近。我们对这次上海世博会的参观者非常非常的满意，我们的展示手法得到了他们的认可和呼应，同时也说明我们的理念和手法是非常非常适合。

采访人：那就是说我们中国观众很配合你们的设计，很是卖力地"嘿吼、嘿吼"！

采访人：如果有可能，下一届世博会还让你们设计德国馆的话，你们会怎么延续这个项目？

Peter Redlin：下一届是韩国的丽水，在今年12月份德国会有一个招标，这是我们的第一步。所有的世博项目我们都会参与招投标，如果能够获得这个项目的委托当然会感觉很高兴。

采访人：我发现您的流线设计非常好。想问一下，这个流线设计是单独的一个设计呢，还是和空间设计和展示设计放在一起来？

P & M：建筑设计和展示设计，这两个一定要紧密得联系在一起。但是，经常发生折中的情况，先搞建筑设计，建筑设计完了以后再去搞展示。

采访人：您和建筑师在之前做的沟通非常好。

Peter Redlin：这是非常重要的一点，我也觉得是非常好的一点，是德国联邦经济部要求我们一起合作的。展示设计和建筑设计是一个联合体，展示设计和建筑设计都放在一起的，要求组成一个联合体招投标。从1998年在里斯本第一次组成联合体来进行招投标以来，觉得效果非常好，后来就一直这样要求了。

Marianne Pape：我们还有其他的项目，比如博物馆这种项目，做得好的项目都是，建筑和内容（里面的展示内容）很好进行合作的，两者要放在一个平等的地位来对待。

邮件交流

一、关于展览

1. 贵馆的主题和演绎方式是什么?

德国馆以"和谐都市"命名,取自英文单词"平衡(balance)"和"城市(city)"。寓意都市的平衡及和谐。参观者将在此进行一次穿越概念都市的旅行。就像生活在一座现实中的大都市一样,人们或将步行、或是使用代步梯,或是乘坐自动电梯。布置各异的主题展厅,多方位地阐释"城市,让生活更美好"的主题。

本次世博会德国馆的创意设计由斯图加特的米拉联合设计策划有限公司负责;建筑设计工作由慕尼黑石凯建筑设计有限公司承担;来自纽伦堡附近、罗特市的努施力(德国)建筑有限公司则承担整体工程的施工建设。这三家公司已经根据相关法律建立了合作关系。

2. 贵馆设计是如何融合"城市,让生活更美好"的主题的?

建筑的整体设计体现了"城市,让生活更美好"的主题,展现了一个人居城市的理想状态。注重新建筑建设和传统建筑保护的平衡、个体发展和社区发展相互促进、全球化和保留国家特色相互补充,这些是本次世博会的核心主题,同时也是德国馆的建筑设计所力求表现的。

德国馆的设计力求脱离建筑的概念,而将其定位为一个有着三维空间、可穿行其间的大型雕塑体,希望让人们流连其中时感觉不到内外空间的界限。德国馆前面的世博广场及其周围的其他景观将自然地呈现在参观者眼前。

3. 您们是如何考虑参观者对场馆设计的理解的?

德国馆旨在为所有人展现,通过促进城市中各种元素的和谐交互,城市生活可以达到何种程度的品质和多样性。四大建筑主体体现了负荷力、承载力、支承力、

撑托力之间的相互作用。如果单独来看,每个建筑主体似乎都缺乏平衡。只有当它们相互作用,才达到一种稳固和平衡的状态,这也体现了"和谐都市"的主题。这个设计的结果就是内外界限的完美交融、光和影的精彩轮换、人工建筑与自然元素的和谐共存、城市生活和乡村生活的相得益彰。通过这些精致的景观,参观者将能够充分感受"和谐都市"的理念。

进一步而言,德国馆的高度交互性也能够让参观者主动探求自己的心灵。

4. 对于具有中国文化背景的参观者,贵馆有没有相应的设计?

我们使用了在中国应用最广的一种建筑材料——钢。德国馆的网状体也大量采用了中国的材料。网状体使用了尖端的德国科技,设计精密而复杂,却同时具有娱乐性和观赏性,能启迪人的心灵。从黄浦江畔望去,目光所及隐隐可见几处棚顶,而德国馆的前部则正像一条由光影交融的棚顶所组成的精美丝织品。

二、建筑设计

1. 您们是如何运用建筑语言诠释贵馆和上海世博会的主题? 主线和焦点是什么?

场馆雕塑反映了城市和乡村生活的多样性。德国馆由 Schmidhuber 和 Kaindl 设计,用漫步的方式体现城市的平衡。和谐都市的平衡之美也展现在德国馆的每一个个体建筑上,单独来看它们似乎是不稳定的,但它们组成的整体达到了完美的平衡。

如果城市能够在新与旧、创新与传统、都市和自然、集体和个人、工作和休闲之间保持平衡,那么它将是一个美好的居所。 这也正是德国馆所希望传达的信息。

"能量源"是城市能源的供给者。它处于"和谐都市"的中心,也是德国馆的设计中最浓墨重彩的一笔——

生活能量和生命热情的中心。但是，参观者自己才是这些能源的真正来源。他们的创意、思想、动力将融入这幅平衡的图景，从而组成真正的"和谐都市"。

2. 您们的设计如何充分利用空间？

主建筑突出的多边形组成了许多空间和景观，使内部与外部的概念模糊化。这个建筑将赋予展览一个"壳"，为展览提供足够的空间。这个设计采用经典的"建筑长廊"设计，引导参观者穿越"和谐都市"。他们将沿预先设定的路径游览，时而登上小桥，时而乘坐电梯，时而走上移动天桥。他们将逐一参观各种展厅和交替变换的创意景观。这段旅程始于"港口"，经过园林和公园，穿越"城市规划厅"，走过工厂，来到城市的中心广场，走到"能量源"面前。

3. 设计的额定参观人数是多少？

我们每天接待 2.5 万名参观者，他们每人平均在馆内停留 1 小时。

德国馆每天都会举行文化表演活动，有时是在舞台上，有时是在排队的人群前。我们为游客提供免费德语课程、播放德国电影、表演德国歌舞戏剧。在夏季酷暑时节，"和谐都市"的工作人员给每位排队的游客发放扇子和参观手册。我们每天在德国馆门前的舞台上提供娱乐活动，没有排队的游客也可以感受到德国风情。在德国餐厅，游客可以品尝德国美食、感受德国的烹饪文化。

三、技术问题

1. 设计中使用了哪些先进科技或技术？

如上文所述，为德国馆专门设计的网状体运用了德国的尖端科技。由于自重轻、反射阳光性能好，馆体外层可持续使用且能保护环境。复杂的钢结构和不平衡结构需要精密的技术规划和紧密的团队合作，也是一大技术挑战。

"能量源"的球体直径 3 米，表面覆盖了 40 万根 LED 灯管。7 分钟的展示环节，"能量源"上不断变换图像、色彩、形状，象征德国对于上海世博会"城市，让生活更美好"主题的诠释。球体的高度合理科技是德国正在研发的一项科技原型。

2. 设计中最大的遗憾是什么？

我们只能说，没有任何遗憾。连德国馆馆长 Urte Fechter 都惊讶于参观者，尤其是中国参观者，对德国馆的好奇心。她说："很高兴看到游客对'能量源'的积极反应和他们对德国馆的高度喜爱。"虽然德国馆的建筑有一天会拆除，但它留下的美好记忆将成为永恒。它展现了一个多面的、开放的、创新的、值得一游的德国。德国总代表 Dietmar Schmitz 说："人们所展现的热情表明，我们把复杂问题用简单方式表达出来对这里的观众有着莫大的吸引力。"

希腊馆

主题陈述

该设计将城市视为承载生命的容器，代表和服务21世纪的人类。当说到更好的城市和更好的生活，我们一般指人类生活环境，一个提供高品质生活的都市环境。这一人性化特性是所有参展方关注的主题，旨在为参观者提供更佳的体验。

遵此原理，该设计强调城市架构，而不是简单的城景再现，是对城市居住和功能的诠释，体现都市生活的乐趣。

突出城市架构的各类元素有双重意义：一方面它再现了城市架构的人造元素，其次又和2010年世博会的主题相呼应。这些关键元素有：

（1）街道是聚会、活动、方向、空间和季节多元化的线性集合，体现了城市繁荣经济相关功能的发展。

（2）广场是聚会和交流的点性集合，是城市中多元文化的熔炉。

（3）港湾作为人们抵达和离开的交集之地，各式土地的交汇反映出了城市中与社区重建相关活动的持续变化。

（4）滨水区则不是一个集合点，它是分离、分割和过渡的边缘，就像城乡之间的互动。

（5）建筑物的巨大容量，容纳着各种视听主体，反映了城市的科技创新。

（6）水元素，反映了地中海城市与大海之间的历史联系，还体现了水的流动性、多变性与现代城市发展的相似性。

（7）绿色元素，既反映了希腊的景观，又象征着城市的可持续性与生态发展。

城市架构的各种元素与2010年世博会关键课题之间的联系能够帮助塑造都市生活的定义，但这定义不是唯一的。所有的关键问题都和某种城市元素有着关联，但这其中的关联不是一条单行道，而是充满了反复、互换、后退和或多或少的重复，就像游览一座真实的城市时会发生的一样。走动的顺序，以及展览中建成和公开空间的关系，就像在真实的城市中一样，创造出不同地点，鼓励不同活动。

通过结合复杂的视觉展览和有趣的互动装置，希腊馆为游客提供了亲身感受希腊城市"一缕生活气息"的机会。一方面，展览记录了在希腊城市中人类居住的历史，突出了是个性化才产生了这种极具特色的生活方式；另一方面，展览探索了当代的一些问题，包括环境保护、城市对自然保护区和乡村的依赖、文化融合、工作条件、创新和发展等，表达了希望在这日益变化又脆弱的环境中提升每个人生活品质的美好心愿。

该展览的中心概念是将希腊城市的一天24小时生活压缩成12小时，这也是一天向公众公开放的时间长度。在这6个月中，展馆的音像中每天都有太阳冉冉升起，迎接早晨的游客，并在傍晚与上海的太阳同时落下；晚上，展览还将继续，陪伴晚上参观的游客。

如上所分析，时间感构成了游客体验的关键。他们从展览中得到的独特体验与他们参观展馆的时间段直接相关。因此，当游客踏入展馆，他们会听到一声告知时间的温暖欢迎词（比如，"欢迎来到希腊。现在是早晨"），欢迎词有至少三种语言（希腊语、汉语和英语）。接着，他们来到接待区的"生机之馆"，馆内一个巨大的照明装置"太阳钟"将会显示时间。在这里，游客可以得到一张"地图"用以探索"希腊生机之城"。然后，他们可根据自己的兴趣和喜好描绘各自的路线来探索这座"城市"，因为展馆中并无固定顺序的讲解。走进一个个对应世博会主题的展示区，游客将能感受希腊的不同景象和声音。当移步到展示区外，即展馆的"街道"上，游客便接触到了希腊城市的有机组成部分，如广场或步行道，并能同时听到每个展示区发出的不同声响。一般来说，展示区的布局、展示内容的选择、屏幕的视觉效果、与展品（如有展品）互动的几率、影像的音响效果，甚至展馆中的背景音乐，都组成了极具美学价值的整体，构造了游客的整体体验。

因此，展览被放在一个个半独立的建筑物中，反过来塑造城市机构的街道和广场。

游览的终点是一个广场，在这里餐馆和咖啡店让居民（游客）从一天忙碌的都市生活中暂时解放出来，放放松、聊聊天。在广场的中央有一颗橄榄树，这是希腊植物的典型代表，而这里的杂货店则售卖着希腊的特色产品，比如橄榄油、草药、葡萄酒以及其他食物。通过雕塑效果，这些货品起到了宣传国家特产的作用。

就像在任何一个希腊城市，广场边缘是一个滨水的小港湾。这里还有一个从一家传统希腊造船厂运来的手工木船框架作为装饰性的雕塑元素，被漆成了鲜明的橙色。海湾的概念突出了希腊城市与海事经济的密切联系。

总体来说，希腊馆在展示希腊城市元素的基础上，通过思想和经历的交流，追求一种更大众的维度，超越国家的界限与特性，将"更好的城市"视为一项关乎全人类的全球课题。

展馆概况

希腊馆位于世博园区C片区，其主题是："POLIS，充满活力的城市"，由Mr. Alexandros Tombazis / Meletitiki ltd 、Mr. Nickos Vratsanos（Associate Architect）设计。

设计者将城市看作生命的容器，代表并服务21世纪不断增长的人口。以人为本的特色是所有展览的主题，希望为参观者带来积极的体验。根据这一基础，设计体现了城市构造，并非简单的实体复制，而是诠释了城市的生活和功能，提示了人们居住在城市的乐趣。

希腊馆的展览结合了复杂的视觉效果和有趣的互动装置，为参观者提供了体会希腊生活片段的机会。一方面，展览记录了住在希腊城市的人类体验，并强调了这种独特体验的来源；另一方面，也探索了当今全球面临的挑战，例如环境问题、城市对自然栖息地和乡村的依赖、文化融合问题、工作环境、创新与发展等，表达了希腊人一如既往的心愿：希望每个城市居民的生活能在变化的脆弱环境中得到不断改善。几乎所有的展品都具有强烈的视觉效果，因此可以超越语言与文化背景向

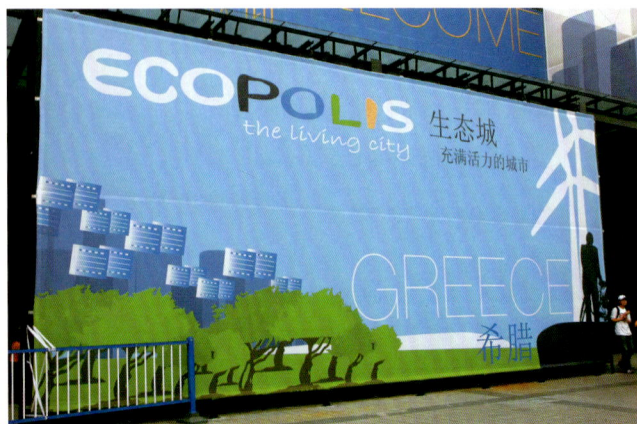

大众表达自身。

　　希腊馆通过以人为本的途径来表达上海世博会的主题。POLIS，希腊城市，指的是"一个生活舒适的城市"，同时也指"一个充满活力和生气的城市"。设计借用城市的架构，而非外壳的复制，诠释了城市的生活与功能，让人想起城市生活的快乐。它不仅展示了希腊的日常生活方式，更反映了希腊人对生活永不满足的追求。希腊的城市因其"民生"和"宜居条件"，以及能给其居民和游客带来"灵动"而闻名。

　　展馆包括10个主题（区域）：拱廊、城市与大海、集市、生态、城市与乡村、剧场、共同生活、繁荣、步行道和港口、广场（餐馆和杂货商店）。

　　展厅C：城市与大海

　　该展厅展示的重点是大海对于希腊城市的经济发展所作出的贡献，以及千百年来海运传统对于希腊的重要性。

　　展厅E：集市

　　该展厅围绕在一个弧形天幕的周围，通过长而持续的360°全景影像来展示希腊首都的面貌。展厅的中央有一个很大的"转向盘"，参观者可以转动它从而在弧形天幕上观看全景影像的不同视角。通过这种方式，参观者能够主动参与到展厅环境的营造之中。

　　展厅F：生态

　　该展厅展示了21世纪初叶大多数城市将要面对的生态问题，这些问题对于城市的未来构成了挑战。通过使用展厅中央安装的互动系统，参观者被邀请一起来"解决"这些问题。

　　展厅G：城市与乡村

　　该展厅通过选取那些能够将希腊传统产品的生产和加工处理以及消费联系起来的图像，重点突出了城市地区与乡村地区的相互作用。

　　展厅H：剧场

　　文化，作为希腊城市日常生活中不可或缺的一部分，将被通过一个能够象征古代传统露天剧场的建

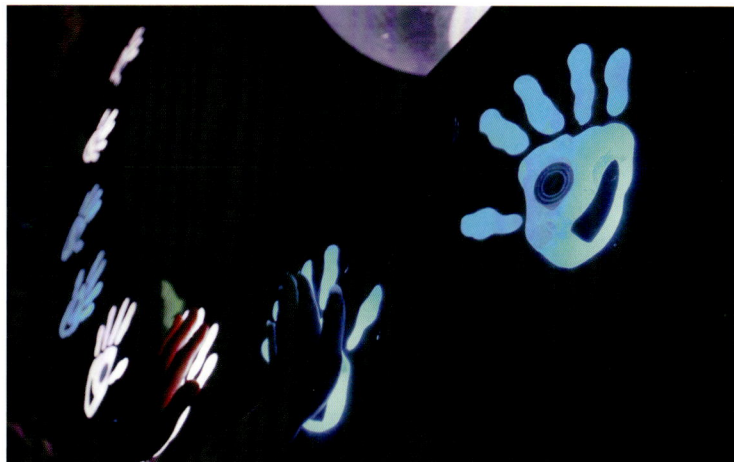

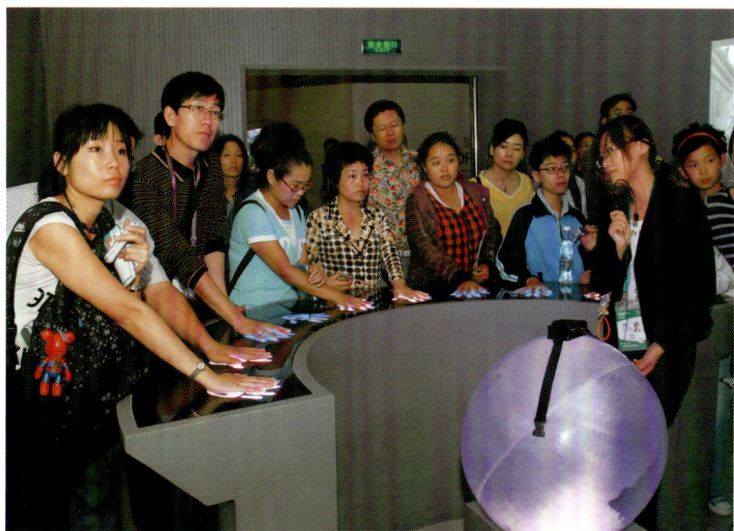

筑结构来加以表现。古代和现代的希腊露天剧场构成了举办各种不同演出的城市中生动的文化坐标。

展厅I：共同生活

该展厅通过不同社会、文化和年龄阶层的人们的日常活动，呈现了希腊城市的日常生活场景。希腊城市多元文化的特性是其表达的重点。

展厅J：繁荣

该展厅通过展示以就业和发展为主题的图片来呈现希腊经济繁荣的景象。通过四个屏幕的播放，参观者可以看到以科技创新和成功经济发展为特色的希腊城市生活方式。所有这些短片中，所有的"窗户"交相呼应，以揭示当今希腊城市的繁荣气象。采石场的作业流程、基础设施建设、旅游业的发展、参观卫城博物馆和埃皮达鲁斯古剧院的人们，以及地铁站的夜景等一组组图片，用现代的方式揭示了过去，展现了希腊城市为市民们所提供的高质量的公共场所。

展厅K：广场（包含餐馆和杂货商店）

广场，在古代即是城市中的集市，在那里有餐馆，为居民或游客提供从紧张忙碌的日常城市生活中抽身出来小憩、调整和交流的机会。在广场的中心，我们会发现一棵橄榄树，它是极具代表性的希腊植物。还有杂货店，在那里可以买到希腊的特色产品，如橄榄油、草药、葡萄酒、乳香和食品等。通过雕塑效果的呈现，杂货店能够起到推广希腊特产的作用。

专家点评

希腊共和国，位于欧洲东南部巴尔干半岛南端。陆地上北面与保加利亚、马其顿以及阿尔巴尼亚接壤，东部则与土耳其接壤，濒临爱琴海，西南临爱奥尼亚海及地中海。希腊面积为131957平方公里，其中15%为岛屿。海岸线长约1.5万公里，境内多山，沿海有平原。河流短小，多港湾。

张扬辉煌的古典文化

希腊国家的格言是"不自由，毋宁死"。希腊的国旗由四道白条和五道蓝条相间组成。靠旗杆套一边的上方有一蓝色正方形，其中绘有白色十字。蓝白两色是代表希腊国家的色彩，象征着天水之间的这块净土，希腊人把橄榄视为和平与智慧的象征。希腊是西方文明的发祥地，创造过灿烂的古代文化，在音乐、数学、哲学、文学、建筑、雕刻等方面都曾取得过巨大成就。希腊被誉为是西方文明的发源地，拥有悠久的历史，并对三大洲的历史发展有过重大影响。希腊的博物馆也举世闻名，仅在首都雅典就有20多个。这些博物馆有的设立在遗址旁边，展览发掘品；有的集中展示精品。不管游客用多少时间，都能够有很大的收获。在展厅I"共同生活"里面，展示希腊人、外国人以及不同人群在一起工作、一起娱乐的场景。展厅内的四个屏幕根据参观者进入展厅的时间段呈现出不同的图像，旨在创造出一个希腊城市日常生活片段的拼图，传达了宽容、平等，以及言论自由等。

丰富多彩的生活

希腊是欧盟经济援助的主要受惠国，受欧盟援助的资金大约占总GDP的3.3%。在展厅C"城市与大海"里面，展示的重点是大海对希腊城市经济发展所作出的贡献，以及千百年来海运传统对于希腊的重要性。展厅位于贯穿整个展馆左侧的水池"海滨"的一角。参观者能够欣赏到若干个希腊港口的优美景色，见到一艘在爱琴海中遨游的船，以及那些在商用码头和传统造船厂里工作的工人。展厅E："集市"展厅围绕在一个弧形天幕的周围，参观者能够有机会在触摸屏上亲密接触到大约130个不同的场景特写。弧形天幕和互动触摸屏生动地再现了雅典的中心城区。参观者在参观展厅时，获得的体验是世博会召开前在希腊当地实景拍摄的日常生活片段。这些生活场景突出了希腊城市文化的多样性。这是独一无二的，它们可以作为观众坐着欣赏的屏幕上播放的美景，内容因时而定。

独具特色的旅游

旅游业是支柱产业，占希腊GDP以及外汇收入的很大一部分。希腊三面临海，地貌具有多样性：无数的山脉，一望无际的平原，珍珠般的海港。希腊是欧洲的文明古国，2700多年前就开始有文字记载的历史。希腊悠久的历史和独特的地中海自然风光吸引着全世界的游客。展厅H：剧场文化，作为希腊城市日常生活中不可或缺的一部分，被通过一个能够象征古代传统露天剧场的建筑结构来加以表现。古代和现代的希腊露天剧场构成了举办各种不同演出的城市中生动的文化坐标。

希腊是奥林匹克运动的发源地。奥林匹克运动正是一种祭神的庆典活动。奥林匹亚有世界上最古老的运动场。后来，奥林匹克运动会虽然改在各国轮流举行，但仍然沿用这一名称，并且在这里点燃各届运动会的圣火。希腊有无数的神庙，静静地述说着它久远的历史。这些神庙都是为了祭奠天神而建，历经了岁月的沧桑，游客们现在只能看到断壁残垣。但是，那些精美的石雕、科学的布局、恢弘的气势仍然能够震撼人的心灵。这些在展馆的多媒体展示中有足够的反映。

生态与未来

希腊展馆非常关心人类的未来，这是古希腊一直宣扬的人类终极关怀。展厅F的大屏幕上一旦显示出一个问题（比如，交通堵塞、大气污染、环境污染、森林火灾等等）就需要人为地介入去控制并解决这个问题。参观者被要求手放在圆环形感应装置内来进行互动。如果另有两个参观者也进行同样的操作，则系统会发出提示音，并且屏幕上显示出对于该问题的三种不同解决方法。在展厅G：城市与乡村，参观者被邀请从6种希腊传统产品中选择1种，这6种产品包括初榨橄榄油、葡萄酒、希腊奶酪、用酸奶和猕猴桃做的水果色拉、希腊藏红花以及乳香。在参观者选定后，被要求操作使用设置于展厅中央的互动系统，参观者能了解每一种产品的加工处理过程及其用途。希腊馆通过以人为本的途径来表达上海世博会的主题。主张创造"一个生活舒适的城市"和"一个充满活力和生气的城市"，让人想起城市生活的快乐。它不仅展示了希腊的生活方式，也反映了希腊人对生活质量的追求。希腊的城市因其"民生"和"宜居条件"的优雅，以及能给其居民和游客带来"灵动"而闻名天下。

希腊国家馆展示了自己的悠久的历史，辉煌的古典文明，极具特色的旅游业，丰富多彩的生活，成功地参与了上海世博会。

BIE点评

C类奖项：展馆设计奖

铜奖授予希腊馆，因为该馆的设计力图展示城市的面貌，但却不是简单的物理复制，而是对城市生活与工作的有机诠释。

BRONZE goes to Greece for a design referring to the urban fabric, not as a physical replica, but as an interpretation of living and working in the city.

邮件交流

展示设计师：Alexandros Tombazis
（Meletitiki ltd.）
建筑设计师：Nickos Vratsanos
（Associate Architect）

一、展示内容方面

1.贵馆的主题和理念是什么？

本设计将城市看作生命的容器，代表并服务于21世纪不断增长的人口。以人为本是所有展览的主题，我们希望能够为参观者带来积极的体验。根据这一基础，希腊馆设计所体现的城市构造并非简单的实体复制，而是诠释了城市的生活和功能，提示了人们居住在城市的乐趣。

2.怎样联系其与本届"城市，让生活更美好"的主题？

提到"城市，让生活更美好"，我们希望强调的是人的环境，一个提供高质量生活的城市环境。

3.如何考虑参观者对于设计的理解？

希腊馆的展览结合了复杂的视觉效果和有趣的互动装置，为参观者提供了体会希腊生活片段的机会。一方面，展览记录了住在希腊城市的人类体验，并强调了这种独特体验的来源；另一方面，也探索了当今全球面临的挑战，例如环境问题、城市对自然栖息地和乡村的依赖、文化融合问题、工作环境、创新与发展等，表达了我们一如既往的心愿：希望每个城市居民的生活能在变化的脆弱环境中得到不断改善。

4. 是否在适应中国参观者的文化背景方面有特别的考虑？

几乎所有的展品都具强烈的视觉效果，因此可以超越语言与文化背景向大众表达自身。

二、展览设计

1.您是如何使用设计的语言来诠释展馆和世博的主题？主线、重点和亮点是哪些？

代表城市架构的元素扮演了双重角色，它重现了城市结构的基础人工元素，正符合2010年上海世博会的主题陈述，这些元素包括：

街道是聚会、运动、导向的线性场所，在时间和空间上都有着多样性的特征，随着城市的经济发展而发展出更多的功能。

广场是聚会和交流的点状场所，也是城市不同文化的大熔炉。

港口这一场所混合了不同类型的土地利用，在这里会发生离开和到达还有许多其他活动，与城市社区的重塑紧密相关。

滨水区并非场所，就像是城郊互动，正处于分离、隔离和转变的边缘。

建筑模块的坚固实体容纳了反映城市科技创新的视听主体。

水的元素，指的是历史上地中海城市与海洋的关系，但也表示着水的流动性和多变性对当代城市发展的影响。

绿色元素，是可持续与生态型城市发展的关键，也与希腊景观息息相关。

2.您的设计如何优化空间利用？

展馆的一个中心理念就是将希腊城市一天24小时的生活浓缩到展馆开放的12小时中去。在6个月的馆内所有展示项目中，太阳将会早上升起，晚上落下，与上海的日出日落时间完全一致；演出将在晚上继续为晚间参观者奉上，创造出每天12小时循环的演出效果，使得每次拜访展馆都有不同感受。事实上，整个展馆可视为"活着的有机体"，随着世博期间上海的日出日落同步完成着一天的循环。这就是为什么它被称为"活着的展馆"。每日周期分为四个时间段（早晨、下午、傍晚、夜间）。通过管理这四个时间段表演的开始时间，我们得以按照上海日落的时间，在展馆的"窗口"播放日落的影像。同样的日常周期和灵活调整的时间段也应用在展馆的灯光设计上。在两个时间段的转换时刻，灯光也随之改变，还有声音提醒。

"虚拟"的展示帮助我们优化空间利用。

3.参观者的设计人数是多少？

希腊馆的设计人数是能容纳920人同时在场。同时紧急出口的数目和宽度也符合这一设计人数负荷。即

本馆遵守了相关的消防规范，提供的疏散能力远超过规定的200人/20分钟。

4.如何处理大量人流？

如对入口进行控制，则每分钟可通过110人；如未控制，每分钟可通过330人。两扇大门（均宽1.8米）都位于出入口处。如果由于种种原因，出现超过250人的情况，负责人流管理的工作人员可在入口处控制放人，直至拥挤情况缓解。

三、技术问题

1.落实设计中您使用了什么先进的技术或技巧？

整个过程我们都运用了先进的技术，从主题陈述，使用先进设备拍摄和制作，到最终使用高清晰度屏幕和投影仪进行展示。

2.落实设计中最大的遗憾是什么？

如果准备时间能更长，我想应该可以覆盖更长时间和跨度的希腊城市。

匈牙利馆

主题陈述

  匈牙利的概念策划将充分体现世博会的主题"城市，让生活更美好"。在世博展示期间，我们会凸显匈牙利的创造力、价值观和发明设计：

  （1）匈牙利在欧洲和世界科学与文化发展中扮演的角色。"推进世界发展的匈牙利"：匈牙利诺贝尔奖获得者、发明家、建筑师、音乐家、艺术家、文学家、匈牙利艺术和文化领域的杰作；

  （2）所获成就的全面展现和我们科学与技术发展的情况（服务人民和城市的现代科学与技术）；

  （3）国家文化和各个民族的文化，不同的宗教信仰，和它们在匈牙利的共存（携手迈向未来）；

  （4）匈牙利和中国之间的历史关系，远东著名的匈牙利研究者，近代的共同成就；

  （5）匈牙利经济上的成就，进步的国家情况，生活标准和质量；

  （6）匈牙利旅游和环境指数，尤其是"世界遗产"和其他国家景点（如"发达的旅游业"）。

我们的概念是建立在国家的历史、现在和将来，力图展示各个城市的建筑和文化的多元。它由四个主要部分组成：

城市的特性 匈牙利历史、文化、建筑	经济功能 匈牙利城市的经济关系	社区发展 匈牙利的做法和原则	城市问题和处理办法 匈牙利创新的处理方法
（1）历史上的邻国	（1）基础设施发展	（1）双语学校（匈牙利－中国）	（1）发明
（2）神话，传统，语言	（2）经济贸易中心	（2）宗教，和宗教各种活动	（2）创新的解决手段
（3）民歌，小调	（3）物流集散中心	（3）不同社会团体之间的国际	（3）人民与城市的现代
（4）文化的污点	（4）商品交易	交流（如，匈中关系）	社会和科技
（5）旅游业发展机遇	（5）匈牙利在过去和现	（4）与中国的开放和合作	（4）城市复原
（6）文化中心	在的知识产权	（5）新社区发展	（5）褐地投资
（7）连通东西、中欧的大门		（6）环境保护	（6）公共交通，铁路
		（7）社区发展中的运动	
		（8）文明社会	

展馆概况

匈牙利馆位于世博园区 C 片区，面积 1000 平方米，其主题是"和谐、创新、热情"。参展上海世博会在匈牙利设计师中引起了巨大的反响。获胜设计的理念是：上海是一座有着 2000 万人口的大都市，匈牙利将从人口密度的角度来理解这个城市。这种密度的脉动和富有活力的增长可以通过作为展览装置的建筑来体现。匈牙利馆的概念方案将通过建筑外形、展品、多媒体等展示手段，集中体现匈牙利在科学文化方面的创新成就、社会生活方面的价值理念以及解决城市问题方面的发明成果。

政府提出把冈布茨这个实体化的数学模型作为展馆的中心，建筑师的理念就是把冈布茨和我们城市发展的过程连接起来，通过一个角度让它更清晰地表达出来，冈布茨本身追求一种平衡，可以代表城市平衡发展、和谐发展。我们从城市人口的密度来理解城市，从密度的脉动和富有活力增长这一现象来着手，设计了匈牙利馆。

匈牙利馆的中心展示元素就是"冈布茨"，一种可以被实物化的数学模型。这一模型的调和运动就如城市的脉动，通过展馆结构的垂直元素，这一模型被放大，同时也创造出密度感。密密悬挂的木

套筒让参观者觉得仿佛漫步在树林之中，而稀疏的地方则代表了林中空地，就像是城市中的广场。

展馆的建筑装置描绘了城市的成长，变化的动力，参观者得以通过感官来感受这一过程。木质装置的每个元素都如乐器一样律动。将近 600 个移动音箱组合成的系统制造出摇摆的声音空间。白天，展馆内部通过自然光线照明；夜晚，音箱内嵌的灯光将顶棚变成一片星空。

展馆用 1000 根"从天而降"的木套筒营造出一个"森林"，木套筒不但反光，还可以随着音乐的旋律上下起伏，给观众带来奇妙的音效和视觉冲击。主题展示区放置的冈布茨（均质平衡器）是匈牙利数学家的重大成果，首次在世界上正式亮相，其原理类似于中国的不倒翁。设计者借助冈布茨的特性，反映匈牙利民族的气质——坚强不懈，富有创意。

"冈布茨"是两名匈牙利数学家根据俄罗斯数学家弗拉基米尔·阿尔诺德的猜想制作出来的一个形状奇特的物体。从形状看，它酷似乌龟。它只有一个稳定的平衡点和一个不稳定的平衡点，受到外力作用倾斜或翻倒后，它会自动恢复到原平衡点。

"冈布茨"是继魔方之后匈牙利人的又一项世界级发明创造，它集科学性与趣味性于一体，在上海世博会上一个重达 1 吨的"格姆伯茨"将被布置在展馆的中央。

专家点评

匈牙利是一个位于欧洲中部的内陆国家。东邻罗马尼亚、乌克兰，南接斯洛文尼亚、克罗地亚、塞尔维亚，西靠奥地利，北连斯洛伐克，边界线全长 2246 公里。首都为布达佩斯。

创意浓浓

匈牙利国家馆内多处运用了"水"和"光"，设计师将这些要素运用其中。以"森林"象征生命配合"和谐、创新、热情"的主题。匈牙利人酷爱森林，他们在展馆里设计了"森林"，里面有光、有音乐，"森林"随着音乐的旋律上下起伏，给参观者极大的感官冲击。

展示元素的核心是"冈布茨"，匈牙利馆内展示 10 余只大小不同的"冈布茨"，其中最大的一只高 3 米，最大宽度也达 3 米，是有史以来最大的"冈布茨"。"冈布茨"是两名匈牙利数学家制作出来的一个形状奇特的均质物体，最大的特征是无论以何种角度将其放置在水平面上，它都可以自行回到其稳定点。匈牙利馆选用"冈布茨"作为核心展品有两层意义，其一是同"冈布茨"一样，匈牙利总是能够不屈不挠，从挫折中"重新站立起来"；在展馆各处，10 多个用各种材料做成的"冈布茨"供大家体验，每天都有无数参观者着迷于这个神奇的"不倒翁"。"冈布茨"的两位发明人之一、匈牙利数学家多莫科什·嘎博尔说："'冈布茨'能够成为上海世博会匈牙利馆的象征，我感到非常荣幸。它和中国的阴阳平衡哲学有些相似，可以说是对于阴阳的三维立体呈现。对于匈牙利来说，平衡与和谐都非常重要。" 上海世博会开园以来，远在匈牙利的嘎博尔收到了不少来自中国的电子邮件。

展现国家美丽

匈牙利展馆的图片和多媒体展现了自己国家的旅游资源、人文景观，吸引了千千万万个参观者。

匈牙利山河秀美，建筑壮丽和富有特色，这里温泉遍布，气候四季分明，各国游客慕名而来。主要旅游点有布达佩斯、巴拉顿湖、多瑙河湾、马特劳山。坐落在多瑙河畔的首都布达佩斯是欧洲著名

的古城，风光无限，有"多瑙河上的明珠"之美誉。匈牙利全境以平原为主，80% 的国土海拔不足 200 米，属多瑙河中游平原。巴拉顿湖，为中欧最大湖泊，位于多瑙河地区巴空尼山东南，东北距布达佩斯 100 多公里。巴拉顿湖属于浅水湖，平均深度约 3 米，湖水含盐量平均每千克达 0.5 克，有医疗价值。湖区多疗养院和休养院。湖两岸的建筑为古老的罗马式、哥特式和巴洛克式，外形极为优美，这里还有 11 ～ 13 世纪修建的寺庙和城堡遗址。

匈牙利美丽的风光曾经吸引了茜茜公主，成为她一生的最爱，而匈牙利人民也回馈她足够的敬仰与热爱，凡茜茜涉足过的地方，都会被重点勾画和强调一番。布达佩斯多瑙河上有以她名字命名的伊丽莎白桥，格德勒的城堡庄园更是被匈牙利人民细心呵护。连匈牙利驯马和骑术表演中，也会选一个年轻的姑娘扮成茜茜公主的模样，红衣靓马秀气娇俏地表演盛装舞步，引得游客们端着相机一通疯狂追拍。

匈牙利已进入发达国家行列，工业基础较好。根据本国国情，研发和生产了一些有自己特长的、知识密集型产品，如计算机、通信器材、仪器、化工和医药等。匈牙利还采取各种措施优化投资环境，是中东欧地区人均吸引外资最多的国家之一。

爱好音乐的国家

匈牙利的音乐当然不能与奥地利的音乐相提并论，但是，他们仍然具有自己的音乐发展历史与音乐欣赏队伍。17 世纪末，匈牙利被奥地利吞并，匈牙利民族音乐的发展受到摧残，音乐事业多把握在外国人手中。18 世纪之后，音乐事业开始逐步发展起来。现在，匈牙利人更不甘落后于其他欧洲音乐大国，他们努力在世界的音乐殿堂占据一席之地。

8 月 22 日，匈牙利国家馆日特别演出在世博文化中心开幕。当天傍晚，匈牙利几个世纪以来所积累的优秀民族音乐，包括李斯特、柯达伊、巴托克、里盖蒂、库塔格以及厄特沃什彼得等人的众多作品都以独特的方式被一一呈现出来。除了国家馆日演出外，匈牙利还以民俗音乐会、动画电影周、邬达克展、罗伯特卡柏及匈牙利当代摄影展、互动圆顶音乐厅、时装表演等多种形式的活动展示匈牙利的热情。来来往往的游客也是听得如痴如醉。

爱好自由的人民

匈牙利是一个酷爱自由的国家。匈牙利的国旗呈长方形，自上而下由红、白、绿三个平行相等的横长方形相连而成。红色象征爱国者的热血，还象征国家的独立和主权；白色象征和平，代表人民追求自由和光明的美好愿望；绿色象征着匈牙利的繁荣昌盛，象征人民对未来充满信心和希望。

匈牙利有三大节日：独立日 11 月 16 日（1918 年）；大屠杀遇难者纪念日：4 月 16 日（1944 年）；争取自由斗争日：3 月 15 日（1848 年）。独立、自由，反对暴政与屠杀，是每个国家的永恒的追求，匈牙利人更是视自由为生命。

匈牙利的世博国家馆到处在介绍自由的成就。自由的诗人，自由的制度，自由的人民，自由奔放的音乐……用这些来吸引世界各地的参观者。1846 年底，裴多菲的《自由与爱情》："生命诚可贵，爱情价更高；若为自由故，两者皆可抛！"成为全世界人民争取自由幸福的精神财富，匈牙利人也以裴多菲为骄傲。

BIE 点评

C 类奖项：展馆设计奖

银奖授予匈牙利馆，因为该馆在外立面上设计了 1000 个木质的筒状结构，创造了非凡的视听效果。

SILVER goes to Hungary for the superb sound and visual effects of the facade which is a forest of 800 wooden sleeves.

设计师访谈

匈牙利馆设计师：Lévai Tamás
（Tarka）
时间：2010 年 12 月 2 日

采访人：匈牙利国家馆是最早确定参加上海世博会的国家之一。虽然是一个租赁馆，但匈牙利馆在现有的一个空间条件下，展馆内部、展示设计和展示形式都是较为独特新颖的。今天我们的采访将从主题出发进行演绎，并转化为展示空间和具体的展项等方面的内容。

Lévai Tamás：好的。

采访人：第一个问题是，在接受政府的邀约文件时，你们得到的本文中关于主题阐述部分的内容是如何描述的？具体有哪些要求？

Lévai Tamás：先是政府在 2008 年春季的时候，举办了一个设计竞赛，并在秋季选出一个方案。"冈布茨"是政府给我们的，并不是我们自己设计出来的。这是一个类似数学的模型，政府要求将它成为这个展馆的中心主题之一，将其实体化。

采访人：政府在文件当中就提到希望匈牙利馆以"冈布茨"这个数学模型作为整个展馆的中心，并且连同它的内在思想一起来展示，回应城市主题的这么一个展馆的要求，是不是这样？

Lévai Tamás：是的。

采访人：那我们进入第二个问题。你在的回信中有谈到从城市人口的密度来理解这个城市，又从密度的脉动和富有活力增长的这一现象着手，展开了匈牙利馆的展示设计。我的问题是这些要求是政府的文本里有的，还是你们在接受"冈布茨"之后发散出的另外一个理念？

Lévai Tamás：从人口密度理解以及城市脉动或者富有活力，这不是政府的要求，这是我们建筑师的想法。我们建筑师的理念就是把"冈布茨"和我们城市发展的过程连接起来，通过这个角度让它更清晰地表达出来。冈布茨本身就是追求一种平衡。

采访人：也可以这样说，政府有这么一个想法，要推出这样一个数学模型，想表达匈牙利国家提倡的城市要平衡发展、和谐发展。同时你们设计师就把这个概念用密度、活力、脉动等方式，转化出来这么一个过程？

Lévai Tamás：对的。

采访人："冈布茨"是个很简练的展示模型，我当初看到这个展示模型是有一点不太理解，现在了解了这个背景后，就清楚多了。

第三个问题。"冈布茨"是匈牙利馆的展示的一个主要展项，它既是展品又是思想中心，表示和谐与平衡，这与中国古典哲学当中的阴阳图是非常相似的，形式也比较相似，只是具体表现的形式不同。中国的阴阳图是平面的，而贵国的"冈布茨"是立体的，这个和谐理论的表现充分体现了中西方文化的殊途同归，这样的和谐理念也许会成为全球城市化可借鉴的思想智慧——就是追求人与自然的和谐，人与人之间的和谐。在匈牙利馆中，"冈布茨"这个展品是通过文字向观众解释它与周围展示环境关系的。为什么要用文字说明？是担心参观者不理解，还是另有原因？

Lévai Tamás：这个"冈布茨"这个数学模型是一个动态的结构，建筑师认为，一种独特的建筑空间理念就是动态的。这是无法通过电视、电影或者文本展现出来的，只有通过这个动态的模型才能展示出来。观众要理解这个模型，必须通过周围的环境、声音、触觉来感受"冈布茨"的理念。所以无法通过阅读来直接理解。

采访人："冈布茨"这个数学模型是不是就这么

一块黑颜色像石头一样的东西？这个形状是不是就是这样的，或实心或空心？"冈布茨"原来的样子是怎样的？

Lévai Tamás：它不是这个样子的，现在展示出来的和它本来的样子是有差异的——真正的冈布茨应该是移动的。它移动的时候有点像我们的音箱移动的轨迹，不是静态的。之所以用静态的冈布茨展示，就是给观众一个大致的概念。

采访人：应该是移动的，所以现在通过音乐和动的木头柱子来表达它的移动？

Lévai Tamás：是的。"冈布茨"就是展示出一种平衡，自然平衡，人的一个和谐。观众一定要通过这种体验，感受到这样一种动态的脉动。

采访人：很遗憾，我参观过匈牙利馆两三次，没能体验到这么一个氛围。比方说音乐，比方说那些光亮。我不知道是什么原因，是设备的原因，或者说是因为比较轻，没有被感受到。能不能解释一下？

Lévai Tamás：我也不知道为什么。从匈牙利馆建筑师那里我也听说过这个问题。

采访人：可能是因为设备的原因，也可能是因为人太多的关系。你们原先想营造的气氛可能最后没有出来效果，刚开馆的时候也许会有这么一个很好的氛围。

下一个问题，其实刚刚也有所提及，但是我现在想再重复一下。匈牙利馆相较于其他展馆而言，形式比较简练，概念也比较单一，能够很容易地让观众获取这些信息。与此同时，作为你设计师来讲，有没有担心观众其实可能会更多地想要了解匈牙利文化的需求？比如说匈牙利的地理、风貌、音乐等。如此单纯的一个设计展现当初在通过政府部门批准的时候是不是特别容易，或者特别困难，还是有得到一个相关的解释？这个过程能不能向我们介绍一下？

Lévai Tamás：第一点就是建筑师想要通过一句话表达出这样的想法。第二点就是说，匈牙利馆在展馆的一个角落是有影片的，观众可以去看。这是为了推广匈牙利的旅游。

采访人：是政府要求这么简练，还是这么简练以后政府也很容易认可方案？

Lévai Tamás：当时有许多竞争对手，这个竞争过程也不是特别简单，是通过层层选拔才得到的。为什么政府选择了我们的设计理念呢？因为其他竞争对手关注的是如何把这个国家简单地展现出来，比如说展现这个国家的知识或者其他介绍。但是我们的理念则不一样，强调的是互动，体验式的互动，这是第一点。第二点就是强调旅游，这是商业方面的考虑。第三点就是比较具有娱乐性。所以政府才选了我们。

采访人：其实我们刚刚一直讨论"冈布茨"。因为我们对这个东西比较陌生，所以讨论了很多。我的感受是，一走进匈牙利馆我是被那些木条吸引住的，它被设置在空间中，长短不一，时起时落。这种形式很好。在你的回答中，也有提及移动音箱的系统，你是不是了解这个系统内在的一些问题？我们想知道一些设计背后的故事，能不能向我们介绍一下？系统是怎么设计的？整个在施工中遇到哪些困难？

Lévai Tamás：这个设计本身是非常独特的，其他地方几乎是没有这样的结构的，它是我们所独有的。这也非常复杂，我们有 600 个移动的东西，虽然有 600 个，但它们是一个整体。我们有一个团队为此设计，有匈牙利的专家，也有中国的年轻人参与，他们非常热情。设计时确实是有两方面的困难。首先是关于软件方面的，不过这些问题都由中国的年轻人克服了。另外就是机械方面的困难，我们另外一个团队在设置完了之后发现它并不能完全满足脉动的要求，但是因为当时时间比较短，无法调试到完全符合我的要求，所以很可惜。

采访人： 最终调试的时候是否有改进呢？

Lévai Tamás： 改善肯定是有的。这个就是强调体验一个会移动的动态空间。当你在匈牙利馆的时候，非常重要的一点就是让你感觉到这个脉动是非常顺畅的，而不是不和谐的感觉。

采访人： 还有没有对音箱的解释？

Lévai Tamás： 你想了解其他的困难吗？

采访人： 是的。

Lévai Tamás： 还有一个就是声音的问题。因为有移动，所以在这样一个环境当中，声音的创造确实是难点。当时时间很紧，没有弄得非常好，没有达到我的标准。如果有时间的话是可以改善的。

采访人： 最后一个问题。匈牙利的文化在上海有很多印记，特别是在建筑方面。比方说邬达克先生设计的国际饭店、大光明电影院，还有百乐门舞厅，此次的匈牙利馆也将会给中国的观众留下深刻的印象，那么借此机会想了解下你们对上海的印象是怎样？有哪些方面给你们留下了一些非常美好的回忆？

Lévai Tamás： 去年我第一次来上海，感觉到上海的发展非常迅速，给我留下了很深刻的印象。上海各个地方的差别很大，在匈牙利或者欧洲其他国家的城市没有这么明显的差别。

采访人： 您对上海的印象充分说明上海的各个地区的发展是多元的，城市的面貌也是多元各异的。

Lévai Tamás： 建筑也是很不同，在同一条街上，有些建筑可能是古老的风格，还有一些可能是现代的建筑。

采访人： 就是在一条马路上可以有不同年代，不同设计风格的建筑。

Lévai Tamás： 不仅是风格，还有更多。

采访人： 您对上海的感觉非常精准。谢谢您接受我们的访谈。

邮件交流

建筑设计师：Tamás Lévai
（Tarka）

一、展示内容

1. 如何将贵馆的设计与"城市，让生活更美好"的主题联系起来？

对我而言，创造城市空间和创造人类生命所需的元素是一样的：要有光、自由空间、洁净的水和健康的空气！

匈牙利科学家发明的"冈布茨"是整个展馆的中心元素，也是整个建筑的基点。这一实物化的数学模型代表了对和谐与平衡的追求。我们以这样的方式将这个理念与世博会的主题连接在一起：我们强调了城市的脉动和跃动的生命，这一点正和"冈布茨"一致。基本的光、空旷的空间、水和空气支撑着我们。这些由同样资源所支持，构成了一个脉动的整体，创造出回环往复的声音和光线空间，白天通过透过水幕的自然光线照明，晚上顶棚则会变成一片星空。我们模拟自然现象，令参观者得以亲身体会人工的效果，还可以听到匈牙利城市的声音，匈牙利语片段，匈牙利鸟儿和大自然的声音。这些声音由计算机合成为"发生音乐"，与空间发生的运动密切相关。这一声响效果在运营期间整日循环播放：早晨、中午和晚上都有所不同，但是参观者即使不整天待在匈牙利馆中，也能亲身体验这一切。

2. 贵馆是如何考虑参观者对展馆设计的感知？

我们第一天在展区坐下来和参观者聊天时，很多人说他们是听了别人的推荐才来我们展馆的。虽然不能把这当成具有代表性的调查，但也是相当重要的个人意见反馈。参观者人数相当令人满意！

3. 有没有针对中国参观者特别进行思考和设计?

本馆的中心主题——冈布茨和中国的阴阳在意识形态上非常相似,都代表了对和谐和平衡的追求。这也是匈牙利人希望在城市发展中实现的。

二、展览设计

1. 您是如何使用设计的语言来诠释展馆和世博的主题? 主线、重点和亮点是哪些?

基本来说,重要的不是城市的形状,而是其密度,这对本馆和上海来说都是如此。最令人兴奋的不是暂时的形态,而是城市的增长和脉动。

匈牙利馆加速了这种脉动感,让参观者亲自感受这种感官体验。

展馆的建筑装置描绘了城市的发展和变化的活力,让参观者通过感官体验来感受这些过程。木装置的每一个元素都好像乐器一样。将近 600 个移动的音箱创造出一个摇摆的声音空间。展馆的室内空间在白天是由自然光线照明,晚上则是通过音箱里的灯具制造出星空的感觉。阳光反射到灯和光面地板上,从下而上照亮整个结构。室外则是管状结构,起到"幕布"的作用,水则带着气钟在其中循环。

2. 您的设计如何优化空间利用?

装置结构创造出一种变化多样的空间,由不同的部分组成,但又形成一个整体,体现开放的自由感。

3. 参观者的设计人数是多少?

同时能容纳 250 人参观。

三、技术问题

1. 落实设计中您使用了什么先进的技术或技巧? 首先是保证效果的移动音箱,这是一个非常独特的

系统。其次是循环水幕。

2. 落实设计中最大的遗憾是什么?

我们原设计的展馆外部结构和周围空间比较大,导致最后需要进行相应的切割。

意大利馆

主题陈述

　　意大利创造了实质上的城市文明。由意大利城市产生的文化深入地影响了西方社会以及世界的历史发展过程。早在古罗马时期已出现关于城市的双重基本认知：一是 URBS，即人群混杂聚居在具体的地方；二是 CIVITAS，即在法律合理制约下由很多个体组成为社区团体，成为更真实的城市居民区概念的基础。意大利传统中，城市由此而确立：不同的个体聚居在一起，归属在一个地区空间，对其产生的依属之情即是爱国主义的最早萌芽。这种感情推动了参与、团结互助，以及发展进取的美好社会现象。

　　城市最初以城墙作防御划界并区分于其他地方。那些地方说不同语言的居民被称之为胡人（Barbari），聚居在野外丛林中的原始部落被称为蛮人（Selvaggi）。在古代历史上胡人和蛮人没有主动地参与人类文明的发展，而主要是城市人努力的成果。此外，文明"Civilta"一词与城市"Civitas"

一词在辞源中来自相同的拉丁文词根。

意大利历史的演变过程确立了城市在国家发展中所具有的原动力作用，见证了中世纪意大利的小城市由小转变为世界强大的城市（如威尼斯、佛罗伦萨、阿马尔菲、热那亚、乌必诺、比萨、曼托瓦等城市）。意大利文艺复兴城市最为显著的基础特点及影响并不在于地域面积大小、人口多少，也不在于防御能力，而是在于其凝聚力及法规系统，这两方面使城市人民团结在一起，促进了社会和谐、经济繁荣及文化发展。

即使在近代，具有地域性特点的意大利工业城市，为第二次世界大战后经济的发展作出了很多贡献，是城市凝聚力的无数次的诠释。这样的城市是经验、规划及试验的熔炉，也是一个分享幸福健康、进步和生活质量的地方。实际上，从意大利的眼光来看，"伟大"城市的涵义与其说是指其地域空间的广大，不如说是城市可以最大限度地给予居民优越的发展条件，满足居民的要求，激发人们的潜力；城市应为人而塑造，城市应充满生机，令人振奋；美丽和实用有效的城市才能使人们幸福地生活。

但是城市是具有生命力的有机体，在不断的变化中造就它与社会的相互映射。世界城市人口的逐渐增多是一个城市将来需要面对的严峻问题。人们不但有必要意识到这一问题的不可避免性，而且也必须给予积极的指导以接受挑战。

发展迅速的大城市增加更多居民的最初目标需要巨大的社会和环境成本，既有与扩展和基础设施建设有关的物质方面的原因，也有新的外来居民融入城市的社会和心理原因。

为了使居民很好地接受大都市，尖端的工具手段应运而生，不仅在科学技术方面，还体现在政治、管理及文化方面，因此要求建筑设计师及城市规划者们构想出的建筑和城市中心应该着重于创新和有利于生态环境的技术，特别提倡水利、能源等资源的合理使用，以及致力于创造一个实用美观、具有吸引力的居住环境。大家都期待城市管理者面对使城市居民得到社会权益，安全和多元文化的问题，所提供的社会服务及基础设施能保证每一位居民拥有同等社会流动性，健康，教育及从业机会。

历史上意大利对于"理想的城市"这一主题的传统理念至今仍有着颇具价值的意义。其中一点建议：在思考思想家们对美好未来的抽象理想抱负的同时，也要思考城市社会的物质方面。由此看来，为了平衡规划和理想，使之在第三个千禧年倒计之初可以使城市化压力持续稳定，兼具等同的想象与具体的实干是非常必要的。

意大利的特点在于一方面综合了文化传统遗产与天才的创造；另一方面融合了科学技术的进步、研究的力量以及改革创新的能力。上海世博会意大利国家馆将作为合理的建筑设计和先进的建筑技术呈现出来，它将展示出国家生产系统关于城市各个部分的最高新的技术创造：新建筑材料及家居自动化，环保的交通及能源再利用，工业设计的发展趋势及纳米技术的潜在应用。

意大利也非常想分享其城市的经验。这些城市历经几千年仍充满生机，并且不断面对协调城市更新与保护历史创造的双重问题，同时保障与城市外围地区的友好、便利、有效的关系。基于这一方面，意大利受惠于宝贵的自然环境和巨大的艺术遗产，将提供无与相比的思考创意实验室，而在 2010 年世博会中得到最有意义的成果。

在未来的不断扩展密集人口的城市中，将必须接纳新的城郊居民并使其融入全球通信网络系统中；将必须通过创新的、与生态环境和谐的技术保持稳定；将必须为社区生活的参与向所有居民提供文化活动的安排。科学与经济的手段及工具已经是存在的，这些会控制并且获益于一直变化着的新的城市空间，而城市发展的理念一定要建立在对人类本质的尊重之上，也应将人类、人类的尊严，以及人类的梦想作为中心主题。

展馆概况

意大利馆位于世博园区 C 片区，占地面积 3600 平方米。以"人之城"为主题，由 Giampaolo Imbrighi 团队设计。展馆设计灵感来自上海的传统游戏"游戏棒"，由 20 个不规则、可自由组装的功能模块组合而成，代表意大利 20 个大区。整座展馆犹如一座微型意大利城市，充满弄堂、庭院、小径、广场等意大利传统城市元素。

为了展示出一个能代表意大利的高质量场馆，意大利专门组织了创意设计竞赛。建筑师 Giampaolo Imbrighi 的设计方案通过层层遴选，从 65 个竞争方案中脱颖而出，暂名为"人之城"。意大利政府按照此方案在世博园区滨江地带建造自建馆。

对于自己的这一设计，今年 60 岁的 Giampaolo Imbrighi 认为它具备了这样几个特点：形象——将它作为展示意大利在城市生活质量方面美好精华的窗口；功能——在 6 个月的世博会期间吸引大量的观众，给他们惊喜；建筑质量——材料使用上将传统与创新相结合，使方案在允许的条件下具有生态气候功能及生态可持续性。

展馆通过展示意大利在科技、音乐、时尚、建筑等领域的成就，呈现一个充满生气、幸福感的城市。

　　从现代建筑语言的角度来观察展馆的主线，这就是一个为气氛所环绕的简单空间，内部可举办各种活动。由于这是一座"临时性"建筑，因此无论好坏，都可以将之作为技术试验、文化交流或政治声明的实体。但其社会的新模范秩序倾向于"可持续性"这一理念，这也成为了意大利馆设计展馆的"钥匙"，最终得出了一个适宜的主题：中国与意大利的城市共生。

　　意大利馆被划分为五大区域，分别展现意大利的不同特色：有狭窄的街道、庭院和弄堂，还有一个封闭的广场，广场的一面墙上将布满时装大片和可变幻风景的图画，讲述意大利在时尚、科技、文化等方面所取得的成就。参观者可以看到技艺娴熟的意大利裁缝、铁皮匠、小提琴匠等表演的手工艺活，也可以看到与世博主题相关的"摩西"工程通过潮汐、太阳能汽车和动力摩托车来拯救威尼斯等制作项目。此外，世界顶级跑车、知名时装、意大利名画等奢侈品也亮相馆内。

　　意大利国家馆在设计过程中，被设想成了一部具有特殊微生态气候环境功能的"机器"，它有助于节能减耗。微生态气候环境系统集中在幕墙玻璃上，这些玻璃能够吸收太阳辐射，因此大幅度节能降耗。它不仅起到遮阳效果，还可以发电。

专家点评

　　意大利共和国，面积 30 多万平方公里。人口 6002 万（2008 年）。位于欧洲南部，包括亚平宁半岛及西西里、撒丁等岛屿。北以阿尔卑斯山为屏障与法国、瑞士、奥地利、斯洛文尼亚接壤。属地中海国家。三面环海，东、南、西三面分别临地中海的属海亚得里亚海、爱奥尼亚海和第勒尼安海。意大利的人文历史和旅游资源丰富，文物古迹甚多。说起文明古国意大利，不能不使人联想到古罗马帝国、2000 多年前毁于一旦的庞贝古城、闻名于世的比萨斜塔、风光旖旎的水城威尼斯、被誉为世界第八大奇迹的古罗马竞技场等。还有那些对人类文明进步作出过无可比拟贡献的文艺与科学巨匠：但丁、达·芬奇、米开朗琪罗、贝尼尼、拉斐尔、伽利略等世界名人。整个意大利共有 3000 多家公立与私立博物馆和艺术收藏中心，意大利伟大画家和雕塑家的灵性就体现在那些独一无二的作品上，行走在意大利，随处可见精心保存下来的古罗马时代的宏伟建筑以及文艺复兴时代的绘画、雕刻、人文古

迹和文物等，可以说罗马城就是一座活的博物馆。意大利以拥有美丽的自然风光和充满艺术气息的文化资源而被誉为美丽的国度。时至今日，意大利的艺术创造传统没有中断，仍在继续，创造出了许多优美的建筑，出现许多现代大型纪念馆和展览馆，收藏有当代创意的产品。意大利的设计和品牌在世界占有举足轻重的地位，很多品牌为中国人所熟知。可以说，中意两国的文化都有着辉煌的历史，自马可·波罗开始，两种文化之间就建立了可沟通的纽带。

刀锋之城与"游戏棒"游戏的灵感启示

整个意大利馆是一个规整的体块，体块上分布着交错的玻璃线条，从中俯瞰像一座刀锋之城。各体块之间的"切缝"以及中庭、门厅均采用节能玻璃，通透明亮，表现"刀锋"亮丽的艺术效果。从外观看，又如分裂的马赛克，体现了意大利不同地区多元文化的相互交融、和谐共处。奇特之处首先显现在展馆外墙采用的新型材料——透明混凝土，实现不同透明度的渐变，显示建筑内外部的温度、湿度等。这种新型材料可以增加室内光线，营造生态气候，并使场馆在一天内不断变换不同的画面，动静结合，带来梦幻般的感受。它还可以折射五彩斑斓的灯光，为场馆披上神奇的色彩之光。白天，自然光透过外墙的透明玻璃混凝土、玻璃以及屋顶照入馆内，使场馆的内部空间拥有自然的照明；夜晚降临，场馆内灯光则透过外墙的透明混凝土、玻璃以及屋顶向外发散。这种外观设计颇不寻常，经验表明但凡造型独特的展馆，其内容展示和展品设计也一定会颇有创意。

意大利馆的主题是"人的城市"。在上海世博会上，意大利以其独特的方式来表现这个具有文艺复兴传统的国家和充满人文精神的国民是如何演绎城市主题，以及如何应对城市化挑战的。展馆设计灵感来自上海的传统游戏"游戏棒"，游戏棒随意地散落之后，自然形成 20 个可自由组装的功能模块，代表意大利的 20 个大区。这些规则不一的板块精致地表现出狭窄的马路、小径、弄堂、庭院及开阔的广场等经典城市符号。"人的城市"设计理念就是现实版意大利人的城市生活的世博会再现，整座展馆犹如一座微型意大利城市，充满弄堂、庭院、小径、广场等意大利传统的城市元素。

生态低碳的环保理念与"透明水泥"的科技创新

说到展馆的亮点，值得提及的是意大利馆在建筑材料上的创新，展馆采用"透明混凝土"等全球顶尖的高科技环保材料。所谓透明混凝土，就是在传统的混凝土中加入玻璃质地成分，透明混凝土不仅具有艺术效果，而且可以增加室内采光量，从而达到节约能源的效果。这是意大利水泥集团研究与创新中心研制的最新产品，它的应用使得场馆一天内可连续不断地变换出不同的光影效果。"透明混凝土"在夜晚可以将室内的光线透出，获得非常美观的效果，而白天又能够采集室外的不同光线照亮展馆内部。设计是以节能为宗旨，将展馆建造得如同一个生态"机器"。玻璃覆层融合了光电元素，起到防辐射的功能。展馆的照明技术不仅要凸显空间，还要注重节能。

意大利馆的特色主要显现于展馆设计的生态理念，从创作之初就本着"绿色、节能、环保、低碳"的宗旨，对光电能源、水消耗、室内空气质量和可再生材料的使用进行控制，使之成为真正意义上的绿色建筑。这不仅表现在透明混凝土、生物气候策略、空气净化系统，还表现在馆内地板抗菌陶瓷的使用上。18 米高的展馆占地 3600 平方米。展馆分割为维度不一的不规则部分，其间由桥梁钢结构联结，连接处为可见长廊。

丰富文化遗产的保护、开发与应用所展现的意大利形象

展馆入口处就令游客惊鸿一瞥：意大利最负盛名的"维琴察奥林匹克剧场"模型吸引了游客的眼球，该剧场由著名建筑大师帕拉第奥设计，于1585年完工，是世界上现存最古老的封闭式剧院，也是第一座现代室内剧场，被联合国教科文组织列入世界文化遗产。复制品旁，富有中国元素的"福"字浮雕在传达着遥远国度的祝福。场馆主题和展示主题"人之城：意大利式的生活"，用36种语言雕刻在浅浮雕墙上。穿过剧场进入展馆，游客便开始了一场真正的意大利之旅，不仅可以见到崇尚已久的东西，如法拉利或高级时装和服饰，还有建筑杰作的复制品；尤其令人惊异的是一面墙上的交响乐队，一个屋顶上的一片翻转的小麦和罂粟田地；1923年生产的一辆老爷车，是史上最昂贵的汽车，至今功能齐全，估价超过500万美元；还有万神殿和墨西拿海峡大桥的模型，以及意大利著名画家的精彩画作；很多意大利制造的高科技产品被作为艺术品推销给游客。游览意大利馆如同置身于意大利最佳生活中的情感旅行，很多游客感觉参观后对意大利的感性认识大有改观。入口处的设计引人入胜，使游客驻足，只能用视觉和感官的惊叹来描绘意大利了；而第五展厅更令游客惊讶不已：天花板上用8万支麦穗和2万朵罂粟花组成一片麦田，一颗巨大的橄榄树从地面破土而出，四周陈列着上百种装在透明柜子里的葡萄酒和意大利面条，游客会不由自主地沉浸在意大利梦幻般景色和品质优良的果子酒世界之中。

意大利馆最令人印象深刻，也是他们最大的亮点是意大利悠久的历史及其对文化遗产的保护和开发。正是在最见功力的地方展示了意大利的国家形象和企业的科技实力。艺术与科技的结合，对于理解意大利文化和企业来说是如此重要，这正是世博会意大利馆的精髓所在。其最重要的显现就是保护和开发意大利无所不在的文化遗产，意大利文化遗产正在成为一个真正的进行科技、材料和创新方法发展的开放式工作室，他们所展示的技术使有品位和专业知识的观众深感震惊，这对中国的文化遗产保护极具启示性，对如何深入保护和可持续性开发具有借鉴价值。因为中国同意大利一样有着极其丰富的文化遗产，并且亟需投入先进的技术更好地保护和开发利用这些文化古迹。中国被联合国教科文组织列入世界文化遗产的地点有 38 处，而意大利是 44 处，因此意大利在该专业技术领域上的技能对中国来说具有重要价值。意大利馆在此方面的展示获得了足够多的喝彩。为达成目标而出现的技术进步是非常可观的，对意大利而言，艺术和建筑文化遗产技术开发是一个机遇，无论从旅游还是从研发与创业结合角度讲，都是如此。譬如，意大利把建于 12 ~ 14 世纪的比萨斜塔的倾斜角度整整降低了 10 度。整个修复工程是在 2001 年上半年完成的，经过约 10 年后斜塔才完全稳定下来，扶正斜塔采用的技术对于许多重要的当代建筑来说具有极大的特殊意义。

意大利国家馆的成功要归结于它的纯意大利制造，他们把意大利的特色集中起来，在馆内能看到意大利过去的文明，这些都是意大利自己设计制作的。整个场馆堪称微缩版的意大利。各地风土人情的介绍展示了一个历史悠久、文化积淀丰厚的意大利。世界顶级跑车、知名时装、著名交响乐团都是其中的亮点。在影视厅里，意大利人讲述着他们的故事，讲述着来自意大利的风土人情和文化。米兰歌剧院的交响乐团在世博会成为一场视听盛宴，意大利最著名的时装设计师也带来了时装秀表演。前来参观的游客都被意大利的元素所吸引，从意大利的生活方式到建筑风格，再到意大利的文化。

意大利馆的空间布展也颇有创意。墙上的乐队、屋顶倒挂的各种椅子，还有各种展品的立体布展，都展示了意大利人的独具匠心和对空间感的执著，时间的空间化，这种哲学的命题可以演化出很多创新意识，这就不难理解为什么伟大的文艺复兴率先在意大利发生了，为什么文艺复兴期间意大利诞生

了达·芬奇、但丁等诸多百科全书式的伟大历史人物了。除了与历史的关联，意大利馆内部空间的布展还有着"实用性"的一面，它可以留出足够大的地面让往来如织的观众"浏览"，在不增加面积的情况下无形中增加了空间感和展览的容量，可谓处处见设计。恰恰这些细微处、细节上体现出意大利人的精明，游客也就不必惊诧于为什么意大利会有这么多"设计品牌"了。

意大利馆以人类、人类的尊严以及人类的梦想作为中心主题，在欧洲文明中，可以说意大利是最有资格做这样畅想的。开启现代文明之光的欧洲文艺复兴运动就始于意大利，许多对人类文明产生深远影响的文艺巨匠就诞生在意大利。意大利馆向游客传达了这样一种理念：城市发展一定要建立在对人的尊重之上。

邮件交流

建筑设计师：Giampaolo Imbrighi
（Studio IMBRIGHI）

一、展示内容

1. 贵馆的主题和理念是什么？

从现代建筑语言的角度来观察展馆的主线，这就是一个为气氛所环绕的简单空间，内部可以举办各种活动。由于这是一座"临时性"建筑，因此无论好坏，都可以将之作为技术试验、文化交流或政治声明的实体。但我们社会的新模范秩序是倾向于"可持续性"这一理念，这也成为了我们设计展馆的"钥匙"，最终我们得出了一个适宜的主题：中国（上海）与意大利的城市共生。

2. 如何将贵馆的设计与"城市，让生活更美好"的主题联系起来？

时光流逝，但文明的标记却应以某种模式保留下来，因为文化是文明赖以反映其根源的独特方式。任何人为创造的建筑或空间都可以视为是见证者，这就是为什么我们赞美所有的建筑文明空间。对我而言，诠释"城市，让生活更美好"就是展现一个古老中世纪的村庄转化为新型的现代建筑空间，同时保留了古老文化的魅力。

3. 贵馆是如何考虑参观者对展馆设计的感知的？

观察材料。没有材料，建筑便无从谈起，因此材料是建筑的基础。我认为一个新项目，从一开始起，我就在脑海中考虑材料应该如何使用，如何通过新的技术和辅助手法来使用。我认为，通常很难区分纸上的建筑和实质上可以与每个人都产生互动的实质建筑。

4. 有没有针对中国参观者特别进行思考和设计？

展馆的空间设计方案结合了意大利特色的生活方式和使用聚会空间的模式：如广场、巷道和小区。这些都是每个国家常见的空间分布，在历史城市中尤其如此。

因此，我试图在展馆中结合类似的城市遗产。

二、展览设计

1. 您是如何使用设计的语言来诠释展馆和世博的主题？主线、重点和亮点是哪些？

展馆必须展现意大利这个国家，通过各种国家活动来体现我国的多样性。因此展馆也会是其中的一部分。我们在石灰石的运用上有着非常光辉的传统，罗马人称之为"betunium"，通常用于地基和墙壁，但我们希望能将之从司空见惯的压缩形式——"沉重"——中解放出来。因此，我希望将之整合进一种新的当代材料之中，体现"更美好"这一点。

2. 您的设计如何优化空间利用？

指示展馆位置的中心广场起到了指引参观者的作用。这不仅是我们参观的起点，也是参观的终点。

3. 参观者的设计人数是多少？

大约4000人。

4. 如何处理大量人流？

内部空间是由多个房间组织起来，房间与房间有指引路线连接，参观者可以清楚地参观展馆而不迷路。如需疏散人流，除了楼梯外可以使用巷道作为撤离路线，就像是体育馆的出路。

三、技术问题

1. 落实设计中您使用了什么先进的技术或技巧？

和 Italcementi 进行的合作是非常重要的，他们帮助我们实现了"透明混凝土"这种新材料，并且注册成为专利"I-light ®"。投入精力和出色的业界研究者进行良好的合作是非常必要的。

2. 落实设计中最大的遗憾是什么？

最大的遗憾就是展馆只能是临时性的……

荷兰馆

主题陈述

　　"快乐街"看上去既是蜿蜒向上的，也可以是向下旋转的——这取决于你看它的角度，是不是很神奇呢？仿佛"快乐街"本身就充满了好奇心。先想着往左转，接着又往右。"快乐街"好像在自言自语："还有什么其他可以看看的吗？"与普通的街不同，"快乐街"不是笔直的、两边合理布局着矩形建筑的街道。两点之间最短的距离就是直线，而相比那些像手表、花朵或鸭子等形状的建筑来说，矩形的建筑确实可以容纳更多人。况且，矩形建筑可以用标准化的部件构造，一个挨着一个拼搭起来，方便又高效。

　　这个世界越来越高效，因此也要求有更多笔直的街道和矩形的建筑。世界愈发高效这个现象也非常合理：高效远胜过低效。低效逐渐消失，高效持续下去，而更加高效则会永存。很合理。但这会有趣吗？高效的线性和矩形会让人们快乐吗？这就是"快乐街"想要提出的问题。

　　事实上，线性是很无趣的。从一张纸的一端拉一根线到另一端，这根线就跟其他任何直线一样直。

纵观各方面，笔直的线只有一种，那就是直线。不像弯线——弯线可以有几百万种。从一张纸的一端画一根弯线到另一端，可以有很多种画法。每一种弯线的画法都可能是独一无二的。

我们人类就像弯线：奇妙而独特。"快乐街"代表人性。不那么高效，但更有人性。

这就是典型的荷兰人。荷兰人的直线和高效超乎所有。没有其他国家比荷兰更扁平和线性，没有其他国家要求如此之高的效率——要将 1600 万人口容纳进 4.1 万平方公里。我们很清楚什么是统一、高效和线性，但我们还知道其相反的事物。正是因为荷兰人线性和组织高效的特点，我们更关注"个性"的价值。

井井有条、精确计算、强调高效，但我们仍要给个性和创造力留有空间。这就是荷兰描绘的蓝图，也是"快乐街"要诠释的内涵。

"快乐街"上的建筑不是无趣地排列在一条直线上，相反，它们就像成熟的苹果挂在那里儿。"快乐街"仿佛想对大家说，这里还有另一种道路可走。当然了，现实中不可能这样。只有"快乐街"可以；在这里，人们会感到快乐。

在中国 2010 年上海世博会上，荷兰馆交出了一份独特的答卷。不像其他传统的展馆，外面排着长队，里面陈列着展品。荷兰在世博会上用了一整条街来展示自己。"快乐街"是由设计师约翰·考美林（John Körmeling）为呼应"城市，让生活更美好"的世博会主题及五个副题而呈献的答案。

（1）城市的文化多样性

（2）城市的经济发展和繁荣

（3）城市的科技创新

（4）重塑都市社区

（5）城乡互动

给出解决 21 世纪宜居城市的解决方案和建议，这是中国主办方向近 200 个世博会参展方抛出的难题。据之前预测，2010 年世界上将有 55% 的人口居住在城市。城市化带来的是全新的、独特的问题，需要有可持续性的新方案来解决。

住房

"快乐街"让参观者有机会以更多方式、更深层的探索世博会主题。艺术家希望通过这 17 个建筑——

每个建筑就是一个微型展馆——来展示荷兰人在空间、能源和水利用方面的创新之举。这些建筑装饰各异，以吸引各类游客。

游客

荷兰馆希望能吸引预计的 7000 万世博会游客中的 10%。这意味着，从 2010 年 5 月 1 日到 10 月 30 日，每天会有 2400 名游客走在"快乐街"上。从远处看，荷兰馆就像是一座过山车，因此无疑会吸引很多游客的目光。到了晚上，荷兰馆的熠熠灯光会尤其引人注目。

目标

荷兰馆希望能在上海世博会众多参展者中脱颖而出，对于这一点他们志在必得。他们的目标是让"快乐街"跻身最佳展馆之列。荷兰在上海的参展不仅能紧密与中国的关系，更将展示荷兰在欧盟和国际社会上的重要地位。

同样，该馆也将向中国展示一个强盛、现代化的荷兰。众所周知，荷兰是个"郁金香之都"、"木屐之都"、"风车之都"，而"快乐街"及街上的建筑还将展示荷兰作为"创意之都"的风采，在发展现代科技的同时达成人与自然和谐共处。

展馆概况

荷兰馆位于世博园区 C 片区。以"快乐街"为主题，通过多元化的景观、街道和建筑来实现世博会的主题"城市，让生活更美好"。展馆由长约 400 米、向空中延伸的"8"字形街道和 20 个错落有致地"悬挂"在街道两旁的微型展馆组成。"快乐街"代表着一个理想化的城市，展现现代城市生活的合理规划，充分展示荷兰在空间、能源和水利方面的创新。考虑到采光和空间方面，展馆设计了一个非常开放的空间，和外部有非常亲密的接触。螺旋上升的空间使空气流动性更好，还借鉴了上海威斯汀酒店楼顶的荷花造型。

这条"8"字形街道和 20 个独立的小型展馆的沿街分布，就是充满奇思妙想的荷兰馆在上海世博会上展现的创意。各幢房屋都采用不同类型的装饰，迎合不同兴趣、不同品位的观众。这个丰富多彩的创新设计由荷兰设计师，约翰·考美林设计。整条街呈"8"字形，而"8"也是中国传统文化中的幸运数字。

在这个区域内，城市生活的各个部分和谐共存，并且通过对生活区、工作区和工业区的划分，体现现代城市生活的合理规划。参观者可以在"快乐街"上参观各种造型独特的房子，体验荷兰的文化气息。每个房间形成一个卫星馆，都体现了荷兰人民在空间、能源、水利用方面的创新。荷兰馆是一个开放式的展馆，没有前门和后门。漫步在"快乐街"上，参观者将经过一栋栋"小房子"，感受到从这些小型展馆传递出来的信息，那就是荷兰的创新、文化和持久性发展的理念，同时，也能体验到追求更美好生活所带来的快乐感。到了夜晚，变幻多姿的灯光将"欢乐街"映照得如梦似幻。

在"快乐街"上撑起了一排遮阳伞，伞面选用代表荷兰的橙色，伞面涂层采用高科技材料，可以吸收并积聚能量，同时这些伞也形成了一道独特的风景线。"快乐街"沿街分布着的一个个小型展馆，这些小型展馆并非呆板无趣地排成一列，而是"悬挂"在街区上，并且都是不开放的封闭式展馆。设计者独具匠心地决定："让参观者通过窗户观看展览"。

专家点评

荷兰王国，是位于欧洲西北部的一个国家，国土总面积为 4 万多平方公里，濒临北海，与德国、比利时接壤。该国以海堤、风车和宽容的社会风气而闻名。首都设在阿姆斯特丹，中央政府在海牙。荷兰有"风车之国"、"水之国"、"花之国"、"牧场之国"的美誉。

自由开放的设计理念

荷兰人追求自由、幸福、平等、开放的理念可以从他们的国旗上体现出来。荷兰国旗呈长方形，自上而下由红、白、蓝三个平行相等的横长方形相连而成。蓝色表示国家面临海洋，象征人民的幸福；白色象征自由、平等、民主，还代表人民淳朴的性格特征；红色代表革命胜利。

荷兰是世界上最勤劳的伟大民族之一，他们的人口密度是全球最高的国家之一，超过 400 人 / 平方公里。为了生存和发展，荷兰人竭力保护原本不大的国土，避免在海水涨潮时遭灭顶之灾。他们长期与海搏斗，围海造田，早在 13 世纪就修筑堤坝拦海水，再用风动水车抽干围堰内的水。几百年来荷兰修筑的拦海堤坝长达 1800 公里，增加土地面积 60 多万公顷。如今荷兰国土的 18% 是人工填海造出来的。在展馆的图片上，介绍了荷兰人向大海要土地的惊人创举。

把传统发挥到极致的国家

荷兰人勤劳致富、勇于创新，他们发明了股票与交易所，使他们最早进入了市场经济的快车道。到 17 世纪中叶，荷兰联省共和国的全球商业霸权已经牢固地建立起来。此时，荷兰东印度公司已经拥有 1.5 万个分支机构，贸易额占到全世界总贸易额的一半。当时，全世界共有 2 万艘船，荷兰有 1.5 万艘。比英、法、德，诸国船只的总数还多！目前荷兰是发达的资本主义国家，西方十大经济体之一。

虽然荷兰人善于创新，但是他们更是把传统经济发挥到极致，特别是他们珍视自己的"四宝"：风车、郁金香、奶酪、木鞋。人们常把荷兰称为"风车之国"，荷兰坐落在地球的盛行西风带，一年四季盛吹西风，海陆风长年不息。这就给缺乏水力、动力资源的荷兰，提供了利用风力的优厚补偿。

郁金香为何可以闻名于世？原因是来自荷兰人民的珍爱。郁金香是荷兰的国花，荷兰人也非常爱郁金香，在他们的生活中郁金香已经是必不可少的东西，每逢集市、花展，它似乎总是可以充当主角。荷兰是种植葱属植物的全球领袖，花卉产量占荷兰农业总产量的 3.5%。而郁金香是美好、庄严、华贵和成功的象征。甚至有人用一座带花园的别墅换取一个珍贵的品种。现在，每到春天，郁金香花开的季节，就会有世界各地的游客来到荷兰。花卉是荷兰的支柱性产业。全国共有 1.1 亿平方米的温室用于种植鲜花和蔬菜，因而享有"欧洲花园"的美称。荷兰把美丽送到世界各个角落，花卉出口占国际花卉市场的 40% ～ 50%。在展馆的图片上，郁金香漫山遍野，令人惊讶。

如有人问起荷兰有什么好吃的，人们都会认为是奶酪。荷兰人有各种各样的奶酪，多得让你无法想象。奶酪也像红酒一样分等级，有的甚至贵的会让你瞠目结舌。

木鞋是荷兰最具民族特色的工艺品，是民族风俗文化的缩影。如今，荷兰木鞋已少有人穿了，倒是观光客喜爱不已，成了必购的纪念品，这些年来，木鞋为荷兰创汇已逾亿万美金，业已成为馈赠各国元首、政要的珍品。

荷兰人的四宝为他们的国家赚足了财富和面子，在世博会的展馆上也出尽了风头。

创新的快乐街

荷兰馆名为"快乐街"的设计方案十分醒目，充分诠释了上海世博会"城市，让生活更美好"的主题。漫步在"快乐街"上，参观者体验到荷兰馆对空间的合理利用和设计者的创新精神。参观者从"快乐街"底层出发，沿着400米长的街道缓慢上升，先经过26个小屋组成的展区，最后来到离地20米的皇冠VIP厅。

皇冠VIP厅位于"快乐街"的终点，形如一个璀璨的皇冠，高度达20米。这里是一个拥有极佳视野的制高点，可以俯瞰荷兰馆的20个微型展馆和周边世博园区的风景。参观者再从皇冠VIP厅拾级而下，进入荷兰馆的商业区域，在那里，观众可以品尝特制的饮料和小吃，购买礼品，享受荷兰的舒适生活。考虑到400米长"快乐街"的大部分区域是露天的，街上还设有超过50把遮阳伞。

2010年10月23日，海牙一年一度的荷兰设计大奖于晚间揭晓。上海世博会荷兰馆"欢乐街"的设计师考美林摘得这一桂冠，获奖的原因是在"欢乐街"设计中体现出"勇气和幽默"。评审团发布的报告说，这一独特的建筑是"用立桩撑起一条红色的跑道，再在上面悬挂26个白色的小房子"。而整个"欢乐街"呈现出数字"8"的造型，独具匠心。

荷兰文化的明珠：绘画

奥地利人的文化品牌肯定是音乐，荷兰人响当当的文化品牌当然是绘画。梵·高的许多绘画作品几乎都能够拍卖到天价。在荷兰国家馆展现了梵·高的一些作品，这理所当然值得骄傲。梵·高是后期印象画派代表人物，是19世纪人类最杰出的艺术家之一。他热爱生活，但在生活中屡遭挫折，倍尝艰辛。他献身艺术，大胆创新，在广泛学习前辈画家伦勃朗等人的基础上，吸收印象派画家在色彩方面的经验，并受到东方艺术，特别是日本版画的影响，形成了自己独特的艺术风格，创作出许多洋溢着生活激情、富于人道主义精神的作品，表现了他心中的苦闷、哀伤、同情和希望，至今享誉世界。

保罗·高更、塞尚、梵·高同为美术史上著名的"后期印象派"代表画家。保罗·鲁本斯是佛兰德斯最伟大的画家，而且可以作为 17 世纪巴洛克绘画风格在整个西欧的代表。霍赫作品多表现风俗民情，尤善描绘室内景色。伦勃朗·哈尔曼松是欧洲 17 世纪最伟大的画家之一，也是荷兰历史上最伟大的画家。弗兰斯·哈尔斯，是荷兰现实主义画派的奠基人，代表作品有《微笑的骑士》、《吉卜赛女郎》、《扬克·兰普和他的情人》等。这一大批的画家，应该是荷兰人永远的骄傲。

绿色与环保

绿色，是荷兰馆的一大主题。在以水为主题的小型展馆里，参观者亲眼目睹河水被过滤净化的过程，之后可以直接品尝由此而产生的纯净水；一个"家庭农场"的房子，展示有机食品的生产过程；另一座名为"绿色内饰"的房子，则向观众展现用回收材料制作的家具；还有一座船型建筑，表现荷兰部分国土位于海平面以下的特征。除此之外，风车、郁金香、木鞋不也是绿色的产业吗？

设计师访谈

荷兰馆建筑设计 John Kormeling
荷兰馆结构工程师 Rijk Blok
时间：2010 年 10 月 28 日

采访人：我们很喜欢荷兰馆的整个设计，它给观众的体验也不同于其他的展馆。所以我们想就一些相关的问题跟两位沟通一下。你们两位在这个项目中各自承担的角色和分工是怎样的？

Rijk Blok：John Kormeling 是建筑设计师，我是负责结构的。项目管理方面就是两个人一起来负责。

采访人：那有关展示的设计师，是有另外一支团队还是就是你们两个？

Rijk Blok：具体的展示设计是 John 来负责的。作决定的是荷兰经济事务部，最终看他们喜不喜欢。

采访人：他说的荷兰的经济事务部是代表荷兰国家层面来主持荷兰馆事务的？

John Kormeling：是的。

采访人：荷兰馆的主题是快乐街道，它让人觉得非常愉快。我们想知道为什么选择"快乐街道"作为荷兰馆的主题？"快乐街道"的概念和荷兰的城市设计、城市空间有怎样的渊源和关系？

John Kormeling：中文听起来很好玩，很遗憾我听不懂。世博会的主题是"城市，让生活更美好"，所以我们就想，要怎样来实现这样一个更美好的城市、更美好的生活？答案就是通过景观、街道和建筑。因此我们的展馆内部就是在沿着这样一个街道，有各种不同的风格、不同功能的建筑。这可能在中国、在上海也是一样的。我就是认为在一个街道上，应该有不同类型的建筑混合起来，像是聚集了农场、工厂、生活的地方、商店、电影院或者是展示汽车这样的一些地方，我觉得这样才

是一个比较真实的街道的情况。

采访人：您是不是要再现一个城市？

John Kormeling：现在很多居住区，工作和玩耍的一些地方以及购物的地方是分开的，会有一些距离。要去那些地方可能要花掉一些时间，然后要开车，可能还要等，要堵车，所以我觉得混在一起可能会比较好。

采访人：也就是说一个城市的多样化才显示活力？

J & R：是的，就是多元化的街道。现在有些居民区是分开的，有的地方晚上就一个人也没有，有些地方白天一个人也没有，可能会太安静、太危险，可能会有一些犯罪的情况发生。如果是融合在一起的话，会好一点。

采访人：我是不是可以这样理解：荷兰这个国家比较重视工作与生活，工作与休闲的关系，或者说主张在一个比较大的区域里面，有各种各样的城市生活功能。并向中国观众展示这种功能社区的设计是非常好的。

J & R：如果一个街道有这种各样的多元化的功能的话，会比较方便。现在的人们可能认为这种想法是比较老式的，我们希望这样分区会比较现代化、比较好，但实际上人的感受并不是这个样子的。而且将来的工厂会比较干净，就算居住在那附近也没有任何问题。去上班也会比较方便、比较近。重点是要看人的感受，我觉得上海这里就比较好，比如有些小街道。

采访人：联系我刚才问的那个问题，您说的这种解决的方案，快乐街道的这种概念和荷兰的城市建设、城市空间的设计关系是怎样的？荷兰是不是已经做得非常好了？举一个荷兰的例子。

John Kormeling：现在还没有，只是规划。更好的城市，更好的生活，其实全球各地都是这样一种规划，希望更加开放、更加融合。

采访人：我们从官方网站了解到很多关于荷兰馆的信息。比如荷兰馆整体的空间设计是螺旋形的。官网上解释，它与中国幸运数字 8 有关系。请问您在设计过程中是先考虑空间需求呢？还是考虑中国幸运数字的概念呢？

John Kormeling：这是一个巧合。我把这个展示概念向世博局展示的时候，世博局的人说非常不错，你这个馆长得很像中国幸运数字 8，而且这个 8 也是无极限的符号。但它还是能让人们可以有进去和出来的地方。我也非常高兴，8 在荷兰也是一个非常幸运的数字。我在做模型的时候，也是考虑怎样处理光线会比较好，最后就决定展馆也只可能是这个方向，所有的灯光，空间会比较合适比较美。到最后我就发现，整个展馆是一个非常开放的展馆。这个空间不同于其他的展馆——一个盒子，一个出口，一个入口。在荷兰馆里，参观者可以跟城市有非常亲密的接触，和外部空间有亲密的接触。在这里可以看到卢浦大桥，看到车子在上面开。我开始设计展馆的时候就希望有的地方明亮一点，有的地方暗一点，有一些光影交错的效果。建成之后，在夏天 40℃ 高温的时候，在外面街道上面走很热，参观者刚进馆时会有点热，但是往上面走，就会感觉有凉风吹过来。原因就是设计之初光影交错的效果。因为光线的不同，导致了温度的不同，就会产生空气的流通，我觉得这也算是一个意外的惊喜。我们从这里可以学到很多知识，比如怎么样来设计一些空气的流动，也是一个惊喜。

采访人：您刚才的很多回答也涉及我的下一个问题，就是作为一个设计师，在最初构思的时候如何寻找灵感的？就荷兰馆而言，您是如何找到"快乐街道"这个概念的？

John Kormeling：刚接到这个项目时，我就想要知道我的设计可不可以融合到这样一个城市中来，于是我就先到上海来看看这里的情况。我第一次来上海是

在 1985 年，那个时候大家都穿一样的蓝裤子。这一次过来感受有很大的不同：一切都在变化，各种各样的颜色，人们都非常的开心，非常的开放，有幽默感而且很直接，可能会直接问你一年能挣多少钱，结婚了没有，有没有房子。我比较喜欢这样一种非常直接的方式。我也发现这里灯光非常漂亮，最后我认为我的这个设计应该是可以融合到这个城市中来的。我非常喜欢上海街道上富有生活气氛的感觉。另外，我也从上海的一些建筑上吸取了灵感。比如说威斯丁酒店上面有一个荷花形状的一个屋顶，我就借鉴到这里来做一个皇冠形的餐厅。实际上我自己本身比较喜欢的一些建筑风格就是 19 世纪 20 年代俄罗斯的那种建筑风格、意大利的建筑风格，然后我就把各种风格融合在一起。现在周围的这些展馆很多都是现代主义或保守主义的风格。我说这个骨架，每个建筑都是比较老派的一个建筑形式，好像是 17 世纪或同一时期的建筑。对于荷兰来说，那个时期的文化比较活跃。我也是在那个时期的荷兰看到中国一些非常美丽的瓷器。那个时候荷兰人来到中国，都会带回去一些中国的瓷器。

采访人：您在设计快乐街道时，其实充满了后现代主义的混合这种概念？

J & R：就是选择了一些最漂亮的建筑。2006 年这个场地还没施工的时候，就是大概在那个地方有一个中国的建筑，我觉得非常的好看，那个时候场地还没有清空，我还照了照片，然后放在这边，希望中国朋友可以认得出来。

采访人：您的搭档夸奖您是一个艺术家。我想知道，作为一个总设计师，您是不是也经常会面临一些事务性的工作？您是怎样平衡这部分工作的？是作为艺术家还是作为一个负责整个设计的领导？

J & R：我有很多不懂的，不懂就打电话问他，因为他才是负责管理的。我们已经合作 15 年了，在

整个过程中得到了很多人的帮助。比如说在荷兰的时候，有个ABT的经济公司，他们在荷兰作图的时候，也得到了一些学生的帮助。后来来到中国之后，同济大学帮我们做了中国这边的图纸。还有一家管理公司叫SFECO，帮我们获得一些中国这边的许可，达到中国的一些标准。

采访人：SFECO是在这里组建的公司？

J & R：是的，这家公司就是负责在这里的招标，以及现场的一些管理工作。我们一个月要来两次，每次一周，跟这边现场进行协调。因为在施工过程中会有一些变动，会有很多问题需要解决。

采访人：那哪一位是和这些合作伙伴直接地打交道？

J & R：我们是一个非常好的团队。比如说建筑、颜色方面的选择都是建筑师。如果是技术方面，我们就共同讨论。因为我们必须预想到任何一个变动会带来什么样的结果：比如说对建筑上的影响、对造价的影响、对结构的影响。所以我们一定要一起讨论，得到一个最佳的解决方案。

还要补充一点，我还为宝冶作为我们的总包感到非常的幸运。这是个非常好的公司。建筑是非常复杂的，和中国现有的一些东西不太一样。但是他们能够非常耐心地听我们建筑师到底想要什么，然后一起来找一个好的解决方案。我们那个经济事务部上司可能觉得不太理解，只不过就是个建筑，快点弄完，不要花太多钱就可以了，但实际上项目需要很大的投入，需要大家共同努力才可以成功。

采访人：我还有个问题，我们对外国团队在上海的工作状态很感兴趣，想有一个比较详细的了解。一个快乐的工作状态是怎样的？你们的工作机制（用图示意）是不是这样的？比方说就是荷兰政府将这项任务给到你们，或是你们通过招标获得的？

J & R：我们是通过竞赛获得这个项目的。政府邀请了7个建筑师，其中包括设计中央电视台的那个设计师，大家进行一个比赛。

采访人：然后你们就得到这个项目了？

J & R：是的。

采访人：你们有了这个项目以后，就得到了政府给你们的一个预算，多少钱来建这样一个建筑？

J & R：没有。先是由我们给政府一个报价。

采访人：你们投标的时候已经知道这个报价了？然后按照这个报价设计了一个快乐街？

J & R：是的。我们尽量把预算控制在这个报价之内。

采访人：你们有了这个项目以后，就在荷兰把整个快乐街的建筑结构，包括展示设计、水电风的设计都完成了？

J & R：不是。首先是一个概念的设计，我觉得如果是碰到一个好的评审团的话，我们就得到了这个项目，如果碰到不好的评审团的话，我们就输了。我只是做了一个比较简单的模型。

采访人：我刚刚提到的这些设计，是到了上海之后才做的还是在荷兰就设计好的？

J & R：初步设计在荷兰，深化设计在中国。

采访人：然后请了同济大学？

J & R：对的，同济建筑设计研究中心。

采访人：有了深化图纸后，把图纸交到我们世博局来审核。是不是走过这个程序？

J & R：是的。

采访人：深化设计得到一个审核以后，再找上海的施工团队？

J & R：我们之前和世博局进行了一些沟通，比如人流的疏散之类的一些问题，所以我们也是进行了相应的调整来适应中国的规范。

采访人：比如现在这个通道是3米，就是我们要求的宽度吗?

J＆R：还设计了一些平台，让游客停留拍照、吃点东西。我觉得世博局这样的一些考虑非常有用，也改善了我们的设计。

采访人：在现场施工的时候，你们两位分别是以设计和监理的身份状态在现场的吗?

J＆R：是的，我们是一起做的。

采访人：在人流疏散上，你们在事先设计的时候知不知道中国提出来预计接待 7000 万人的参观者?

J＆R：是的，知道。我曾经参观了 2000 年的汉诺威世博会，排队很长。据说评判这个展馆是否成功，就是根据排队人数的多少，队伍越长就说明展馆越成功，这太疯狂了。我造了一个展馆，不设置排队区域，因为我不喜欢排队，我喜欢坐着。我们做了一些简单的模型，让人们可以休息。荷兰馆每秒大约有 1.5 或 2 人进入，运转得非常好，最多的时候一天可接待 8 万人参观。

采访人：8 万人?

J＆R：是的。最多的时候 8 万人。现在上海的地铁也是非常有秩序的，那么多人都可以顺畅地通过。世博园的出入口也非常的通畅，我们的展馆虽然要等一下，但是也没有要等很久。至少在入口的时候，至多也只是 20 分钟的等待时间。

采访人：你们在设计快乐街的时候，有没有考虑到中国观众的喜好? 有没有对中国观众在参观的方式上，或者说接受这个展览的信息的一种习惯上做过研究?

J＆R：我很喜欢中国的东西。我觉得我和中国人的品位是差不多的，所以我在荷兰的一些朋友认为我都有点像中国人了。我非常喜欢待在中国，每次都过得非常愉快，感觉跟在家里一样。我很喜欢中国各种各样的颜色，晚上的灯光也非常美丽。

采访人：那我就顺着您签名的"水"来提一个问题吧。快乐街里有很多房间都非常吸引人，其中有一个房间是专门做水净化的。而且最吸引人的是，这里的水是从黄浦江直接抽过来进行净化的，可以直接饮用，是这样吗? 这背后是不是也反映了人和自然的一种关系?

John Kormeling：不仅仅是靠纯净水的问题，而是要看所有。水实际上是一种能源的载体。很多年前荷兰就做过一个水力供能的汽车，就是说我们在考虑汽车能源的时候，可以不用仅仅局限于汽油这样的能源，可以开拓思路，就能有更多的解决方案产生。

采访人：水作为能源的部分我们在荷兰馆中没有看到，我们看到的只是净化水。我觉得很大原因是因为这个装置的缘故，用这个设计、这个卖点，来推广一种技术。

J＆R：我觉得现在有很多的城市问题产生，但是将来我们会有自己的解决方式。快乐街里还有个不用水的厕所的展示，可能就像中国以前把人的粪便留下来加工后变成肥料，我觉得这个方式非常简单，也非常节约。而且这是一种循环，不会污染水。在我们荷兰有个社区，也开始用这种厕所，人们的粪便加工后可以用在他们的花园里。实际上这在中国由来已久了，我觉得是可以进行推广的一种方式。

采访人：你们荷兰以前不用粪便浇花园吗?

J＆R：很早以前会用，后来就改了。后来看到中国用这种方式，我们又学回去了。我是说 20 世纪初的时候，有个叫 King 的人写了本关于中国农业的书，提到中国人怎么样用非常聪明的方式来管理土地。我觉得以前的那种方式即使在今天也可以继续使用，而且非常便宜、非常好。

采访人：最后一个问题，我们在最初的方案里面看到，观众可以进到小房间里面，但现在不能进去，现在有什么遗憾吗?

J & R：因为世博局认为会有很大的人流安全隐患，所以只能把这些展馆做成封闭的形式。如果有一些可以进入，也只是工作人员用的。因为参观世博会时间很紧，只能给大家一个初步的印象，如果需要更多的信息的话，大家可以上网。

采访人：非常感谢！

挪威馆

主题陈述

挪威出席 2010 年上海世博会与政府执行的中国战略和公共外交有关。这是加强中挪两国关系长期战略的一部分。

挪威参加 2010 年世博会将展示一个有教益的、值得信赖的、吸引人的国家和人民以及文化和社会形象。挪威所选择的表述将有助于增强挪威与中国的商业联系，促进挪威作为一个旅游目的地的推广。

外观和内设——视觉感

展馆的外部给人一种挪威风光的印象，树木和群山将邀请参观者步入这一景色中。展馆由 15 个不同高度的树木组成。树木是在宽敞的波形屋顶下通过叠层梁和预先制造的标准实木构件组成。在挪威，松树是真正的可持续建筑材料。部分树结构将在中国使用竹子建造，这是双边技术合作的结果。材料应该易于运输、安装和拆卸。这一用意是为了在世博会结束后在中国的不同地方使用这些树木，作为与挪威亲密合作的象征。屋顶将包括太阳能电池极、通风和水收集和净化系统，从而强调可持续和环

境保护的重要性。展馆的外部将有一个排队的区域，这一区域会由屋顶的延伸部分所覆盖。展馆的内部会有一个娱乐区域，展示挪威大自然的各个方面以及人们如何在这个国家中生活；有一个高水准的餐厅区域，提供挪威的鱼肉；一个商业区域，有各种各样的公司、组织、政府和其他部门用于会见以及来自中国和其他国家的合作伙伴进行交流。

主题——城市，让生活更美好

自然是挪威人灵感和修养的源泉。自然的保护和生态的平衡是社会和谐的源头。对挪威人而言，日常生活的基础是使用丰富的自然资源以及乡村和城市区域的互动。社会有一个平等的结构，这也反映在教育、劳资关系、卫生保健、退休年龄上。这是国家进化的方式，这也是国家在商业、社会、劳资关系、研究、文化上取得成功的关键。

展馆概况

挪威馆位于世博园 C 片区，面积 3000 平方米。由 Reinhard Kropf 和 Siv Helene Stangeland 所设计。以"挪威·大自然的赋予"为主题的挪威馆，浓缩海岸、森林、峡湾、北极等自然景观，讲述自然与发展的故事。走进挪威馆，首先映入眼帘的就是海岸沙滩，这里展示了挪威怎样通过利用太阳能、风能和波浪能等可再生能源，来提高生活品质、改善城市气候。之后就将步入森林，这不是传统意义上的森林，而是由一棵"知识树"来替代，其内涵是通过挪中两国之间的知识互补和共享，找到新的可持续解决方案。馆内的最后一道自然景观是北极，这片辽阔无际却又充满神奇色彩的景区，则以食品安全、营养和气候作为主要展示内容。

Kropf 和 Stangeland 认为，最好的生活模式是城市和自然间的平衡，挪威馆的创意来自将自然带进城市。Stangeland 形容说："挪威馆是一个没有外墙的开放式的公园，而非一个封闭式的建筑，在这里，大家可以自由地进出，看看绿色的风景；当夜幕降临时，抬头能看到屋顶上通过投影展示的北极光，边听音乐边享受一场光的盛宴，就如同听一场音乐会般休闲放松。"

展馆由 15 棵高低不一的挪威"松树"构成，外墙以中国的竹子为装饰，体现城市与大自然的和谐共处，演绎"大自然的赋予"主题。馆内观众散步区展示北欧特有的自然景观，分成北极光、海岸、森林、峡湾、群山五个部分，展现挪威式的生活、城市风韵及可持续发展、提高能源使用效率和健康生活方式的理念和构想。

进入馆内，迎接观众的第一道自然景观就是海岸，这里用两个巨大的屏幕展示挪威的自然魅力，并着重体现对能源的合理应用。从海岸旁的沙滩，观众通过延续的走道逐一参观，随后还能走上阶梯

来到展馆顶部俯视整个展区。

海岸：第一道自然景观海岸。这里向观众展示了怎样通过利用太阳能、风能和波浪能等可再生能源，来提高人们的生活品质，改善城市地区的气候。

森林：海岸旁的沙滩，观众将步入挪威的森林，并来到"知识树"下。这里，挪威的科研机构和团体展示与中国和其他国家之间的各种项目和未来合作的前景。

峡湾：挪威峡湾这道景观用图解释人与水之间的命脉关系，污染怎样影响水质，我们必须采取什么措施才能获得清洁的水。

商务中心：紧接峡湾的陡峭山坡上，坐落着一个人气聚集点和商务中心。

北极：展馆内的最后一道自然景观是北极。在这片壮美迷人、辽阔无际却又充满神奇色彩的景致区，食品安全、营养和气候成为主题。这里还设置了一家餐厅，向观众提供品尝三文鱼、挪威天然净水、挪威烈酒 Akevitt、鱼肝油、驯鹿肉、羊肉等挪威特产。

专家点评

挪威王国，面积 38.5 万平方公里。位于北欧斯堪的纳维亚半岛西部。东邻瑞典，东北与芬兰和俄罗斯接壤，南同丹麦隔海相望，西濒挪威海。人口 492 万（2010 年）。整个奥斯陆置身于岛屿与山丘的怀抱，是一座名副其实的森林中的城市。它位于挪威最美丽的峡湾的末端，从维京时代到现在，人们一直把这个地方作为贸易交流、工业和文化活动的安全港口，是挪威的金融、政治和文化中心，人口 58 万。奥斯陆常年沉浸在季节的变幻中，无论是在狭窄的街道还是广阔的森林，都会发现这是一个全年充满生机的城市。奥斯陆还是一座充满变化的城市，是著名世界级画家爱德华·蒙克和戏剧家亨利克·易卜生生活的城市。市内有蒙克博物馆、维京船博物馆、国家美术馆、易卜生博物馆等，丰富的艺术和文化生活反映出奥斯陆拥有来自全国各地，乃至世界各地的居民，这个城市可以为游客提供独特的美景和有价值的体验。易卜生被称为现代戏剧之父，在中国拥有较高的知名度，对中国现当代作家颇有影响。他是继莎士比亚之后最受欢迎的世界级剧作家，他的作品已被翻译成 75 种语言。画家蒙克在中国美术界影响颇大，知名度较高。在上海世博会挪威国家馆，游客可以感受到挪威王国特别是奥斯陆的独特魅力。

以"松树"的外观造型和北极光的色彩

在上海世博会园区，如果你在游览中看到一片森林，那么你就来到了挪威国家馆前了。由 15 棵从不远万里而来的高低不一的挪威"松树"构成的挪威馆，悬挑式的屋面，如海岸徐徐延绵，又似山峦逶迤前行，充满雄奇意境。浓缩了海岸、森林、峡湾、北极等自然景观，外墙以中国的竹子为装饰，体现城市与大自然的和谐共处，演绎"大自然的赋予"主题。15 颗巨"树"高低不一，从 5 ~ 15 米不等，每棵树均有固定在地下的树根和空中的四条树枝，以树枝的外端为附着点所支起的篷布，形成外形高低起伏的展馆屋面，"巨树"的动力源是太阳和雨水，充分体现了"可持续发展"的环保理念。这是挪威馆的第一个亮点。

以"自然之力"演绎可持续发展的理念

"自然之力"，这是挪威的国家品牌，挪威人民的价值观念在其国家战略以及具体行动中都可以看到"自然之力"的深刻影响。正因为如此，挪威才有底气向世界宣告：到 2020 年为止，挪威的碳减排达到该国 1990 年水平的 40%，到 2030 年实现碳中和（净排放为零）的目标！中国正在进行的快速城市化进程引发了人们对自然和人类资源的担忧。"挪威的自然动力"给社会可持续性调查这类问题提供了空间，促进健康的公共娱乐区和环境友好型城市结构以及基础设施的建设。该展区由 15 组装配"树"构成，感觉像是创造一个有关可持续发展方针的、带有复杂观念的景观并且鼓励自然和社会活动的一个多功能的"公园"。物理结构是由对环境无害的材料构成的，诸如木材和竹材。水的净化、空调和太阳能设施将依赖于这些先进的技术。挪威的水净化技术走在世界前列，这些系统可以用来净化雨水。在水的净化过程中，屋顶的雨水也得到收集，人们可以打开水龙头直接饮用干净的冷水。尤为值得提及的是，整个展馆是一个预制建筑，配套元件是由 15 棵树型板材构成的。世博会后，包括展览树木在内的所有树木都可以很容易拆除，并且将它们应用在其他地点，如安装一个树林公园、游乐场或者社会聚会场所。

可持续发展各方面意识的协同意味着不同学科、文化和发展进程相互联系起来，以创建一个新的

整体。这个新的整体景观表现出各种各样的景色，令人回味，并且是挪威和中华文化、商业、技术以及艺术的结合。各种形式的互动和经验，可以解释挪威的自然与城市发展的关系。每一棵树在建筑的同时都有以下功能，基础设施（空调、水、能源供应、照明等）、家具、展览、游乐场和信息显示。在多功能的结构里，所有这些要求都是相互联系的。

挪威的自然和文化活动是相互交织的。展览旨在展示无论是在物理设计方面还是在综合景观树下，不同影像的不同方面的重要关系。对树木的根部，形成挪威景观的四个特点：海岸、森林、峡湾和北极。空间特点和这些景观的内在素质是展馆及其室内设计的基础。基础景观不同，胶产品复合竹墙壁与通风模式就会不同，基础设施与这些相互融合。所有元素都是预制构件，并且由3厘米厚的竹板数控裁制而成。整个展馆给人一种强大的感官体验，利用了视觉、触觉、听觉和物理刺激，创造了透视图和空间序列的结合。展馆在昼夜将呈现不同的景色，尤其是夜间，北极光将出现在挪威馆的外墙上，配合大家耳熟能详的挪威古典音乐给游客带来一种焕然一新的视听感受。

在展示空间上，挪威馆并没有花费过多的笔墨营造城市主题的深度，或许他们的休闲生活、与自然共生的乐观和豁达，就是他们城市生活自身的最好表述。尽管当下中国的开放度越来越高，但挪威离我们还是有些"远"。挪威独特的地理环境造就挪威人特有的生活态度和生活方式。遍布全国的峡湾和岛屿以及覆盖率较高的森林，使他们喜欢体验水上的乐趣和林中徒步旅行，坐在咖啡馆和酒吧吹着新鲜的海风，或者在明亮的夏季午夜，享受着繁华的夜生活。夏季游泳、冬季滑雪，开朗的挪威人喜欢户外运动。游客还可以在每年12月的奥斯陆享受圣诞购物的乐趣，期间市中心和主要的商业街都会被装饰得焕然一新，还会举行圣诞交易会，出售编织品、吹制水晶、陶器、手工艺品和设计师的作品等，自是别有一番情趣。在上海世博会期间，挪威馆还派出了自己的圣诞老人来捧场！和幸运的世博会游客合影留念。现在，在首都奥斯陆有着比以往任何时候都多的博物馆、购物、餐厅、节日、夜生活，以及丰富多彩的文娱活动。挪威人的热爱自然、富有激情和乐观的生活态度与悠闲的生活方式，自然显现在他们对展馆内容的陈设和形式设计上，展现了一个真实自然注重细节的挪威形象。

BIE 点评

B 类奖项：展馆设计奖

银奖授予挪威馆，因为该馆体现了生态环保且不失优美的展示方案，它从各个方面都对可持续性发展这一理念作了充分诠释。

SILVER goes to Norway for the ecological and beautiful solution that makes that this pavilion fully embodies the idea of sustainable development.

波兰馆

主题陈述

展示目标

通过密切的文化交流和为中国观众提供文化体验来进行文化推介。

通过提供旅游者的体验——主要体现在自然休闲区还有各种城市生活的享受,以此推介旅游业。

通过展示作为科技革新中心的城市来展现科技成就,同时保护各种传统以及有历史价值的城市建筑。

项目交流

单个游客:为了激起游客对波兰馆的兴趣,吸引他们参观。这部分将以个人兴趣来分成若干大块,譬如文化、教育和旅游。

团体游客:将重点强调国家各个部门的有关事项;还会为专门团队参观者如 VIP 等准备特别节目。

波兰馆的所有元素都会进行恰当组合以满足单个及团体游客的观赏需要。

主题陈述——人类创造城市

波兰的展示主要理念分成三部分:"人类"、"创造力"和"城市"。以此,我们想突出城市中

最有价值的元素是人类。而主题中"人类"和他们的"创造力"这两部分完美贴合 2010 年上海世博会的主题，因为正是人类和他们的创造力使得城市生活更美好，也就是"城市让生活更美好"。

波兰馆的展示主题将以"人类创造了城市"的概念为基础，向人们展示当代波兰艺术。透过这样的主题和展示理念，人们可以与波兰人民进行接触，波兰的历史人物、现代艺术家、商业人士、政治家、年轻一代的代表和科学领域的楷模，当然也包括广大的波兰大众，因为他们是我们这次展示的主要对象。

通过这次展示，我们想告诉人们：是这些灵活开放，有时又不同寻常、充满魅力和竞争力的波兰人民让这个国家变得如此与众不同。波兰人民是富有创造力的、勤奋的、充分准备着的百分百的欧洲人，同时他们也是友善、品德高尚的人。所以真正使城市美好的是居住在那里的人。

"人类创造城市"是波兰对 2010 年世博会主题的呼应，是我们对"城市，让生活更美好"的解读。我们将会让那些单个或团体的游客、中国乃至全球范围内的游客清楚理解这一基本观点。

波兰的展览展示将与 2010 年世博会的两大副主题密切关联。

文化对城市的影响

文化对波兰城市的影响体现在追求多种"和谐"：新建筑与旧建筑之间的和谐，旧有建筑区与其改造发展形式之间的和谐，建筑群与绿化带之间的和谐。

波兰一直致力于保留其古老城市的建筑美，同时使其满足市民的需要。波兰人不仅改造旧的建筑物，还根据历史文献描述重建历史建筑，甚至部分城区。

如今在波兰形成了一阵改造部分旧城区以适应现代社会需要的趋势。比如市场，在华沙、弗洛茨瓦夫、波兹南和克拉科夫等这些城市中，市场从外观看像来自中世纪，但其内部是现代的办公室、俱乐部、餐馆或商店。

城市生活中方方面面的和谐使城市与自然环境保持平衡。在城市中，自然成为了文化的一个元素，和自然接触百利无害，因此，绿化带是城市不可少的一部分。"自然环境"是 2010 年世博会主题"城市，让生活更美好"密不可分的一部分，也是波兰馆"人类创造城市"的重要主题。

城市中的环境质量是十分重要的，因为它反映了生活在城市中的人们的健康水平与生活质量。环境状况影响所有的市民。城市生活的一个方面就是工作和休闲的关系。休闲、娱乐与文化接触重新为波兰人民所重视。波兰对城市中开放文化区域的许多做法为市民创造了感受文化魅力的机会。波兰城市在这方面为其他国家城市树立良好典范。

城市社区的重塑

市民是城市存在之本。波兰人在任何情况下都能够发挥才干，改变、重整城市以及其中的生活。

波兰人体现的这种创造力已由历史证明。华沙，这座在第二次世界大战中已面目全非的城市，在人民的努力下得以重建，便是一个有力的证明。

展区的组织

波兰馆的结构与各种材料体现了波兰是一个结合了传统与现代，拥有丰富文化底蕴的国家，以技术的飞速发展而见长。这些材料既便于安装也便于会后的拆卸，是可以循环利用的。

以下介绍的这些波兰展馆的各个区域，由几个互相依附的部分所组成。这些区域的组成形式将借鉴城市结构，与商业、娱乐、民居和消费几个部分联系在一起。同时，给游客一种作为波兰人的体验。现代化的形式和交流技术将带领人们迅速进入到模拟的现实世界中的各个方面。通过技术，向人们展现波兰现代化的一面。主要展览区域中也会将华沙、弗洛茨瓦夫、克拉科夫老城区市场的片瓦断木实物重新组合，进行展示。每一个单元的入口通向不同的展区。

一些单元将包括以下的商业区：

（1）纪念品商店提供推介波兰的商品，让游客产生美好感情，也和波兰形成联系。有部分商品是有关弗雷德里克·肖邦的，用这个伟大音乐家的一生启迪中国参观者。

（2）在波兰餐馆里，中国游客能够品尝到波兰佳肴，也能买到各类波兰出口食品，如奶酪，冻肉，蜂蜜酒、伏特加等酒精饮品，糖果，蘑菇和苹果。还能尝到用这些波兰原料制成的中华料理。

（3）商业区将采用一些城市标志：如"美人鱼"或"海王星"等。那些单元的窗户也会展示典型的波兰景观，如，古比阿洛维察森林的野牛或扎科帕内的山川景观。

"认识肖邦"区

在这个博物馆，人们将穿梭于现实与虚拟之间。多媒体投影设备的运用将会缔造一个独特展示，展现影响肖邦与同时代生活在波兰大都市的市民的浓厚历史和文化根基。展区中会有关于肖邦的实物展品，毫无疑问，这将会深受肖邦爱好者的欢迎。我们设想，经历的互动和创造会让游客们来到肖邦的世界，通过照片、电影和其他视听设备使参观记忆永远保存。

广场后设计——音乐会舞台，当中树立 Lazienki 公园的肖邦塑像

这个广场将是绿色城市理念的一个实践。游客能在此得到休憩，还能听音乐会。每天固定时间都有中国与波兰的钢琴家在此作短暂的演出。这里的一处墙壁将贴上水上皇家宫殿的巨幅照片，另一处将贴上一张由外向内的视角的巨幅墙纸。这样，能吸引游客走进来。

"新一代创造城市"区

在此将向人们展示"在波兰学习"项目和年轻人在空闲时常去的俱乐部，人们能借此了解大城市特有的氛围。年轻人会在这个地方感到舒适，并拥有他们自己的空间。这个小俱乐部也是商业区的一部分，它紧挨着波兰餐馆和纪念品商店。这里还将有一个攀岩墙，内容丰富，多媒体技术也会作为一个辅助手段使游客发现到波兰旅游的乐趣。人工攀岩墙提供给游客们一个组织各种比赛和游戏的地方。游戏区、工作间和其他活动区等指定区域将让年轻人充分发挥他们的创造力。

馆内还将有一个亲子区域，在那里，通过各种活动，如搭建克拉科夫旧城区的模型或学习年轻肖邦的作品片段等，游客们将度过一段有趣的时光。

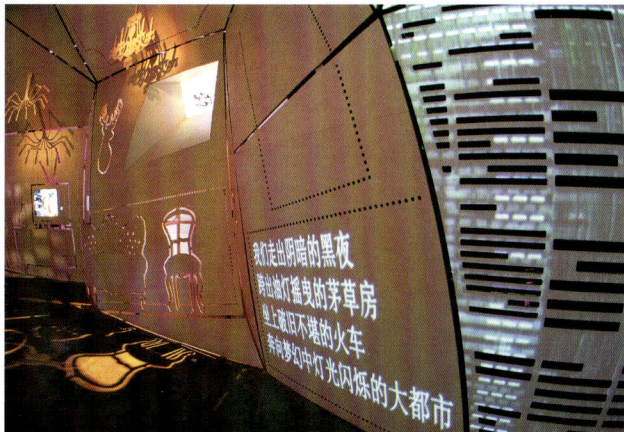

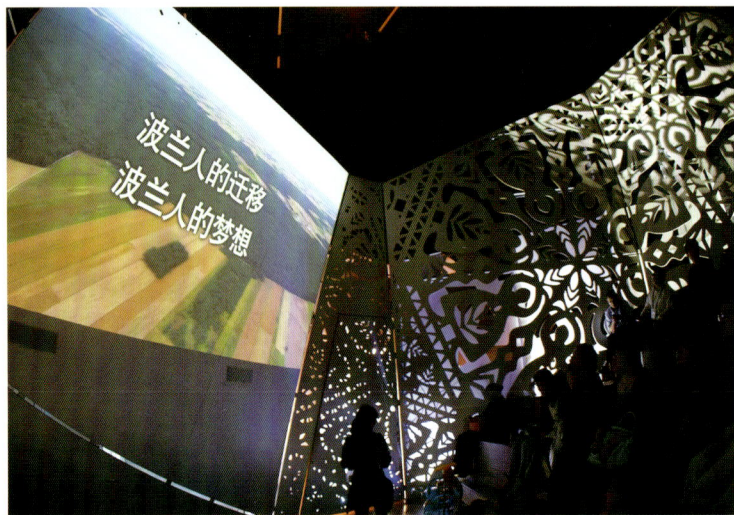

休闲盐窟

这个展区展示城市中自然的一面。在这儿人们通过令人放松的听觉和视觉元素，能稍作休息，如展示波兰美丽景色和表现波兰日常生活、配有平静舒缓旁白的影片。

在展馆夹楼 200 平方米的地方，游客们将看到：

（1）"波兰设计"区，这里将展示波兰的一些设计。在一个搭建的波兰住所，人们将看到波兰的一些日常生活用品，如：家具、衣物、绘画、食品杂货。游客们能看到波兰居室的样子。分成两部分：一部分是为年轻人设计的，另一部分是为老年人设计的。在此将展现波兰设计和波兰为使城市生活更便捷而做出的技术解决方案。

（2）"人类创造商务"区将展示经济合作和投资的可能性，并配备一个特别 VIP 房间，外部古老，内部非常先进。一些必要的办公室也会在这儿建立。

馆中各展区有一个专门的城市地图告知游客参观方向。人们可以通过 GPS 免费下载这方面的信息，这样人们就能随心所欲地畅游波兰馆了。这是一个很好的推介，既提供游客帮助，同时又将他们带入波兰馆。

展馆概况

波兰馆位于世博园区 C 片区，设计团队是 WWA Architects 建筑设计事务所的 Marcin Mustafa、Natalia Paszkowska、Wojciech Kakowsk。其主题是"波兰在微笑"，内容上从波兰文化和中国文化的共同点着手，展馆外形上运用剪纸艺术，借鉴灯笼来设计。希望塑造一个传统和现代相结合的主题——"当代背景下的传统"与参观者来进行沟通。并希望在馆内可以回顾历史、民间艺术，同时把传统和历史融入到用现代技艺、技术所建造的建筑当中去，如同中国现在的发展状况。

波兰的主题分为三个概念："人类、创造力、城市"。人们把它们对生活的创造力和想象力融入到生活中，把艺术和创造力融入到城市中。他们是城市的最大价值。波兰的主题非常精彩的融入了上海世博会的主题"城市，让生活更美好"。波兰馆力求解答如何建设一个更好的城市，从而让生活变得更美好这个关键问题。这个全球性的观点很容易被来自世界各个地方的参观者所理解。

展馆外形抽象且不规则，表面布满镂空花纹，仿若民间剪纸，使参观者获得有趣的视觉体验：色彩变幻的光线穿过剪纸图案在馆内营造一种明暗错落的效果。展馆内部空间灵活，墙体可作为屏幕，播放反映波兰城市生活的影片。建筑本身融入了波兰人对生活的创造力和想象力，演绎"波兰在微笑"的主题。

主展馆的灯光营造了一种明暗错落的效果，内部的墙体也作为荧幕，播放波兰社会生活等方面的视频。同时，展馆的设计同样充满着人性化，比如在开放式的餐厅处为排队的游客提供了遮阳的场地。

波兰馆体现了一系列中国和波兰文化的共通处，剪纸造型就是其中之一，波兰人希望将剪纸作为文化遗产传承下去；另外，"波兰也有关于龙的故事和传说，也有舞龙表演。"斯拉沃米尔·麦曼说，每天早晨在波兰馆门口，都上演来自中波两国的舞龙表演。在晚上，波兰馆邀请参观者一起随着音乐舞蹈、唱歌、体验快乐，伴奏音乐甚至包括了"肖邦音乐的摇滚改编版本"。

专家点评

波兰，全称波兰共和国，是一个中欧国家，是一个具有悠久历史的国家。波兰西面与德国接壤，南部与捷克和斯洛伐克为邻，东与乌克兰和白俄罗斯交界，东北部与立陶宛及俄罗斯接壤，北面濒临波涛汹涌的波罗的海。

别出心裁的外观设计

展馆外观的剪纸设计更突出了波兰与中国两国文化的交融。展馆外形抽象且不规则，表面布满镂空花纹，仿若民间剪纸，展馆内部空间灵活，墙体可作为屏幕，播放反映波兰城市生活的影片。剪纸艺术存在于很多文化中，中国的剪纸艺术历史悠久，风格独特，深受国内外人士所喜爱。令人意想不到的是波兰采取了剪纸的艺术让中国人赏心悦目，尤其当不同色彩的灯光点亮展馆时，各种彩色光线通过镂空的缝隙直射夜空，会让人觉得如梦似幻，身在馆内仿佛置身于七彩缤纷的童话世界。设计师不仅希望参观者能了解波兰，同时也希望通过运用剪纸的常见图案告诉参观者，尽管中国和波兰两国相距甚远，但我们的民间传统却有着极为相似之处。色彩变幻的光线穿过剪纸图案在馆内营造一种明暗错落的效果。建筑本身融入了波兰人对生活的创造力和想象力，演绎"波兰在微笑"的主题。

波兰国家馆呈白色，正好波兰的国旗由上白下红两个平行相等的横长方形构成。白色不仅象征古老传说中的白鹰，而且还象征着纯洁，表达出波兰人民渴望自由、和平、民主、幸福的美好愿望；红色象征热血，也象征着革命斗争取得胜利。红、白两色是波兰人民喜爱的传统颜色。而国徽是白鹰，象征波兰人民不屈的爱国精神。展馆内部也是晶莹剔透的白色设计，是波兰人追求的冰清玉洁。

充满自由理念的波兰

波兰的主题分为三个概念："人类、创造力、城市"。在波兰国家馆的每天晚上，都要举行年轻人专场，年轻人可以开派对、跳劲舞，伴奏乐可能是摇滚版的肖邦音乐。波兰的国旗上面是白色，象征着自由。在20世纪，波兰几次起义军都佩戴花结，作用相当于红白臂章。波兰人民是一个不断追求自由的民族，是为了自由而不怕流血牺牲的民族。树立在华沙的犹太人英雄纪念碑，就是一个鲜明的例证。华沙犹太人隔离区是德国法西斯于1940年设立的，区内犹太人最多时曾达到45万人。1943年4月19日，忍无可忍的犹太人在区内起义，后被纳粹残酷镇压，大批犹太人被杀，隔离区也被希特勒军队摧毁。1990年11月举行的民主大选，揭开了波兰人民追求自由的新的篇章。瓦文萨在第二轮投票中当选总统，提出"建设自由、民主、富裕的新共和国"，经济上发展以私有制为基础的市场经济，取消对土地自由买卖的限制和对外政策，强调向整个欧洲和世界开放等。从此，波兰实现了政权有秩序的更迭。

美丽的平原之美

波兰全境绝大部分为略有起伏的低平原，北低南高，北部多冰碛湖，南部有低丘陵，靠近捷克边境为苏台德山和贝斯基德山。较大河流有维斯瓦河和奥得河。全境属于由海洋性向大陆性气候过渡的温带阔叶林气候。

波兰是世界十大旅游国之一。气候宜人的波罗的海港湾，风景旖旎的喀尔巴阡山区，巧夺天工的维利奇卡盐矿，每年都吸引无数游客慕名前来。这里的人民懂得森林是保护生态环境的主角，因此他们爱林如命。波兰的森林面积为889万多公顷，森林覆盖率近30%。到波兰旅游的人，常常会被这诗情画意般的绿色世界所陶醉。旅游业已成为波兰外汇收入的主要来源。波兰采矿业以煤及褐煤最重要，煤炭储量居欧洲前列。琥珀储量丰富，价值约近千亿美元，是世界琥珀生产大国，有几百年开采琥珀的历史。

波兰馆，这个"绿色"展馆也最大限度地节约资源、保护环境和减少污染，能够为参观者提供健康、适用和高效的参观使用空间。

璀璨的群星：科学家与艺术家

提起波兰，人们自然会想到世界级的伟大音乐家肖邦，世界级的科学家哥白尼以及居里夫人。肖邦是波兰人引以为骄傲的伟大作曲家和钢琴家。华沙举办的五年一度的肖邦国际钢琴大赛，吸引着全世界好手角逐，成为国际音乐界的顶级盛事。出生于华沙的居里夫人是世界上第一个两次获得诺贝尔奖的女科学家，她为人类揭开原子的奥秘。哥白尼是现代天文学创始人，日心说的创立者，他的"日心说"沉重地打击了教会的宇宙观。因此使天文学从宗教神学的束缚下解放出来，这在近代科学的发展史上具有划时代的意义。在"认识肖邦"区，广场后设计音乐会舞台的当中，树立肖邦塑像。游客在此得到休憩，还能听音乐会。每天固定时间都有中国与波兰的钢琴家在此做短暂的演出。

波兰人的人本创意

波兰馆的展示主题以"人类创造了城市"的理念为基础，透过这样的主题和理念，人们可以了解波兰的历史人物、现代艺术家、商业人士、政治家、年轻一代的代表和科学领域的楷模，当然也包括广大的波兰大众。

美食的波兰

在波兰国家馆的餐馆里，中国游客能够品尝到波兰佳肴，也能买到各类波兰的出口食品，还能尝到用这些波兰原料制成的中华料理。波兰人的饮食习惯与其他东欧国家大致相似。具体而言，波兰人平时以吃面食为主。他们爱吃烤、煮、烩的菜肴，口味较淡。在饮料方面，他们还爱喝咖啡和红茶。在饮用红茶之时，波兰人大都爱加入一片柠檬，并且不喜欢茶水过浓。在饮食禁忌方面，波兰人主要不吃酸黄瓜和清蒸的菜肴。波兰人在人际交往中非常喜欢请客吃饭，波兰传统烹饪为讲究的法国人所称道。

波兰伏特加在全世界享有盛誉，"精品伏特加"的牌子几乎在任何地方都是响当当的。烧酒"帕利科托夫卡"是一种生命之水烈酒，根据卢布林地区雅布沃纳保存的古老波兰配方酿成。波兰特产是纯伏特加，其王者桂冠非精品伏特加莫属，它已雄心勃勃地进入了外国市场。它销往 70 个国家，最热爱它的国家有意大利、墨西哥、法国、加拿大和德国，也包括中国。精品伏特加已经在国际大赛中获得 20 个奖项，其中四分之三是金奖。

BIE 点评

B 类奖项：创意展示奖

银奖授予波兰馆，因为该馆通过光与色彩的神奇组合将其内部空间极为巧妙地用作屏幕，为参观者提供了精彩的体验。

SILVER goes to Poland for the spectacular experience it offers to the visitors as a labyrinth of light and colour and a very intelligent use of interior space as a screen.

设计师访谈

设计师：Natalia Paszkowska
　　　　Marcin Mostafa
时间：2010 年 12 月 3 日

采访人：我们非常喜欢波兰馆的整个外形和内部的展示设计。

Marcin：谢谢。

采访人：我们想了解一下波兰馆一些设计方面的问题，这些访谈内容将作为上海世博会为今后留下的展馆方面的遗产。

我们第一个问题是，在最初投标方案当中，你们是否得到相关政府部门起草的关于波兰国家馆的内容？比方说现在波兰馆所呈现的"当代背景下的传统"这样的描述？如果这个文本有的话，它具体的描述是怎么样的？

N & M：政府一开始没有很具体的要求，就是想展示波兰比较现代的一面。这也是多方面的，他们并没有具体说哪个。竞争是完全开放的，政府接受各种各样的建筑师、竞标公司提出的想法，但总体上政府希望能从中国和波兰的文化方面入手。

采访人：那么现在波兰馆的"当代背景下的传统"的主题是什么时候形成的？

Marcin：这个想法应该是在最开始设计项目，也就是 2007 年底的时候就形成了。

采访人：是你们的设计团队形成的？

Natalia：是的。主要包含两个方面，第一个就是传统的剪纸艺术，第二个是灯笼。

Marcin：外形上，我们运用了中国和波兰共有的剪纸艺术，并从灯笼的造型入手。还要补充的是，在内部展区，我们希望创造一个传统与现代相结合的建筑，希望能够在这个建筑中回顾历史、民间艺术，同时把传统和历史融入到用现代技术所建造的建筑当中——就像中国一样。中国也是一个非常现代的国家，同时它也有着自己的历史和文化。

采访人：你们想以这种表现手法来与我们参观者进行沟通，就是"当代背景下的传统"这个概念是吗？

Marcin：是的。

采访人：接下来问第三个问题，贵团队全都是建筑师为主的，那么如何展开内部展区的设计？从外形的剪纸进入到展馆内部的规划设计，你们是从哪几个方面入手的？为什么从这几个方面入手？

Natalia：我们在设计时和一位斯洛伐克的设计师进行合作，他建议表现人从农村到城市迁徙的过程。波兰的历史发展和中国也有相同之处，我们需要展开这个故事的细节，采用一种间接、含蓄的手段。从外部剪纸艺术逐步深入，观众会先看到一片森林，然后慢慢通过走道，还通过电影，然后观众就从大自然森林进入到城市。

采访人：波兰馆中也有龙的元素。我们进入到波兰馆的中间会有一个比较大的展区，里面有一个影片的放映，在这个公共区域里大家坐在类似沙发这样的东西上坐着看影片，这一块好像是介绍你们各个地区风景的影片。另外，里面还有一部影片是需要排队等候观看的，我想知道那部影片和现在外面播放的影片是讲述什么内容的？或者这两部影片之间的存在什么关联？

翻译：那是一块龙的屏幕，观众可以和这个动画的龙对话交流，进行互动，那并不是一个影片。

Natalia：另外一个是关于波兰历史的 3D 影片，是一个比较正式的剧院。这两者之间并没有太大的关联，但我们想把不同的元素都展现出来。

采访人：波兰馆的外形深受观众的喜爱，内部的展示设计也很受欢迎。请问各类团队在波兰馆内部是怎样一种工作方式，使展馆能够这么好地表达"当代背景下的传统"？比方说，你刚才提到的影片视频的创作，还有异形膜上的波兰风景片，还有《上海狂想曲》。如果我没记错的话，全世博园区只有波兰馆有音乐迎接，有音乐相送。这个团队的管理，或者说是组织与协调，是由你们公司来进行的吗？

Natalia：我们扮演的角色一个是建筑师，一个就是设计师。工作的开展非常具有挑战性，而且每个人在团队中都有不同的职责：灯光、声音、多媒体展示……其中有一位灯光的设计师 Mark，他也是波兰人，在欧洲非常出名，与他的合作是一个让人感觉非常荣幸和愉快的过程。声音方面，入口处的音乐是由一位波兰的作曲家作曲的，他也很有名。还有《上海狂想曲》，都是艺术家的结晶。在多媒体方面我们有一个工作室，他们前几年差点获得奥斯卡奖，所以都非常有名。我们还有技艺非常高超的一个团队，虽然说设计师有的来自波兰，有的来自荷兰、斯洛伐克，但整个合作是非常顺畅和愉快的。

采访人：波兰馆完全由你们的公司来组织工作的？

Natalia：当然，但是波兰馆是多个团队的工作合作的结晶。

采访人：从你们的年龄来看，这是个非常年轻的团队。你们之前有没有世博会经历？

Marcin：这是第一次，也是职业生涯当中最大的一次。那一年过得非常艰辛，但是我们非常享受这个过程。

采访人：刚刚你提到《上海狂想曲》的作曲者非常有名，当初在设计时是出于什么原因需要将《上海狂想曲》放到展区里？想表达什么内容？和观众互动？或是其他的原因？

Natalia：这个音乐在入口前播放，有两个目的：一个是邀请观众来参观，一个是营造音乐的氛围。最初我们希望播放或演奏肖邦的音乐，肖邦在中国也是被很多人认知的。后来彼得·鲁比克作了《上海狂想曲》，作为赠给上海世博会的特殊礼物。

采访人：我们在《上海狂想曲》中听到类似中国传统音乐的元素在里面，非常好听，也有波兰的传统元素在其中。中国观众对波兰非常熟悉，其实我们两个国家的文化比较相似，都是比较开放的。我有两个部分想跟你分享一下。我在波兰展馆的第一个展区中看到一个小短剧："我们走出阴暗的黑夜，跨出油灯摇曳的茅草房，坐上破旧不堪的火车，奔向梦幻中灯光闪烁的大都市"。我看到这一段非常兴奋，因为我主管的城市生命馆中表述城市命题时也用了一个火车站的概念。我从你们的展区里得到了一个信息：在工业化和城市化的进程中，农民的迁移是全球城市化过程的事实，也是其中必不可少的一个环节。我们都想到了一个焦点，就是农民第一次来到城市的时候，或者他在迁移的这个举动决定以后，他第一眼看到的城市其实是他们完全不熟悉的，面对这个城市会迷茫，或者完全不知所措。

另外，我们中国的观众对波兰文化也很熟悉，比方说，铀的发明者居里夫人，还有钢琴诗人肖邦，还有玛祖卡舞蹈，还有华沙古城区的教堂等。我就曾经到过波兰华沙，去过居里夫人的故居，也去过肖邦的故居，上海也经常举行肖邦钢琴的纪念会。所以中国人其实对波兰的文化是非常熟悉的。那么我想借此机会问你有没有参观过我们组织方的展馆，比方说中国馆、主题馆？我想了解一下你们的感受。

Natalia：我们上次来的时候是五月的第一周，正是世博会开幕的时候。当时我们想去看中国馆，结果发现队伍相当长，基本是几个小时才排得下来，所以我们当时想几个月以后再过来好了，可惜后来一直没机会来。因为一直在工作，所以上海对我们来说就好像是潘多拉的盒子，还没有真正打开去看。当然不是潘多拉那个真正的意思啦，大的一个木盒子，可能充满着各种有意思的东西，但真的还没时间去细致了解。

采访人：拆馆的时候你们会来吗？

Natalia：已经开始了，建筑公司已经在（拆馆）。

采访人：刚刚有一个问题遗漏了。我很想知道，波兰馆楼上有一个摄影展。当初为什么会设置这个区域？是怎样一个内容的表达？

Natalia：这个摄影展主要有两个方面的考虑。一方面就是希望展示传统；另一方面，因为现在是一个非常国际化的社会环境，我们希望体现出不同的肤色、来自不同的地区的人们分享些共同的东西。虽然说黑人穿着我们的服装看起来比较好笑——我个人是这么感觉的，但是尽管来自不同的文化，我们还是可以分享一些相同的东西。

采访人：对的，其实从我的角度来看，无论你是何种肤色，穿上波兰的传统服装或是穿上中国的传统服装，就更有不同的意义，我觉得这是非常好的。比方说衣服是同样的一个款式，但是由于不同的人穿它，就创造了一个别样的意境。

Natalia：是的。

采访人：你们中国馆没有看过的话，主题馆也一个没有看过吗？

Natalia：由于一直工作非常忙没有机会参观。

采访人：那么在你们日以继夜的工作当中，你们觉得作为上海世博会的组织方，为各参展方提供的服务怎么样？

Natalia：让我感受最深的就是我们和中国的建筑公司以及世博局之间的合作非常愉快，当然总体上他们还是和建筑公司接触比较多一点。建筑工地现场的接触、沟通、联络非常不错，而且上海世博会是世博会历史上最大的一届，整个过程非常的顺利，开展得非常好。

采访人：谢谢。

Natalia：波兰也会在 2012 年举办（好像是欧洲杯）一个大的足球赛事，我们希望波兰也能够像中国上海这次举办世博会一样举办得非常出色。

采访人：一定会的。

Natalia：谢谢。

采访人：在这么多的国家的支持下，包括波兰国家对我们的支持，这次世博会取得了非常大的成功，让上海世博会能够取得一个如此辉煌的成果。我的问题是，人数众多的参观者是这届世博会一个很显著的特征，那么在世博会开幕的第一周里留给你们最深刻的印象是什么？

Natalia：虽然说是第一周感觉人也不少。刚好前一周我们一直在忙着建筑施工，所以当时非常需要休息，没有参观太多，但是的确感觉到独特的氛围了。大家都非常的激动。我会永远记住那样的感受，那是人生当中只有一次体会的机会。我们印象最深的是开幕式那天，4月 30 日晚上，所有人都在江边观看烟火表演，显示了大家的团结而且希望共同分享盛世的表示。

采访人：非常感谢。我们采访已经临近尾声了，虽然今天一开始时因为暴雪的原因网速比较慢，但是接下来的一个多小时的聊天让我感到非常愉快，得到很多相关的信息。

Natalia：我们也非常高兴能有这样的机会对话。

邮件交流

外观设计师：Iwona Borkowska
（WWAA Pracownia Projektowa）

一、展示内容

1. 贵馆的主题和理念是什么？

本馆设计的首要主题是：当代背景下的传统。当我们努力用科技来改善，使生活的方方面面日趋现代化的同时，我们不应该忘记过去。相反的，应该广泛吸取广为接受的民间文化所能提供的极其丰富的灵感。因此，我们将传统的波兰剪纸艺术用建筑装饰的现代语言表达了出来。当然我们并不希望这个设计成为完完全全的传统展示，只是希望借此强调传统的重要性。

2. 如何将贵馆的设计与"城市，让生活更美好"的主题联系起来？

我们相信人们最爱的是传统和现代的结合。正因如此，上海和巴黎这样的城市才如此美丽迷人。人们赞美浦东和拉德芳斯，但他们爱的却是城市中古老的部分，那里的生活步伐不那么狂热匆忙。他们的审美体验和视觉感受都因为这样的对比而得以丰富。我们的设计与传统艺术形式有关，使人们在闲暇愉快的时光中创造出来的，是一种愉快轻松的建筑元素，可以为忙碌工作的城市居民提供放松呼吸的场所。

3. 贵馆是如何考虑参观者对展馆设计的感知？

首先我们的设计将以友善、熟悉、唤起人们回忆的形式给参观者留下深刻印象。一位评论家曾这样描述我们的设计：一进入这幢建筑，就仿佛一个小孩子钻进了奶奶那铺着刺绣桌布的桌子下。本馆位于极为工业化、现代化的德国馆旁边，提供了一种有趣的审美体验和令人愉快的对比感。我们希望参观者能够明白，用非常现代的科技来探索传统图案（在大型胶合板上切割图案等）可以带来非常有意思的结果。

4. 有没有针对中国参观者特别进行思考和设计？

剪纸艺术存在于很多文化中，在中国亦是如此，尽管中国的剪纸艺术有鲜明的自身特色。有人说本馆是最有"中国味"的外国展馆。尤其是晚上当不同色彩的灯光点亮展馆时，会让人联想到中国的灯笼。在展示和表演中，我们都用了一条龙的概念，这不仅是中国图形、文学中权力的象征，也是波兰民间文化中所广为人知的形象。我们不仅希望参观者能了解我国，我们也希望通过运用剪纸的常见图案告诉他们，尽管两国相距甚远，但我们的民间传统却有相似之处。

二、展览设计

1. 您是如何使用设计的语言来诠释展馆和世博的主题？主线、重点和亮点是哪些？

我们通过自己的设计语言（剪纸语言）与世博会主题相联系。建筑立面上的剪纸图案是完全引用的（实际上是波兰 Kobielsk 地区的民间图案），并将其审美理念带到了展馆内部。剪纸引领参观者通过展馆，从民间形式逐渐变成有机形式，最后是一幅城市地图和工业形式。这隐喻了人们从乡村移居到城市的过程。

我们也希望告诉人们"更好的城市"并不仅仅是钢筋水泥，还应该有像木材这样给人温暖感觉的自然材料。展馆内外的一些家具就是由切割剪纸版留下的胶合木做成的。借此我们希望强调循环利用和环保的概念，这对于创造更美好的城市生活是至关重要的。

2. 您的设计如何优化空间利用？

考虑到预算限制，我们充分利用了分配到的空间，最大化利用了建筑高度（20米），利用其最高点创造了一个富有个性的开放型大厅。现在我们觉得当时最棒的一个想法是将分配给展馆的一部分空间设计成为馆前的户外空间，用木板覆盖，加上一些胶合木的家具。这个"庭院"相当成功：我们很高兴看到有很多人在此处休憩，在木地板或木家具上或坐或卧，或是吃东西。这真正成为了一个"居住"空间，这是对任何一个设计师而言最大的赞赏。

3. 如何处理大量人流？

参观者排队人流是用栏杆来进行调节的。一段时间内只允许一定数量的人进入馆内或特定的展示区。据我们所知，尚未出现任何问题。

三、技术问题

1. 落实设计中您使用了什么先进的技术或技巧？

将传统剪纸图案以建筑形式表达出来需要对外立面和所有展示部分的胶合木进行铣机电脑数控。在外立面使用胶合木也是实验性和富有挑战性的。

2. 落实设计中最大的遗憾是什么？

在实施设计过程中最大的遗憾照例是由于资金紧张。我们不得不放弃一些极其重要的初步设计理念。首先是设计馆内参观路线，让参观者可以到屋顶欣赏世博全景，这样使得参观路线更加令人兴奋。第二个放弃的设计可能更令人痛苦，是关于建筑内部的设计。一般来说，大部分的展馆内部都是黑暗的，采用人工照明。我们本来打算让自然光线在白天通过立面剪纸图案渗透进来，创造一种"明暗对照"的效果。当然还有其他一些较小的遗憾，但是整体来说看到本馆是世博会优秀展馆之一，我们还是非常开心的。

俄罗斯馆

主题陈述

在过去的几十年中，俄罗斯发生了巨大的变化。俄罗斯正在发展一个新的形象，创造新的灵感，并为自己设定新的挑战。所有这一切都是年轻、新颖和进步的体现。

年轻不是年龄，是一种思想意识状态。年轻是在一种积极的态度和一种时代间的联系，一种对未来的憧憬和对过去的回忆，是新建筑的建设，在城镇规划中的新科技的发展及对文化遗产和历史纪念物的保护，是人格的发展，是对科学、体育、教育领域成功的一种追求，是对儿童和年轻人健康和福利的关注，也是对老年人的关心，是对历史、文化、精神和国家传统的保护和继承。

城市和人类一样，拥有年龄、性格和气质。城市和人类是相似的，也是独一无二的。

俄罗斯馆是一次半小时的旅途，让你领略一个跨越 11 个时区的国家。参观者能够了解城市的主要迷人景点，并观察从 UTC+7 区（上海的时区）开始的不同时区的俄罗斯的城镇生活。

这一主题会用两种方式展开：

第一种是通过城市，第二种是通过城市的居民。

第一种方式展现了在大小不一，或南或北，古老或新生的城市中，建设舒适生活并且拥有相似的

高品质生活的可能性。通过统一的城市规划、建筑技术，能源供给网和交通运输的解决方法，以及教育机构，医疗体系和零售贸易等的标准，来实现品质生活。同时，每个城市的个性也通过历史特征展现出来。

第二种方式，主题是通过城市中的个人展示出来。一方面，城市提供了几乎无限的可能性来自我实现个性；另一方面，它也有着许多的限制，这些限制让它适应规则，并不断地向周围的人"看齐"。一个城镇意味着遵守生活的社会方式的规则。主要的特征是：是人类本身让城市更加美好，无论是每天清扫马路的人，还是创造出极大影响城市发展的发明的杰出科学家。

为了实现这个目标，我们建议放置图片（动态的或者静止的照片），用最直接的方式来传播展示俄罗斯城市的生活现状。

我们建议安排不同的媒介来演示令人印象深刻的展示：

（1）动态的图片展示不同时代和不同成果——城市宣传片（屏幕），城市和山川（屏幕）；

（2）动态的影像（按电影摄像师的特别顺序）——变化中的城市（屏幕）；

（3）静止的图片（按摄影师的顺序）——在城市中的人类（有着重灯光的照片）；

（4）静止图片，从博物馆、国家或私人藏品的复制品——城市的历史（图画）；

（5）静止图片，从民间搜集——城市幽默（放置在镜框下的照片）。

所有这些图片都与城市和人类有关。其中的 500 张，将用人性化的角度，概括性、简单地展示现实中的俄罗斯。这些图片见证了俄罗斯社会的进步。他们应该代表对俄罗斯的客观的观点，避免单一的视觉游览和不同观点作家的好奇心。

这些图片都伴有解释性的文字（在哪里？是什么？什么时间？），这能使参观者近距离接触，便于比较和理解。

我们建议从局外人的眼光来看俄罗斯的城市。把你自己想象成旅游者或者城市的居民，坐在一个城镇广场的露天咖啡厅。也许你在这个城市漫步很久之后坐在那里休息片刻，也许你是第一次来到这里，你首先想感受一下这个城镇的空气和氛围。你内心平静，心情轻松，但你也充满好奇，看着广场形形色色的画面：建筑物，一个家庭，匆匆去上班的人，或闲庭散步的人。你也许对一件事或另一件事感兴趣，你会看着你感兴趣的事物，或你会把目光从一件事转向另一件事。

这个项目的大致建筑方案是展馆的外围会有俄罗斯城镇真实生活的各个方面的图片。

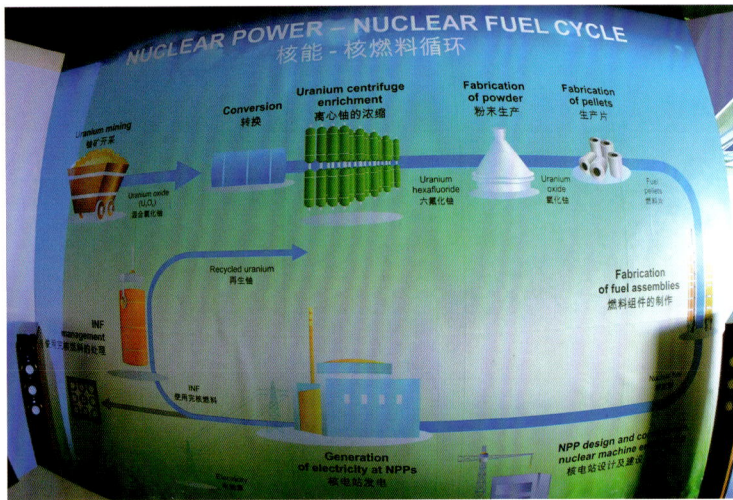

展馆的外围会被像一个时钟一样分成 11 个时区，12 点是出入口。展馆中间设有一个咖啡厅，让人们休息，在人们吃小点喝咖啡的同时不影响视觉浏览。在这里，人们可以坐下来，安静舒适地观察发生的一切。展览本身和咖啡吧都能够改变，这取决于在一个时区或另一个时区。因此这会是一个更有效的展示。在咖啡吧里面，人们可以看一些感兴趣的事物，也可以在同时看看一些概念性的区域。

在宽敞的咖啡吧旁边是不同大小的展示区域和 2 ~ 3 个向 VIP 和展馆工作人员开放的展览办公室。控制所有屏幕的设备室也可以在那里。

中央区域有 10 个功能部：5 个展厅，1 个吧台，1 个设备室，3 个展览办公室 /VIP，起到平衡外围人流的作用。

5 个建议的展厅（可能会是 4 个或 6 个）：

（1）2 个展厅，供临时性的公司、地区、城市展出，展出时间从一星期到一个月。

（2）3 ~ 4 个展厅中将展示特有的展品，如有独特照明，符合空气湿度，并配有安全系统的秘密地窖。

为了更好地陈列展品，各展厅的面积有待规定（约 40 平方米）。

小型室内办公室的面积与此相仿（略小于 30 平方米），可用于召开会议、工作会谈等，为合作伙伴和工作人员提供舒适的环境。

设备室（约 30 平方米）将设于中心位置，可对其加以装饰或使其看起来更生动有趣。设备室也可置于中心圈后，紧邻展馆工作人员的办公室、更衣室和储存室，方便临时展览的撤换。整个区域将占地数百平方米。

展馆的空间安排将方便观众自由选择参观路线或择地休息。观众可以在此相聚、交谈，城市（以及展馆）不正是这样一个地方吗？

为了增强游览城市的效果，在观众离开时将赠送"相册"，收录他们喜欢的图片。例如，每位观众可用条形码读卡机选择 12 张自己喜欢的相片或图像，然后将其打印出来装订成册，在参观结束时赠送给观众。

展馆概况

俄罗斯馆位于世博园区 C 片区，面积达 6000 平方米，是规模最大的一类自建馆，以"新俄罗斯：城市与人"为主题。俄罗斯馆的外观设计及其装饰不仅有俄罗斯传统风格元素，也有不少中国文化元素和其他民族文化元素的体现，由此表达"事物是相互联系的"哲学思想。俄罗斯馆外立面上方由 12 个立方体组成，表示其为一个循环过程（12 月一年，12 小时半天）。但由于主办方不接受设计师最先的方案（三层：天地人设计），承建方也没有很好地贯彻他们的设计理念，故现在从外观上来看显得相对沉重。俄罗斯设计团队还对中国古代哲学思想颇有研究，他们认为要得到一个完整的大型作品，要从细节做起。如中国古代哲学家庄子所说："治大国如烹小鲜"。

俄罗斯馆对多媒体技术持否定态度，认为多媒体技术是一种文化快餐，而文化是不能以快餐形式带给大家的。同时认为多媒体技术有很大缺陷，它会使每个国家的文化趋向同一，这个新兴技术也很难称之为文化或是文化的一部分。所以，他们在设计上尽量避免使用多媒体技术，避免形式大于内容。

展馆建筑既似花朵，又似"生命树"，12 个"花瓣"形成塔楼，顶部的镂空图案则表现了俄罗斯各民族的装饰特色。夜晚，塔楼的白金颜色会变成黑、红、金色，三种颜色交相辉映象征着俄罗斯传统文化。塔楼的"根部"蜿蜒至中央广场的"文明立方"，形成"人"形标识。其外部装饰组件可以自由排列，形成巨幅"活动画面"墙。

俄罗斯馆没有核心展项，但参观者在参观后可以得到一个整体印象。如老子所说，"一切都是从无开始。"设计师的工作就是从零开始，因为有了空间才可以把它填满。设计者要给参观者足够的思考空间，并认为自由的空间是最为重要的。

专家点评

俄罗斯联邦，是世界上面积最大的国家，地域跨越欧亚两大洲，与多个国家接壤。绵延的海岸线从北冰洋一直伸展到北太平洋，还包括了内陆海黑海和里海。俄罗斯联邦是一个在世界上具有影响力的大国。俄罗斯国家馆具有以下特点：

外表特色极其鲜明

俄罗斯国家馆的外表是白色，在世博园，离得很远的地方就能看到乳白色的美丽建筑物。白色是该国的自然特色与民族心理特色的反映。俄罗斯联邦的国旗采用传统的泛斯拉夫色，旗面由三个平行且相等的横长方形组成，由上到下依次是白、蓝、红三色。旗帜中的白色代表寒带一年四季的白雪茫茫，蓝色代表亚寒带，又象征俄罗斯丰富的地下矿藏和森林、水力等自然资源，红色是温带的标志，也象征俄罗斯历史的悠久和对人类文明的贡献。另一方面，白色又是真理的象征，蓝色代表了纯洁与忠诚。

艺术气氛浓郁，充满民族自豪感

俄罗斯领土跨越欧亚两洲，自然而然地融合了东西方两种文化。俄罗斯文化事业发达而厚重，有大量的出版物，有许许多多图书馆、博物馆、文化馆、俱乐部等群众性文化设施。俄罗斯特别重视对博物馆珍品和历史建筑文物的保护，扩建和新建了许多博物馆。博物馆按专业可分为革命历史博物馆、历史博物馆、艺术博物馆、各专业博物馆以及其他博物馆等。较大的艺术馆有莫斯科特列季亚科夫国家绘画陈列馆。俄罗斯文学源远流长，在世界上享有盛誉，出现了普希金、陀思妥耶夫斯基、托尔斯泰、肖洛霍夫等世界驰名的大文豪和作家。俄罗斯的美术源远流长，绘画有着悠久的历史，著名的艺术大师有列维坦、列宾等。俄罗斯的宗教音乐和民间音乐有着深远的历史传统，歌剧、交响乐和室内音乐具有鲜明的民族气质，奔放豪迈。俄罗斯的戏剧艺术体裁和形式多样，亚·尼·奥斯特洛夫斯基是19世纪50年代以后俄罗斯文坛众多的戏剧作家中最杰出的代表，被称为"俄罗斯戏剧之父"。俄罗斯的马戏团在俄罗斯也很受人们的欢迎。实用装饰艺术有木雕、木雕壁画、刺绣、带花纹的纺织品、花边编织等。最有名的工艺品有木制套娃、木刻勺、木盒、木碗、木盘等木制品。

文化和自然遗产，勘察加火山、贝加尔湖、西高加索山区、喀山克里姆林宫建筑群、费拉蓬特修道院、索洛韦茨基群岛、圣彼得堡、诺夫哥罗德历史古迹、基日岛乡村教堂。俄罗斯国家馆的影像资料生动地反映了俄国的文化成就。

寓意哲学的创意

随着中俄文化的半个多世纪交流，俄罗斯的文化中也掺杂了一些中国的文化元素。俄罗斯馆的外观设计及其装饰不仅有俄罗斯传统风格元素，也有不少中国文化元素和其他民族文化元素的体现，由此表达"事物是相互联系的"哲学思想。俄罗斯设计团队还对中国古代哲学思想颇有研究，他们认为要得到一个完整的大型作品，要从细节做起。

理想的诠释

儿童文学家尼古拉·诺索夫认为，"最好的城市应该是最受孩子们喜爱的城市"，俄罗斯馆内部设计理念就来源于诺索夫的作品《小无知历险记》，力求呈现一个美丽、精湛、充满童话色彩的儿童花园城。展馆分为"花的城市"、"太阳城"和"月亮城"三部分。在充满诙谐、童趣的布景下，参观者在馆内隐秘的小路上感受到许多神秘而又有趣的发现，这些发现是来自俄罗斯儿童和年轻科学家的创造发明与科技成果。城中，储藏太阳能的鲜花、水果造型的房子、巨型蜻蜓造型的风车、生物燃料供能的汽车随处可见。在第一层的中央地带，设计师以儿童的视角构思城镇的布局和建筑物模型，如飞翔的阳台、活动房子和人造太阳等。在"天才之城"里科学家把能源、原子能和航天科技、医疗科技以及战略计算机信息技术和软件技术有机的集合起来。

俄罗斯馆外观上、内容上都体现了鲜明的民族特色，具有强烈的民族自豪感，结合了科技的成就，具有强烈的文化的内涵和对未来的理想。

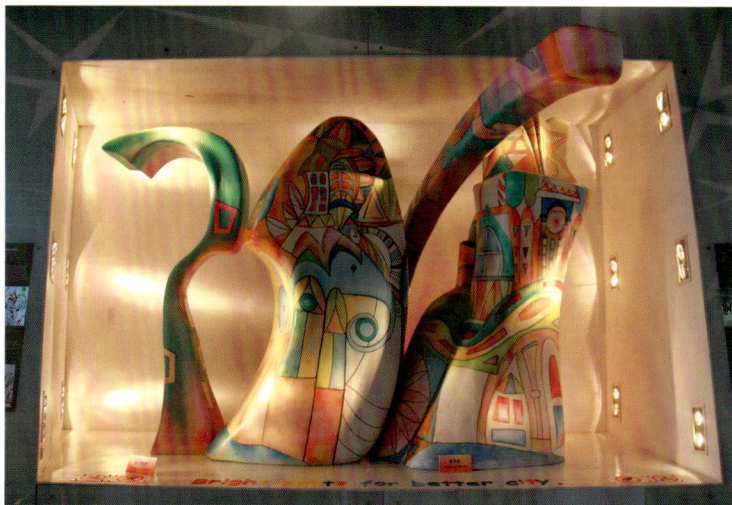

BIE 点评

A 类奖项：主题演绎奖

银奖授予俄罗斯馆，因为该馆展示了孩子们对城市未来的独特想象，同时也以新颖而富有创造力的方式展示了该国雄厚的科技实力。

SILVER goes to Russia for their original vision of the city by children and their strong scientific content presented in innovative and creative ways.

设计师访谈

俄罗斯馆外观设计团队：Levon Ayrapetov
Marina Sipko
Valeriya Preobrazhenskaya
（TOTEMENT / PAPER 建筑事务所）
时间：2010 年 9 月 27 日

采访人：首先请问您有什么想说的吗？

俄方：目前暂时没有。先从回答问题开始，如果中间有所发挥，再讲一下。非常感谢您热情的邀请，也十分感谢在您的协调下参观了俄罗斯馆。中国给我们留下了非常好的印象。最近一年我们常常飞来中国，中国的高速发展给我们留下了非常深刻的印象，希望这样的高速发展仅仅是一个开始。

采访人：俄罗斯也一样在高速发展。那我们开始会议的议程吧！当你们这个团队在接手俄罗斯馆外形设计的时候，请向我们完整地描述一下，你们如何从一个国家的理念出发，进行展馆设计的过程。

俄方：俄罗斯国家馆的设计工作是通过竞标的形式得到的。竞标者一共有 23 位，来自于俄罗斯全境，不仅来自于莫斯科、圣彼得堡，还有很多其他的城市。很幸运的，我们竞标成功了。一开始我们得到的是一部描述性的文学作品，不是一个实际的方案，我们从中了解到了上海世博会"城市，让生活更美好"的主题，非常的幸运的是，它们非常吻合。

目前所见到的俄罗斯馆的外形已经是第四个方案了。和第一个方案相比，第四个方案有一定的相似之处，但也有一定的差异。由于这次世博会在中国举行，而我们也对中国古代老子和庄子的思想比较感兴趣，所以在设计展馆时就充分考虑了这一点。这个建筑由 3 个部分组成，分别代表了"天"、"地"、"人"三层。第一层代表"地"，第二层代表"人"，第三层代表"天"，它们同时也分别代表着"过去"、"现在"和"未来"。中国古代的哲学思想在俄罗斯非常流行，其中最有名的就是庄子。现在俄罗斯馆外观上的装饰性图案，不仅带有俄罗斯风格，还融入了很多中国传统的风格，同时兼有很多不同国家文化的元素，比如高加索文化、穆斯林文化，甚至非洲文化。我们想表达的意思也是和庄子的思想相关，即所有的事物都是相互关联的，并非单独存在的。目前所见到的俄罗斯国家馆的外形是相对比较沉重的，如果根据原来的设计，展馆会显得更加轻盈。因为我们想给世界展示一个全新的俄罗斯，改变人们对于俄罗斯的传统印象——沉重。当下的俄罗斯是一个充满活力的、开放现代的国家，已经不再是铁幕下封闭的国家。

现在俄罗斯国家馆的外观和原先的设计理念有着比较大的差异，造成这些差异的原因是多种多样的，有些是建筑施工上的问题，受限于当下的技术水平与施工条件。例如，没有采用那些看上去比较轻盈的材料，而是过多地采用了钢铁等看上去比较厚重的材质。还有就是承建商的问题，他们在建设过程中没能完全贯彻设计师的思想。如果说，在目前所见的俄罗斯馆外观上还有哪些地方可以看到设计师的思想的话，主要是在颜色方面。例如，红色，红色象征着太阳；金色，金色象征着小麦；白色，白色是纯洁的象征。目前的外墙装饰部分也不完全是原来的设计了。

其实从原来的设计出发，我们不仅做了外观的设计，还做了内部装饰的设计。内部设计的理念是这样的：整个场馆就像是一个人体，每一个室内的空间就是一个人的器官组织，由此组成了一个完整的人体。但目前所展示出来的内部装潢设计并不符合我们的设计理念。我们非常认同中国的一句古话"治大国如烹小鲜"，如果希望得到一个大型的完整的、完美的作品，必须从细节入手，必须注意到每一个很细小的部分。以此类推，我们认为一个城市的发展，其重点不是在大处着手，而是要从小事做起，不是要建设一条大型的公路，而是要注意到每个小小的地方，有了每一个小地方的发展，并且在其之间建立良好的联系，才可以推动整个城市的发展。就好像中国古代名著《易经》中所说的，所有的事物都是相互联系，相互制约，互为因果的。所以说，一开始在着手设计俄罗斯馆的时候，我们就想体现这一思想。

根据我们的设计，参观者一进入展馆，就会看到一些图片。一开始他们可能并不明白这些图片所要表达的意思，但随着参观路线的安排，参观者会逐渐感到这是一个完整的整体。目前俄罗斯馆的外观是由12座塔状建筑物组成，我们选用12这个数字是因为12这个数字可以象征这样一个循环——12个小时，是半天；12个月是1年。这12座塔是用特殊的建筑材料做成的，这种材料在俄罗斯古代用于教堂的建造。在俄罗斯，78%的人口是城镇人口。一个居民聚集区人口超过1.2万，就可以被称为城市。所以说俄罗斯是一个城市化程度很高的国家。我们用俄罗斯的城镇人口的数量除以12，得出一个数值，用等数量建筑材料来建造"塔"每一个小块的建筑材料，就是代表一个城市居民。

采访人：建筑材料具体是什么？

俄方：在古代的时候是一块块的小桦树木块，有一定的弧度，类似于中国古代的瓦片。现在用的是塑料制品，并且已经事先做成大片，外观上很难看出。关于城市的发展，我们认为在世界上很多的城市，都有一些问题。我们认为，一个理想的城市，1/3的面积是公园和绿地，1/3的面积是公共娱乐和休闲的区域，1/3的面积是城市的住宅和办公区域。我们也看了一下上海的城市建设，发现了其中的一些问题。

现在俄罗斯馆的外观可以说像是一朵花，也可以说像太阳。由于俄罗斯馆的底座是圆形的，在此基础上有12座塔式建筑，塔式建筑可以理解成为花瓣，也可以理解成太阳的光线。底座是绿色的，因此其中也包括了绿色的含义：绿色是支持人类发展的基础。但也请不要忘记俄罗斯馆也是一个很现代化的建筑，其中也体现了很多的文化方面的内容，因为只有文化才可以给人类带来可持续的发展。

采访人：在设计俄罗斯馆的时候，在展览的方式上，有没有一些后续的考虑？在设计外观时有没有考虑到内部的装饰？

俄方：在设计展馆的时候，我们考虑到了每一个细节，包括内部装潢的每一个细节。第一套设计方案是全部透明的。昨天在北京，我们看到了一本书，书上展示了很多套我们的设计方案。方案成型之后，在施工期间由于我们有些问题是和承建商有关的，所以一开始想和法国的承建商合作。但由于我们不可控的官方原因，没能成功，而是换成了现在的承建商。和现在的承建商合作得不是很愉快，在施工过程中也产生了很多的问题。现在的外观承建商是中国的，由于种种原因，现场施工和图纸的设计有一些出入，但是在我们的不断努力之下，还是纠正了不少。特别要强调的是，我对于内部装潢的设计非常不满意。我们也展示过我们的设计，但是反应就是我们这样的设计太现代、太先锋，难以让普通大众接受。对于一个好的建筑来讲，建筑的外部设计和内部设计是一个和谐的整体，而不是单独的存在。从目前俄罗斯馆的情况来讲，还是可以看到一点，虽然已经保留不多了。在有自动扶梯的那个塔内，从地面一层抬头看，还是可以看到红色、白色和金色，这就是俄罗斯馆的主题颜色。从我的观点来看，这就是可以体现外观和内部设计整体性的一个方面。（打开画册）这是第一套方案，这里是全部透明的，这个部位有遮阳板，这个位置有个公园，这个设计有3层，是一个非常复杂的结构。这是第二套方案。

采访人：现在就是用了这一部分？

俄方：这边全部是空的，这边的塔的体积很小，但是最后塔的体积变得越来越大。其实造成这种情况，可能和俄罗斯的组织工作有关。俄罗斯馆的筹备工作从3年前就开始了，但是工作的效率不是很高，过了一年的时间才开始组织竞标，竞标工作进行了半年，之后花了半年以上的时间等待资金的到位，过了一段时间后又出现了这样那样的问题，这些都是不受设计师控制的。所以总体来说，俄罗斯国家馆的建设是比较匆忙的。

采访人：这次听到俄罗斯馆背后的故事，知道了目前的俄罗斯馆受制于时间、资金还有其他各个方面的原因，和预想中的俄罗斯馆有一定的差距。可以说俄罗斯馆遇到的问题不是一个个别现象，在整个世博会，每个场馆或多或少都遇到了类似的问题。我认为这是一种设计的遗憾，造成这种情况是有着多种原因的。

俄方：也许吧！

采访人：在设计俄罗斯场馆的时候，您有没有考虑到参观人数的问题？对于大流量的参观者有没有什么应对措施？

俄方：对于大流量的参观人数问题，我们也考虑到了，也做出了几次的修改，主要来说是合理设计展馆内部的参观路线，可以让人流快速通过，而不是让参观者闲逛，沿着指定的设计好的路线参观，不在某一地点作过多的停留。还有，考虑到排队的情况，特意把排队的地方安排在背阴的地方。根据我的设计，排队的地方在小木桥上，位于水塘上，但是不知道什么原因小木桥并没有被使用。对于俄罗斯馆来说，一开始的设计人流量不是很大，每天的人流大约是0.7万人，内部的设计也不是这样的，通道会比现在宽，给参观者的空间更大。现在的设计已经有所改变，现在设计的参观人流量大约是3万～3.5万人。根据今天参观的情况来看，我觉得合适的参观人数是在2.3万～3万。当然了，关于人流量的问题，也有着多种原因。

采访人：关于人流量和参观时间，请问贵方是怎么考虑的？怎样才可以达到一个平衡点？

俄方：我认为参观速度和参观内容是有着非常紧密的联系的。不要展示那些需要长时间观看和仔细观察的东西。我们特别选择一些大型的，可以一下子吸引观众眼球的展品。这些展品可以给观众比较大的视觉冲击。我本人也很喜欢在展会上作长时间的停留，十分清楚这是非常消耗时间的。所以我们通过这种方式，给观众展示大型的展品，不给观众可以长久地停留在某一地方的机会。今天我在参观俄罗斯馆的过程中，注意到一些情况：有些观众，在某一地点，对某样展品停留很久。我认为这是不太好的现象。根据我的理解，世博会是一个快速参观的地方。就像大家看到的多媒体的放映是对于某些特定的感兴趣的人在特定的地方而设立，不是在参观过程中，让每个参观者停下脚步，作停留。我对世博会的理解是通过一个20分钟左右的参观，对一个国家有一个整体性的了解。不需要有很精确和很准确的信息。如果要知道准确的信息，就大可不必参观世博会，而是坐在图书馆或者是上网查阅资料。

采访人：完全同意您的观点。

俄方：我来做一个比喻吧！人为什么知道天空中有一只飞翔的鸟呢？是因为人们看到了一个完整的飞行中的鸟，但是把一只鸟放到一个人的面前，向他展示细部，一根羽毛，一个鸟喙，人们就不会明白这是什么？对于国家也是一样。世博会是要向参观者展示一个国家的整体，对于某个国家有整体性的了解，这就够了，并不需要展示一些细致的部分。

采访人：完全同意您的观点，世博会是一个向世人展示一个国家总体形象的平台，不需要很细节化的介绍，但是非常可惜，我们的观众不是专业的观众，他们常常会把自己的注意力放到某一点上，在某处作长时间的停留。这个现象不仅仅存在于俄罗斯馆，可以说在每个场馆都普遍存在。

俄方：那只能这么说吧！也许他们有很多时间。

采访人：在本次世博会上，多媒体技术被广泛地使用，我们主题馆对多媒体技术的使用是十分谨慎的，尽量避免多媒体技术的泛滥。我们想请问您对于多媒体技术的态度，以及多媒体技术在俄罗斯馆内的使用。

俄方：我们对于现在的多媒体技术持否定的态度。我认为多媒体技术其实是一种文化的快餐，但是文化是不可以用一个快餐的形式来带给大众的。文化在很大程度上是小众的。现在的多媒体技术在技术层面上已经发展到了一个很高的程度，但是事物也走向了它的反面，其形式已经大于其内容。对于我们团队来讲，在工作中，我们尽量避免采用过多的多媒体技术。比如说在设计工作中，我们只有在万不得已的情况下才会使用计算机，尽量使用手工。多媒体技术只是一个技术，并不能代替它所要转达的内容，内容无论如何一定要凌驾于手段之上。我们刚从威尼斯回来，那里刚刚结束了一个大型的设计比赛，获奖者是一位奥地利的设计师，在他的作品中也大量运用了多媒体手段，但是仅仅是手段，并没有让手段掩盖其内容。我还想强调一下，对于多媒体技术来讲，还有一个很大的缺陷：多媒体技术的泛滥使每个国家的文化趋向于一种同一性。它让本来很多有特色的各国文化变得很相似，区别不大。多媒体技术目前还是一种新兴的技术，它还不是文化，甚至于还难以被称为文化的一部分，它还需要时间去完善和发展，但是因为它的一些特性，在大众传媒和社会政治经济的各个方面被广泛地使用，甚至于可以说是被滥用了。因为多媒体技术，可以在短时间内给受体一个很大的感官冲击，很大的压力，留下深刻的印象，让制作者在短时间内把想要传达的信息，深刻地传达给受众。

采访人：今天很高兴听到您对于多媒体技术的理解，我和您也持有相同的看法。当我们在设计主题馆的时候，关于多媒体技术的运用，运用范围及运用到什么程度做了很多的讨论，甚至于是争论。我们希望多媒体技术的使用只是一个手段，不能让它掩盖了主题。在世博的很多场馆，都一个中心亮点，比如沙特馆，中国馆的清明上河图。对于俄罗斯馆，不管现在如何，当时的设计有没有一个中心亮点？是什么？

俄方：对于目前的俄罗斯馆来讲，没有什么中心和特别的发光点。如果从我们本身的设计理念来讲，也可以说是没有。我们认为，馆是一个整体。观众通过对于俄罗斯国家馆的整体参观，可以得到一个完整的整体印象，而不是某一个突出点，就像老子说的：一切从"空"开始。因为有了空间才有了填满的可能性，我们希望给参观者足够自由的思考空间。举例来说，就好像如果我要人注意到这张纸，就不可以在纸上放任何的东西，让人们对于事物的本质产生兴趣。我是设计师，我们的工作就是从一无所有的空旷处开始的。对我们来说，自由的空间永远是最主要的。我们并不需要过多的外来的干涉和帮助，过多的外加因素对我们来讲，反而是一种干扰。我们的想法是，俄罗斯馆不需要太多的装饰。比现在的布置要简单很多，很多地方是用空气来填满。就好像在地球上，最绝大部分的空间是被空气填满，无论是土地还是海洋，与空气相比只是沧海一粟。就好像中国的太极拳一样，不需要借助于任何的工具。人的工作是用心来完成的，而不是靠各种高科技手段来完成的。

采访人：非常高兴听到我们的俄罗斯同行对中国古代哲学思想有着这么深刻的认识，但是问题在于我们的观众都是非专业的，他们不知道谁是老子，谁是庄子，怎样让他们明白和理解您的设计思想呢？

俄方：我认为，解决这个问题，就是设计师的工作了。向普通人介绍那么深奥的哲学思想，最简单可行的方法就是最朴素的方法。例如，冬天阳光灿烂，每个人都会觉得舒服，这不需要太多的解释。给参观者一个很舒服的参观体验，在不知不觉中理解我的思想。太多高科技手段是没有必要的，而且没有任何帮助。就像我用显微镜观察细胞，今天的科技水平可以看到这些，将来出现了高倍的显微镜，看到的就有更多新的东西。但是在生活中还有很多最基本和最朴实的元素是不会改变的，我会用这种方法向普通大众来传达我要表达的信息。

采访人：我并不反对您的观点，用最朴实的手段来表现设计师的理念。在城市人馆的设计过程中，我们向全世界征求设计方案，最终我们选择了一个荷兰设计师的方案，在全球 6 大洲，6 个国家，选取 6 个家庭，跟踪拍摄了 3 个月，全面记录他们的工作、学习、生活、健康和社交这 5 个基本元素。这 5 个元素全面贯穿其中，馆内的很多展品也直接来自于他们的生活，有他们的仿真人像。这也是一种很平实的展示方式。我想要说明的一点是，平实不是平淡，需要有一个情绪化的，有高低起伏的表达，这只是我个人的观点。我还把这些家庭成员邀请到现场来，和现场观众作互动。展示的过程不是平静如水，而是希望有所起伏。

俄方：我认为一个好的设计师必须明确自己的设计理念，清楚自己想要表达什么，给观众传达什么信息，言之有物。而不是用一些漂亮的手段堆砌出一个漂亮的展示。只有一个漂亮的外观，而没有内容，那是商店的橱窗。我希望每一个参观者，无论他的教育背景、经历如何，在参观完之后，有一个后续的思考，不是过眼云烟，而是带走一点可以长久记忆的东西。再举个例子，展示就像电影。电影分两类，一类是动作片，动作片的节奏是越来越快了，人们在观看时得到很强烈的感官刺激，但是在观看后就没有留下任何印象。还有一种文艺片，

节奏比较慢，如果我是导演的话，我会运用很多的慢镜头，给观众留下比较深刻的印象。

采访人：十分同意您的观点和看法，一个展览的灵魂是它的内容，而不是它的表现形式。但是可惜的是观众是普通人，他们很难深刻理解设计师所要表达的意思，只有通过各种多媒体手段进行强烈的感官刺激才可以完成信息的传达。

俄方：这不好。这个现象目前的确是存在的。现代化的辅助手段越来越多，对于感官的刺激也越来越强烈，这会让人在现代生活中逐渐迷失。就是人类离大自然越来越远，很多人已经远离自然了，这是一个很可悲的现象。

采访人：这是一个好的设计师要解决的问题了。

俄方：我努力做一个好的设计师，但可惜并不是每一次都可以做到。我每一次都受到很大的限制。可惜的是，我在工作中常常是把大部分的精力花在了和主管部门打交道上，和那些并不懂我们在做什么的事的人打交道。如果在 200、300、400 年前，情况还是比较好，因为当权者的理念和设计人员的观点相一致。但现在的情况完全不同了，现在大众传媒的控制者，他们自己以为知道大众需要什么，但是他们并不知道他们自己要给大众什么。在过去的沙皇时代，每个沙皇都可以使用十几种语言。但是现在的俄罗斯当权者，除了普京以外没有人会讲外语。他们以工作忙为借口，很少提高自己。

采访人：原创的理念和残酷的现实永远是一对矛盾体。对于我们来说，我们尽量尊重设计者的原创理念。从我个人来讲，我更偏向于设计者。目前为止，我可以说，我保留了大部分原创的理念，只有在其设计与安全和消防相悖时，才进行干预。

俄方：谢谢！

采访人：我们今天的沟通到此结束，最后我要表示一下我们的感谢，贵方是我们这个课题组的第一批

客人，非常高兴听到了一些关于俄罗斯国家馆的一些背后的故事，特别是听到关于您对于中国古代先哲们那么多的了解，尤其对于老子的哲学思想有很深的理解。我认为每个人都应该学习一些中国的古代哲学。现代的年轻人更多的去看电影、上网，很少有人看古典哲学了。如果没有电影院和电视台，年轻人就会去图书馆。

西班牙馆

主题陈述

　　展馆设计受一知名西班牙图标——"柳编篮子"的启发，由绿色材料做成。展馆和西班牙阳光明媚的天气形成一个建设性对话。同时，它也想探索柳条的各种技术可能性。数个大庭院代表篮子，而避免其作为传统容器的功能。结果是各种空间的混合，保证人群顺畅通达。当中有一个广场，展示我们城市象征性的元素。

　　城市主题对我们所有人来说都是一个挑战。我们认为上海世博会是树立西班牙国家形象的重要契机。面对这样的重大挑战，我们想赋予这个大项目更多的价值来达到观众的预期，同时也为组织方想要达成的目的加把力。如前述，我们的主题标题是"享受城市，享受生活"，这可以作为我们主要理念的总结："技术下的已人性化城市"，"进一步人性化中的宜居城市"，"修复城市肌理"，"广场的现时意义"，"今日的西班牙城市"，"Pentasensorial（产品说明式）阐述推进"，"城市的多样化和多元化"，"回顾历史：在城市诞生之前（我们的祖先）"，"城市中的沟通"和"城市的未来"。

展馆内部——展示"活灵活现的城市"

展馆的主要部分是向所有 VIP 和普通游客开放的展示区域。游客通过开放广场通往展馆中心。入口处后的空间扮演重要角色，展示各种各样的对比，在到达主广场之前铺垫奇异气氛。广场里会说明所有的展示区域。像一个真正的广场一样，多样、多元，很多活动会在那里举行，将它变成一个活灵活现的西班牙城市。在广场后，游客继续参观四个不同的展厅，在"大篮子"里分散各处，展示各个相关主题：

在城市诞生之前——我们的祖先和首批社会团体

短暂回顾我们的城市及其演变的历史。

今天的城市——设计、时尚、设施、沟通

未来的城市，西班牙的最佳城市实践和文化空间——城市在出口处旁边会有商业活动。哪里有城市，哪里就有美食！这个区域从外面也可直接进入。食物主要从一个小吃吧里提供，在上层楼会有一个针对特别宾客的餐饮间。

其他内容："城市的引擎"

在展示的另一边，有一个限定人数的礼堂，最多容纳 500 人，举办辅助展示性的活动：由各领域专家引领的论坛、研讨会、演示演讲、圆桌会议。还有一个 VIP 房间来接待要人，一间公关办公室。

可再生能源

建筑的原则是可持续性，尊重自然，关爱环境，运用创新材料和可再生能源——而在这方面西班牙是非常领先的。遵从再利用和可循环的原则，展馆设计时已考虑到在世博会后的拆卸，在其他地方会再行组装。一些建筑材料仍旧在考虑中，一些西班牙在技术和可再生领域里最知名的公司会参与其中。

展馆概况

西班牙国家馆位于世博园区 C 片区，占地面积达 7600 平方米，是上海世博会面积最大的自建馆之一，

参展规模之大也创下西班牙参加世博会的新纪录。整座建筑采用天然藤条编织成的一块块藤板作外立面，整体外形呈波浪式，看上去形似篮子。西班牙馆因此得名"藤篮"馆。西班牙馆以"我们世代相传的城市"为主题。场馆的设计灵感来源于瓦楞纸。场馆由体现西班牙的过去、现在和未来的三大空间组成，这三大空间分别由三位出生于不同时期的西班牙杰出导演设计完成，这三位导演分别是比格斯·鲁纳、巴西里奥·马丁·帕蒂诺和伊萨贝尔·库阿谢特。他们赋予了展区更多的创造力和灵魂，他们以各自的方式和角度表现了西班牙。

展馆外墙由藤条装饰，通过钢结构支架来支撑，呈现波浪起伏的流线型。阳光可透过藤条缝隙，洒落在展馆内部。展馆内设"起源"、"城市"、"孩子"三大展示空间。参观者宛若置身西班牙城市的街道上，感叹西班牙光辉灿烂的历史、人民的智慧和创新，品味众多知名的城市规划家、社会学家、电影工作者和艺术家共同打造的盛宴。

西班牙馆的第一展厅"起源"展露了它的全貌。参观者仿佛置身"岩洞"，头顶有点点"星光"，视听设备将影像打在"岩壁"上，奔腾的海洋、远古的化石，弗拉明戈舞者在激昂的鼓点中翩翩而至，穿着原始服装的舞者从屏幕里"舞出来"。接着，挥舞着红布的人群把参观者带入奔牛节的现场，经历一场沸腾般的狂欢，NBA球员加索尔和网球选手纳达尔也会出现，与游客"近距离接触"。

第二展厅"城市"的设计者巴西里奥·马丁·帕蒂诺在《彼得大师的木偶戏》的旋律中，以独特的万花筒方式展现西班牙城市从近代到现代的变迁。

第三展厅"孩子"中，伊莎贝尔·库伊谢特以"西班牙国家馆的孩子"——吉祥物"米格林"的视角遥想未来生活，小米宝宝和游客们一起畅想明日城市。

西班牙馆由"从自然到城市"、"从我们父母的城市到现在"、"从我们现在的城市到我们下一代的城市"三大空间组成。展示从远古时期的野蛮和文明到现在的变化，再到畅想未来。西班牙馆设有能容纳300人同时用餐的西班牙餐厅，提供最地道的西班牙美食。纪念品商店、多功能剧院、商务中心也是展馆的重要组成部分。丰富的文化艺术节目也是西班牙馆的展示重点。

专家点评

西班牙王国位于亚欧大陆的西南角，西濒大西洋与美洲相望。东北与法国、安道尔接壤，西与葡萄牙为邻，东面和东南面临地中海。国土面积约为50.6万平方公里。西班牙和葡萄牙、安道尔属于伊比利亚半岛国家，也属于环地中海国家。首都马德里是一个古老的城市，人口约320万。

西班牙是一个热情激扬的奔放国度。比利牛斯山脉阻断了欧洲大陆南下的冷空气，造成了截然不同的西班牙——张扬、热烈、痛快淋漓。从斗牛士华美精致的斗牛服到弗拉明戈舞者奔放艳丽的裙角；从高迪神奇、富有大自然韵味的建筑到戈雅，再到激情燃烧的毕加索的绘画……无不闪耀着这个国度的色彩斑斓与独特魅力。近年来，西班牙特别重视新能源产业，其风电和太阳能产业目前占有全球最大的市场份额。西班牙的异域风情和鲜明特色在上海世博会上出尽了风头。

热烈奔放的"藤篮馆"舞出动感十足的西班牙形象

西班牙馆的创作灵感取材于富有浪漫的西班牙风情的弗拉明戈舞蹈及其流动飘洒的舞裙，借助动感的舞蹈带来的形象思维，结合西班牙有活力的社会生活，整个西班牙风情就这样被浓缩在融和复古气息和现代创新意识的"藤条篮子"的建筑中。西班牙馆的主题是"我们世代相传的城市"。展馆远观就像一个"藤条篮子"，是一座复古而创新的"藤条篮子"建筑，外墙由藤条装饰，通过钢结构支架来支撑，呈现波浪起伏的流线型，

被流转弯曲成一个大"篮子"，因此被称为"藤篮馆"。这是一个用手编织出来的世界，建筑师通过现代钢结构支架勾勒出蜿蜒柔动的线条，在外表皮上采用纯手工编织的藤条板像"鱼鳞"一样地片片叠放，装饰出动感的效果，呈现出波浪起伏的视觉动态。西班牙馆带给参观者的是一种舞蹈情感的表达，"奔放"就如同弗拉明戈舞者在激昂的鼓点中翩翩而至，穿着原始服装的舞者从屏幕里"舞出来"。给参观者的感觉如同人体的飞翔、流动与旋转，使人在急遽的韵律中感受情感演变，仿佛是在短暂的时空中让你体验一生一世错综复杂的情感，而又让这错综复杂的情感的某一种在瞬间定格，或喜或忧或愁或悲。西班牙建筑师高迪曾说过："直线是人为的，曲线才是自然的，上帝创造自然界用的都是曲线。"西班牙馆动感十足的曲面形体就是西班牙精神与活力的表征，它独特的材料和造型，体现了西班牙人热情、奔放的民族性格和独特的创造力。在众多颇有创意的场馆中，西班牙馆以其特有的传统民族风情独树一帜。就西班牙馆的外观设计和创意理念内涵而言，这可以是西班牙馆的最大亮点之一，也是令游客感觉最为着迷的缘由之一。

　　西班牙馆藤条表皮编织出的内部空间，也是自由而浪漫的。阳光可以透过藤条缝隙，洒落在展馆内部。本着"一个互动很强，外部是开放的，内部又有着明确的空间划分"的理念，不同于以往的四方盒子的博览空间的设计，而是将展示空间分割成形状不同的"篮子"，承载着西班牙城市文化与社会生活，使游客可以顺利前行。在游览西班牙馆时，游客感受到的不仅是建筑流动韵律带来的视觉冲击，同时也被西班牙民族情感和艺术文化深深震撼。可以说，西班牙馆是一座有艺术性、有吸引力的建筑，建筑材料环保而传统，建筑手段先进而前卫。

以"自然"的设计理念演绎出文化的意味

　　西班牙馆是上海世博会展馆面积最大的自建馆之一，参展规模之大创下西班牙参加历届世博会的新纪录。根据设计师的理念，"自然"是建筑的未来。因此，使用完全取材于大自然的建筑材料，用最富创意、最先锋的设计手段来应用这些材料就成为西班牙馆创新设计的出发点。整座建筑采用天然藤条编织成的一块块藤板作为外立面，整体外形呈现波浪式，看上去形似篮子。8524个藤条板质地不同，颜色各异，面积达到12000平方米。每块藤板颜色不一，会略带抽象地拼出"日""月""友"等汉字，表达出建筑师对中国文化的理解。西班牙馆的设计在于把西班牙独有的气候环境融入其中，建造一个奇妙的巨型工艺作品，进而确立一种全新的建筑施工技术。巨型柳条篮中的数个大型露台构筑成本届世博会上西班牙馆的各个展区……其中一个露台作为入口展区对外开放，以吸引更多的游客进入馆内游览。而其他露台则是以室内外相结合原则设计建造的。可见西班牙馆并非只是一个简单的内含一个室内空间的篮式建筑，而是一系列复杂空间序列组合而成的一个简约而流畅的枢纽系统。进入西班牙馆，人们就会被神奇的生态技术和可持续性建筑技术所深深吸引……展馆室外的自然光可以透过柳条与钢条混合"编织"构筑而成的建筑外墙的缝隙射入室内，顶部的太阳能板为建筑提供能源，整个展馆体现了自然环保的理念。

从造型来讲，西班牙馆的外观最为独特，尤其是建筑材料令人瞩目，给中国游客留下了隽永的印象。把传统的西班牙柳条编织工艺引入高度现代化曲线型外观的展厅建造中，其目的是将传统融入现代生活中——整个展馆的形状由编织藤板最后的安装组合而定。"世博会所要体现的就是一个国家、一个民族所特有的东西，让更多人了解它们，同时也让这些特色文化融入世界文化的洪流中。"西班牙馆的建筑师贝娜蒂塔·塔格利亚布这样说，"因此，设计之初，我们设想把一些能够使西班牙与中国或亚洲产生共鸣的文化元素带入本届世博会中。而柳条编织技术就是流传全世界的一种传统工艺技术。"藤条的选材成了连接西班牙与中国的介质。在很多空间展示专业的专家看来，西班牙馆的外形设计和工艺技术最贴切地表达上海世博的主题，因而在上海世博会上具有不可替代的唯一性。

别致婀娜的造型与激情的歌舞秀

从本质上讲，整个建筑外立面以柳条编织板悬于钢质支架之上构筑而成。建筑以简单组合的方式来建造由结实的钢结构高度控制与具有灵活度的编织藤板构筑而成的建筑，而这样的建筑设计就要求由许多复杂的几何图形组成。钢结构似骨，支撑起整个西班牙馆的流线造型，节扣式搭建方便日后拆除；编织藤板似皮，包裹了整个场馆，却不把自然光拒之门外。整个展馆就是由一系列大大小小的编织藤板篮式展区组合而成的，一些是顶部露天的半开放式篮式空间，而另一些则是全封闭式的，阳光将透过藤条的缝隙，洒在展馆的内部，营造出一种星点光亮的效果，同时也可确保展示空间的流通性与多功能性，赋予西班牙馆室内丰富又不失和谐的光影与质感。西班牙馆内部空间形态与外部一样追求自由的律动感，各功能空间以曲面过渡，给人游离多变而又神秘的空间感受。斑驳的光影加上自由浪漫的内部空间，具有独特的视觉感和生态性，既为场馆内提供了充分的采光，又更加突出了"透明"的主题。这样的空间形态是有情感生命的，契合了西班牙馆婀娜的造型，可谓做到了技术与艺术的交融。

外观造型独特，设计别有创意，还使用新媒体的内容展示其丰富性、准确性，深深地感染着参观者。此外，西班牙的歌舞、餐饮文化也很有特色。尤其是"激情西班牙"歌舞秀给游客留下了深刻印象。世博会期间，西班牙馆为上海带来最知名的西班牙艺术家，包括歌剧、

弗拉明戈、舞蹈、音乐等，试图给游客展示一个真实的热情似火的西班牙。每天展馆的圆形剧场举办两场名为"激情西班牙"的歌舞秀，演出由西班牙著名导演、马德里马戏团总导演任导演，有 50 余名来自西班牙的知名艺人参与表演，演出包括哑剧、现代舞，融合了莫扎特、巴赫名曲的弗拉明戈舞，以及魔术表演、牵线木偶表演等在内的极具西班牙特色的剧目。

游览完西班牙馆，很多游客都对其以"过去、现在和未来"三段式演绎城市主题的思路印象深刻。细致品味：憧憬未来的无限创意——这是西班牙馆的内容展示，女建筑师以其独特的想象通过"起源"、"城市"、"孩子"三个展厅，分别演绎城市主题的"过去、现在和未来"，确有其新颖和令人惊赞之处。游览中不仅能感受时间之轴纵向的城市演进史，还能在很西班牙的"公共客厅"中享受传统与现代的共存。在传统的藤编表皮下，游客将借助现代科技穿越一段时空之旅。从文明的起源到城市的兴起，直至未来的畅想，共同交织成一条西班牙文明的历史长河。参观者犹如置身西班牙城市的街景，慨叹着西班牙光辉灿烂的历史，人民的智慧和创新意识，品味众多知名的城市规划师、社会学家、电影工作者和艺术家共同打造的盛宴。这种纵横交织的细腻的唯美的创作手法，恐怕也只有女设计师才会有此佳构。

BIE 点评

A 类奖项：展馆设计奖

铜奖授予西班牙馆，因为该馆的设计融合了新旧两种材料，这种组合使得非凡的建筑形态得以实现。外墙设计所产生的动感与内部设计非常好地结合在了一起。

BRONZE goes to Spain whose design combines old materials with new local materials which combined allowed the creation of incredible architectural forms. The energy and movement created by the exterior unites spectacularly with the interior design.

设计师访谈

西班牙馆建筑设计师：Igor Peraza
（EMBT 建筑事务所）
时间：2010 年 12 月 8 日

采访人：谢谢您能接受我们的采访。

Igor Peraza：谢谢，我很高兴。

采访人：我们的采访可能与之前他人对您的采访不一样，我们今天的采访是就展示设计进行了解，可能就有些细节方面交流得比较多一点。

Igor Peraza：好的。

采访人：想先请教一下您或者您的团队在整个西班牙国家馆的设计外形和内部装饰方面担任怎样一个角色？

Igor Peraza：我们的公司是 EMBT，总部在巴塞罗那，在欧洲是一个很有名的公司，但在中国就不是很有名气，可以到中国来做这个项目对公司本身是一个很好的机会。2007 年的时候我们公司在很激烈的一个竞标中，从 18 个竞标者中脱颖而出，得到第一名，拿到了西班牙馆的建筑设计项目。之后我们就开始进行深化设计。在不断深化的过程中，原先的设计内容不断地改善。后来西班牙政府希望把西班牙馆内部的部分交给西班牙的三位导演来做，这三位电影导演就加入了我们的团队。当时整个建筑外形设计已经完成了，因此需要这三位电影导演把展示内容很好地融合进建筑的设计风格当中。我自己和这三位电影导演都是朋友，尤其和设计第一个展区（洞穴）的导演是很好的朋友。那位导演六年前也为我们公司拍摄了宣传片，和我们很熟悉，双方对于思想、整个设计也都非常熟悉，所以合作得很好。

采访人：当三位导演加入到设计队伍后，电影内容方面当然就由他们来掌控，那么这三个区域的内部

展示的框架，我指的是物理空间，比方说当中的展区，它的影像部分的呈现，是如何地与建筑结构有机结合的？

Igor Peraza：我刚刚只讲了第一个展厅，那么我想把另外两个展厅也讲掉。第二个展厅是由一个 80 岁的导演来设计的，第三个展厅是由另外一个导演来设计的。他们三位导演的主要工作就是提出他们的想法和创意，以及一种精神的传达，如何展示给中国人民看。但是他们的想法要化为空间展示，需要技术的帮助，导演他们也不知道怎样画图纸，需要几个投影仪，所以需要另外一个公司的介入来实现他们的想法。因此进行了一轮的竞标，然后由一个叫 EMPTY 的展示公司，来帮助导演实现他们的想法。还有一个中方合作伙伴，叫 NOY。由这两个公司共同完成展示工作，他们为导演提供建筑技术和空间方面的支撑。与此同时，导演组也会一直和我们沟通，看看他们的想法是不是适合我们已经完成的空间和建筑，能不能融入进去。

采访人：我大致了解了西班牙馆和三个展区，对于后面个别的展区我们再做深入了解。我接下来的问题是这样，你们得到竞标以后就确定了三位导演，与国际展览署合作。他们代表国家来管理、协调，那么你们得到的相关文件中有没有提到西班牙馆必须有的元素，一定要完成国家形象当中的那些宣传内容？假如有的话请介绍一下。

Igor Peraza：国家展览署其实是我们的客户，他们代表国家。我们所有的设计都要经由西班牙国家展览署的认可。在开始设计之前国家展览署并没有强行要求我们要怎样设计，只会介绍展馆的面积是多少，需要多少办公室等客观因素。因为我们公司竞标的是建筑，所以我们不管内容，内容是由电影导演自己提出想法再提交展览署审核通过的。我们在这个过程中的作用是建议，因为我们做了建筑，我们可以协助导演怎样使用空间，

但是最终提出想法的是导演，最终批准通过的是展览署。我觉得在整个过程中引进电影导演的想法是很好的，因为这样比请通常的展示公司来做多了许多艺术的感觉，做出来的感觉也会很强烈，同时又有平衡的感觉，所以在展示和建筑当中在西班牙馆能找到平衡的感觉。

采访人：我想再问一些细节。你们当初在提出建议的时候，是根据建筑设计师的知识背景和设计经验而言的吗？就是你们认为西班牙国家馆应该是现在这个样子的，或者说西班牙到中国来就应该是结合中国元素的这样一个建筑风貌和展馆形象。那么在导演的视觉范畴里，则是另一个感觉和意境，并且这个视觉作品又要由国际展览署批准。如此繁复的协调工作是否都由你们来完成？能否介绍一下你们的工作状态？

Igor Peraza：SEEI 不仅选择建筑事务所，也负责挑选导演。他们其实都认识这些导演，知道他们大概的风格。在竞标选建筑设计的时候，展览署只给了个大方向，就是你们的建筑要能够代表西班牙，给了我们相当大程度的自由，所以大家都是自己设计自己的，这样完成的。虽然看起来我们只是为三位导演提供了一个承载的建筑，但事实上，我们这次获得了 BIE 建筑设计铜奖，我觉得非常开心。世博局也好，BIE 也好，评审团也好，都承认了我们的建筑。在运营过程当中，西班牙政府大力宣传小米宝宝，参观者也很喜欢小米宝宝和我们展示的内容，但西班牙馆的建筑也同样大受欢迎。大家即使不知道里面有什么东西，也很想走进去看一看，因此对于我们建筑师来说是很开心的。上周六我去趟了香港，我们的建筑获得了亚洲设计金奖。至今为止，西班牙馆已经获得了 12 个奖项，这说明它受到了海内外的喜爱和欢迎，包括展示的设计师也很满意。

我自己很喜欢展示的内容，比如看到第一个洞穴的舞蹈就会很感动很震撼。当然也会有点遗憾，有些设计上的细节不得不为展示让步。比如说第一个展厅原本是

有引入日光的设计的，但是因为要营造洞穴的效果，所以关掉了自然光。包括第二个、第三个展厅也是如此。虽然西班牙馆因世博会的结束而关闭了，但是今后西班牙馆可能会以另一种形式存活，比如作为博物馆，或者它的一部分内容出现在博物馆中。虽然说西班牙馆是一个很复杂的建筑，但是它可以有很多的用途。它在转换用途的时候不用展示电影了，那么之前设计的天际光都可以打开。不同的用途可以赋予西班牙馆建筑不同的生命的感觉，所以展馆和展示设计就是这样的关系。

采访人：你当初设计展馆的建筑外形时的灵感来自哪里？我们在相关的介绍中看到，藤的这种表现方式就像舞动的裙摆，这个方式是不是有考虑那个裙摆？而且我看到钢结构有一部分也是有曲线流动的线条，这些灵感来自哪里？

Igor Peraza：设计是一个比较复杂的过程，不会突然就有了灵感。它的外形和它的材料是结合在一起来设计的。我们在巴塞罗那的办公室有 45 个员工，他们来自不同文化背景的民族和国家。在设计初期，我们会坐下来一起酝酿头脑风暴。当然我们关注的首要问题是，西班牙此次到中国的目的：向亚洲人民、向中国人民展示西班牙。

我们知道会有很多中国人，包括很多日本人、亚洲人，脑子里的西班牙就是弗拉明戈和斗牛，这当然也是个很好的形象，但我们的建筑师不想表达得那么直接，所以我们做了艺术性的总结。比如你刚刚说到的，它的外形像跳弗拉明戈时的裙摆，其实不仅仅是如此。它的外形更像是跳弗拉明戈时挥动的纱巾，像纱巾在空中流动的感觉。尤其是西班牙馆的入口处，特别像纱巾舞动的样子。因此我们并不是要表达单一的跳舞或是斗牛，而是整个建筑的流动感，这个是外形。

讲到材料，我们 2007 年参加竞标的时候用的是一个瓦楞纸做的模型。做的时候我们发现，有多层纸张组

成瓦楞纸有很好看的、波纹起伏的缝隙，又有一定的透明度。我们很喜欢这个透明感，希望西班牙国家馆的建筑不是一个死方块，而是有光可以透进去，很轻盈的感觉，所以我们希望有一种建筑材料可以实现这个效果。然后我们就找到了竹藤。竹藤是西班牙广为使用的一种材料，用来编椅子、编篮子，而且我们知道它在中国的使用范围也非常的广泛，它可以说是中国和西班牙之间的一种联系的纽带。而且竹藤还很便宜，手工制造就可以了，门槛很低，因此我们就决定走这个方向。我还要再讲讲竹藤的使用。我们在做竹藤的时候，希望能赋予它不同的颜色——因为我们想在外形上面写中文字。我们就想了个办法，一种竹藤我们就保持它的颜色；还有一种竹藤我们用沸水煮 6 个小时，煮出一种褐色；还有的竹藤就煮 12 个小时煮出来黑色来，所以一共有 3 个颜色。而且这三个颜色我们用了不同的编制方法，让它看上去有不同的纹理，更富有变化、更加清楚，这就可以让我们在它的表面上写字了。

还有就是刚刚提到的很重要的建筑结构——钢结构。我们在做这个建筑时想，让内部的结构同时成为外部建筑的结构。有时候我们会看到，有的建筑内部结构是这样的，但是看它外面的建筑结构却不是这样的。所以我们在整个过程中和工程师不断地合作，我们要同时进行一些计算来保证我们的建筑外观设计和内部的钢结构设计是吻合的。最后我们想要的结果就是让整个竹藤像是一件外衣穿在它的骨骼——钢筋的上面。

采访人：所以里面的展区就用外面的藤条包起来，完全能够体现出内部展区的空间结构。

Igor Peraza：做这个设计的另外一个好处就是，不管白天黑夜，白天你看到的是竹藤的外衣，晚上我们用 LED 的光背光打出来，你就可以从外面看到内部的钢筋结构，整个展馆就会有变成巨大的灯笼的感觉，所以我们就通过把两个结构吻合在一起做出了这样的设计。

采访人：你已经把我们后面的提问也回答了。我想问，你们在藤条上体现中国字，这个的想法是来自你的中国同事吗？

Igor Peraza：当时有中国的员工在我们的团队里合作。这些员工给我们写中文字，像"日"、"月"、"明"、中国的"中"、西班牙的"西"……我们想把这些书法都写在我们的外墙上。而且那时候我们在找一些比较简单的、古老的字体。比如"日"就是画一个圈，点一个点，这样子比较简单一点。这样做不仅是因为我们非常欣赏中国的书法。而且通过书写的模式，我们可以有秩序地去安装竹藤片，否则就是东摆一个西摆一个了。现在我们就可以给每个竹藤编号，让施工人员知道黑色的放哪里，褐色的放在哪里。

采访人：你们本来就要在竹藤上绘上图案的，结果你们找到了中国字，用了这个很巧妙的方式，成为了两国之间的联系。

Igor Peraza：是的。

采访人：非常聪明！

Igor Peraza：谢谢。

采访人：现在我们对西班牙馆的外形有了比之前更深入的了解，那么现在就讨论一下内部三个展区的内容。

Igor Peraza：好的。

采访人：第一个展区真是让我非常感动。我大概参观了七八次西班牙馆。第一次参观时就对视觉上和音效上的体验留有非常深刻的印象。第一部分的音乐很震撼，就像打在我的心上一般。这位讲述传统的导演，他要向参观者传达的西班牙，也许是西班牙的传统：足球、弗拉明戈和斗牛，这个三个方面是我们中国人，或者说亚洲人对于西班牙的一些粗浅的形象认识。他直接采用演员在现场舞蹈的展示方式，这在园区里很少见，因为成本很高，这样的表现方式是出于怎样的考虑？

Igor Peraza：这个展区的导演比格斯·鲁纳（Bigas Luna）今年大概 67 岁，他是一个非常资深的导演，特别是对于美、对于西班牙有非常独具一格的眼光，他的作品整体风格也是非常有力、非常热情的。这个导演自己赢得了很多奥斯卡奖项，是一个非常知名的导演。他觉得当他要表达西班牙的时候，西班牙的美就是人民很热情，美女很多，所以他觉得要有一个真人舞蹈者在那边跳舞。虽然说这个很耗费人力和财力，但是他看到大家都很喜欢而且都争相合影，他觉得还是很值得的。

采访人：这个展区可能会给人流的控制带来很多不确定因素，一般观众是都看了两场才走的。

Igor Peraza：有的也是直接就走掉的。

采访人：很少。可能他们不知道有真人表演。

Igor Peraza：我觉得我们展馆的好处就是来去很自由，我们没有像很多展馆把你关在一个影院里，一定要看完才能走，所以这对一些急着参观更多展馆的观众还是有好处的。当然对于很享受我们展览的人可以自由留下，所以问题不是很大。我们的展馆到闭幕大概接待了 700 万游客。而且我们展馆的另一个特点就是没有斜坡、没有楼梯，都在一个平面上，观众走起来比较快一点。

采访人：还有一个问题，这个展区是表现洞穴、表现过去的，那上面吊下来的骨头是什么意思？

Igor Peraza：这与考古有关。在北西班牙有一个城市叫阿克布尔卡，是西班牙一个非常北部的城市，那里考古挖掘出许多骨头。后经鉴定认为这是最早的西班牙人骨，几千几百万年前的人骨，导演希望能够借此表达西班牙人的祖先。电影开始的时候先是火，再是水，然后是骨头，可能是希望给舞蹈者多增加一些戏剧性的效果。配有像铃声一样的音效，这样观众一进馆就得到一个非常强烈的西班牙印象。

采访人：那我们进入到第二个展区。第二个展区很容易让首次参观的观众忽略掉。刚刚经历一个感受很强烈的展区，到了这个展区人就舒缓下来了，可以很自由地去看悬挂在空中不同尺度的屏幕。我最初对这种屏幕的悬挂方式很感兴趣，它打破了平面悬挂的单调和无趣。它在空中，把屏幕化成不同形状的个体，观众站在中间或某个方位，视觉可以接收到来自不同方向的影视内容，这个形式非常的与众不同。但你会忽视它们所要展现的内容是什么。为什么呢？我想可能是因为这个空间很自由，你看一分钟可以，两分钟也可以，你更可以坐下来看它们的循环往复。也可能是因为我们对西班牙人的生活不太了解，对西班牙的社会进程也不了解，这些因素导致我们不太能了解这多个屏幕所要展示的内涵。但是多看几次，你就会豁然开朗，你会明白它们在讲述西班牙的"今天""昨天"的社会、经济、文化、生活和艺术等。如果可以的话，能否介绍一下导演设计这一展区的想法和灵感？导演希望观众从中得到什么信息？

Igor Peraza：设计第二个展区的导演帕蒂诺（Patino）已经 80 多岁了，他亲身经历了整个西班牙的当代史。西班牙在 20 世纪 70 年代时经历了弗朗哥专政，西班牙在此之后才变成一个非常民主的国家。帕蒂诺非常善于拍摄与这段历史相关的政治题材电影。西班牙人都知道在弗朗哥专政前后截然不同的西班牙，但作为政治方面的内容，没有必要出现在以人文为主的世博盛会上。然而，时代的变迁同时也展示了整个西班牙社会的进步，从人的衣着、用车等，都可以感受到西班牙点点滴滴的变化。还有比较有趣的是：来自欧洲的观众，特别是北欧人，都会对这部分内容很感兴趣。尤其是他们如果去过西班牙，就会对这个展示非常认同，会看得很仔细。那么对于大部分的中国观众而言，的确是无法吸引到他们注意力的。大部分人都是看一下就离开了，他们都会很着急去看小米宝宝。还有一点就是，屏幕的布局很重要，这个技术用得很好，不仅是单面的，而且左边右边都能看。虽然这个导演已经 80 多岁了，但是他用了许多先进的技术，很适合年轻人观看。

采访人：它大概有五六块屏幕，每一块屏幕表达的内容都是不同的，但是它是合起来的，当初导演是如何设计的？因为如果这几块屏幕一起来表达内容的话，在画面的把握上不仅需要很丰富的经验，也需要技术上的支持。比方说，它的声音、屏幕的总控，每块屏幕播放内容的安排等，对于导演来说是非常不容易的，尤其我们才知道这位导演已经有 80 多岁了。

我们还发现，当我们刚刚经过非常强烈的音乐舞蹈以后，依然可以听到第二个展区非常柔和的音乐，两个展区各自的音乐都是很清晰的，我想了解一下这个建声系统的设计。另外，我们也发现第二个展区是完全由吸声的材料和装置将空间包裹、填充起来的，当初是由谁来解决这个技术问题的？是否有相关的技术团队支撑？

Igor Peraza：负责这一块的是一家展览展示公司，但是建声系统的工作是外包给了一个专业做音响、隔声的公司。他们在世博开始之前专门到上海来做了测试，确保每个展区的隔声、每个房间的音乐都是独立的，不会传到另外一个房间去。我们会给一些建议，主要还是由 EMPTY 公司来做。你好像比我更懂西班牙展馆。

采访人：因为我喜欢西班牙，也对西班牙有感情，同时又想研究西班牙展馆的展示手法和技术。我独自参观了西班牙馆好几遍，然后又介绍和陪同别人去看。你们的展馆展区很清晰，能够让人看得懂，所以我就会比较清楚，记忆也会比较深刻。

Igor Peraza：好的。

采访人：我现在突然想到一个问题，就是第二个展区的影片您这边有没有资料可以和我们分享？

Igor Peraza：这个要去问一下，目前为止他们的影视资料都是分开的，就是一个屏幕一段。我要去问一下有没有整体的影像，看一下导演是不是做一个剪辑版。

采访人：那我们进入第三个展区。小米宝宝的知名度非常高。

Igor Peraza：第三个展区是唯一一个由女性导演完成的展区。这个导演也很有名，她拍过很多影片。她是巴塞罗那人，也是我们公司的朋友。刚开始做展区的时候，她自己也说，虽然她是电影导演，但是她不想用投影仪——因为这个建筑非常漂亮，她希望能够把这个建筑展示给参观者看。所以她想要放一个装置，而不是放一部影片，这样观众可以看到内墙和外墙和整个结构。当然她为此做出的牺牲是她不得不把投影装置放在地上，从而避免用黑色的幕墙把整个展馆都包起来。

她还讲到了两点，第一就是，我在这个房间所做的展示设计，不能牺牲建筑的美感，要把整个建筑的结构展示给参观者看；第二点就是，我知道世博会就是看电影，看到最后参观者都不记得在哪个展馆看了哪部电影，所以我要在这里放一个西班牙馆的标识，让每个参观者离开时都能记得，这个小米宝宝是西班牙的，不会和别的国家混淆，而且他们可以拍照留念，将来可以作为一个纪念。之前她的规划是做一块很大的玻璃的投影，后来因为预算和技术的问题而放弃了。因为在中国找不到那么大的玻璃，最后只得找了一块最大的玻璃来做投影。她原来的想法是比较宏大的，现在只能部分实现了。但是她觉得小朋友还是很喜欢玻璃上的动画片的。而我们作为建筑师也很开心，感觉好像给小米宝宝设计了一个婴儿床一样。

采访人：当我们从第二展区进入第三展区时，看到有很细的帘子，上面投了婴儿的脸，还有婴儿的声音，这是一个很自然的过渡。现在我们知道这是由一位女导演完成的，就感觉这个展区和前面的展区在基调上是完全不一样的。这也启发了我们，以后创作团队要有一定的男女比例，把展区的氛围协调起来。

Igor Peraza：是的。我们办公室的老大是女的，来自意大利，所以我们的团队里有男有女。团队里有女性的话，整个设计的基调就会多彩一些，就会有soft的氛围。

采访人：我们再聊一下小米宝宝，小米宝宝已经留给上海世博会博物馆了，大家非常喜欢它。当初在做小米宝宝，最大的困难在哪里？

Igor Peraza：没有什么难题，因为一切都是技术电脑控制的。面部表情、头的运动都是电脑控制的。我非常高兴小米宝宝成为入选世博纪念馆的第一个赠品。世博纪念馆的想法非常好，我很期待看到许多具有世博纪念意义的东西聚集在一起，成为这个纪念馆的成果。

采访人：我不知道他们今后的展示方案是怎么样的，我想小米宝宝背后一定要有竹藤，才会像一个摇篮。

Igor Peraza：我也希望是这么布置的。

采访人：有关西班牙馆的采访就到这里，下面想问两个有关上海和世博会的问题。第一个：你有没有看过中国馆？有没有看过主题馆展馆中任何一个馆？

Igor Peraza：我参观过中国馆，《清明上河图》给我留下很深的印象，很棒。

采访人：因为它的表现形式还是内容？

Igor Peraza：两者我都很赞赏。首先，国画的技巧非常美，它的内容也非常美，而且用当代的技术去诠释古老的文化是一个很棒的想法，特别能影响到年轻人。因为现在的年轻人可能不愿意去学习古老的文化，但是你给他看动画，他反而会有兴趣去追溯它的源头。还有一个比较有趣的地方是，因为我们目前在做四川张大千博物馆，这个也提醒我们：是否可以把另外一幅国画或油画做成动画的形式呢？也就是它开启了另外一个可能性。有些博物馆，可能买不起真迹，它就可以用动画的形式来增加它的收藏表现。

采访人：您对这幅画背后的历史有没有了解？

Igor Peraza：有一点了解。我在做张大千博物馆的项目时去过中国台湾，我在台湾看到了真迹，我知道还有一幅真迹在北京。因为我自己是建筑师，所以从我看这个图的角度，会很关注其中的建筑、桥梁、亭台楼阁等。这幅图涵盖了很多内容，穷人富人都有，手工匠、木匠、小贩，内容非常丰富。不管是中国人还是外国人，都能看出一些东西来。

采访人：一位美国研究城市发展史的作者谈到《清明上河图》这幅画时，意思说，原先大家认为城市像一个城堡一样，而《清明上河图》表达的一个城是开放的，没有了城墙，城里城外的人可以自由地交流。它展示的城市形态是中国在那个年代所特有的，这也许是中国城市化对全球城市化进程的一个贡献。

Igor Peraza：是的。

采访人：那你没有参观过任何主题馆？

Igor Peraza：没有。

采访人：我们会送您一本主题馆的图册，其中会详细介绍每个展馆的内容和形式。

Igor Peraza：谢谢，我会认真学习的。

采访人：最后一个问题，你是不是来过上海好几次了？

Igor Peraza：我在中国的时间蛮久的。从2009年3月西班牙馆动工的时候我就把办公室从西班牙的巴塞罗那搬到了上海常驻办公，一直在中国和西班牙两地飞来飞去。现在我们在做张大千的博物馆以及2011年西安世界园艺博览会的项目，所以我们有很多的时间在中国，我们在这边有办公室。

采访人：西安世园会你们负责什么项目？

Igor Peraza：西安世园会有一个区域叫国际设计，请了9个不同的设计公司来做9个风格迥异的花园。我们公司负责1号花园的设计，我们的设计受到了中国山水画的影响。

采访人：所以你喜欢上海?

Igor Peraza：是的。

采访人：我想上海提供了一个让你们展示设计作品的舞台，你们设计的精彩的西班牙馆也是给予上海人民的一份很好的礼物。

Igor Peraza：我是巴塞罗那人，巴塞罗那 1992 年开完奥运会之后也经历了很大的改变。我觉得上海和巴塞罗那有很多的相似之处，我觉得住在上海很舒服，所以愿意在上海开工作室、在中国工作。

英国馆

主题陈述

　　英国和中国有着深厚的历史渊源，因此在各层面和社会的各方面都保持积极的联系。由于我们两国都面临很多全球挑战，因此我们想和中国人民一起努力，来共同设计对策以应对这些挑战。在21世纪还有什么比一个日益城市化的环境里的生活压力和机遇更加紧要的呢？中国正在经历从农村到城市的移民，在速度和规模上史无前例，除中国之外再难有第二个地方有比这更典型的情况。

　　上海世博会提供了一个特别的机会来交流分享知识、经验和希望，来寻找大家普遍面临问题的共同解决方法。世博会也提供了一个绝佳机会来歌颂为达成"城市，让生活更美好"的目标而需要的创造和革新这一要义。

　　英国参展主题的大方向是我们承诺和中国、国际社会一道创造和勾画"美好生活"。我们相信我

们会以强有力的特点、特长为这份共同的努力添砖加瓦。

（1）英国国家及其城市非常的开放——对新的投资和贸易、新的人和新的想法。

这造就了观点和想法的多元，而这个结果非但不会形成障碍，反而会造就更好、更丰富的结果。

（2）我们乐于创新和富有创造力。

英国拥有悠久、引以为荣的历史，但是我们决不固步自封。事实上，现今我们在艺术、科学和商业上具有优势。英国的建筑师和设计师改变着众多城市的面貌，我们的想法和创意也正在提高世界各地人民的生活质量。21世纪最具创新和代表性的事物，从网络到I-phone，都打上英国创意的旗号。我们的展馆将会结合历史和现今的创新和成果（历史的成果如足球）。

（3）我们年轻、富有生气，是领先的青年文化中心，是中国青年来欧洲留学的首选。

英国大学吸引来自亚洲各地最优秀最聪慧的人才，同时正在和中国建立令人振奋的各种合作关系和联系渠道。年轻一代在逐渐担当责任职务，而这些关系和渠道可以帮助开拓他们的眼界，提高管理和技术能力，来创造更美好、更可持续的未来社会。

（4）我们有国际网络。

英国是一个全球枢纽，它的证券交易和金融服务中心都是世界金融市场的心脏。我们的公司从高级工程，到制药、环境技术、创意行业、零售业，以及很多这些领域之间的行业，都保持全球领先的地位。英国在国际上和中国以及其他国家一起合作，来促进和发展双方的共识，并讨论全球性的问题。

（5）我们关注环境。

我们承诺建立一个可持续和低碳的经济，为建立一个共同繁荣、安全的未来。我们在气候变化上的共同观点和一致性并没有阻碍经济的增长和发展，相反，我们认为这是保证发展可持续的必不可少的要素。英国馆将反映这些观点、方面和希望，当然还有很多其他内容，我们希望抛砖引玉，引发更深的思考，挖掘和中国及其他合作方未来的进一步合作可能。英国馆外部的设计非常新颖，引发观众的兴趣和好奇，而内部的详细设计则旨在捕捉和反映丰富的理念和概念——通过三维的图像、颜色和声音来呈现——关于在21世纪的城市环境中生活——意味着以及可能意味着的。

在英国的场地上还会为游客提供空间来让游客参与各种活动——孩童可以参与英国足球运动员和教练辅导的足球学习环节，老年人可以通过表演诉说他们的城市生活故事。

另外，我们举办的各种活动会横跨一个更长的时间段，不止局限于世博园而已。除上海地区，还会在中国其他城市以及英国城市开展。我们会运用技术来创造可能，不仅让游客通过虚拟方式来参观英国馆，还会让他们亲身体验各种项目和活动，而这些将远远超出2010年6个月的会期。

英国馆的最终目标是为中国和外国游客创造"梦幻的一天"，为他们提供娱乐并吸引他们，同时，当然，我们也会达成世博局为世博会定下的所有重要的目标。

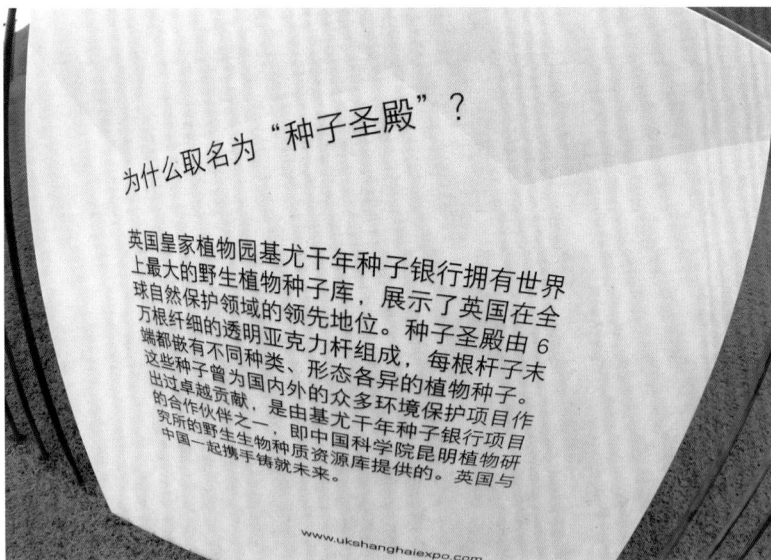

为什么取名为"种子圣殿"？

英国皇家植物园基尤千年种子银行拥有世界上最大的野生植物种子库，展示了英国在全球自然保护领域的领先地位。种子圣殿由6万根纤细的透明亚克力杆组成，每根杆子末端都嵌有不同种类、形态各异的植物种子。这些种子曾为国内外的众多环境保护项目作出过卓越贡献，是由基尤千年种子银行项目的合作伙伴之一，即中国科学院昆明植物研究所的野生生物种质资源库提供的。英国与中国一起携手铸就未来。

www.ukshanghaiexpo.com

展馆概况

英国馆位于C片区，是由赫斯维克（Thomas Heatherwick）工作室设计。英国馆在设计中积极倡导和推行将自然融入城市的理念，上海世博会英国馆鼓励参观者重新审视自然的作用，反思我们是否能够利用自然的力量，切实解决城市在社会、经济及环保等方面面临的诸多挑战。英国馆是设计是创新和创造力的完美呈现。英国馆"传承经典，铸造未来"的主题与世博会"城市，让生活更美好"的主题相契合，它提供了一个全局性的概念，集合了构成世博会英国馆的许多不同的故事和方面，体现了英国在未来发展中的领导地位。

在英国馆，参观者将通过"绿色城市"、"户外城市"、"种子圣殿"和"活力城市"的展示进入"开放公园"。"绿色城市"中，参观者可以"鸟瞰"英国的四大首府——贝尔法斯特、卡迪夫、伦敦和爱丁堡。当城市建筑和街道被抹掉后，这些地图中剩下的是这四大城市中大片的绿色区域和茂盛苍翠的城市景观。在"户外城市"，参观者头顶上是一个"倒垂"着的缩小版的典型英国城市。

"种子圣殿"是英国馆创意理念的核心部分，日光透过亚克力杆，照亮"种子圣殿"的内部，将数万颗种子呈现在了参观者面前。

植物的活力将在"活力城市"迸发出来，这里展示了种类丰富的植物，通过八个真实的植物生命故事和八个在未来可能实现的植物故事，展现植物与自然如何铸就城市生活的未来，介绍在英国的世界级顶尖科学家们的最新科研工作。

"开放公园"是对城市律动的鲜活展示，在这块足球场大小的开放空间里，参观者可以看到以独特方式呈现的莎士比亚剧目演出，还能和优秀的足球运动员来个互动，也能欣赏前卫时尚的现代艺术表演，甚至还可以在板球运动中试一下身手。

英国馆分为五个部分。

第一部分：目前的现状——绿色宜人的城市景观

此部分探讨目前英国的现状与国情，展示英国城市景观是如何从过去发展至今的。从公园、私家花园到湖泊、喷泉、河流、运河以及池塘应有尽有。英国温和的气候滋养出苍翠繁茂的城市美景。

第二部分：机遇——为了更好的明天

储存种子潜能，投资绿色自然种子"圣殿"。种子圣殿本身由约6万只纤细的透明亚克力"触须"组成，向外伸展，随风摇曳。白天的时候，每根长达7.5米的触须会像光纤那样传导光线来提供内部照明，营造出敞亮肃穆的空间感。到了晚上，"触须"内含的光源会使整个展馆散发出璀璨迷人的光影。

第三部分：活力城市

游客们离开种子圣殿，将进入最后一条走廊——"活力城市"。在活力城市里跃动着一条"植物河"。这条"植物河"由顶棚中的巨大裂缝流出，植物生命从这里喷薄而出，进入走廊。"植物河"展示了多种多样的植物沿着顶棚处的裂缝生长出来，这是现在植物和未来植物相互融合。游客们可以近距离观察哪些是真实的植物，哪些又是模型。

在植物河里包含着八个真实的植物生命故事以及八个在未来可能实现的植物故事。这些具体的故事让游客能够了解植物和大自然从方方面面为我们的城市作出的贡献，如植物和大自然是如何为人类的卫生和福利谋利的，植物和大自然是怎样为我们构筑一个更加舒适且可持续发展的生存环境的，而我们又应该怎样通过如技术研究、创新发明、超前性规划等手段来利用植物的这些优势，这些手段包括：提供更好的公共空间、空调、减压手段、食品、燃料、植物修复、新产品等，这对我们的将来意味深长。

第四部分：城市景观

"活力城市"为你开启无限的想象，设想如果发生了下面的事情世界将会变成什么样子：如果我们能够充分利用这些奇妙的种子和植物资源，产生并扶持新的观念同时制定出改善气候变化问题的解决方案，从而改善我们的城市和都市生活方式。活力城市展现了大自然已经在多个科学领域，如医药和建设，得到合理运用，而将来，未来的植物也将为解决气候变化和其他全球问题提供可行的解决策略。

第五部分：2012 伦敦奥运展示角

在离开英国馆之前，你可以看到 2012 年伦敦奥运遗产展示角。在英国馆参观之旅启程阶段，你已经见证了英国城市中绿色空间的发展历程，这项事业至关重要，为城市居民谋取了福利。在 2012 年伦敦奥运遗产展示角，你还将看到 2012 年奥运会之后的伦敦景象，这片绿色奥运公园是为我们后代而建。在奥运会结束后，伦敦奥林匹克公园将被改造成为欧洲近 150 年中最大的城市公园之一。公园周围的社区可以使用这一户外空间；从经济角度来看，这个区域还将创造上千的工作机会。十年前，奥林匹克公园旧址还是一块工业废地，几年内，它被改建为绿色空间，时刻提醒我们，将自然带回我们的城市是多么重要。

专家点评

英国，全称大不列颠及北爱尔兰联合王国，面积 24 万多平方公里（包括内陆水域）。位于欧洲西部，由大不列颠岛（包括英格兰、苏格兰、威尔士）、爱尔兰岛东北部和一些小岛组成。隔北海、多佛尔海峡、英吉利海峡与欧洲大陆相望。人口 6235 万，首都伦敦，人口 775 万（2009 年）。英国有着悠久的历史和丰厚的文化资源，是世界上第一个完成工业革命的国家。英国有着非凡的历史，在过去的几个世纪中对全球发展产生了深远的影响，是牛顿、达尔文和莎士比亚等世界名人的故乡，对推动世界科学和文学发展发挥了重要作用。英国不仅有伟大的发明家，还有伟大的学者，是除美国外获诺贝尔奖最多的国家。英国在创新领域的实力一直延续到今天，真正依靠知识和人才的实力进行竞争。在英国可以感受到丰富多彩的文化，从世界级的大英博物馆和伦敦南岸区的画廊，到雄浑的城堡、豪华住宅和园林，更不用说英国繁荣的戏剧、歌剧和芭蕾，还有那数不胜数的音乐会和文化节，到处充满了艺术气息。

说到世博会不能不提到英国，1851 年，在英国伦敦举办了第一届世界博览会，其经典建筑水晶宫凭借难以置信的创意设计和震撼的造型征服了 600 万参观者。150 年后的今天，英国依然走在世界创意前沿，是全球最早提出发展创意产业的国家，并在全球开展"创意英国"的活动。2010年上海世博会，他们以不输于前人的独特创意和设计把"种子圣殿"呈现在游客面前，令游客颇感震惊。在很多人看来，英国是一个传统、绅士、宁静的国度，有着优秀的文化遗产，数百年来几乎未有改变。其实，这正是其高妙和蕴含深意处，能够激发游客在震惊中领略英国是如何进行创新和传承的，外观和内涵的高度协调统一很好地诠释了英国馆的主题"传承经典，铸就未来"。可以说，英国一直没有停止创新的步伐，就在20世纪，英国把火车变成了混合动力机，电话变成了因特网，电灯变成了月球太阳能，英国馆希望能够反映出这些创新的变化，其核心建筑"种子圣殿"形象地表达了英国创意和创新的持续魅力。这种天才的设计可以激发无限的想象空间，并以强烈反差的震惊效果表现了英国对未来的设想，展现了一个人与自然和谐共生，科技创新日益发达的未来。

靓丽独特的外观与丰富睿智内涵

上海世博会是一次史无前例的盛会，在一片拥挤的景色中，只有做到超乎寻常才会给游客留下深刻的印象。在激烈竞争中，形如"蒲公英"的英国馆夺人眼球，这个被誉为"种子圣殿"的场馆用种子象征生命、象征起源，俨然一个活的雕塑，展示了英国人以理念诠释生活的无限创意。

英国馆的建筑外观格外引人注目，其建筑造型犹如打开的"包装纸"上放着一个随风摆动的大型蒲公英，这层拥有足球场大小的"包装纸"几乎占据了整个基地，通过不规则的曲折面表现了"包装纸"的概念。独特的创意，先进的技术手段，熟练的工艺和选材，使其真正做到了"展品即建筑"，建筑本身就是展品。这种融合使得英国馆不仅以外观取胜，还在展示建筑设计理念上独辟蹊径。"这是一个会呼吸的建筑，也可以称之为活的雕塑"。其外观造型是英国馆的最大亮点之一，英国馆有着独特的外形——一个长满6万多根触须的"蒲公英"，由6万根蕴含植物种子的透明亚克力杆组成的巨型"种子殿堂"——这些触须被均匀地插在英国馆的外墙上，仿佛从建筑本身长出来一样，其"种子"顶端都带有一个细小的彩色光源，可以组合成多种图案和颜色，这些触须会随风轻轻地舞动，使展馆表面形成各种可变幻的光泽和色彩。其实，英国馆最精彩之处不在于触须，而在于每一根触须内活的种子！"种子圣殿"周围的设计颇有寓意，它就像一张打开的包装纸，将包裹在其中的"种

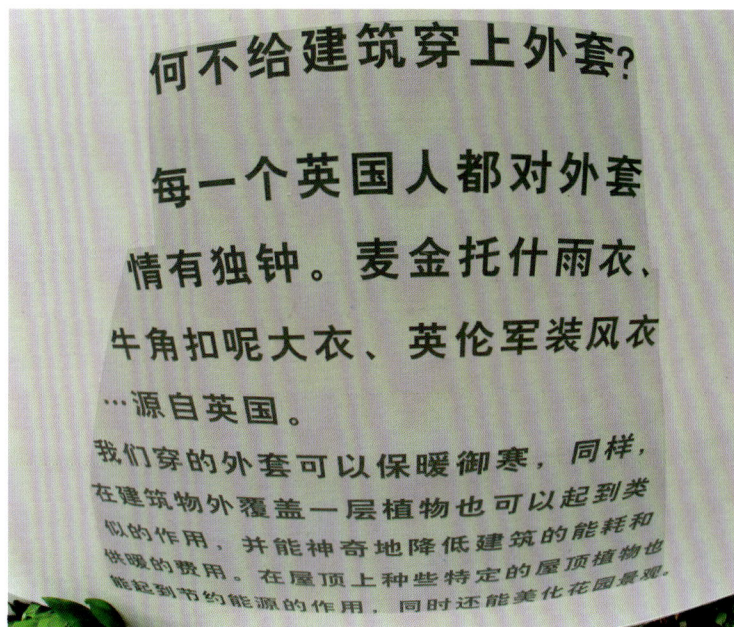

何不给建筑穿上外套?

每一个英国人都对外套情有独钟。麦金托什雨衣、牛角扣呢大衣、英伦军装风衣……源自英国。

我们穿的外套可以保暖御寒，同样，在建筑物外覆盖一层植物也可以起到类似的作用，并能神奇地降低建筑的能耗和供暖的费用。在屋顶上种些特定的屋顶植物也能起到节约能源的作用，同时还能美化花园景观。

子圣殿"送给中国，作为一份象征两国友谊的礼物。

英国馆是一个严肃的建筑，走进去的感觉像是走进一座图书馆，光线有点幽暗，在这里会与古老的手稿相遇。它会启迪游客静思甚至心怀敬畏地冥想：我们与自然是如何和谐相处的？英国是一个热爱自然的国家，城市史上第一个公园1840年出现在英国德比郡，从现在回望，似乎建园的目的是为了体现人类对自然的珍视，是为了保持城市化进程中人与自然的平衡而建了许多"开放公园"。其实，回溯当初的历史，第一个公园是为了解决产业工人的休息空间，公园的概念就是供市民休息的地方。这表明第一个进入现代化进程的国家，率先感觉到在经济社会发展中保持工业与自然平衡的同时，应该让那些工人在紧张忙碌工作之余的闲暇中，有一块供其休息、休闲和放松的绿地，这就是公园概念

的起源。但从另外一个视角看，从维多利亚时代开始，英国人对大自然就有异乎寻常的热爱，他们很早就意识到很多植物可以治病，是世界上绿化程度最高的国家之一，推行"将自然融入城市"的理念由来已久。在英国馆中游客会深谙这一理念。

英国馆展示了英国极具张力的创造和革新。英国馆的设计不同凡响，它将使每一位游客对英国丰富的文化产生深刻的理解和直观的震撼和感受。最引人注目的是6万根透明纤细的木杆从结构里延伸出来，在微风中悄然抖动。白天，每一根7.5米长的木杆都像化学纤维细丝一样，引导着室内光线的照射，由此营造出令人深思的敬畏空间。夜晚，每根木杆的室内末端将用其光源照亮整个结构。外部景观包裹着展馆，像是原先包裹的纸张自然展开。景观既为公共活动提供了开放空间，又为游客进入展馆结构提供庇护所。尤其是别具一格的视觉代表作——"种子圣殿"——英国皇家植物园邱园的"千禧年种子银行项目"，拥有全世界野生植物种子最大的收藏量。将好几万的种子填入透明木杆的末端，游客就能目睹来自英国及全球自然环境保护项目的形态各异的植物种子样本，这

些种子由英国皇家植物园邱园"千禧年种子银行项目"的合作方——中国野生生物种子资源库、中国科学院昆明植物研究所贡献。所用种子的库存十分充裕且易于获取。

"种子圣殿"传达了"让自然走入城市"的理念

"种子圣殿"是英国馆创意理念的核心部分，日光将透过亚克力杆，照亮"种子圣殿"的内部，并将数万颗种子呈现在游客面前。6万多根亚克力杆的每一根里都含有不同的种子，不能不使游客感到震撼和惊异！种子银行给了我们灵感，因为每一颗似乎都在述说一个故事，我们希望将故事呈现出来，让游客看到自然是如何影响环境和人类社会的。这些种子将产生另一个世界银行形象，而这一形象将融合未来生活的潜力且令人惊叹。游客穿过几条人行道就能到达"种子圣殿"，这里不仅展示了英国的世界级顶尖科学家的最新科研工作，还展现了植物与自然如何铸就城市生活的未来。由此演绎了英国城市过去、现在、未来的自然特质，传达了"让自然走入城市"的理念。这就是英国馆最令人震撼之处。种子是最简单、最有力的介质，种子将带领我们寻找和发掘自然的强大力量！

一睹为快的"奥运角"与"开放公园"的城市律动

英国馆的另一亮点是游客可以通过设在馆内的"奥运角",目睹伦敦奥运会的雏形,并在"奥运角"内与多位英国著名体育明星进行交流。伦敦奥运会规划了大面积的绿色区域,奥运会结束后,这个面积达2.5平方公里的奥运公园将被命名为奥运遗产公园,供市民休憩、娱乐和运动。亮相上海世博会的"奥运角",则展示了去掉钢筋水泥建筑,只保留绿色植物的奥运公园的地图。

此外,"开放公园"是对城市律动的鲜活展示,在"种子圣殿"外这块足球场大小的开放空间里,游客能够欣赏到以独特方式呈现的莎士比亚剧目演出,莎士比亚是英国最负盛名和引以自豪的世界级大文豪和剧作家,是英国辉煌文化的代表。英国还是体育强国,尤其是足球很盛行,在这里游客还可以和运动员进行互动,同时还能看到前卫时尚的现代艺术表演,甚至可以在板球运动中一试身手。

英国馆带给我们的不仅是6000平方米展现的英伦风采,固然超越绝伦,像其他标志性建筑一样,英国馆是英国民族进取的有力象征,是英国当代创意创新的绝佳宣言。那环绕在一派世博景观中的"城市公园",以其精彩的演出和独特呈现,为游客们带来了原汁原味的英国文化和城市生活气息。可以说,英国馆围绕着一个令人印象深刻的建筑而展开,但这仅仅是英国馆故事的开始。

BIE 点评

A 类奖项:展馆设计奖

金奖授予英国馆,因为该馆的创新性。它使用了新材料,设计理念清晰,同时拥有一个优雅而美丽的城市花园。

GOLD goes to the United Kingdom for their originality, use of new materials and clarity of the concept, as well as the elegance of the beautiful urban garden.

设计师访谈

英国馆展示设计师：Conny Freyer
时间：2010 年 12 月 7 日

采访人：你好，首先，能否介绍一下你或者是你们的团队在英国馆中所担任的角色和工作情况？

Conny Freyer：我是设计团队的其中一员，我们受雇于英国外交和联络事务部（British Foreign and Commonwealth Office, 简称 FCO）来设计英国馆。我们和种子圣殿的设计师 Thomas 保持了密切的合作。整个种子圣殿大约用了 6 万多根的亚克力杆子，我们主要通过种子圣殿和"走廊"展区来向游客展示和介绍英国城市发展的进程，讲述关于英国的故事。

采访人：好的，我接下来想问的是：你们这个团队如何将种子圣殿的外形概念延伸到"走廊"展区的？在这个过程中，你们采用了何种方式的创意工作？团队是如何与建筑师互动的？我们很想知道这个创意及合作的过程。

Conny Freyer："走廊"展区共有三个部分，种子圣殿是从"千年种子银行"这个项目中得到的启发。千年种子银行不仅是为了自然界的生物的多样性，收集各种各样的种子，保护好这些种子，并且这些种子将对未来科学家研究自然植物带来很大的益处。比如说有些植物可以作为药用，有些也可以对我们未来生活有很大帮助，能够促进我们过上更美好的生活，就像世博会主题"城市，让生活更美好"一样。那么英国馆的这些种子在未来具体有什么用途呢？有些可以作为建筑材料，有些可以用来净化空气，还有些可以净化空气以后降低疾病的发生率。其中有一个例子就是，在马达加斯加，因为种植了某种植物以后，当地的疾病发生率显著下降。第三部分展现英国和自然是怎样紧密联合在一起的。英

国的城市是怎样把自然的元素吸收到自己城市的发展当中的？它体现了英国和自然界和睦相处的过程。这就是三个走廊的基本内容。

接下来，我们根据参观路线来逐一介绍。

第一个走廊是"绿色都市"。第一板块有一个绿色的地图。大家知道，英国是第一个引进工业化的欧洲国家。值得一提的是，英国伦敦是第一个建造公园的地方。目前整个英国的绿化面积已经达到 40% 以上，这在世界上也是一个非常瞩目的成就。

第二板块讲到了"开放城市"。这一板块主要是给人一个远离尘器的空间，观众可以在这里休息、沉思。这个区域还会有一些"光雨"，就是利用一些多媒体装置将"彩虹"投到地面上。一般参观者经过第二个走廊之后就会直接进入到种子宫殿，在里面看看就出来了。那么这时不能让走出来的观众觉得参观完了就结束了，这时候就出现了第三个走廊。

第三个走廊让参观者能去实地体验这些种子在未来将对我们产生怎样的帮助。正如之前所提到的，有些种子可以做研究，有些种子可以清洁空气。在最后"活力都市"板块里有很多的植物，它们有的是真的，有的是假的、想象的。那么想象出来的这些植物对未来会有怎样的帮助？除了刚才提到的一些，这些植物也许还可以用来做生物燃料。可以想象当这些植物成为生物燃料的话，那未来生活当然会比现在好得多——因为我们所使用的都是绿色的燃料。

采访人：我们已经了解了英国国家馆的展示建筑"蒲公英"和下面三个展区的相互关系以及内容、形式。我想再问一个问题：在刚接到这个任务时，政府部门是否有向你们提供英国馆主题方面的内容界定或是要求比较特殊的文件？

Conny Freyer：关于刚才的问题，很显然是否定的。英国政府想建造一个非常吸引人又非常精彩的展馆，

目的是想要通过它来展示英国城市和城市生活的主张。在整个过程中，主要是由我和 Thomas 之间保持紧密地合作，同时与外交和联络事务部保持密切的联系与沟通。总体而言，这个项目和其他项目的操作是类似的，基本上都是由建筑师和设计师说了算。我们在接到这个项目后自己做了一些研究，包括它的创作方向和它的可行性。与此同时，我们也会将政府的想法融合在方案中，如果可以的话很快就能与办公室的上级领导签约。之后我们就自己去开创，找一些新兴的想法和延伸的创意。这中间主要还是与千年种子银行以及皇家植物园的密切合作。这两个合作很重要，英国政府非常强调这一点，希望以此体现英国崇尚人与自然的密切关系。

采访人：我的理解就是，作为政府管理部门非常认可你们提出的英国与自然的关系，也希望能够用各种新颖的方式表现出来。政府的要求仅此而已。其他的展示形式或是展示内容都是由你们团队来创意和执行的，在这个过程当中只要保持跟他们定时汇报、随时沟通，就一切 OK 是吗？

Conny Freyer：政府对我们没有具体的硬性的要求，基本上就是我们选择自己想用的方法来尝试阐述这样的主题内容。总之我们与英国政府三年左右的合作是很友好的。通过此次合作，我们与政府达成了共识。英国馆既可以采用一些展示方式展示传统的英国是什么样子的，也可以通过新颖的展示方式展示现代的英国，或是想象一下未来的英国将会是何种面貌。总的来说，英国政府不会对我们的创作，包括建筑和展示设计方面，有一些限制，我们可以很自由地发挥整个自己的想象，自信地去走完创作的过程。

采访人：是不是政府一旦选择了这个团队，他们就会认同这个团队所有的工作方式和创意方向？

Conny Freyer：肯定是这样的。在选择之前，大概会有 7、8 家公司一起竞标。他们会成立一个竞标委员会，包括政府官员、创意行业的从业人员，以及来自全球各的知名建筑师。他们通过一定的程序和方式对竞标方案进行筛选。我们团队经历了非常激烈的竞选过程和陈述过程，最终获得了委员会的青睐。政府选择了我们就意味着政府接受了我们的工作方式，或者说我们会选择很富有创意的方式来表达英国政府想要表达的内容。

采访人：谢谢你的详细介绍。下一个问题：我们在英国馆的展区和场外等候区都看到了一些表演，有古典的、现代的，还有非常超现代的。那么这些表演的设计和策划是不是包含在你们设计方案当中了呢？

Conny Freyer：这些活动组织是由别人来组织的，那就是说 Thomas 负责种子宫殿，那个人负责组织表演，而我就负责整个英国馆的展示。当然从刚刚开始的时候，我们就和 Thomas 保持了非常密切的合作——找出这样的空间，能够让人去沉思，去休息，远离尘嚣，并且能够在这地方欣赏到原汁原味的英国演出。

采访人：我们现在要谈一些观众的参观体验。我们有一些信息想反馈给你们。比方说在英国馆，不同的参观者会有不同的体验：有些人看到了蒲公英，有些人看到了种子，有些人看到了城市中第一个公共花园等，那么在你们设计时是如何期待的？你希望观众有怎么样的一个体验？是不是仅仅有蒲公英就行了？还是看到那些植物，或看到那些绿化就行了？还是你潜意识里想告诉观众一个最根本的问题是什么？

Conny Freyer：这个展示主要是向观众彰显一下英国有怎样的一种潜能，即创造力的潜能。我本人在英国，周围创意的氛围非常好，大家都非常有创造力，所以要向观众传达的第一点就是要拥有创造力。那么第二点就是，这样一个广阔的空间能让人们找到一个安静的空间，去休息、去沉思、去想一想过往的事情，想一想未来英国会有怎样的潜能。

采访人：蒲公英目前在世博园区里是一个非常独特的一个建筑。我们多次观看后发现，尤其是在下午的阳光下，能很明显感受到它里面有一个"米"字形的、英国国旗的一部分。这种效果是当初就设计好的，还是后来这个建筑出来以后才形成的一个概念和形象？

Conny Freyer：我不是种子圣殿的建筑设计者，不是很清楚，主要是在 Thomas 那边。据我所知，这应该是个巧合，而不是事先设计好的。这个"米"字旗是非常有创意的。

采访人：在展馆的旁边有几块广告牌，具体介绍了种子圣殿是英国送给上海世博会的礼物。为什么要以文字的形式来补充说明"种子圣殿"和展开的包装纸是作为一件礼物送给上海世博会的？是否寓意了种子圣殿是英国城市化一个很成熟的果子，赠送给题为"城市，让生活更美好"的上海世博会。这个果子的基因是英国提倡与自然和谐相处。

Conny Freyer：把它当一件礼物，既可以代表昆明和千年种子银行之间的合作关系，也是我们英国城市将如何把自然元素吸收到城市的发展过程中展示给上海。

采访人：我们听说整个英国的建造与里面展示工程的布置花了 3000 万英镑，是吗？

Conny Freyer：我非常清楚认识到一点，其他展馆可能要比英国花了更多的钱。我不清楚英国馆是不是3000 万英镑，但是我很清楚的是：整个世博会，包括英国馆的这样的一个工程不是关乎钱的。从英国馆方面来说，更关注的是所体现出来的创造力。

采访人：我问这个问题是因为英国馆采用了这么一个低技术的方式，但却是高智慧的。它的呈现不像有些展馆采用了非常先进的科技手段，而是非常聪明的用种子来呈现主题。亚克力的材料很简单，但是施工比较难。种子宫殿的整个呈现就是采用了低技术高智慧的展示策略，我们很欣赏这种做法，所以会问到

造价的问题。

Conny Freyer：确实。在整个英国馆的设计和施工中体现智慧是很重要的。我和 Thomas 也说过，展馆首先要漂亮，漂亮之余要体现出它的智慧。在整个英国馆建设当中全都是在预算之内的，并没有突破预算的界限。

采访人：我们今天的问题都已经得到了您很圆满的回答。最后想问一下英国的大雪还在下吗？

Conny Freyer：我刚从迈阿密过来，那边 30 多度，到这里零下 5 度，非常的冷。

采访人：最后一个问题，您喜欢上海吗？

Conny Freyer：我对上海感到非常满意、非常惊奇。之前我也去过湖南、云南，将来我会再到上海来工作，可能是一些展出、展示活动。

采访人：欢迎你再到上海来。

Conny Freyer：非常感谢。

亚洲篇
Asia

亚洲是"亚细亚洲"的简称，意思是指东方日出的地方。

亚洲位于东半球的东北部，东濒太平洋，南临印度洋，北滨北冰洋，西达大西洋的属海地中海和黑海。亚洲面积4000万平方公里，约占世界陆地总面积的29.4%，是世界上最大的洲。亚洲有48个国家，总人口近40亿。亚洲的种族、民族构成非常复杂，尤以南亚为甚。黄种人（又称蒙古利亚人种）为主体种族，约占全洲人口的60%，余为白种人、棕种人及人种的混合类型。全洲大小民族、种族共有约1000个，约占世界民族、种族总数的一半。根据语言近似的程度，亚洲的居民分属汉藏语系、南亚语系、阿尔泰语系、朝鲜语系和日本语系、印欧语系等。

亚洲是世界文明古国中国、印度、巴比伦的所在地，是古代三大文明的发祥地，又是佛教、伊斯兰教和基督教的发祥地，对世界文化的发展有着重大的影响。

在古代，亚洲人民就创造了灿烂的文化。有素称发达的农业和手工业，有许多科学发明创造，对人类的进步作出了伟大的贡献。尤其是中华文明对附近的一些国家和地区的影响非常之大，形成了中华文化圈，或者是儒家文化圈。印度的佛教虽然在自己的国家已失传了，却在广大的东亚、南亚开花结果，成为佛教文化圈。16世纪以后，西方殖民主义和帝国主义相继侵入，许多国家和地区先后沦为殖民地和半殖民地，传统的民族经济遭到了严重摧残，西方文化也随之得到传播，这些文化在一些国家和地区得到了民众的推崇。在20世纪，亚洲的文化就是世界性的文化的综合，是东西方文化的交汇地，是传统与现代的交汇地，是民族与世界的交汇地。

近年来古老灿烂的亚洲文化，也闪耀光芒。各个国家的文化创意产业如雨后春笋，发展势头锐不可当。亚洲的文化创意产业在动漫、影视、娱乐等方面蕴藏的巨大商业价值愈发凸显，并成为中国乃至亚洲经济的新兴板块。

亚洲48个国家参展，包括中国、巴基斯坦、巴林、柬埔寨、蒙古、尼泊尔、斯里兰卡、塔吉克斯坦、土库曼斯坦、新加坡、亚美尼亚、越南、缅甸、哈萨克斯坦、吉尔吉斯斯坦、乌兹别克斯坦、菲律宾、马来西亚、老挝、也门、日本、沙特阿拉伯、巴勒斯坦、印度、印度尼西亚、韩国、文莱、黎巴嫩、格鲁吉亚、不丹、泰国、伊拉克、阿曼、伊朗、马尔代夫、阿富汗、孟加拉国、阿拉伯联合酋长国、叙利亚、朝鲜、约旦、以色列、卡塔尔、科威特、东帝汶等。

亚洲国家都设立了自己的国家馆，都具有自己的特色，具有自己的民族风情，表现了自己的文化、历史、物产、名胜等。特别是中国馆、日本馆吸引了无数的参观者，引起了他们的极大兴趣。中国馆体量宏大，参观者在很远的地方就可以看到，表明了中国的崛起；中国馆展示了自己的古典文化，"清明上河图"震撼了所有的参观者；中国的其他展馆也是气势恢宏。日本馆门前车水马龙，热闹非凡。印度国家馆、泰国国家馆、巴基斯坦国家馆、尼泊尔国家馆的外观上具有自己浓郁的宗教特色；而韩国国家馆、印度尼西亚国家馆、朝鲜国家馆都具有自己鲜明的民族与地方特色；阿曼国家馆、蒙古国国家馆、阿联酋国家馆都具有自己国家与众不同的自然特色与文化特色等。而沙特国家馆、日本馆则充满现代的创意而令参观者惊讶。总之，各个国家馆挖掘传统，再现神奇，展现科技，争奇斗艳，各具风姿。

中国国家馆

主题陈述

城市发展中的中华智慧

2007年9月举行的世博会组委会第五次会议，明确了国家馆的主题是"城市发展中的中华智慧"。确定这个主题，是希望通过"城市，让生活更美好"这个共同话题，反映中国文化价值观。和世界各国一样，在探索中国特色城市化道路上，我们既取得了令人骄傲的巨大成就，也面临不少矛盾和问题。在解决人与人、人与自然的关系上，中华民族逐步形成、凝炼出不少精神、品质、道德和聪明才智，集中表现为"自强不息、厚德载物、师法自然、和而不同"，这些智慧在中国城市发展中发挥了重要作用，也为国家馆的主题演绎和展示提供了合适的切入口。

改革开放30年来，中国有3亿农民进城，走出了一条人类历史上前所未有的大体量、高速度、高密度城市化道路。预计今后20多年内，每年还将有1000多万人进入城市。在世纪之交前后的几十年里，几乎占全人类十分之一的中国人口大迁徙，既造就了中国城乡的繁荣，也带来了对中国社会结构、生存环境的巨大挑战。国家馆要从现实角度看城市发展，以生动方式展中华智慧，要避免生硬地对中华智慧

进行图解和标签式的对应；要深入浅出，以小见大，用简洁有效、富有感染力的形式和故事折射这些智慧，以及它们对于未来的启示，使国家馆成为向世界展示中国人民运用智慧，应对挑战，探索有中国特色城市化科学发展道路的舞台。

（上文节选自2008年12月23日中国馆筹备领导小组《关于中国国家馆展示设计的工作汇报》文件。）

展馆概况

中国馆坐落于世博园区A片区，世博轴东侧，由中国国家馆、省区市馆、港澳台馆三个部分组成。国家馆和省区市馆总建筑面积约16万平方米。港、澳馆位于地块西南角用地，台湾馆位于世博园区A02地块，每馆分别占地约600平方米，国家馆与省区市馆将作为世博园区核心建筑物之一，永久保留。

中国馆以"省区市馆作为建筑基座，国家馆构造城市雕塑"的理念布局。国家馆居中升起、层叠出挑、庄严华美，形成"东方之冠"的主体造型。省区市馆水平展开，以基座平台的舒展形态映衬国家馆。国家馆、省区市馆功能上下分区、造型主从配合，形成独一无二的标志性建筑群体。

中国馆总建筑面积160126平方米，其中，国家馆的展示面积为23112平方米。主要分为三个展层，49米层、41米层和33米层，展示面积分别为8500平方米、3500平方米、3400平方米。

一、建筑

中国国家馆以"东方之冠"为构思主题，总建筑面积16万平方米，总高69.9米。门前的南广场有1万平方米，路面全部由透水砖（沙子和树脂材料结合而成）铺设而成，不积水，又降温。走过72米宽的76步台阶，就可走上庄严、大气、华丽的9米平台。

国家馆是园区内的制高点。整体构型取自中国古代木结构建筑中的元素——斗栱和鼎器，寓意为"东方之冠，鼎盛中华，天下粮仓，富庶百姓"。斗栱是中国古典建筑智慧的重要组成部分，它仅靠木头的相互接插就能支撑起巨大的屋顶，而且能够应对强大的外力的冲击，象征了中国式的凝聚力和应变力。同时，中国馆的建筑外形还借鉴了鼎器的外形，使中国馆主体建筑腾空而起，轻盈而不失稳重。因此，中国馆的建筑类似量米用的斗，取意于"民以食为天"，寓意"天下粮仓"。

中国馆的外墙还以叠篆字进行装饰，国家馆四面梁截面分别为该方向对应的东西南北叠篆字，南广场一侧对应的叠篆字为"南"；省区市馆外墙利用铝板组成二十四节气的叠篆字。中国国家馆主色调运用传统、沉稳的"故宫红"，外墙的4种红色在不同高度、光线照射、辉映下组成统一的中国红，妆点中国馆。

二、展示

中国国家馆将"城市发展中的中华智慧"作为展示主题，以"寻觅"为主线，让观众在"寻觅"中发现并感悟城市发展中的中华智慧。

国家馆的展示从当代切入，展示中华民族5000年灿烂文明，展示新中国60年特别是改革开放30多年的辉煌成就，展示我国人民为实现建设小康社会目标而团结奋斗的精神风貌。展示脉络为以中国城市化中几亿人"进城"为序幕，凸显近30年以来中国城市化进程的体量、规模和成就，随后回溯、探寻中国城市的底蕴和传统。最后，一条绵延的智慧之脉引导参观者走向未来，感悟立足于中华价值观和发展观的未来城市发展之路。中国国家馆的主体展项主要有：一个影院，展示改革开放30年来中国城市发展的巨大变化；一幅画卷，真实再现古代城市生活，探究中华智慧的源泉；一片绿色，营造人与自然和谐共生的美好世界；一次骑乘探秘，体验轻松、动感、充满想象的骑乘寻觅之旅；一次低碳体验，应对城市化挑战，聚焦低碳生活。在整个展示内容中，一条水系贯穿始终，虚实结合，意喻中华智慧源远流长，传承至今。

预演区

电梯厅营造出火车进城的氛围，为参观第一个展项作了很好的铺垫：电梯厅仿佛车站月台，电梯轿厢就像是火车车厢，车厢两边的窗用数块屏幕播放从乡村到城市的风景，使人仿若置身飞驰的进城列车中。城市化进程中的人口大迁徙就此拉开了序幕。

第一展层，寻觅"东方足迹"

"东方足迹"展区位于49米，展示面积8500平方米，为综合展示层，重点展示中国城市发展理念中的智慧。在这里，参观者立足当代、回溯历史、展望未来：一个影院"春天的故事"——自强不息，书写美的历程；一幅长卷"智慧长河"——回溯历史，追寻中华智慧之源；一片绿色"希望大地"——城乡一体，企盼人与人、人与自然的和谐共生。

（一）序厅 大迁徙

该展示区域面积约650平方米，以城市标志性符号——高楼、斑马线为设计语言，辅以视频，凸显中国城市的飞速发展以及丰富、多元、美好的城市生活。

城市里常见的斑马线在这里被赋予了不同的含义，它由全国的县级以上城市名称组成；展厅顶部倒挂着一座意象化的城市造型，造型底端装有15个视频装置，循环播放从全国各地征集的"同一时刻"视频，展示全国各地城市人不同的精彩。

（二）春天的故事

这是中国馆的第一个主体展项——"一个影院"，这个能容纳700人、面积为1071平方米的影厅由三面长22米，高7.5米的投影和一个直径为24米的穹顶组成。影厅播放的8分钟影片以中国的城市化进程

为背景，以城市的快速变化和人的精神面貌的变化为切入点，阐述改革开放30年来中国自强不息的城市化发展道路，表达当代中国人在城市建设中的澎湃活力与执著精神。

（三）过渡厅 岁月回眸

这是一个连接两个展区的过渡区，前半部分承续"春天的故事"的展示内容：以时间轴为主线，通过4个年代的典型家居场景来反映改革开放30年来人民生活的变化。展示以实物为主，配以艺术化处理，使观众通过所"见"、所"闻"和"对比"，从而发现改革开放30年的发展变化。此外，还选择了若干城市具有历史性地标的老城区作为墙面阴刻并以30年城市生活作为壁画。后半区展示古代城市建设和规划侧景，其中包括：地面下的城头山遗址的微缩模型——中国最早的城市、河南开封的古代城墙复原场景城市的发展轨迹以及古代著名宫殿群大明宫、未央宫的浮雕、投影及实物陈列，为下一个展区"智慧的长河"作了铺垫。

（四）智慧的长河

这里是中国馆的第二个主体展项——一幅长卷，它以《清明上河图》为核心元素，通过大型投影结合珍贵文物实物展示的形式，带领参观者回溯古典城市中的生活风貌，探寻中华智慧之源，体会中国传统文化中和谐共生的城市发展理念。

"历史长卷"是将张择端版的《清明上河图》放大百倍，在一块长达128米，高为6.5米的立体转折造型的纱幕上。现代科技手段让《清明上河图》中的所有人物都动起来，并营造了晨昏变化的氛围，真实再现我国古代城市的繁华景象，也诠释出中国人对和谐城市生活的不懈追求。展示中截取了8个片段，形象地演绎《清明上河图》中所承载的八个故事：乐山乐水、南北通衢、戮力同心、勤业乐事、方圆成矩、万国咸通、诗礼传家、兼容并蓄。分别反映了中国古代城市中人们的山水情怀，繁华的商贸，市民精神，日常劳作，城市建筑，与海外的交往，文化教育，以及多元的市井文化等。长卷的底部，一条蜿蜒的水带使整个区域更具灵动气息。

对应百米长卷《清明上河图》，"文明传承"的展示区域展示了八组文物，以珍贵的实物表现中华民族在金属冶铸、丝绸染织、瓷器、造纸印刷、市民生活、中医药、建筑技术、海上丝绸之路八个领域的发展水平以及与世界的交流。配合实物，八组"幻影成像"生动地演绎出这些古代发明创造及传承。

在"国之瑰宝"的展示区域，观众将在不同时期分别看到两件重量级的文物：仇英版的《清明上河图》和秦始皇兵马俑博物馆藏的一号铜车马。值得一提的是铜车马，这件代表了中国古代高超的青铜技术和精美的构造艺术的文物珍品，自出土以来从未出省展出。

（五）希望的大地

这里是中国馆的第三个主体展项——一片绿色，反映的是面向未来的中国城市中人与自然、人与人的和谐以及未来城乡一体化的中国式发展战略。参观者将在一片绿色中前行。

在"绿色家园"里，琳琅满目的悬吊植物、发光的行道树上不时飘落着描绘田园风光的诗句以及仿真湿地营造了充满生机的展厅气氛，春意盎然的绿色，暗喻人与自然和谐共生的城市理想。"同一屋檐下"部分则通过一场时长约两分钟的充满奇幻色彩的多媒体综合展示表现未来城市中充满温馨的邻里关系，以及富有中国特色的"居家养老"的社会政策。通过虚拟和真实场景的结合与转换，达到真假难辨的效果。对面的"小城镇风采"播放了从全国遴选出的169个特色小城镇的视频，也成为本展区的另一

大亮点。而"城乡律动"则以简约抽象的风格，营造出一片意象竹林的概念，表现人与自然和谐的未来城市，以及城乡的和谐互动。参观者伴着蜿蜒的城市天际线，在梦幻的竹林中穿梭前进。本区域前半部分展示的室内种植活体水稻将作为一大创新点凸显农业高科技应用，表现水稻这一中国文化的代表对未来城市发展的意义。城市乡村在这片和谐的绿色中交汇出美妙的旋律。

（六）童心畅想

在通向第二展区的通道——一条长300米的坡道里，折纸的飞鸟造型环绕整个区域。这里展现的是儿童眼里的未来城市，通过与全国少工委

共同发起的"我心目中的未来城市和生活"儿童画征集获得的98幅充满童趣和畅想的儿童画被展示在坡道一侧。

第二展层，一场充满奇趣体验的"寻觅之旅"

在3500平方米的展示面积里，一场轻松、动感、充满想象的骑乘体验，一次充满趣味的古今对话正在展开，它阐述的是中华城市营建的智慧传承。在这条长约340米的轨道上，参观者乘坐着折纸造型的轨道车，在短短的6分钟内，体验一次别样的寻觅之旅。

本展区的展示内容可以用四个字来表达，分别是："达"——遇水架桥，通达八方；"工"——巧夺天工，匠心独运；"范"——法度可循，规矩方圆；"逸"——象由心生，画意诗情。这也是中国馆的第四个主体展项——一次骑乘体验。

在等候区，以丝绸和电子板作为背景纹理，结合古今城市营建符号的图案，营造出一个充满趣味和思考的氛围。一条条LED灯带上，穿梭着的语句拨动了参观者的思绪，引发参观者对中华城市营建智慧与传承的无限思考，既为下一步的探秘打下伏笔，又缩短了参观者等待的心理时间，背景墙上突现的视频，向观众介绍了"范、达、工、逸"的内涵。月台区以森林的代表元素——树为主要设计语言，表达人对自然的向往与和谐共处的美好愿望，光影造就的飞鸟在空中穿行，一道道大门徐徐打开，由古至今，引领观众穿越时空。

达——城市交通：桥区，数座古代桥梁在水面上相互交织、错落，构成桥区主体艺术造型，表现古代城市交通指挥；立面用大型媒体装置具有代表性的现代桥梁，表现现代城市交通设施的优美造型及强大功用，并配以声光变化，进行古今城市交通的对话。

工——城市建筑：以宏大、震撼的斗栱森林为主体造型，表现古代建筑智慧；立面以线条、背景艺术灯箱等艺术处理方式表现现代建筑结构，例如鸟巢的钢结构，展现中国古今城市建筑的智慧与传承。宏大的斗栱森林采用内透光和外打光的方式营造震撼效果，配合灯光及场景影像的变幻，仿若置身梦境。

范——城市规划：规划区，以影像的方式，展现古代与现代城市规划，表现中国古今城市规划的智慧与传承。在隧道两侧，以投影的方式分别表现古今城市规划的特点，左侧区表现现代城市规划的密集与错落；右侧展现以古长安和北京为原型的古代城市规划不断幻化的模数化城市构建过程。

逸——城市景观：以人与自然和谐共生的智慧与传承为主题，以实体艺术造型和影像艺术空间为主要表现手法。实体艺术造型以传统中国的"一池三山"园林水景、"潇湘八景"为设计原型，选取最具代表性的视觉符号太湖石、亭台楼榭、流水曲径。影像则以国内优秀的园林城市的理念进行艺术加工。

白云环绕，古典园林淡雅简朴、精巧静立；透过云层缝隙，用投影设备投射的现代园林城市美景尽收眼底。古今城市景观巧妙结合，相得益彰。

第三展层，聚焦以"低碳行动"为专题的中国未来城市发展

在3400平方米的展示面积里，展示中国人如何通过"师法自然的现代追求"来应对未来的城市化发展过程中的各种挑战，揭示未来城市发展战略背后的中华智慧根基："取之有道"——新型清洁能源；"用之有节"——节能减排；"返璞归真"——森林碳汇；"感悟之泉"——中华智慧的未来启示。这就是中国馆的第五个主体展项——一次低碳体验。在这里，"+""-""×""÷"这四个简单的数学符号将带领参观者经历一场发现问题、解决问题、深入思考的思想历程。

（一）自然警示——"+"

碳排放量的不断增加导致全球变暖、冰川融化、海平面上升、土地干旱和沙化，自然环境的逐步恶化正逐步向人类逼近。这一区域最突出的就是一组8根实体水晶柱，从"衣、食、住、行"四方面展示各自二氧化碳排放量。配合走廊墙面的12组视频装置，为参观者展示自然界中因为碳排放导致的问题，用事实给高碳时代敲响警钟。

（二）取之有道——"-"

"-"表示以新型能源替代传统高碳排放能源。"师法自然"是中华智慧的传承，对于新能源，不仅要物尽其用，更要以合理的方式加以利用。在此用实物展示了三类有代表性的能源：太阳能、风能、生物质能。并通过视频和互动操作台向参观者介绍泛能网，阐释从效率中获取能源的新启示。

（三）用之有节——"×"

充满整个区域的"×"，意喻"不积小流，无以成江海，个体的行为累计起来就是一个大效果"；这一区域主要通过三个案例表现：限塑令、电动力汽车、秸秆利用；背景墙设置两块视频装置，向参观者介绍节能建筑、节地（JD）模式。其中，主体装置为漏斗状半透明结构，其造型通过艺术化的处理来体

现循环可利用的环保理念。互动走廊区主要分为节约电能走廊和低碳出行走廊，以节能灯、LED灯、白炽灯与轨道交通、公共交通、小汽车不同的用电模式和出行方式来计算人均碳排放量。

（四）返璞归真——"÷"

宏大的碳汇目标除以巨大的人口基数，每人只需出一小份力就可为碳汇作出巨大贡献。展项内设置了7根通透的互动圆柱，可以让参观者通过互动对碳汇有一个直观的了解。视频屏幕中还会播放我国"湿地"、"退耕还林"在固碳上的价值，显示我国在碳汇方面做出的行动。值得一提的是，这一区域的背景墙用回收的啤酒瓶设计的点阵造型，表现森林碳汇、植树造林的意义与我们的责任与义务。

（五）感悟之泉

整个展区的能量于此汇聚，中华智慧经五千年的冲刷形成源远流长的脉络。"天人合一"的传统规划理念与"师法自然"的现代追求在此碰撞、对话、结合。当观众靠近出口时，水帘上将会落下中华智慧的字幕。顶部感悟之泉的水组成片片涟漪，形成源头，汇入明天。贯穿全馆的水系至此汇聚。

中国国家馆内的参观到此画上句号，观众通过一条长长的自动扶梯离开国家馆，至省区市馆屋顶的"新九洲清晏"继续参观。

专家点评

上海世博会有300多个展馆或展区，如果参观者一一看来，每天看十个，需要一个多月。这对绝大部分参观者来说是不现实的，只能有所选择。那么看什么馆呢？

上海世博会举办期间，930万人次参观了中国国家馆，占所有7308万人次的近八分之一。考虑到这个数字是在严格控制参观人数，即使有预约券还要排队一两个小时的情况下产生的，可以说，中国国家馆是所有参观者心目中最想看的展馆。

这里的原因很简单。

第一，有学者评论，世界博览，人头攒动，国家间的形象作近距离对比，再目空一切的发达国家也不敢对此马虎，只要来参加的，都会努力精彩纷呈。因此，在众多类型的展馆里，国家馆是主角，参展者不敢掉以轻心，参观者寄予很大期望。

第二，东道国的国家馆特别引起人们注意。因为我们定了主题，邀请人家来参加，人家当然想知道"你们自己怎么理解、怎么表现这个主题的"，我们有责任比别人做得更好；加上是在自己的国土上，有条件集中更多的智慧和财力，相比较其他参展方，东道国有成本上的优势，有能力比其他别人做得更好。

判断国家展馆的三条标准

一个电视剧是否得到社会好评，是否能长久流传，一般有几方面的标准。首先是主题思想是否深刻，是否反映了这个时代人们普遍关心的话题。我们常看到，一些电视剧虽然有大牌或漂亮演员，有巨量资金投入，但远离社会现实，无病呻吟，虽流行一时，却很快就被人们忘记。第二是故事内容是否真实、曲折。有的电视作品，主题很高大，很有时代使命感，但内容虚假，或者虽然内容真实，但不典型，过于一般化，看了开头就知道结尾，这样都不能吸引人。第三是表演要精彩，同样一个剧本，能请到大牌演员，就会比无名小卒更有收视率，而道具、服装、外景、效果等，也影响了对观众的感官冲击力。

一个国家馆精彩不精彩，能不能被人长久回味，成为历史遗产，也是从这三个方面来判断的。首先，国家馆是一个国家在世博会上发给千百万公众的名片，要反映这个国家的主流价值观，表现国家形象，展现民族智慧。其次，展示的内容要真实，进了一个国家馆，要真实感受这个国家普通人的生活。最后，展景要漂亮，展示形式要新颖，展示手段要有高科技支撑，展示方式要能够与参观者形成互动。

中国国家馆的主题思想

上述第二、第三条标准，即内容真实性和表示手法，在会展实践中一直得到各方人士的高度重视，在中国国家馆里也做得很好。而第一条，即展览如何表现主题思想，是今天会展行业面临的新课题，中国国家馆在这方面的实践，很值得总结。

中国国家馆要表达的是"城市发展中的中华智慧"。

这是个什么样的主题？为什么要选这个主题？回答这些问题，是中国国家馆展示策划的起点。

各个国家都希望表现自己的文化，"城市发展中的中华智慧"很容易被理解为对中华文化的解读、诠释。而以文化为基点，很可能成为中华城市博物馆、中华文化教科书，这使展示策划流于一般性。为此，必须把上海世博会主题的普遍性和中华文化的特殊性结合起来，要摆"城市发展"的事实，讲"中华智慧"的道理。

为什么我们需要中华智慧？因为中国的城市化是个巨大挑战，我们面临很多困难，如果我们终于过了这个难关，那么肯定是有原因的。有一种说法：近三十年里，中国的工业化、城市化取得不少成就，也积累了不少矛盾；这些矛盾，如果出现在某些国家，政府要垮台。而我们没有出现大的动乱，政府没有垮台，社会没有崩溃，正是由于我们依托了中华智慧。

依托中华智慧，迎接中国城市化挑战

中国城市化面临三个挑战。

第一，亿万人进城后，社会结构要保持稳定，这就要努力使所有在城市生活的人，都生活在同一个屋檐下。而要做到这一点很不容易，当千百万人一下子挤在城门口，而城市还没有做好迎接他们准备的时候，会出现人与人的冲突。迎接这个挑战，需要有处理人与人关系的智慧。

第二，亿万人进城后，城市本身要扩建，要有新的规划，要拆迁旧的建筑，要大规模建设新城，这就要努力符合城市建设的规律，要把城市当成生命体来看待。迎接这个挑战，需要有处理人与城市关系的智慧。

第三，亿万人进城后，新的生活水平和生产方式、大规模的城市建设，会形成巨大的资源需求，对环境带来巨大的压力，这就要努力确保我们的天依然蓝，水依然清。迎接这个挑战，需要有处理人与自然关系的智慧。

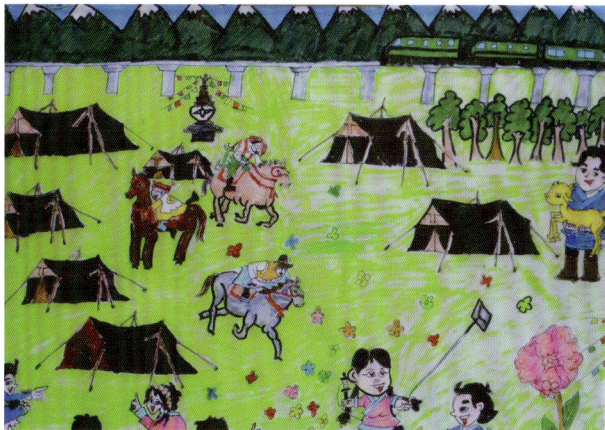

三层展区回答三个挑战

中国城市化遇到的这三个挑战，实际上就是上海世博会主题思想所揭示的，必须重视人、城市、环境之间的平衡。这在主题馆的设计中，表现为三个展馆，即城市人馆、城市生命馆、城市星球馆。而在中国国家馆里，上、中、下三个展层，基本上展现在城市发展中处理人与人关系、人与城关系、人与自然关系的中华智慧。这三层相当于城市人馆、城市生命馆、城市星球馆。

上层，即49米层，主要是电影《历程》与《和谐中国》，以及"清明上河图"、"希望的大地"等展区。

这一层的各展区，围绕着中国社会在城市化进程中，人的命运的变化，表现了在处理人与人关系方面，"民为贵"、"和为贵"的中华智慧。例如《历程》这个电影，通过祖孙四代的生活变迁，反映了城市化对农业文明的深刻影响，表明我们所有的努力，都是为了让生活更美好。而《清明上河图》这个展项，以生动、感性的形式，表现了中国古代社会中万事有序、清明祥和的一个侧面。"希望的大地"展区，通过"同一屋檐下"等展项，表现了当代中国社会以人为本、构建和谐社会的努力。

中层，即41米层，这里是一条表现中国古代建筑"达""工""范""逸"内容的骑乘之旅。

所谓"达"、"工"、"范"、"逸"，即指中国古代在城市交通、城市建筑、城市规划、城市景观四个方面的创造性思维和成就。这四个方面汇总起来，表现了在处理人与城市关系方面，"顺势而为""师法自然"的中华智慧。比如在城市交通方面，中国人讲究"达"。城市多依山而建，靠水而居，充分利用自然和人工的河道，来为城市的交通运输、供水排水服务。中国古代城市的兴盛在很大程度上取决于交通。于是，古人用桥建立起城市内、城市间的关系纽带。

下层，即33米层，包括"自然的警示"、"新能源"、"节能减排"、"森林碳汇"、"感悟之泉"五个展区。

这一层的各展区，集中围绕城市化进程对环境的影响，表现了在处理人与自然环境关系方面，"取之有道""用之有节""返璞归真"的中华智慧。今天，全球都在谈"碳"色变，有的科学家甚至预期，人类再不控制碳的排放，将没有时间拯救自己。这一层以加、减、乘、除四个符号来表现中国为创造低碳未来而进行的思考和努力。例如"乘"这个符号，表示每个人的节约举动，汇总在一起，将有巨大的节能减排效应。这里传递了"用之有节"的思想。

总结

历届世博会主办国的国家馆都是重中之重，它所呈现的形象和内容代表着国家的观点，而这个观点往往极具时代意义。中国国家馆以"寻觅"为主线，观众能够通过这场"寻觅之旅"发现并感悟城市发展中的中华智慧。展览从当代切入，以中国城市化中几亿人"进城"为序幕，凸显近三十年以来中国城市化的规模和成就，引发人们对于未来中国城市化道路的思索；随后穿越时空，回到千年前中国古都之繁华，让人们感受中国城市的传统和底蕴；最后，一条绵绵不断的智慧之脉引导参观者进入未来，在直面中国城市化进程的挑战同时，感悟到立足于中华价值观和发展观引导下的未来城市发展之路。

中国国家馆在上海世博会期间人流如潮，盛况空前，共接待1750余万名观众（包括上海世博会结束后为期半年的续展），受到了海内外参观者、各国领导人和世界媒体几乎一致的高度赞扬，得到了国内外权威机构评选的最佳场馆、最佳展示和最时尚地标等奖项。这些都充分说明中国国家馆的主题演绎和展示是成功的，它的影响将是深远的。

期待以后的中国国家馆能更好

1851年，现代意义的世博会诞生伊始，这个建立在西方文明基础上的超大型集会，就受到东方巨人中国的关注。但19世纪乃至20世纪初的各届世博会，中国的表现，根本没有真实、客观地反映中华文化，用今天的话来分析，就是当年在参展策划时，主题思想不明确，甚至出了问题。到了20世纪80年代，新中国在世博会上重新亮相，根据报道，中国馆受到了各国的欢迎。这也许是出于对中国开放的欢迎，以及国际社会急于了解中国的善意表达。自从1999年中国提出申办2010年世博会之后，国际展览局十分关心中国的展览组织能力和展示水平。而在这个背景下，在2000年德国汉诺威世博会和2005年日本爱知世博会上，中国馆却质量不高，令人惋惜。

回顾历史，2010年上海世博会的中国国家馆的展示策划水平，达到了历届世博会上中国馆的顶峰。我们相信，今后的人们肯定会对这一届的中国国家馆评头论足，指出其中的不足。这是历史进步的必然，只有不断总结，才能不断提高。我们期待在今后的世博会上，中国馆将有更好的表现，更能展现中华文化，也更能体现中国会展业的水平。

（点评文章特邀原上海世博会事务协调局主题演绎部部长季路德，原上海世博会事务协调局中国馆部部长、中国2010年上海世博会中国馆常务副馆长钱之广联合撰写。）

中国香港馆

主题陈述

无限城市——香港

一、序言

1. 中国2010年上海世界博览会（上海世博会）是继北京2008年奥运会之后另一个由国家成功申办的国际盛会，得到国际社会的广泛关注和积极响应。上海世博会将会是香港特区参与的一项非常重要的国际活动，机遇弥足珍贵。特区政府高度重视参与上海世博会的工作，并积极作出配合。特区行政长官在2007/2008年施政报告第61段中特别提及："2010年上海世界博览会是宣传香港优质城市生活及创意之都的好时机，我们将会筹划一系列香港城市形象推广运动作配合"。

2. 特区政府于2007年8月收到上海世博会组织方建议的《关于香港澳门特区参与2010年上海世博会

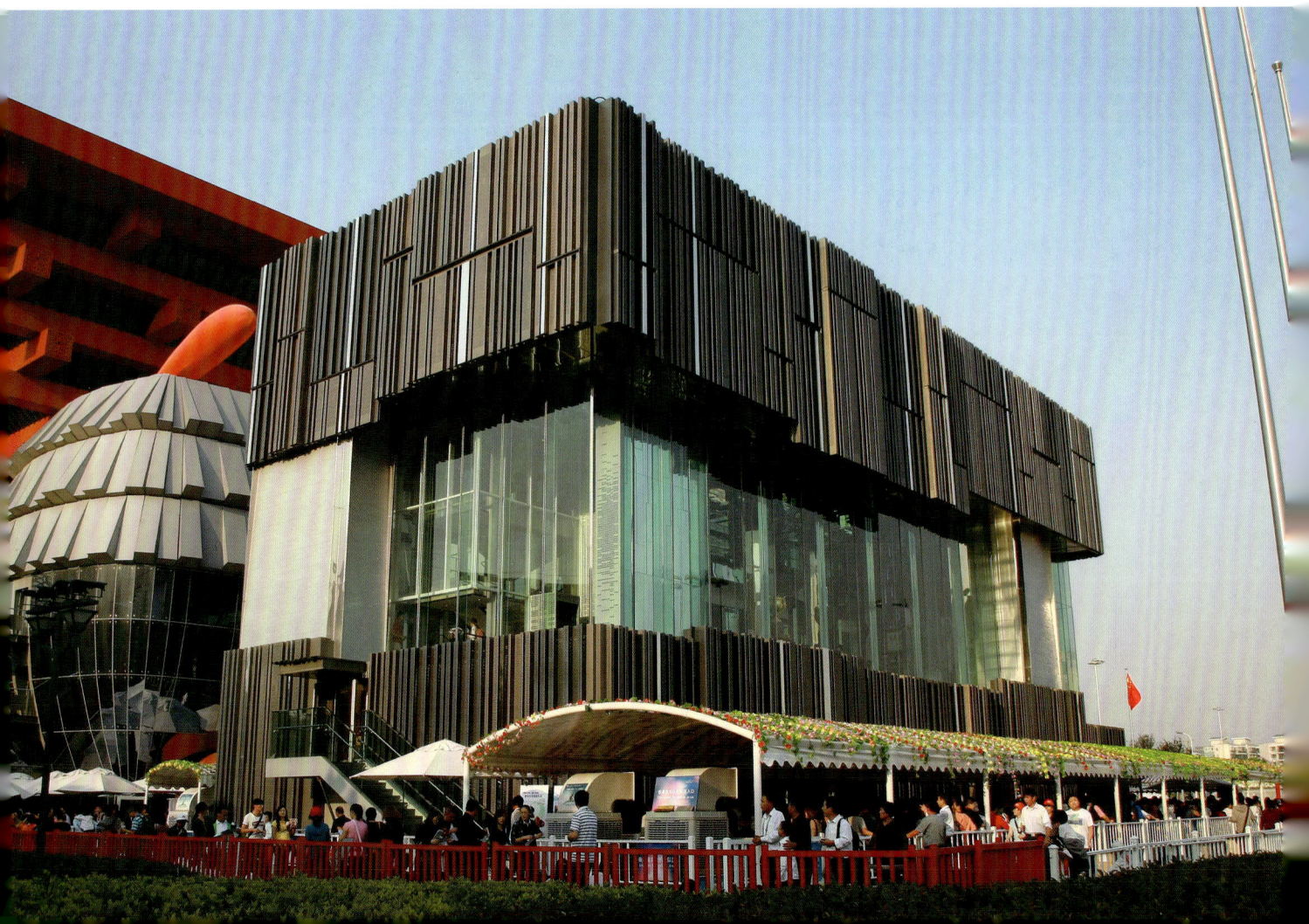

的工作方案》。《工作方案》建议香港特区可在A片区中国展区内建造一个自建馆，名称为"香港特区馆"，为临时建筑，会后拆除，总体设计应与中国展区整体风格相协调。香港特区馆由香港特区自行布展和展示。展示方案由2010年上海世界博览会组织委员会组织有关单位和专家评审后实施，特区可结合自身的特点，整合资源，发挥优势，选取不同角度，展示香港的历史文化精粹、风土人情、建设成就、人文生活、和谐小区、高科技发展、旅游资源等特色内容，并聚焦上海世博会主题，阐述对城市发展和人类未来的思考。

二、中国2010年上海世界博览会主题和副主题

世博会的主题为"城市，让生活更美好"。组织方希望通过文化、经济、科技、小区和城乡关系五个方面来解释和探讨"和谐城市"的理念。五个副主题分别为：

(1) 城市多元文化的融合；

(2) 城市经济的繁荣；

(3) 城市科技的创新；

(4) 城市社区的重塑；

(5) 城市和乡村的互动。

三、香港特区馆主题：无限城市——香港

1. 经考虑上海世博会的主题和副主题、《工作方案》内提及的主题构思方向，以及特区行政长官施政报告第61段中提出有关宣传香港优质城市生活及创意之都的目标，我们建议以"无限城市——香港(Hong Kong —A City With Unlimited Potential)"作为香港特区馆的主题。

全球城市

2. 在人类文明发展史上，城市一直扮演着重要角色。进入21世纪，由于信息科技、交通运输、金融贸易等领域上的革新，城市的重要性比历史上任何一个时期都高。不论在政治、经济、文化、社会、环境各方面，城市的影响力跨越疆界，向全球发挥影响力。一些影响力巨大的世界级城市，被视为全球城市(Global City)；获公认为全球城市的，有纽约、伦敦、巴黎、东京，香港也属于这一级别的世界级都会。

3. 香港能够跻身为全球城市，是因为拥有联系全球的网络，包括运输网络、信息网络、金融网络、贸易网络及文化网络。此外，不论是人员、货物或资金，都可自由进出，畅通无阻，是全球运输交通、金融与贸易、旅游与潮流汇聚之地。

优质生活

4. 香港对外四通八达，联系全国、全世界。内部则充满活力，便利快捷，是一个高效能的城市。城市内保持大量绿化土地，成为可持续都市化的基础。土地使用比率高，健全通畅的铁路、公路网络和优良的管理系统，把市内的日常生活、经济、文化、社会活动有效地联系起来，并且创造出中西荟萃的多元文化景观。凭借独树一帜的特色与创意，香港在不同领域都有杰出入才进军全球市场。

无限可能

5. 2010上海世博主题是"城市，让生活更美好"，由香港来演绎这个主题，具有示范作用。香港地方不大，但凭着先进基建、自由往来的优势，发展成为多功能的地区枢纽，对周边地区起着强大的辐射和引力作用。这是国际大都会特有的城市功能，香港在这方面拥有无限发展潜力，并将随着周边地区的发展而进一步有所发挥，继续散发迷人的魅力。

6. 中国香港馆将以"无限城市"的概念，展示香港的内通外连，外连的包括全球运输网络，信息网络及金融网络，内通则以"效率"为主，显现香港在可持续都市化方面的成就，在有限的空间内展现生活质量无限提升的可能。"无限城市"这概念可以演变出多个具体的次主题，包括：

(1)独特的地理位置、完善的基础建设，与世界和围内城市紧密联系；

(2)四通八达及高效能的境内交通网络；

(3)通信科技设施先进，沟通无间断；

(4)资金、货物及信息自由流通，服务中国及全球；

(5)中西文化荟萃，多元兼容，创意洋溢——展示香港作为一个国际都会及创意之都；

(6)继往开来，持续发展——展示如何在经济发展与文物保育、市区重建、环境保护及全人教育等方面取得平衡，以提升现代城市生活质量。

四、配合上海世博会主题

1. 城市是人类文明的结晶。以"城市，让生活更美好"为主题的上海世博会凸显"和谐城市"的理念，为参展者提供了一个平台，凝聚世界各方的历史经验和前瞻的思维，推动国际社会在这方面的进步。香港特区馆的主题"无限城市——香港"也是建构于上述积极进取的思维，并能紧扣上海世博会的主题和副主题。

2. 在宏观的层面，香港的城市发展历史和经验也是国际社会的共同资产。在展示"无限城市——香港"的主题内容时，我们除了希望向国际社会展示香港最好的一面，以推广香港的形象外，也着眼向国际社会展示香港在多方面可供参考的地方，为世界的共同进步及和谐发展作出贡献。在这方面，香港比较独特的地方包括"一国两制"的成功落实、多元文化的和谐融合，以及一些有助香港发挥国际中介功能、吸引国际互利交流和融通的设施和制度。香港享誉世界的自由经济体系也为发掘个人潜能，以及推动社会流动和进步提供了更好的环境。这些主题内容都能与"和谐城市"的理念、上海世博会"城市，让生活更美好"的主题，以及"城市经济的繁荣"和"城市多元文化的融合"等副主题互相呼应。

3. 在微观的层面，香港也有很多可供其他地区参考的地方。很多发展中的地区正致力进一步发展和谐、优质、活力、创意、高效率和可持续的理想城市生活环境和模式。香港，作为一个"无限城市"，具体和有力地向世界展示要达至理想并不是遥不可及的。在这方面，香港较为吸引的地方包括：高效率的城市管理、现代先进城市科技的应用、创意产业、绿化都市、可持续的都市发展规划和三维空间的充分利用等。在这些方面香港特区馆的主题内容都能紧密配合上海世博会的主题，以及"城市经济的繁荣"、"城市科技的创新"和"城市社区的重塑"等副主题。

五、结语

上文第三部分建议的香港特区馆主题陈述，主要反映香港特区政府在现阶段就香港特区馆的主题和整体展示内容的初步想法。在参展过程中，特区政府相关部门会继续与上海世博会组织方紧密联系，通过互动的交流进一步完善特区的参展方案，以配合上海世博会组织方的整体规划和部署，务求上海世博会能够取得圆满成功。

展馆概况

中国香港馆位于世博园区A片区。其设计以政府2008年举办的概念设计比赛冠军作品"无限空间"为蓝本。中国香港馆楼高3层，中层为巨大而透明的空间，让观众感受到香港是个现代化、开放自由、高度透明的社会。中国香港馆地面的展览厅，凸显了香港与世界各地的紧密联系和无限潜能。地面层通过行人坡道与中层连接，显示香港市内的紧密联系。展览厅利用互动屏幕和其他先进科技，在观众的参与中展示丰富内容。位于中层与顶层的观景台，可让观众饱览馆内外景色。顶层凸显香港与大自然的联系，以香港湿地环境为主题，以自然景物与图像巧妙结合，让访客体验都市建设与大自然的亲密融合，以认识翠绿处处对香港宜人的可持续发展生活的重要性。

中国香港馆"无限城市——香港"这个主题涵盖6个主要元素：即独特的地理位置、完善的基础建设，与世界和国内城市紧密联系；四通八达及高效能的境内交通网络；通信科技设施先进，沟通无间断；资金、货物及信息自由流通，服务中国及全球；中西文化荟萃，多元兼容，创意洋溢——展示香港作为一个国际都会及创意之都；继往开来，持续发展——展示如何在经济发展与文物保护、市区重建、环境保护及全民教育等方面取得平衡，以提升现代城市生活质量。

中国香港馆主体占地637平方米，外形优美并富有现代感，高度约18米；展馆建筑面积约1390平方米，展览面积约800平方米。其设计凸显香港的内通外连，包括香港与本地和全球的联系以及创意无限。

中国香港馆将一组建筑群从中间削开，利用上下镜面反光物料制造出倒影，吸引参观者的目光。中国香港馆的首层有贵宾厅、办公室和展览厅，中国香港馆的底部以水池环绕，营造香港馆悬浮在水中的效果。

首层和二层是以行人坡道连接的，坡道平台设有投射屏幕，让参观者在步行的历程中可以欣赏展览内容。首层夹层设有一个小型的放映室，播放介绍香港的精彩三维影片。二层展览厅通透，配合投射屏幕和反射顶棚等设计，营造一个广阔的视觉空间，象征香港蕴藏的无限尺度。透过交互式屏幕和其他先进的展览科技，展示各项丰富的内容。

二层夹层是一个观赏看台，参观者可以从高处不同的角度向下观看二层展览厅的展品和馆外景色。屋顶层展览会凸显香港湿地和绿化面貌，将会展出多样自然景观和设有小型影片观赏仪等，展示香港为可持续发展的都市。

中国香港馆建筑外观的颜色是灰色，并有各种色度。晚上会有不同颜色灯光照明，幻化多样色彩。将使用可回收的环保材料，比如钢板和金属板等。有些玻璃幕墙是内嵌的，而有些玻璃幕墙是设置在金属板后面的，这样可以减少受热。相关人员还在流通坡道和中层最大限度地使用自然采光，以减少能耗。设计师使用光伏板发电，提供景观照明。屋顶的大部分是园林，这样可降低低层展示区的温度。

中国香港馆最具特色的是透明的中层，展现城市建设和自然的亲密融合，在由香港政府举办的世博中国香港馆概念设计比赛中，我们可以看到这样一个全开放式的平台，必须与公众及城市环境直接对话，如何实现通透，还可以在平台上欣赏各类表演，在阳光的照射下，设计香港馆的过程非常短暂却又布满曲折，包括意象及空间。

此外建筑师还建造起了一个美丽的湿地公园，不仅可于平台远眺黄浦江水岸景色，还能在不同环境里灵活改变外形和大小。这种叫做softwall的可回收再利用材料由两个加拿大建筑师设计，仿佛拥有一致的城市脉搏，是一个完全开放的空间。在构思设计概念时，展馆的中层是一个巨大而透明的展览厅，有鲜花，当他们来到展馆的顶层，人们可以自由讨论。外滩和维多利亚湾的相似点，激发了两位设计师最初的设计灵感，最后他们建造起一座完整的湿地公园。

专家点评

香港特别行政区，简称中国香港。位于珠江口东侧，与深圳经济特区相连，面朝南中国海。香港总面积约1104平方公里，郊野公园及自然保护区的面积多达40%。一国两制是当年解决香港问题的创举，也是香港持续繁荣的基石。香港拥有自己的标志，也就是区旗和区徽，同时香港也拥有与中国内地有别的社会形态和经济模式。2010年香港人口为706.12万人。

开放的诠释

香港是一个自由港，香港是亚太地区乃至国际的金融中心、国际航运中心、地区贸易中心，拥有邻近很多国家和地区的不可替代的优越地位。时至今日，香港已成为世界第11大贸易实体，环球三大金融中心之一，第六大外汇市场及第十五大银行中心。20世纪80年代是香港电影的全盛时期，年产300部电影，超越当时的电影产量曾经全球第一的印度。香港馆的底层就是体现了这层含义，主题

是"与全球联系"。正因为与全世界的紧密联系，才使得香港成为世界性的大都会。

香港与被称为地球村，这里几乎有全世界各个国家的人在这里定居。开放程度之高令全世界人都感到罕见。

多元、意念、透明

中国香港馆中层通透，构成独特的视觉效果，象征香港和香港人的无限想象力和创意空间。平台上以黄浦江为背景，人们可以一起观看现场直播的香港自然景观。在这个完全开放的空间里，平台内利用上下两面镜面材料（这种材料过去只在室内设计中使用过），中层装饰一层透明的玻璃，融合了传统的气质和现代的风格。远处可以强烈地感受到豁然开朗的感觉。这透明的中层，展现城市建设与自然的亲密融合，公众及城市环境直接对话。二层的"无穷空间"富有强烈的现代气息。

自然、生态、环保

在中国香港馆，一座微型的湿地公园被安置在展馆的第三层，这是一个完全开放的空间，没有屋顶遮盖，保证植物与阳光、雨水的亲密接触，展示了香港的湿地生态。建造起一个美丽的湿地公园，同时可以在平台远眺黄浦江水岸景色。屋顶层展览会凸显香港湿地和绿化面貌，将会展出多样自然景观和设有小型影片观赏仪等，展示香港为可持续发展的都市。香港绿地占总面积的70%以上。香港的公园特别多，特别大。如香港海洋公园是世界最大的海洋公园之一，占地170英亩，拥有东南亚最大的海洋水族馆及主题游乐园，凭山临海，旖旎多姿，是访港旅客最爱光顾的地方，不仅可以看到趣味十足的露天游乐场、海豚表演，还有千奇百怪的海洋鱼类、高耸入云的海洋摩天塔，更有惊险刺激的越矿飞车、极速之旅，堪称科普、观光、娱乐的完美组合。

文化的无限多样

香港是一个多元化的地方，文化也是多元化聚集而成。上海世博会期间，5月1日～10月31日6个月举办不同类型的文化演艺及宣传推广活动。计划的文化演艺活动包括中乐、西乐、合唱剧、流行音乐、话剧、多媒体剧、音乐剧、现代舞、芭蕾舞、中国舞、粤剧、歌剧、中国歌曲及歌剧选段、摇摆大乐队音乐会、当代爵士乐等。

另外，香港会聚了世界各地的美食，各种口味的餐馆开遍大街小巷，越热闹的地方就越多。美食的多元化，造成了其他文化的多元化，全世界的小吃、美食这里都可以吃得到，其他国家、其他民族的风俗习惯也可以看得到。香港有"购物天堂"之誉，在这里可以买到全世界任何地方的任何商品。香港对世博参观者产生强大的吸引力，上海世博会元素将成为香港旅游业发展的新动力。

中国台湾馆

主题陈述

山水心灯——自然·心灵·城市

1.世界议题

（1）检讨过去

当代城市文明历经17世纪法国政治革命，19世纪共产资本主义经济革命与20世纪科学至上时代之科技革命，最终形成西方发展之政治力、经济力两种力量作为构筑现代文明生活的主干。在高技术高规则的形式规范下，结合科技至上的中心观念，虽然可满足社会群体功能运作与生活民生初级需求，但在另一方面也人类存在永续发展形成压制与僭越，并对人生命本身与自然产生反控现象，最终形成21世纪环保、反核、地球危机与金融危机之重大议题。

（2）展望未来

应上述这些新时代重大议题，我们认为唯有彰显"生活革命"的全新思维，并提出"自然 心灵"作为"生活革命"两大核心要素，方能有建构21世纪人类新文明之可能。2010年上海世博会主题"城市，让生活更美好！"，更是一个可以催化21世纪"生活革命"最佳的实践舞台，此乃2010年上海世博会台湾馆的核心思维。

2.台湾价值

（1）东方文化

21世纪是东方的世纪。

台湾，东方文化的保存发扬者。

西方文化以二元论对立辩证的观点，形成文化的深层结构，并开展出强调工具理性的科技文明。东方文化则以"天、人、地"三元结构合一的观点，作为文化的深层基因，并开展出强调生命智慧和谐共生的东方文明。我们认为，21世纪"生活革命"当从城市建构开始实践，并引进"天、人、地"三元结构合一的东方生命哲学，结合当代科技技术，建构一个强调"自然、心灵"的新城市文明，以平衡当代过度强调科技消费，所延伸之城市种种不和谐发展的缺陷。

（2）表达主题

台湾有什么？台湾是什么？面对21世纪"生活革命"的诉求，台湾对于世界能有何种贡献与价值？我们认为"自然 心灵"两大要素，正是台湾美丽宝岛所具有的深层内涵。

五千年中华文化在台湾保存传承，而台湾多元融合的文化，更赋予中华文化创新丰富的人文内涵。两个文化海洋相互激荡交融，进而催生出一股丰沛创新的文化力！

新的文化力孕育新的生命力。

在丰沛的两大文化海洋交融激荡下，于台湾大山大水中，孕育出源源不绝的创意心灵，包括无数感恩天地的宗教心灵，乐活态度的善良心灵，追求创作的艺术心灵与不断创新的研发心灵。

台湾之美在于大山大水中充满着千万个千年文化所结晶之人文心灵，台湾之于世界的贡献则在于"自然"与"心

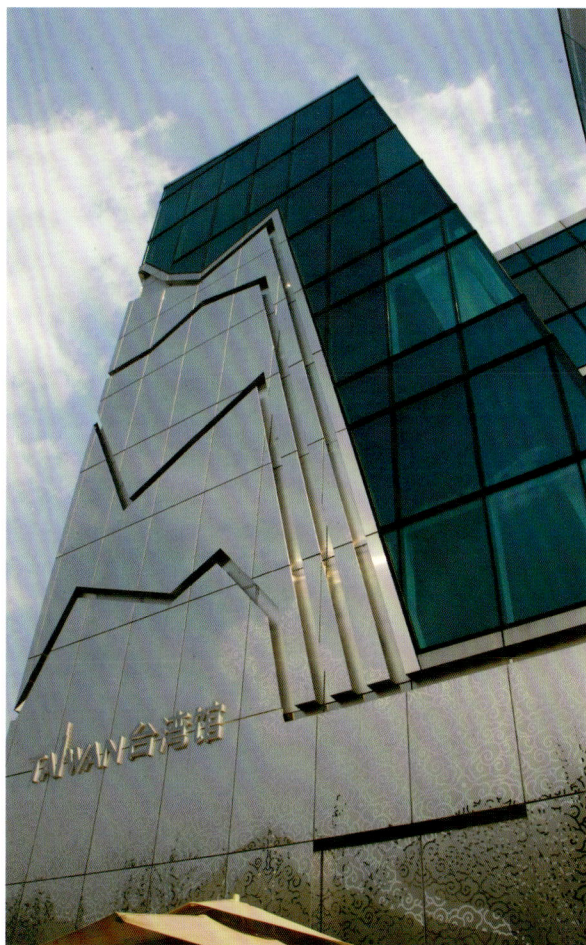

灵"两大力量！因此，2010年上海世博会台湾馆，我们引入具体代表台湾文化心灵"放天灯"的民间节庆仪式活动，借由天灯的祈福许愿与净化心灵的涵意，以"山水心灯"为总体概念，向世界行销"因为心，台湾而大"的新台湾精神，提倡未来"生活革命"的新城市文明中，"回归自然"、"回归心灵"两大概念的彰显。

3.展示内容

（1）外部展示

2010年上海世博会中国台湾馆"山水心灯"，在外部主体形式上，呈现出多层表达的多媒体展演。通过LED"台湾之心"球体与心灯外部，二者虚实互生的动态展演，呈现万蝶飞舞、海洋守护、台湾创意、自然永续与民间艺术的多种影像，向世界传递台湾多元自然及生命图像，并展现出日夜不同表现的多样风情。

外部形式上，中国台湾馆以象征太平洋的无边际水池作为守护"心灯"的建筑基台，以台湾的日月潭水、莺歌的陶土烧制的蝴蝶及玉山的原生山石为隐喻，呈现东方的五行和谐共生意义，踏上点灯台就如同踏上台湾宝岛，共同为世界的和谐祈愿，并彰显"未来城市"中"回归自然"生活力之展现，以得生活最大和谐之理想，并向世人表达21世纪之愿景。

（2）内部展示

中国台湾馆以"心灵剧场"为第一展示内容，心灵剧场是以全天域球幕形态呈现，并创新结合4D特效强化观众眼观、耳听、鼻嗅感官体验，由外而内感动观众内心，以彰显"心灵与城市""自然与城市"文化力之展现，如台湾节庆、艺术及自然生态等感动影像，以得心灵最大和谐之理想，并向世人表达21世纪台湾乃世界心灵欢喜福地之愿景。

中国台湾馆以"点灯仪式"为第二展示内容，以五行元素创造祥和庄严的"点灯水台"，以世界祈福点灯宏大仪式场景，搭配

"台湾之心"多媒体展演台湾心灵之美的视觉效果。点灯仪式强调"世界参与"的活动意义，通过"一心一愿·世界祈福"的集体点灯的心灵仪式，来彰显21世纪城市"生活革命"中"心灵"的重要与净化生命之功用。

中国台湾馆以"山水大城市广场"为第三展示内容，以室内造景的方式呈现具有台湾特色、传统和现代结合的城市广场与街道，利用建筑表面投影的技术，两旁带有骑楼的街屋会时有不同趣味画面出现，呈现最具台湾特色的映像。城市广场在传统基础中带入大量现代与科技元素，利用投影在建筑上来创造新的城市广场；例如，两旁带有骑楼的街屋利用建筑表面投影的技术让鲸鱼游过，偶尔也会有鲸豚从天空跃过，产生一种科幻的未来城市感觉。通过光、影、声的组合，让参观者的视线，除了停留在美丽的建筑上，更增添了观看的趣味。在城市广场的各处隐藏声音系统，预先收录各种台湾城市街头的背景音效来播放，增加城市广场的临场感。这些音效包括摊贩的叫卖声、庙宇的拜拜诵经声、街头行人及车辆声……甚至是雷阵雨等许多代表台湾日常生活的声音。声音系统的音量必须是靠近才能听得清楚而非涵盖全场，由于隐藏在各角落，所以能产生很有层次感的效果。这些声音除了润饰城市广场的现场氛围外，还应该呈现台湾多元族群与语言的特性，同时呈现台湾优良的生活品质，譬如马路上很少汽车喇叭声，人民讲话文雅而有礼貌等。走入广场两旁的街屋，有各式的生活商店，观众可在里头体验最台湾味的生活，或者观赏各种台湾精品。城市广场以生活为主轴，表现台湾城市的多元组合、人与人之间的善良氛围造就了美好城市。参观者可游走其间，享受及向往台湾的休闲生活。

展馆概况

中国台湾馆位于世博园区A片区，其设计概念来自于"孔明灯"，中国台湾馆的主题为"山水心灯——自然·心灵·城市"，以呼应上海世博会"城市，让生活更美好"的主旨。依照台湾民间传统习俗，凡重要节庆皆会通过放孔明灯来祈求平安、幸福、和平，因此中国台湾馆运用此设计理念来传达祈福许愿与净化心灵的意涵，"回归自然"、"回归心灵"的新城市文明，也透过孔明灯，让参观民众能为己、为社会、为世界齐心祈福，也向世人传达台湾充满大爱的心灵。

自然与心灵两大要素，正是台湾美丽宝岛所具有的深层内涵。这样的内涵源自于台湾是中华文化的发扬者，而台湾多元融合的文化，更赋予中华文化创新丰富的人文内涵。新的文化力孕育新的生命力，在丰沛的两大文化海洋交融激荡下，于台湾大山大水中，孕育出无数创意心灵，包括对天地感恩

的宗教心灵，乐活态度的善良心灵，追求创作的艺术心灵与不断创新的研发心灵。台湾之美在于大山大水中充满着千万个千年文化所结晶之人文心灵，台湾于世界的贡献则在于自然与心灵两大力量！

中国台湾馆的展示主题为"山水心灯"，七大展示内容分别为山水剧场、点灯水台、台湾之心、台湾之窗、心灵剧场、城市主题广场和城市艺廊，其中心灵剧场、点灯水台和城市主题广场是重点展示区域。直径为16米的LED大球内部是一个直径为12米的360度心灵剧场，这里将上演三分半钟的影片。全天域球幕剧场满地面。在这样的意境中，参观者在灯下许愿，LED灯将显示祈福的天灯冉冉升空的奇妙景象。

此外在大型天灯的底座规划了环状水池，参观者站在天灯下点亮灯时，就能体验出台湾四面环海的情境。台湾馆把点灯仪式作为焦点，参观的世博迷可以围绕在天灯底座，共同进行祈福仪式，借此感受这份充满台湾祝福的大爱。

天灯的内部装置了一座LED大球体，外观上，昼夜展现出不同的风貌；球体内部还有剧场，表演有关台湾自然与人文特色的节目；至于亮眼的天灯，则象征着台湾的心在上海世博会中发光发热。

馆内还有环保、科技与文化艺术等城市生活中的多元内容，以此来呼应这次台湾馆的"自然、心灵、城市"的主题。网上世博中国台湾馆属于体验型展馆，也是极少数实现"三维虚拟实境技术"的网上展馆之一。运用键盘及鼠标，您就能轻松地在台湾馆内漫游，仿佛身历其境，亲身感受中国台湾馆动人的展演；也能如同置身于台湾平溪，体验放天灯的乐趣，并将祝福话语，透过一盏盏美丽的天灯，传送给亲朋好友。

专家点评

台湾位于中国大陆东南沿海的大陆架上，面积3.6万平方公里，包括台湾岛、金门、澎湖列岛等。台湾森林面积约占全境面积的52%，台北的太平山、台中的八仙山和嘉义的阿里山是著名的三大林区，木材储量多达3.26亿立方米，树木种类近4000种。动植物资源丰富。其地貌复杂，处于太平洋火山地震带上。

传统文化的阐释

学术界一致认为，近60年来台湾是中华传统文化最好的继承者。在20世纪70年代，青年男女结婚要互相赠送南怀瑾的《论语别裁》和《孟子旁通》。台湾是现代、当代新儒家的重镇。上海世博会台湾馆可以说就是很好地传播了中华传统文化。台湾馆是由台湾省知名建筑师李祖原带队设计，其创意是以东方哲学为主轴，以"山水心灯——自然·心灵·城市"为参展主题，由山形建筑体、点灯水台、巨型玻璃天灯与LED灯芯球幕组成。

中国台湾馆的设计有以下几层特色：

第一，外观就像是一个超大型天灯，代表山形的长方体作为建筑外墙，并刻上了玉山、阿里山等台湾省名山的棱线。此外在大型天灯的底座设计了环状水池，参观者站在天灯下点灯亮时，就能体验出台湾四面环海的意境。台湾馆把点灯仪式作为亮点，参观者在天灯底座共同进行祈福，借此感受台湾的祝福。

第二，演绎"五行"。中国台湾馆的"山水心灯"结合了中华传统文化的"五行"理念：天灯的钢架代表五行的"金"；木制的祈福台代表五行的"木"；内外环状水池的水，取自于日月潭及太平洋，代表五行的"水"；耀眼发光的LED天灯象征五行的"火"；台面地砖所用的陶土则是来自有"台湾景德镇"美誉的莺歌镇。

第三，天灯的内部装置了一座LED大球体，昼夜展现出不同的风貌；球体内部还有剧场，表演有关台湾自然与人文特色的节目。亮眼的天灯，象征着台湾的心在上海世博会中发光发热。

环保生态的家园

台湾的环保在全世界都有相当的知名度，特别是台北市处理垃圾的成功，赢得了方方

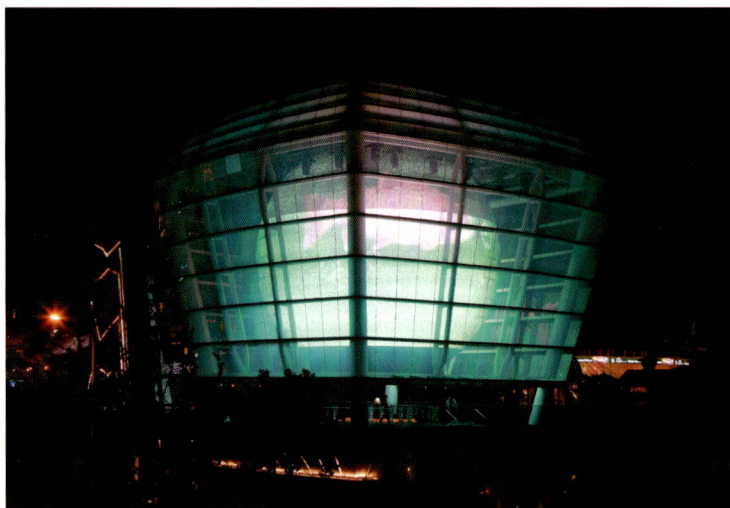

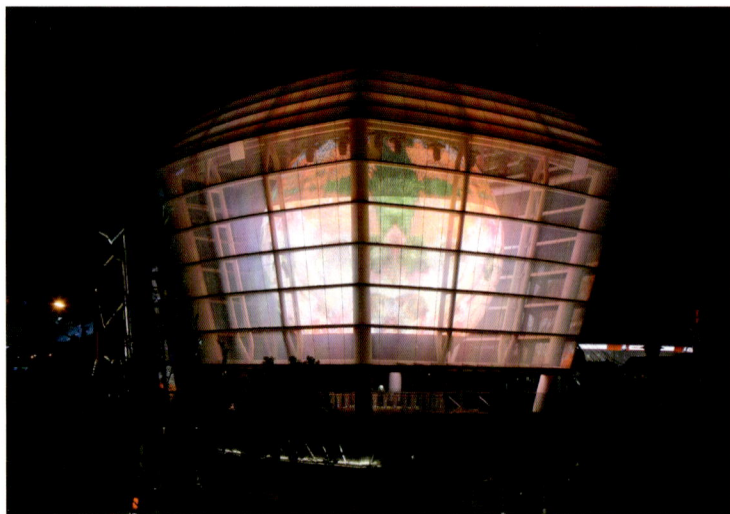

面面的好评。台湾森林覆盖率高，绿化好，就像一个大花园。中国台湾馆对此进行了充分展示，馆内还有环保、科技与文化艺术等城市生活中的多元内容的介绍，以此来呼应这次中国台湾馆的"自然、心灵、城市"主题。中国台湾馆也是极少数实现"三维虚拟实境技术"的网上展馆之一。运用键盘及鼠标，您就能轻松地在中国台湾馆内漫游，仿佛身历其境，亲身感受中国台湾馆动人的展演。

自然与心灵的升华

自然与心灵两大要素，都是台湾弘扬的价值观念，是台湾所具有的内涵。台湾是中华文化的发扬者，又融合了西方的多元文化。这种结合起来的新文化产生了新的创造力，孕育出无数创意的实现。台湾的贡献则在于自然与心灵两大力量的结合。中国台湾馆开展了具体代表民间文化心灵的"放天灯"，借由天灯的祈福、许愿与净化心灵，以"山水心灯"为总体概念，向世界营销自己。台湾馆七大展示内容分别为山水剧场、点灯水台、台湾之心、台湾之窗、心灵剧场、城市主题广场和城市艺廊。直径为16米的LED大球内部是一个直径为12米的360度心灵剧场，这里上演三分半钟的影片。在这样的意境中，参观者在灯下许愿，LED灯显示祈福的天灯冉冉升空的奇妙景象。展馆把人们的美好理想与美丽山水结合起来。

名人的效应

各个国家和地区尽量利用最具知名度的名人给自己的展馆壮声色，国际知名艺人、华人青年的偶像林志玲小姐以及台湾馆亲善领航员，担任了专属导览员，对各展区做最详尽的影音导览。中国著名流行女歌手、第十八届台湾金曲奖最佳女歌手蔡依林，客串台湾馆"一日馆长"。蔡依林1999年以一曲《和世界做邻居》出道，她唱的台湾馆主题曲《台湾的心跳声》为台湾馆赢得了阵阵喝彩。

中国台湾馆极尽所能地发掘中华文化传统，传播生态理念和塑造美好心灵，同时利用名人效应，突出效果，是非常成功的展馆之一。

中国澳门馆

主题陈述

一、"城市，让生活更美好"

上海世界博览会的主题是"城市，让生活更美好"。古希腊哲学家亚里士多德尝言"人们来到城市是为了生活；人民居住在城市是为了生活得更好。" 城市的诞生和发展，其背后最重要的原动力是人类对生活的追求；其终极的目标就是让聚居城市的人们生活得更美好。翻开历史，人类的确有聚居于城市的倾向。据联合国的数据显示，世界城市人口比重由1900年的13%一直上升到2006年的50%；据预测，到2030年将达60%。由此可见，城市作为人类社会文明发展中心载体的地位日益重要。上海世界博览会是历史上首届以"城市"为主题的综合类世博会，具有划时代的意义。

由于人是城市组成的最基本单位，而人有存活与追求美好的内在驱动力，在人类智能的引领下，城市成为一个具有生命力的有机系统。作为一个有机系统，城市的规模、景观、运作规律会不

断地适应人的活动而演进演化。在城市演化的过程中，人担当了最重要的角色，是整个城市系统中最具有主导性和创新性的细胞。人类的文化、经济、科技、小区和城乡关系的发展和各自的交叉互动，都影响着城市发展的路径。因此，在"城市，让生活更美好"主题下，上海世博会提出了五个副题。

由于城市发展的路径往往具有路径依存的特性或转轨的刚性，人类在发展社会文明的路途中，有探索城市发展方向的必要性。上海世界博览会提出的主题，具有高度的策略性和重要性，是一个划时代的选择。

在"城市，让生活更美好"的主题下，上海世界博览会提出了三个具体的问题让参展者探索思考，即：

什么样的城市让生活更美好？

什么样的生活观念和实践让城市更美好？

什么样的城市发展模式让地球家园更美好？

第一个问题是要求人类探索一个理想城市的要件，而要建设和运作如此一个理想城市需要使用什么样的手段，是第二个问题的核心，最后我们得保证这样一个理想城市可以配合大环境资源，永续运作。

二、澳门的城市发展历程

澳门地处珠江口西岸，过去长时间以来，是一个相对不起眼的小渔港，然而，经过400多年来的演变，尤其是回归以来的发展和变化，澳门已由过去的小渔村逐渐发展成为现代化的国际都市，近年来不仅吸引成千上万游客前来观光游览，也备受国际投资者的关注。2007年全年入境旅客总数创下2700多万人次的新纪录，数字约为澳门人口的50多倍，也较2006年上升22.8%。截至2006年底澳门的外来直接投资累计总额为519.4亿元，较2005年增加117.0亿元。到底这个城市有哪些吸引人的地方？为什么它会有这么大的变化？下面尝试从经济和文化发展角度来回答这些问题。

提到澳门，大家的第一印象可能就是一个博彩业发达的地方，事实上，这种说法并不全面，这可从现代澳门经济发展和产业结构的演变进程来加以说明。20世纪50～70年代，爆竹、火柴和神香是澳门三大传统手工业；踏入70年代，制衣纺织、电子玩具等行业取代传统手工业，支配澳门经济；80～90年代初期，得益于内地改革开放的实施，澳门现代经济进入一个腾飞时期，经济快速增长，各行各业蓬勃发展，基本形成了博彩旅游业、建筑地产业、金融业及制造业四大支柱的产业结构。但1993年以来，澳门经济增长持续放缓，1996～1999年更经历了经济的负增长。回归后，在多项适当的产业政策和内地自由行等措施的支持下，澳门经济有了较明显的转变。最显而易见的是主要宏观经济指标，实质GDP在回归以前的几年间连续四年处于负增长的状况，回归后即重回增长轨道，回归后的7年平均每年增长约逾10%；失业率随着经济复苏也一路下调；人均产值由回归当年的

13844美元上升至2006年的28853美元。高速的经济增长也有效地推动了澳门整体经济结构的优化；带动了酒店餐饮、百货零售、物流运输、会议展览、建筑地产、金融保险等相关行业的发展。澳门经济适度多元发展有了较明显的进程。

近年来澳门特区政府一直在努力推动经济适度多元发展，主要是致力于促使经济结构不要过度集中，利用澳门具有的优势和条件，加强扶持和发展其他一些适合澳门发展的行业，将澳门逐步发展成为有特色的有吸引力的综合性多元化的娱乐、会展、休闲旅游中心和区域性商贸服务平台。

澳门的城市发展历程中，除经济发展是其中重要组成部分外，澳门独特的历史文化亦是值得一提的。由于历史原因，澳门有着400多年的中西文化发展历史，中西文明在澳门交流、碰撞、融合，形成澳门别具特色的城市文化景观，布满旧城区的各大街小巷。在土地面积30多平方公里的澳门，西洋教堂就有20多座，中式庙宇有40多座。

2005年7月15日，澳门历史城区的22座建筑及8个广场、前地被成功列入《世界文化遗产名录》，充分肯定了澳门历史文化城市的价值，也大大提高了澳门的国际知名度。据资料分析，澳门历史城区是中国境内现存最古老、规模最大、保存最完整和最集中的东西方风格共存建筑群，当中包括中国最古老的教堂遗址和修道院、最古老的基督教坟场、最古老的西式炮台建筑群、第一座西式剧院、第一座现代化灯塔和第一所西式大学等。作为中西文明沟通桥梁，澳门历史城区见证了400多年来中华文化与西方文化互相交流、多元共存的历史。世界遗产委员会对澳门历史城区的评价是"见证了西方宗教文化在中国以至远东地区的发展，也见证了向西方传播中国民间宗教的历史渊源"，"是中国现存最古老的西式建筑遗产，是东西方建筑艺术的综合体现"。

三、中国澳门馆的主题：兼容通达 和谐共生

在澳门几百年的发展历史中，看到的是经济与文化两条主轴的演化及相互影响。澳门的经济按照其天然条件和比较优势，由小渔港聚集居民从事经济活动开始，进而配合民间初级工业技术的引入，

转型成为传统工业经济体系，并带动其他商业的发展；随着博彩业的发展，澳门经济逐步发展成为一个综合的旅游商贸服务中心。城市文化演进方面，主要反映了澳门作为中西文化的交融点。澳门由于地理位置的优势，担当中西经贸文化交流的"桥梁"有400多年的历史。与欧盟及拉丁语系国家和地区的文化传统有着频繁的互动和交融；更在中国对外交流历史中发挥过重要的作用。

承传了中西文化的特质，循着旧有的足迹一路走来，澳门的城市演化过程中，经济与文化的互动触目可见。成为重要景点的世遗历史建筑群，就是建筑文化与旅游经济相结合的最佳例子。同样的产物还有澳门的饮食文化。既有岭南特式，又具有南欧风情，形成了非常独特的餐饮产业，更是澳门吸引游客的重要元素。

澳门利用上海世博会的参展机会，向世界展示澳门城市演变中最值得澳门市民骄傲的基本特点——东西交融，和谐并蓄。特别是回归祖国后，经济与文化的互动如何引领澳门由结构集中的小型经济城镇，转型成为会展娱乐和区域商贸并重的多元文化都会的历程。按照这个思路，提出了几组相关的概念以指导具体的设计，包括有：保存与发展、商贸与休闲、城市与区域。

保存与发展：澳门几百年的发展历程中，土地稀缺常常是城市发展需要面对的最严峻制约。面临土地制约，有些城市会不断更新城市建筑，逐步以新的建筑取代旧有建筑以实现城市的发展。新与旧的取舍是具有明显的路径依存特性：旧的东西拆除了，物理上就不可能真正回复。面对新与旧的取舍，澳门采取了兼容的策略，在致力保育历史建筑物的同时，赋予新的现实意义和经济元素。例如"德成按"的修复与利用案例。"德成按"是澳门的百年老当铺，位处市中心地带，经官民合力修复利用，成功地将文物注入现代商业元素，成为澳门其中一个经济文化遗产地标，并获联合国教科文组织颁发的"2004年联合国教科文组织亚太文化遗产保护奖"。配合新近发展、设计现代、美轮美奂的酒店、会展娱乐设施，东方和西方、现代和古典尽收澳门，创造了区内非常独特的城市景观。

商贸与休闲：澳门是一个为区域服务的城市。澳门具有东西文化交融的商业社会，因此对其他外来文化具有高度的适应性。目前，澳门正担当中国与葡语国家经贸交流与合作的平台。而澳门作为世界华商联系与合作平台的地位也正在逐步受到重视。由多个国家和地区的华商组织组成的"世界华商组织联盟"在澳门设立了总联络处，越来越多的世界华商大型聚会活动也陆续在澳门进行。在具备商业功能的前提下，旅游相关设施的发展，为澳门提供了商务活动的完善配套，使工作与休闲度假可以合为一体。具体而言，连接澳门商贸平台和旅游业发展的关键产业就是正在澳门茁壮成长的会议展览业：它不但是综合性旅游中心需要致力扩展的元素，而且也是区域性服务平台的重要组成部分。随着大型会议展览场地和配套设施的建成和投入使用，推动商贸与休闲娱乐结合的发展模式将会是澳门朝永续发展之路迈进的最关键举措。

城市与区域：由于地理条件的优势和东西文化的影响，澳门是一个开放的城市；这不仅体现在澳门自由港的特殊制度上。由于具有高度的文化和商业适应性，澳门整个城市的发展并不局限在"市内"，而是发展成为一个区域性的服务中心。换句话说，澳门作为城市的发展，完全依从区域内城市分工的概念。创新与保育的政策概念为区内提供了独一无二的城市景观和文化感受，高质素商贸与娱乐平台的建立补足了区内的有关需求。通过分工和互补的发展策略，澳门除了是一个发展的城市外，还是一个可以补足区域内其他城市需求的区际城市。

综合而言，中国澳门馆要表达的主题就是要探究，在路径相依的前提下，城市发展策略中的选项，创新与保存、商贸与娱乐、城市与区域间的平衡。综合而言，澳门馆提出：兼容通达、和谐共生，总结澳门对上海世博主题的响应。

四、中国澳门馆对上海世博主题的响应

什么样的城市让生活更美好：城市的发展是有机性的，它总是考虑了其外在条件和内部需求之后，经过实践，一步一步进化，又一步一步地修正。以澳门城市发展的历程看来，往日的足迹在选择发展路径的有机过程中占有重要的地位。澳门作为一个城市的演化过程表明，能达到"和谐并存" 就是让生活更美好的最重要条件。能够做到让旧的和新的并存，商贸与娱乐并存，城市特质和区域特质并存就是可以让生活更美好的城市。

什么样的生活观念和实践让城市更美好：在经济与文化交互冲击的发展历程中，城市中的人虽然是主导因素，但往往反过来被社会化。而作为有机体系的城市为求存续，在社会化过程中所灌输的一套生活观念会与其发展路向相配合。从澳门的角度看来，让城市生活更美好的生活观念应该具备开放的性质，对新的、旧的、内部的、外部的人和事都采用兼容并蓄的态度。

什么样的城市发展模式让地球家园更美好：地球上资源分配不均，造成了有些地方发展得较快，有些地方发展得较慢。但它同时令地区与地区之间，城市与城市之间各具发展的独特比较优势。澳门的发展历史印证了最有活力的发展路径就是融入区域内，甚至全球的发展策略。经济理论早已经指出了分工互补是对资源运用最有利的生产方式。在总体资源固定下，融入区域分工和其他城市和谐共生的城市发展模式能够让地球家园更美好。

展馆概况

中国澳门馆位于世博园区A片区，其主题是："文化交融，和谐体现"。展馆通过展示历史文化精髓与和谐经济社会现貌，揭示澳门东西文化交融传承根源，即兼容通达、和谐并蓄的发展理念。以建筑设计艺术演绎中国澳门馆的主题"文化交融，和谐体现"，结合了中国文化艺术展现"中国澳门馆"与"中国国家馆"家国一脉相承的同时，也突出了澳门具中华文化底蕴、富西方多元色彩的共

融文化特色。"澳门馆"是"中国国家馆"中其中一个自建馆，既要显著地代表澳门，又要与国家馆所表达的内涵相互协调呼应。"中国国家馆"名为"东方之冠"，所欲表达的是中国文化的精神与气质。"玉兔"沿用了中国经典的古神话故事，将"东方之冠"比喻为传说中分隔人间与天界的南天门，而"玉兔"则是传说中在南天门前守待迎宾引路的仙兔。"玉兔"结合了华南地区古时的兔子灯笼外形以及现代的高新科技和环保建筑设计理念，将澳门集中西文化精华、糅合现代和古典的共融文化特色展露无遗。南天门的故事也巧妙生动地道出澳门是中国的一部分，又享有"一国两制"特殊政策的独特优势。

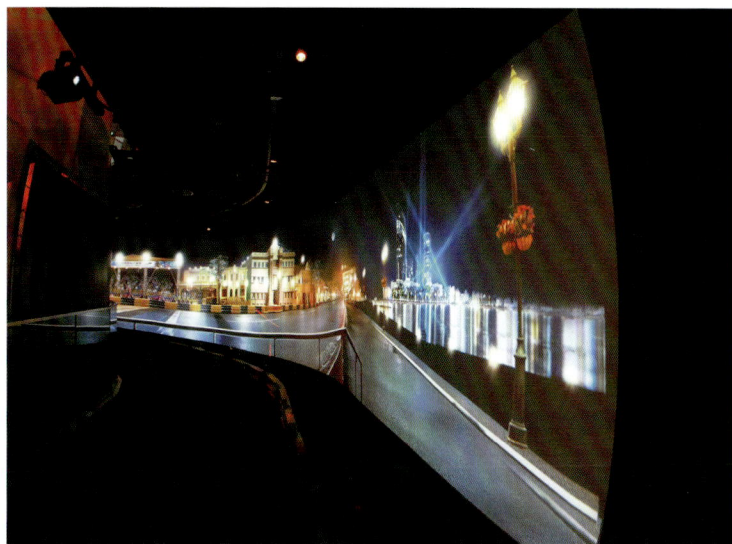

进入中国澳门馆后，参观者将步入一个蜿蜒的 "时光隧道"。整个步道是一个360度的影院，漫步其中，参观者将欣赏一部17分钟的电影。展现澳门风土人情、百年变迁的影片陪伴参观者一路前行。影片讲述了一个澳门小男孩生日礼物——玉兔宫灯失而复得的故事，串起的是澳门的过去、现在和未来。在时空交错的旅途上，经历澳门由小渔村发展成国际旅游城市的过程，参观者可以从中看到珍贵的世遗景点，体验澳门中西文化和谐交融的特点。澳门馆同样贯彻着环保的理念。馆外层上半部以太阳能板作为能源提供，在内部有一个雨水收集器，用作水的循环再使用。建造时以铁金属为主材料，省掉许多耗水的材料。所有建筑材料都可以循环利用，以此避免污染环境。

专家点评

澳门全区土地面积32.8平方公里，总面积因为沿岸填海造地而一直扩大。人口55万人，人口密度很大。居民平均寿命84岁以上，在2008年世界国家和地区排名第二。汉族居民占全区总人口的94.3%，葡萄牙籍及菲律宾籍居民占5.7%。

亲情的玉兔

在澳门回归的那些天，闻一多的《七子之歌》唱响祖国大地，澳门和祖国如母子深情，不可分离。2010年上海世博会澳门馆概念设计比赛评选揭晓，经评审一致决议，"玉兔"方案获得桂冠。假如中国馆是一座神话中的南天门，那依偎其身旁的就有"玉兔"。"玉兔"沿用了中国经典的古神话故事，将中国馆这个"东方之冠"比喻为传说中分隔人间与天界的南天门，而"玉兔"则是传说中在南天门前守待迎宾引路的仙兔。这种依偎的亲情令人感动万分。兔子的头部和尾部是一个气球，可以任意上升或下降，以此吸引参观者。玉兔展馆内部由一条螺旋形长斜坡组成，在斜坡两旁设有展示器，由地面直达上层平台。内部中心还设有一个虚拟影像播放空间，使参观者感受到不一样的体验。

由于澳门独特的地理位置和历史背景，澳门文化是有深厚传统内涵的中华文化和以葡萄牙文化为特质的西方文化共存的并行文化。数百年来，随着中国内地居民不断迁入澳门，中国的传统文化也被带入澳门，形成了澳门华人的主体文化。如妈祖文化在澳门得到广泛传播，澳门仅供奉天后的庙宇就有10多座，作为民间信仰的妈祖信仰融入佛教、道教，成为多元信仰。"玉兔"以建筑设计艺术演绎澳门馆的主题"澳门——文化交融，和谐体现"，也突出了澳门具中华文化底蕴、富西方多元色彩的共融文化特色。

时光隧道与历史感情

澳门有自己的发展历史，但是，与祖国的发展历史是息息相关的，这在"时光隧道"展现的活灵活现。"时光隧道"是一组壮观的LED液晶屏。初入馆内，液晶屏内的3名"导游"就开诚布公地告诉游客："中国百年世博梦，始创于郑观应先生。"场馆中段，郑观应端坐于自家的余庆堂内，朗诵《盛世危言》，并表示"欲筹赛会之区，必自上海始"。整个步道是一个360度的影院，漫步前行，参观者欣赏一部17分钟的电影，串起的是澳门的过去、现在和未来。

难忘的环保节能

澳门资源特别有限，节约是他们的理念。澳门展馆采用了环保建筑：馆外层上半部以太阳能板放电，内部有一个雨水收集器，用作水的循环再使用。以钢铁为主建材料，省掉许多耗水材料。所有建材可循环利用，避免污染环境。

小地区，大旅游

澳门有400多年的繁华，凭借400多年的中西文化荟萃，使东西方人都认可了澳门文化。大三巴牌坊、妈阁庙、离岛、赛马会观、光塔、金莲花广场、澳督府、渔人码头，特别是博彩，是观光客的好去处。不同的中西节庆活动，以至生活习惯，都充分体现澳门多元文化的和谐交融。澳门活动周的文化表演节目精彩独特，传统龙狮艺穗、葡萄牙土风舞、富本土特色的土生土语话剧、多元曲艺和音乐唱作表演，以及盛事的传演绎等，都得到了充分展示。在澳门周期间，透过舞台及广场演出、巡游活动、传统艺术及创意文化产业的展示等，让澳门的旅游业更加吸引人。澳门仅有54万人口，每年却迎来数以千万计的游客，旅游业已经成为这个城市最重要的经济支柱。据澳门统计暨普查局公布的数字，2008年澳门入境旅客总数达2290万人次。一个曾以博彩闻名的"赌城"，成为旅游业龙头。世博会澳门馆对旅游业进一步起到了助推的作用。

印度尼西亚馆

主题陈述

印度尼西亚馆以"生态多样性城市"为主题，描绘了一个生机勃勃的庞大的群岛之城。在这里，丰富而多元的文化和资源呈现出高科技、现代、传统和环保的动态平衡，让世界变得更绿、生活变得更好。

展馆概况

印尼馆位于世博园区B片区，展馆面积4000平方米，其主题是"生态多样性城市"。通过这样一个主题不仅强调城市，还强调城乡的一体化，以及两者达到平衡和谐的一种状态。通过城乡一体化以及城市、人和自然的和谐，来使印尼更加繁荣昌盛。

印度尼西亚馆对其国家来说是建立国家品牌的黄金机遇。这是一个开放、自由、创新的国度。印尼有非常好的民主政府，社会拥有根深蒂固的传统。印尼是地区的领袖，在全球也有影响力，设计师希望建筑也能够表达这一点。所以他们的展馆是完全开放的，敞开大门迎接所有参观者。设计师希望参观者能在清晰的框架下享受自由和创新。展观结构非常清晰，所有的柱子都是笔直可见的，屋顶平坦，且将悬桁尽量延长，来创造自由、开放和创新的舒适感。

展馆顶部数十根竹子穿墙而出，这是印尼传统与现代生活方式相结合的标志。馆内分四层，设有舞台、礼堂、多媒体剧院等。整个展馆由一条600米长的通道贯穿，不仅展示了其秀美的自然风光、人们朴实的生活状态，还通过各种视觉效果展现印度尼西亚的海洋生物、文化和创意。

在印尼馆中央，参观者将欣赏到美丽的瀑布景观，随着通道不断向上，瀑布将会呈现不一样的视觉感观。在印尼馆内，不仅将展示印尼秀美的自然风光、人们朴实的生活状态，还通过各种视觉效果展现印尼的海洋生物、文化和创意，让参观者感受印尼丰富的土地资源和文化艺术遗产。如果想尝一尝印尼传统美食，那么来印尼馆一定没错。在这里，餐厅的布置运用了竹子等印尼当地餐馆的装饰材料，你不仅可以品尝到沙嗲等传统印尼美食，还可以在展馆顶楼品尝到印尼最好的咖啡，磨制这些咖啡的咖啡豆都经过严格选材。此外，印尼馆每天都将为参观者呈现精彩独特的印尼特色歌舞，并在世博会期间举办多场论坛。

展馆的二楼将有一个听觉展示区，展示了七种不同的乐器，包括吉他、中国的二胡、印尼的传统打击乐器等。观众在这里既可以欣赏到专业乐队的演奏，也可以通过电子设备聆听各种美妙的音乐。值得一提的是，这些乐器都是向观众开放的，供爱好音乐的观众自行演奏，创作独具特色的旋律，谱写自己心中的世博之曲。展馆二楼还摆放一张巨大的留言纸，供游客写下自己的感受和心愿。不同于普通的留言簿，这张留言纸被设计成滚动的状态，每使用完一段，留言纸就会自动滚出全新的部分，供人们继续"涂鸦"。

2010年是中国和印尼建交60周年，关于两国友好交流的题材也是印尼馆的展示亮点之一。600多年前，郑和曾七下西洋，由此开创了两国交流的先河。郑和带来了许多中国的工艺与文化，这对印尼人的生活产生了很大影响。印尼馆再现了郑和下西洋的历史，在二楼将竖立3米高的郑和雕像和印尼传统船只，以纪念这段历史。

专家点评

印度尼西亚位于亚洲东南部，地跨赤道，其70%以上领地位于南半球，因此是亚洲唯一一个南半球国家。典型的热带雨林气候，无四季分别。印度尼西亚由太平洋和印度洋之间，由17508个大小岛屿组成，其中约6000个有人居住。火山有400多座，其中活火山有77座。领土面积190万平方公里，人口2.15亿，世界第四人口大国。全国农业人口约占总人口的59%。

展现丰富的资源

印度尼西亚国家馆占地4000平方米，参展主题："印度尼西亚的生态，多样化城市。"展馆描绘了印尼的文化、生活方式、经济增长、创造性、创新及人与自然的和谐相处。印尼的资源丰富，矿产主要有石油、天然气、煤等。印尼地热资源丰富，森林面积1.45亿公顷，森林覆盖率为67.8%。有各种热带名贵的树种，如铁木、檀木、乌木和柚木，均驰名世界。印尼素有"热带宝岛"之称。这些矿产资源、生物资源、农业资源和旅游资源，为国家经济的持续发展提供了有利条件。

传播旺盛的旅游业

印尼馆不断播放着印尼风光，包括美丽的巴厘岛、风情万种的万隆、婆罗浮屠佛塔、"美丽的印度尼西亚"缩影公园、日惹皇宫、多巴湖等，向人们推介旅游业。旅游业是重要创汇行业，政府高度重视，注意开发旅游景点，兴建饭店。

极具特色的展馆设计

每个国家馆都要展示自己的国家的自然与物产，印尼馆是最佳的一个，具有自己民族特色和地域特色，它反映了自然、历史、风物、人情等。印尼馆的顶部有数根竹子穿墙而出，竹子具有透气性好、韧性强等特点，是印度尼西亚传统与现代生活方式相结合的标志。印尼馆墙体的边上还放了许多石头，表示对天然的尊崇。展馆通过采用木头、竹子等一系列天然环保材料，展示印尼对自然资源的良性利用。

印尼馆是自行设计，面积达4000平方米，配合上海世博会"城市，让生活更美好"的主题的同时，体现印尼文化的多样性，让世人看到一个不断成长和富有创造性的民族，充分反映了人与自然、人与人的和谐共存。印尼馆内部共有四层，设有舞台、礼堂、多媒体剧院等多个区域，整个展馆由一条曲曲折折600米长的通道贯穿。通道是逐步升高，到达顶端再逐步下来。在印尼馆中央，是瀑布景观，随着通道不断向上，瀑布千变万化，呈现不一样的视觉。在印尼馆内，不仅展示印尼秀美的自然风光、人们朴实的生活状态，还通过各种视觉效果展现印尼的海洋生物、文化和创意，让参观者感受印尼丰富的土地资源和文化艺术遗产。

展馆的二楼有一个听觉展示区，展示7种不同的乐器，包括吉他、中国的二胡、印尼的传统打击乐器等。观众在这里既可以欣赏到专业乐队的演奏，也可以通过电子设备聆听各种美妙的音乐。这些乐器向观众开放，供爱好音乐的观众自行演奏，创作独具特色的旋律。展馆二楼还摆放一张巨大的留言纸，供游客写下自己的感受和心愿。

印度尼西亚馆对其国家国来说是建立国家品牌的黄金机遇。设计师也希望通过建筑表达开放、自由、创新的国家，表达自己根深蒂固的传统，表达印尼地区的领袖。所以他们的展馆是完全开放的，结构是非常清晰的，所有的柱子都是笔直的，屋顶是平坦的，来创造自由、开放和创新的舒适感。设计师希望参观者能在清晰的框架下享受自由和创新。

民族美食

印尼地处热带、不产小麦，所以居民的主食是大米、玉米或薯类，尤其是大米更为普遍。但是他们的食品却丰富多彩，大多是热带的产品。

印尼国家馆对自己的美食不厌其烦地介绍宣传。如果想尝一尝印尼多样的传统美食，那么来印尼馆一定不虚此行。在展馆里，餐厅的布置运用了竹子等印尼当地餐馆的装饰材料，你不仅可以品尝到

MASK MANIFEST
面具的表情
The Essence of an Ancient Art
古代艺术的精华

沙嗲等传统印尼美食，还可以在展馆顶楼品尝到印尼顶级的咖啡。磨制这些咖啡的咖啡豆都经过产地、质量等严格选材。

民族的大熔炉

印度尼西亚有200多个民族，其中爪哇族47%，印尼华人5%。每个国家的民族团结是这个国家发展的基础，是实现经济发展、政治稳定的前提。印度尼西亚是超过200个民族的大熔炉，这就是印度尼西亚的城市的魅力。印度尼西亚在推动经济、文化、科学、艺术、创新和生活品质的发展方面，离不开民族团结。上海世博会印度尼西亚国家馆表现让这个国家的人民团结在一起的多样性。印尼是一个开放的国家，开放的社会，通过印尼国家馆为世界打开一扇窗，让人们看到印度尼西亚在包括海洋在内的自然资源、文化及创意、投资、贸易及旅游等方面多样化的发展潜力。

印尼展馆的过廊，挂着20多人的大照片，这些人是印尼的英雄人物，有的是国家领导人，有的是教育家，有的是作家。这些人为国家、民族作出了巨大贡献，所以印尼馆借此向世界人民进行了褒扬。

印尼馆每天都为参观者呈现精彩的印尼各个民族的特色歌舞，异彩纷呈，体现了各民族的风情与生活。

中印友谊的亮点

1990年7月，印尼外长阿拉塔斯访华期间两国发表复交联合公报，决定自8月8日起正式恢复外交关系。

中印两国的联系源远流长，早在明朝就有交往。郑和下西洋就几次路过这里。印尼馆再现郑和下西洋的历史，在二楼竖立3米高的郑和雕像和印尼传统船只，以纪念这段历史。600多年前，郑和曾七下西洋，由此开创了两国交流的先河。郑和带来了许多中国的工艺与文化，曾经这对印尼人的生活产生了很大影响。2010年迎来中国和印尼建交60周年，关于两国友好交流的题材也是印尼馆的展示亮点之一。

BIE点评

A类奖项：创意展示奖

铜奖授予印度尼西亚馆，因为该馆展示了印度尼西亚自然、艺术和文化的丰富多彩。这些展示反映出了该国的气候特征，也体现了大自然在人们生活中的重要作用。

BRONZE goes to Indonesia for presenting the diversity of Indonesian nature, arts and culture. The displays reflect the climatic conditions of the country and the essential part that nature plays in life.

设计师访谈

建筑设计师：Budi Lim
时间：2010年10月29日

采访人：请问印尼馆的总负责人和相关团队之间的合作和分工是一个怎样的？作为一名总设计师，您在这个场馆里如何协调不同团队的关系，以共同完成展示项目？

Budi Lim：我们从开始设计到最后总共分为2个阶段，这个可追溯到3年以前。我们的团队共有15人。我是做外观和展示内部装饰设计的，展示内容和展品并不是我负责的。

采访人：这是一个非常核心的工作内容。那么您是如何通过建筑来传达印尼馆的主题、传达上海世博会"城市，让生活更美好"的主题的？

Budi Lim：我们想通过在上海世博会的展示和建筑来展示我们印尼。在过去的10年里，印尼在媒体方面有很多的负面新闻和消息，这对我们国家造成了一些不好的影响。我们想通过这个机会作真正的推广，让大家认识到真正的印尼——一个自由的、革新的、具有创新精神的印尼。至于如何与世博会主题联系起来，我们将印尼馆的主题定义为"生态的多样性"。我们想让大家了解印尼是一个人与自然和谐共生的印尼，是一个和谐的社会，是一个崇尚上帝、尊重上帝的社会。

采访人：您在设计时，考虑更多的是突出国家和一个更大的城市概念，还是在一个小概念的城市里解决一些问题？因为在一般人的印象里，生态多样性好像更多的是指城市之外一个更广的范围。

Budi Lim：这个主题不仅强调了城市，同时强调了城乡的一体化，以及达到一种平衡、和谐的状态。城市是一个我们增长的引擎，但是我们城市也必须学会这样

一个概念——与自然、与城市、与人达到和谐，要尊重多样化。城市很容易忽略其他的很多方面，所以我们要通过城乡一体化以及城市与人、与自然的和谐相处，促使我们的国家更加繁荣昌盛。

采访人：是，正如您刚刚所提到的，我们已经在这个建筑（展馆）里边看到了这种城乡一体化，我们现在所在的位置都能听到馆外的瀑布声。把自然元素和现代建筑元素做一个结合展示，您想传达怎样的信息？它代表了一种怎样的梦想？

Budi Lim：我们尊重我们传统的建筑风格，同时也要推广多元化。我们不光是要从印尼的传统建筑借鉴，同时我们也要与自然结合，吸取和发展我们传统的智慧。这个智慧不仅立足于现在，还要展望未来。在印尼馆你会看到一些树啊，水啊，瀑布啊……通过这样的展示，你会感觉生命变得更加丰富多元，你也会更加享受这样的生活。这是我们主要的设计理念。

采访人：的确，我们在印尼馆的室内和室外都看到了大量的竹子和木头的使用。我特别想了解，竹子在印尼的日常生活中扮演了一个怎样角色？又将会发展成怎样的角色？

Budi Lim：竹子是生命的象征。在印尼，我们大量使用竹子：房屋、生活器皿、乐器，甚至在我们工作生活中也会用到。竹子的好处在于，它会在短时期之内成长成材，大概只要2~7年的时间。虽然它成长时间很短，但跟硬木有一样的韧性，有一样的用处。尽管竹子不能完全与木头媲美，但它的作用也是不容忽视的。

采访人：印尼馆达4000平方米，面积相当大。我想问一下，这个面积是您作为总设计师提出的，还是之前印尼政府与上海世博局协调好的？

Budi Lim：这是印尼政府牵头，由我们的总统和总理决定的。政府非常重视世博会这个展示印尼的机会，所以希望尽量多的利用空间来推广我们的国家，以此增

进我们与中国政府的关系，以及与世界其他国家的关系。在世博会参展是一个非常好的机遇，让我们印尼人民和政府能够和中国以及世界其他国家共同分享我们的国家，分享我们的文化。

采访人：请问作为一个总设计师，您最想突出表现的是哪一部分？这些展品之间是否有什么关系？包括下面的表演区，有瀑布装置，以及非常丰富的展品，他们之间的关系是什么？

Budi Lim：一般来说第一印象是最为重要的，因此我们要向游客传达这样一个信息——印尼是一个开放的国家，也是一个丰富多元的国度。所以你会看到，在第一个区域，我们主要展示的是自然风光和一个舞台。自然风光是我们生活的一部分，在这里，阳光和大自然融合在一起，同时还有一个大的、开放的空间。另外我们还要向大家展示印尼的文化，这是我们设计这样一个舞台的原因。在步道上，我们用了一个水幕地图向大家展示印尼是一个非常凉爽的地方。同时我们也想通过这个地图告诉大家：亚洲，还有其他西方国家，以及南澳洲，这些大陆都是相互联系在一起的。此外，我们也想向大家展示我们是非常注重饮食文化的，所以你会看到在我们一楼的展示区会有食品销售区。我们这个馆的内部还很强调森林的多元性、大自然的多元性，以及一个丰富多元的大自然。印尼有将近1.7万个岛屿，我们的大海里有着非常丰富的海洋资源，我们也有很丰富的森林资源。印尼馆的第二个展区被称为"多元区"，它主要是展示文化的多元性，以及我本人与中国的渊源（翻译：他的父母可能有一方是中国人）。最后一个展示区是展示我们印尼的现代化城市的地方。

采访人：好，我想问一下，您作为总建筑师是如何与展示设计方面进行合作的？

Budi Lim：我在竞标之后被确定为唯一的建筑设计师。我不会很详细地参与展品的设计，仅仅给他们一个

总体的理念。我们只是设计了三个展区的大框架区域，然后具体的展示和展项由另一个团队完成。

采访人：这个展示设计的团队是属于您自己的团队还是另外一家单位？

Budi Lim：它是属于另一家独立的公司，他们是为政府服务的，但是并不是政府官员，我们组成一个新的团队进行合作。

采访人：那您是如何影响展示部分的？

Budi Lim：建筑和展示本来就是一个团队，我们之间会进行沟通交流，然后达到一个最好的融合状态。我们的建筑师对展示团队的影响非常大。另外，展示团队会对在这几年内的工作有一个规划，其中会有一个非常详细的分工，具体到每一个人每一天做多少事，甚至每一件小事都会有非常具体的明细。这就是我们印尼馆的展示如此成功的原因。在印尼馆内不会出现观众拥堵的现象，整个的客流都非常通畅，这就是我们工作团队合作无间的成果。我们将内部的框架拆分得极为详细和清楚：设计三个展区——城市、多元文化区、生活区，展现多元化的主题。

采访人：我们在印尼馆里也看到了一些像郑和下西洋之类和中国有关的元素。请问假如是在其他国家建馆的话，你也会把这些元素用在里面吗？

Budi Lim：不会。如果不是在上海举行，应该就会很少看到这些中国元素。正如我之前说过的，无论是对于我们印尼的政府还是人民，这都是一个很好的机会，来向中国政府和人民展示我们的文化、展示我们两国之间的联系。我们想向中国人民展示我们两国之间是有着共同的文明和共同的兴趣的。郑和对印尼有着非常大的影响，他从很大程度上改变了印尼的文化，影响了印尼的文明，同时也改变了印尼的一些传统。比如郑和就是信仰伊斯兰教的，这一点就影响我们印尼的文化。所以从很多方面来说，他对我们的影响是非常重大的。另外你也可以在我们印尼文化馆里面看到木偶秀。不可否

认，这个木偶秀也是受到中国的影响，来源于中国的。因此，我们也想向中国人民传达这样一个信息：我们并不否认，印尼有很多元素都深受中国的影响，而我们在接受这些影响的同时也在此基础上进行了自己的发展。

采访人：那接着您刚才所提到的，您考虑了人流的因素，将人流动线设计得比较宽，可以进入大量参观者，那您是否也考虑到一些让观众能够更细致地去体会和品味的一些展项？比如说我们在当代城市里看到一些小的设计元素。

Budi Lim：是的。印尼馆最宽的坡道是第一个坡道，我们想告诉大家：在印尼馆，任何人都是受欢迎的。所以我们不需要门，我们的概念就是让游客充分地感受印尼。有时候游客会感觉好像是在陆地上，而有些展项感觉是在水下。游客可以感受到印尼的音乐，然后又置身于森林，之后又重新来到一个开放的空间。我们就是要给游客一个这样的感受，让他们感受到印尼是一个非常美丽的国度。

采访人：在您的谈话中，有一个词经常会出现，就是"游客"这个关键词。这恰好也传达了一些信息：印尼城市化的一个很重要的因素就是要发展包括旅游业在内的第三产业。

Budi Lim：现在我们的世界变得越来越小，我们的地球也变得越来越小，所以我们很容易获取一些信息，获取信息的渠道也越来越多。同时，旅行也变得更加轻松可行，消费也会越来越少。我们相信只要中国人来印尼旅游，一定会促进我们两国之间的关系更好的发展。在我们印尼有一句话："你如果不了解她，你就不会爱上她；你如果不爱上她，你就不会照顾她。"所以只要中国人民来访问我们印尼，你就一定会爱上我们印尼，那我们的关系也会越来越好，这对我们两国来说都是有利的。

采访人：最后我还有一个问题：印尼馆的施工相对来说启动得比较晚，但是很快就建成了。请问你们在施工之前是在做更详细的施工设计方案还是其他一种原因？另外还有一个问题就是，我们现在看到的展示和最初的设计方案有没有改变？

Budi Lim：我们的展示方案跟之前的不完全一样，做了一些改良。最初我们有一个供我们伊斯兰教教徒祷告的地方，但是最后我们把它取消了。另外，角落的洗手间是我最喜欢的一个展项，因为我也做了一些改善和美化。我想通过这个洗手间来展示一个中国的哲学，就是和谐与平衡，就是男和女、阴和阳共存的一个哲学。另外也要尊重隐私。

采访人：就是说，除了取消祷告区域以外，总的展示设计方案的改变不是很大。

Budi Lim：还有底楼的一个商务交流中心我们也作了略微的改动，其他都是一样的。

采访人：非常感谢您能接受我们的采访。

Budi Lim：谢谢你们。

邮件交流

一、展示内容

1.贵馆的主题和理念是什么?

印度尼西亚馆对我国来说是建立国家品牌的黄金机遇。我们是一个开放、自由、创新的国度,但我们也有一个明确的系统。我们有非常好的民主政府,我们的社会拥有根深蒂固的传统。

我们的展馆是完全开放的,敞开大门迎接所有参观者,当然也就没有门了。希望参观者能在清晰的框架下享受自由和创新。我们的结构非常清晰,所有的柱子都是笔直可见的,我们的屋顶平坦,且将悬桁尽量延长,来创造自由、开放和创新的舒适感。

在展馆内尽量多地使用了有机材料。我们把我们的国家、社会以至印度尼西亚馆当作人类,应该拥有灵魂、健康,也是可以呼吸的。

2.如何将贵馆的设计与"城市,让生活更美好"的主题联系起来?

我们把展馆当作"生态多样性城市",是我们所尊重并从中借鉴颇多的多样化的传统。我们运用传统的智慧,与自然和谐共处,与社会和谐共处,与我们尊重的神和谐共处。

3.贵馆是如何考虑参观者对展馆设计的感知?

我们希望所有的参观者都可以充分享受印度尼西亚,就像来到我们的家庭享受和谐的家庭生活,感受我们的花园、我们的社会、我们的国家。展馆内有长达几乎700米的12条坡道,让参观者享受我们家园的氛围。

印尼馆是非常有特色的。印度尼西亚自然风光秀丽,是一个开放友好的国度。我们无所隐藏,不需要做一个"特别漂亮的盒子"来展示。

4. 有没有针对中国参观者特别进行思考和设计?

印中两国关系源远流长,我们有很多共同的传统、社会价值以及与自然和谐共处的理念。我们在建筑材料中使用了竹子和赤土。在我们的展示中,也能看到两国之间的联系。我们还展示了郑和将军以及木偶等。

二、展览设计

1.您是如何使用设计的语言来诠释展馆和世博的主题? 主线、重点和亮点是哪些?

我们不希望过分推崇传统建筑,这些在印度尼西亚群岛上随处可见。但我们不采用传统的建筑语言,并非因为我们不尊重它们,而是因为这不能表现印尼当今的社会——用创新的手段来运用传统智慧,创造印度尼西亚的未来。

印尼是一个热带国家,我们的建筑应该反映我们的文化。建筑需提供遮阳的地方,开放通风,与自然共处,将自然纳入我们居住的社会空间中来。

2. 您的设计如何优化空间利用?

我们采用宽敞而连续的坡道,方便参观人流,尽量避免封闭的展示空间。

3. 参观者的设计人数是多少?

作为建筑师,我的目标是有10%的世博参观者(贵方预计有7000万)参观印度尼西亚馆。我听说我们平均接待了12%的世博参观者。我们很高兴能够超出预期目标。

4. 如何处理大量人流?

我们的坡道非常宽敞,并使用竹子和赤土作为材料,起到防滑的作用。我们还有便捷的消防通道。我们的顶棚非常高,即使有大人流也不会让人感到害怕。大多数的空间是开放的,就像在室外一样。当然我们还有很多工作人员引路,确保所有参观者的舒适和安全。

三、技术问题

1.落实设计中您使用了什么先进的技术或技巧?

我们的智慧用于如何更聪明合理地运用自然资源。在顶棚处,我们使用了竹子。地板材料我们也同样使用了竹子来取代混凝土地面,更加凉爽、环保。

2. 落实设计中最大的遗憾是什么?

我最大的遗憾是不懂中文,在整个过程中无法进行充分沟通。但是我还是交到了很多朋友,向他们学到了很多东西。

以色列馆

主题陈述

以色列馆

为生活创新

与自然历史和未来需求对话

    以色列参与中国上海世博会是为了向中国人民展示以色列及其文化技术实力。目标是强调这两个国家的共同方面，提高人们对现代以色列的兴趣，鼓励中以之间经济、科学、文化和旅游方面的交流。

    创新，为了更美好的生活

    "创新，为了更美好的生活"是 2010 世博会传达的信息。以色列是一个现代化的国家，并且与中国一样有扎根于古代的历史遗产。是一个通过不断地创新，并融合文化价值的充满活力的社会。这个主题将通过以色列馆的形态、多媒体、展示内容以及对现代建造技术的运用来体现。

建筑理念——为了创新的对话

以色列馆

在 2010 年世博会上的以色列国家馆将是一个充满创新与未来化的建筑结构，象征着突破与高科技。1200 平方米的展馆建筑在 1800 平方米的建筑用地上。整个展馆就如一盏灯一样白天夜晚不断变幻，其好似浮动形态以表达动感。

展馆由两个如握手状的曲线建筑体组成。这两个充满动感的造型象征着人与地球，人与人，国与国之间平静的对话。它们也代表人与自然，过去与未来，瞬间与永恒，土地与天空，实体与虚拟之间的对话。这两个建筑体营造出的高举向上的空间，象征着古代犹太国家的精神信仰。

该方案由三方面组成：细语花园、光明之厅与创新之厅

细语花园

坐落于一个广场与以色列馆之间的细语花园象征着人类与自然间的对话。这是一个吸引人的花园，惬意的绿色果园供 300 个中国参观者排队等候进入场馆之用。参观者们沿着小径在细语之树间行走，能躲避阳光的灼热和风吹雨打，更有长凳可以坐下小憩。在这里安排了关于对以色列农业的介绍，同时参观者们能体验与树木的对话。

光明之厅

进入展馆之后，参观者的精神将被充满动感和高耸的空间鼓舞，象征着人与人之间的对话。在玻璃包围中，整个空间被自然光线照亮，表达未来、乐观与突破。参观者们沿着曲线型的墙体行走，体验犹太历史上从圣经时代的创新，如神龛，圣经和耶路撒冷。

无论是白天还是黑夜，就算在漫步于展馆外部毗接的人行桥上，成千上万的中国观众们都能看见展馆透明玻璃区域内高约 15 米的墙面，墙面上用投影展示科技的创新。由此展馆外部与内部形成了一个对话形式，吸引着公众的注意。

创新之厅

20 米高的大厅可以容纳 300 名参观者。创新之厅是整个以色列馆的高潮所在，营造出的高耸入云的气氛刺激并吸引观众。首先，互动的光球用希伯来语和中文向中国观众传达以色列孩童与成人的话语。

然后是一场由漂浮在这个动感十足的空间里的光球运用 360 度投影组成的多媒体演出，主题包括以色列创新与科技突破在考古学、农业灌溉、植物与食物、医学、太阳能与绿色能源、科学、音乐、文学、高科技的众多领域，通信与安全方面创造的新世界，作为全球研发中心来展示以色列这个国家。展示的高潮在"创新，为了更美好的生活"，作为中国与以色列的未来联结，以色列这个战略伙伴愿意与中国一起面对挑战，为中国人民发展更好的生活。在充满乐观与兴奋的气氛中，参观者们走出展馆进入室外静谧的花园，回到世博。夜晚，以色列馆将用柔软的灯光照明，用投影在石墙上的方法展示以色列有趣的地点，如耶路撒冷。

技术与材料

以色列馆的结构是钢管架构，在中国预先制作，快速当场整装。在 2010 年世博会闭幕后，钢结构可拆卸另作他用。地基用钢桩，地板用加固的混凝土。展馆由两个主要部分组成：创新之厅由天然石头铺盖，象征与土地、历史的联结和对自然材料的自然回收。光明之厅由透明塑料、玻璃覆盖，象征技术、通透、光明和未来。

主题——为美好生活创新

与自然历史和未来需求对话

2010 年上海世博会以色列馆的艺术概念要传达的主要信息是，为美好生活创新。

这个概念与建筑结构和谐地融合在一起。中心思想是创新，着重强调传统与进步间的对话，并显示犹太文化与中国文化的相同点。此概念建立在对话式的语言上，使信息更容易地被传递给参观者。

以色列的"为美好生活创新"是通过三个正在进行中的对话来实现的：

与自然，犹太历史和未来挑战的对话。

将使参观者在三个补充阶段享受美学、感性以及技术化的体验：

为美好生活创新——在细语花园与自然对话。

参观者们与以色列馆的首先接触是在入口大厅之外的"细语花园"中进行的。这是一条令人兴奋的道路，旨在强调在人与自然的关系中的创新，正如在犹太教中我们所遇到的那样。

花园里在种满以色列柑橘树的林间铺设了一条羊肠小道，藏着扩音器向沿着小径行走的参观者轻声低语。在等待进入展馆时，公众将已经拥有第一手的与自然对话的经验，蕴含着以色列在农业主要领域和水资源利用中创新的秘密。

到了晚间，旨在与 7000 万 2010 年世博会参观者交流对话的大屏幕可以使大众在展馆的墙面上就观看影像，高 15 米的墙上展示以色列的景色与象征。

以色列犹太人的创新之旅
为美好生活创新——在光之厅与犹太历史对话

公众进入光之厅，旅程也在继续，概述了犹太人的创新基础，使参观者熟悉犹太遗产中的里程碑。整个空间强调，中国与以色列这两个代表着世界上最古老延续着的文明在历史上的相似性。

在光明之厅中的展示将是独一无二的，以雕刻而成的墙为基础，用多媒体手段通过圣经和电子书展示犹太人历经 4000 年的精神存在而积聚的创新概况。多媒体的雕刻将展现古代犹太人民及因其对神灵崇拜而生的创造力所造就的巅峰成就，和正在进行的传统与进步之间的对话。展示将被反射在厅内的镜面墙上，也将被在展馆外途经人行桥的参观者看见。

为美好生活创新——在创新之厅与未来对话

在观赏了光明之厅内的犹太教历史后，参观者将走进以色列馆的核心展区：创新之厅，整个展馆的艺术亮点。一场令人兴奋的多媒体表演将展示当今以色列技术创新与发展的顶点。整个介绍将向我们呈现尖端技术和最先进的视觉音效手段。

在与参观者的对话中，整个表演将从点亮天堂般的光球开始，逐个照亮每个参观者。光球将带领参观者与以色列孩童、科学家、研究者、医生和发明家的近距离接触，他们将会面对着参观者讲述自

己的故事，分享他们对全世界人类，尤其是对中国美好未来的希望。

这个表演将展现一个由一堆光球汇聚组成的风动悬挂 DNA 模型，象征中国与以色列紧密的联系。同时展现以色列的首都耶路撒冷作为现代城市发展时防止古代文化的倒退所采取的措施，点出 2010 年世博会的主题"城市，让生活更美好"。

演出中，一连串的 360 度光线照耀整个空间，并介绍一系列旨在多方面改善生活的以色列技术：农业、水资源、能源、医药、高科技、通信、精密科学与空间科学。每种技术将被用作解决人类问题的方法，是我们同时与未来需求又与犹太文化遗产进行对话的产物。

参观者从创新之厅离开以色列馆之际，不仅充满了对以色列科学文化以及历史的强烈感情，更携带着对美好未来的强烈愿望。

展馆概况

以色列馆位于世博园区 A 片区，展馆高 24 米，占地 2000 平方米，建筑面积为 1200 平方米，其主题是"创新，让生活更美好"。由建筑师 Haim Dotan 和设计师 Amir Prosper 设计建造，是一个象征着对话、突破和科技的创新未来派建筑结构。展馆形态流畅，尽显动感和流线感，还能随着日夜光线而不断变化。以色列馆的设计理念是"与自然、历史和未来需求对话"。本项目的挑战是创造一个象征对话创新主题的经典建筑，向参观者介绍以色列的基本元素，并让他们了解展馆位置所包含的文化背景。

以色列馆的设计元素是——"对话"。全球有 60 亿人口，在世界人口持续增加的大背景下，科技的发展让生活更便捷，但这是远远不够的，人和人之间如果不能对话并互相尊重的话，社会就会变得非常可怕，甚至引起战争。建筑与建筑之间也应该相互对话。和谐的建筑应该是有高有低，形态各异，错落有致，这才能体现和谐、体现美。都像塔一样的高楼就像是视觉的噪声。中国的哲学概念是：自然、和谐与美，博大精深的中国文化让设计师设计出非常美非常和谐的建筑。

展馆是两个由石头和玻璃建造的流线型建筑体组成，似环抱在一起的双手，又像是两枚贝壳。这两个动态曲线如同中国古代的阴阳，象征着人与自然，人与人，国家与国家，过去与未来，暂时和永恒之间的安静对话。这个建筑体内是两个令人兴奋的建筑空间，代表着有着 4000 年悠久历史和现代文化的犹太民族精神，及其对世界文化作出的贡献。

场馆通过"低语"的形式，展示犹太人 5000 余年的悠久历史及文化遗产；用最先进的科技手段尽情演绎以色列从"创造到创新"的发展过程，让参观者看到现代犹太人的生活，展示一个远古民族如何通过不断创新迎接未来挑战。

水科技、太阳能、人造卫星及微型摄像机等一系列展现以色列创造发明的高新技术都以图文并茂的形式一一呈现。展品中包括一颗神秘"胶囊"，是一个微型摄像机，吞服后可摄制体内照片，完成无痛苦的体检。

整个以色列馆的高潮部分是"创新厅"。一场由漂浮在动态空间里的灯球所呈现的 360 度视听演出在这里演绎。演出展现了以色列在其各领域中科技创新所带来的崭新局面。这也突出了"创新让生活更美好"的以色列馆主题，以及中以两国在未来的紧密联系。

专家点评

以色列，希伯来语中意为"与神角力者"，位于地中海的东南方向，北靠黎巴嫩，东濒叙利亚和约旦，西南边则是埃及。以色列在 1948 年宣布独立建国，目前人口已超过 700 万，主要来自犹太人族群，也是世界上唯一以犹太人为主体的国家。

在以色列境内的裂谷是由约旦河、加利利海以及死海所构成。以色列是地中海型气候，特征是夏季漫长而又炎热、少雨；冬季较为短暂、凉爽和多雨。以色列是中东地区唯一一个具有完善的多党制的自由民主制国家，公民拥有各式各样的政治权利和公民自由。

充满创新的展馆

以色列展馆形态流畅，尽显动感和流线感，还能随着日夜光线而不断变化。以色列馆的设计理念是"与自然、历史和未来需求对话"。水科技、太阳能、人造卫星及微型摄像机等一系列展现以色列创造发明的高新技术都以图文并茂的形式一一呈现。

以色列馆的建筑材料是天然石块搭建而成的，创新厅象征着与地球、历史的联系以及对自然资源的循环利用。而采用透明 PVC 及玻璃材料的光之厅象征着科技、透明、轻盈和未来。供游客等候的"低语花园"中种植了令人愉悦的绿色果树。道路两旁有繁茂的树木覆盖，使游客可以在长凳上休息，且免受阳光曝晒或雨水的烦恼。在光之厅，无论是白天还是夜晚，游客都可以在以色列馆外相邻的高架步道上观看视频展示。这个展示将被投影到展馆玻璃空间内部的一座 15 米高的墙面上。整个以色列馆的高潮部分是"创新厅"。一场由漂浮在动态空间里的灯球所呈现的 360 度视听演出在这里演绎。

创造绿色的家园

在以色列国家馆的三大体验区尽显"创新与未来"，在"低语花园"，参观者可以同自然对话，介绍了他们在全世界引以为傲的农业成就。以色列土地贫瘠、资源短缺，但是他们坚持走科技强国之路，重视教育和人才的培养，使经济得以较快发展，2011 年人均国民生产总值高达 2.8 万多美元。以色列高新技术产业发展举世瞩目。以色列是中东实现科学灌溉的国家。以色列地处沙漠地带边缘，水资源匮乏。严重缺水使以色列在农业方面形成了特有的滴灌节水技术，充分利用现有水资源，将大片沙漠变成了绿洲。不足总人口 5% 的农民不仅养活了国民，还大量出口优质水果、蔬菜、花卉和棉花等。

版图小国，科技大国

在展馆有以色列引以为骄傲的科技成果的介绍。在"创新厅"，飘浮在三维空间里的光球 360 度呈现视听盛宴，展现以色列的科技创新成果。根据 1947 年联合国关于巴勒斯坦分治决议的规定，以色列国的面积为 1.49 万平方公里，现在人口 700 万，天然资源屈指可数，却能突破逆境，成为全球经济重镇。以色列成功的要素，一是彻底走自由市场政策，二是企业家创办科技公司。以色列发挥其善于创新的文化精神，面向全球，特别是新兴市场，行销其科技，续创经济奇迹。今天，全球顶尖企业，包括英特尔、IBM、微软、惠普、雅虎、升阳微系统，在以色列都有研发中心。在纳斯达克挂牌的以色列企业数目仅次于美国，超过 75 家。以色列已经成为电子监控系统和无人飞机的龙头。

20 世纪 90 年代前后，以色列接纳 100 万来自世界各地的犹太移民，其中大多是教育程度甚高、充满创投精神的高科技人才。在这拨科技人才带动之下，加上 2004 年以后一系列市场改革，以色列经济一日千里。

生生不息的犹太文明

在"光之厅"，可以与犹太人的历史进行交谈，介绍了犹太人悠久灿烂的历史。以色列文化是由犹太教和犹太人数千年以来的历史经验所构成。具有来自全世界六大洲上百个国家的各式移民，以色列社会相当的丰富而多元，也极具艺术创造力。以色列政府鼓励并且也会资助艺术的活动，特拉维夫、海法和耶路撒冷等城市都建有完善的美术博物馆，许多城镇农场也都有类似的博物馆或古迹景点。

以色列是世界主要宗教犹太教、伊斯兰教和基督教的发源地。在耶路撒冷的一座古老的墙体——哭墙，是耶路撒冷旧城古代犹太国第二圣殿护墙的一段，也是第二圣殿护墙的仅存遗址，长约 50 米，高约 18 米，由大石块筑成。犹太教把该墙看作是第一圣地，教徒至该墙例须哀哭，以表示对古神庙的哀悼并期待其恢复。此后千百年中，常有各地犹太人来此号哭，以寄托其故国之思。

犹太人的诺贝尔情结

如果说荷兰人可以骄傲地展示他们的画家梵·高，那么，以色列人就可以展示犹太民族的科学家爱因斯坦。以色列获得诺贝尔奖的科学家是任何民族都是无法比拟的。诺贝尔奖已逾 100 多年，而 1／5 的诺贝尔得奖者是犹太人。值得注意的是，犹太裔人口少于世界人口的 0.2%，犹太人却几乎囊括了总数 21% 诺贝尔奖项。在自然科学、社会科学及文学等领域上，犹太人比例偏高的情况更加明显。为什么犹太人屡获此殊荣？因为犹太人非常重视学业及学术成就，热衷追求高深的学问。以色列馆的镇馆之宝是爱因斯坦手稿，这份文本中，包含爱因斯坦亲手书写的著名相对论公式：$E=MC^2$。此前，这份手稿一

直珍藏于希伯来大学，手稿来到上海世博会展出得到了校方许可。从其灵动的笔法，似乎可以窥见科学大师思考的跳跃。以色列馆里展示的，是爱因斯坦质能方程手稿的前两页，发表在 1946 年的《科学》上。在略微发黄的稿纸上，蓝灰色的墨水勾勒出质能方程的推导过程，干净清晰的笔迹让人觉得亲切，虽然经过了 100 多年的时光，依然隐现着科学巨人奋笔疾书的身影。

创新让生活更美好

以色列参展主题就是"创新让生活更美好"，展馆的造型亮点由两座如同环抱在一起的双手组成的流线型建筑体，又似一枚海中的贝壳，所以以色列国家馆特意为展馆取名"海贝壳"。

以色列人的幸福指数很高，根据犹太历，2010 年 9 月 9 日和 10 日是第 5771 个犹太新年。对于以色列来说，这还是他们头一次在世博园内庆祝新年的到来。以色列著名美食家和美食主持人 Gil Hovav 专程来到上海，参加了以色列馆举办的"犹太新年美食汇"活动，向四方游客介绍各种新年美食的独家配方。Gil 坦言，犹太新年并不是一个尽情欢愉的节日，但以色列人对丰盛晚宴的追求和中国并无区别。美食讨吉利，刚走进以色列馆，一声声希伯来语的新年问候就不绝于耳。美食家 Gil 穿着主厨白袍、光头、戴一副眼镜，始终保持微笑。

以色列人寻求和平的愿望的体现

以色列馆的设计元素是——"对话"。以色列被阿拉伯世界包围着，国防上一直处于紧张状态，他们太渴望和平了。全球有 200 个国家和地区，60 多亿人口，人和人之间如果不能对话并互相尊重的话，社会就会变得非常可怕，甚至引起战争。以色列展馆是两个由石头和玻璃建造的流线型建筑体组

成，这两个动态曲线如同中国古代的阴阳，象征着人与自然，人与人，国家与国家，过去与未来，暂时和永恒之间的安静对话。象征着以色列人追求和平的良好愿望。这个建筑体内是两个令人兴奋的建筑空间，代表着有着 4000 年悠久历史和现代文化的犹太民族精神，期盼着世界永久和平的到来。

真诚的中以友谊

在德国法西斯迫害犹太人的时候，中国人伸出了友谊之手，至今以色列人念念不忘。1950 年 1 月 9 日，以色列宣布承认中国。1992

年 1 月，以色列同中国建交。1992 年 9 月 3 日起，以色列航空公司开始从特拉维夫至北京直接通航，不仅为以色列游客前往中国提供了方便，而且为东南亚游客访问地中海东岸国家开辟了最佳航线。

　　世博会进一步加深了两国人民的友谊。2010 年 10 月 2 日、3 日晚，以色列传奇女歌手瑞塔给观众带来难忘的世博之夜。瑞塔是以色列歌坛当之无愧的常青树，在她 25 年的歌唱生涯中，她成为以色列国内公认的最伟大的女歌手。据说这是世博会的压轴演出。瑞塔还特地用中文高歌《美丽的神话》献给在场的所有观众。另一位歌手大卫·迪欧也来到世博会演唱，二人交相辉映。这两位来自以色列的最闪耀巨星，也是以色列馆献给上海世博会和中国观众的厚礼。除此之外，以色列钢琴大师阿里·瓦迪在世博闭幕月演出，又一次掀起高潮。2010 年 10 月 1 日以色列钢琴大师阿里·瓦迪在"纪念肖邦诞辰 200 周年钢琴独奏音乐会"上演奏，这位大师曾培养出陈萨和李云迪等多位中国青年钢琴家，他用琴声向上海听众致以世博的祝福。

设计师访谈

以色列馆建筑设计师：Haim Dotan
（渡堂海）

时间：2010 年 10 月 17 日

采访人：通过跟一些设计师的交流，可以深层次地了解一些场馆建设及其背后的故事，有助于推动世博会和展示设计方面的工作。

能采访您我感到非常荣幸，我们知道您的家庭，包括您的外祖父母、您的母亲，甚至您本人和中国、和上海都有着深厚的渊源。我们也知道您在以色列是一位非常有成就的设计师。那在这次以色列馆的设计中，您也把这种渊源作为一个设计元素加以运用。请问作为一名专业设计师，您在接到方案时是如何展开工作的？包括之前所提到的，将自己和某个项目的关系加入到设计方案里？

Haim Dotan：我妈妈现在生活在上海。首先我要说的是，我与中国有非常深刻的渊源。中国对我来说，不只是上海世博会。中国就像我的家一样，她是给予我生命的地方。第二次世界大战时期，我的祖父母被德国人屠杀了，但是我的外祖父母却有幸逃到了上海，是中国人民给我们第二次生命。这就像中国人所说的阴阳互存、祸福相依的理念：我的祖父母在第二次世界大战中去世了，但是我的外祖父母却在第二次世界大战中来到了中国，保住了生命，所以这也是一种阴和阳，生与死的关系。因此对我来说，我一直对中国怀有感恩之心，也非常荣幸来到中国，来参与上海世博会的设计工程。

（展示照片）这是我母亲小的时候（中间的那个小女孩），这是我的姨妈（左边那个）这是我的外祖母（右边那个）。现在我的姨妈在耶路撒冷。这是 1930 年的照片，当时她们穿的都是上海人的衣服。对于我来说，家庭是最重要的。家庭就是母亲父亲、包括我的祖辈、下一代的孩子。我本人也是非常尊重家庭、尊重自然的，我也非常尊重中国的这种家庭理念。

事实上，26 年前，也就是 1984 年，我和我的妻子来过中国。我们几乎跑遍了中国各地。26 年前的中国还不是很发达，飞机也很少，酒店也不是很多，饮食的量也很少，但是人的精神状态却很饱满。那时我在中国待了 3 个月，通过绘画和照相的方式学习中国本地的风土人情、中国的文化和中国的建筑。我从桂林到了重庆，再抵达上海，然后又飞往拉萨。在这个过程中我逐渐了解到，当时的中国还处在一种相对安静、不那么繁荣的状态，我把中国那种相对安静的状态捕捉得淋漓尽致。我也在那时候学到了中国哲学的一些皮毛。例如，我知道了老子，知道了什么叫无为，什么叫无为而治。然后我还知道了中国有关阴阳、太极、平衡以及和谐的理念，并通过了解这些哲学理念，开始理解中国人的思维方式。也就是说，我并不是凭空设计以色列馆的，我真的花了很多年来了解和理解中国人的思维方式和中国的文化底蕴。

以色列馆的设计是阴和阳的一种契合。以色列馆融合了中国人和犹太人的哲学理念，它不单是为以色列设计的展馆，也是为中国人和中国的文化设计的展馆。我想通过以色列馆来加强中国和以色列两国之间的友谊，中国和以色列共享的未来。中华民族和犹太民族都是古老的民族，中华民族有五千多年的历史，犹太民族有四千多年的历史，两个民族加起来差不多有一万多年的历史。我希望通过以色列馆把这一万多年的历史沉淀表现出来。（展示报纸）这个《解放日报》的版面是主编让我自己设计的（设计师不单单是撰稿人，整个版面也是由他设计的），感觉很传统。我想说的是，对于您每个简短的问题，我可能都说很多话，有一点冗长，我感到非常的抱歉。但作为一个设计师，在某个特定的地方设计某个项目时，要学习当地的风土人情、当地的气候、当地的文化。设计师绝不是抄袭别人的设计，因为以色列馆的设计，来源于我们几十年前就有的对中国的了解。

采访人：我们很想通过今天的交流了解以色列馆建筑背后的、具有深厚渊源的故事。我们不介意您讲这么多，反而很期待。

Haim Dotan：我还想说明的是，我特别不希望像有的设计师，来到中国后指点点，说"你应该这样做，我应该这样做"，我觉得这种方式是不对的。我们来到中国，就要融合到当地人中间，进行合作，进行设计，然后开展工程。在整个设计当中，合作不仅是主题，也是未来发展的需要。团队的协作贯穿了整个过程，以色列馆是我们共同努力的结果。而绝对不是以大欺小，或者是恃强凌弱，或者是这种高高在上的指点——你该怎么做。

采访人：正如您刚才提到的，以色列馆的设计中包括了阴阳、平衡、和谐、对话的元素。那么请问在以色列馆的设计中，您把对话这种设计元素发挥到淋漓尽致，包括人与自然的对话、人与人的对话、人与建筑的对话、国家与国家的对话、甚至是建筑与建筑的对话。那对话于您本人意味着什么？于您的国家又意味着什么？

Haim Dotan：现在全球有 60 亿的人口，其中的 22.5% 是中国人（中国人口 13 亿）。在未来的二三十年里，世界人口可能增加到 100 亿，甚至是 150 亿。技术当然可以让我们的生活更加便捷，但却是远远不够的。我想，如果人与人之间不能相互尊重，不能像我们对孩子那样说话，像我们对祖辈那样展开对话，那么这个世界将会变得非常可怕。如果我们只知道索取，不知道给予，那么生活也会变得非常可怕。因为那时人们会变得非常强势，由此就会产生矛盾和冲突，甚至是战争。

我想说的是，在未来，我们需要相互共享，我们的孩子也需要对话，相互学习和沟通。对话在未来是非常重要的。我曾经说过，我们需要的是相互理解、相互尊重、相互倾听和耐心。当我们想要理解中国的时候，就要从中国人的角度去理解中国，而不是从美国人的角度去理解中国，更不是从欧洲人的眼中去看中国。就像一个孩子哭了，我们会非常烦躁、非常生气，但是如果我们试图从这个孩子的角度去了解，他为什么哭，我们的家庭生活也会轻松得多，氛围也会好很多。

我曾经在我自己的一本书上写过一个关于爱的故事，我写道——爱就是赐予。当时我和我们的总统佩雷斯，一个 87 岁的老人有一段对话。我跟他说"爱就是赐予"，他却说 NO。我说，啊？你这样否定我是什么意思？我花了四年时间就写了这几个字——爱就是赐予，现在又被你否定了。总统却说："爱就是分享"。爱就是分享，爱就是赐予，这才是人类进步的基石和精华所在。我们要做的不仅是索取，而且也要去赐予，要回馈我们的大地母亲、我们的空气、我们的森林、我们的大自然、我们的水资源。我们所做的不仅仅是索取，也要不断地去赐予。所以我想说的是，上海世博会"城市，让生活更美好"的本质，就是爱。我们要爱自然，人类之间也要有这种相互的爱。

我们以色列馆的所有建材都是中国制造的。我们以色列馆的建筑就是结合以色列的建筑设计理念与中国的建筑工艺来建造的。当时我们与上海置地第三建筑公司、上海西南钢铁公司合作，把整个以色列馆的建造成本降到了最低，差不多在 1400 万～1500 万人民币。我相信这是整个世博会造价最低的场馆。而且就我本人而言，我不单单是设计师，我是所谓的建造师——从设计到建筑到维护到后期的清洁，以及最后的拆除，方方面面都要管。我通过与中国同事进行合作，一起把成本降下来。在这一点上，我非常有成就感。我们不仅要降低着装的成本、车辆的成本，我们在建筑方面也需要节约和压缩成本——因为我们的理念就是为居民打造最漂亮的社区，并且这是他们买得起的房子。这个房子绝不能是那种很枯燥、很死板的方块似的房子，它一定要非常漂亮，而且要造价很低。我就是要用最好的技术和成本最低的本地劳务和建筑工艺，打造出并不昂贵、让人赏心悦目的房屋和住宅。

采访人：您刚才所说的这个话题已经不是一个单纯的设计了，而是和经济、社会、环保等一系列国家制度密切相关的。不知您是否同意爱德华·萨义德（著名文学理论家、批评家）提出的关于知识分子的定义。其中有一点他谈到：一个知识分子是一个关心自己专业的人，还是一个关心公共问题的人？

Haim Dotan：我当时写过两本书，3周前已在上海国际书市面世了。这本书的理念就是关于21世纪设计的理念。我想，在未来，很多领域是相互交叉、相互关联的。比如说，商业、银行业、经济、心理学、生态学、交通、太阳能还有教育领域，都是相互有关联的。但是对我们而言，很多建筑是居民住宅，那么设计师不仅要了解这个城市的具体情况，还要懂得城市规划方面的知识，以及这个城市其他方方面面的内容。中国是一个正在飞速发展的国家，在未来的20年，我想会有3亿人口从农村迁移到城市——相当于美国全国的人口（美国总人口3亿）一下子迁往纽约城，这是一个非常剧烈的变动。我们必须对方方面面都进行细致的规划，才能顺利完成人口的迁移。

世界上有很多非常大的城市，不光有上海、重庆、深圳，还有国外的莫斯科、纽约、芝加哥等，都非常庞大。但是这些城市所有的建筑都是墙，城市里充满了墙壁。为什么这么说呢？因为这些建筑都是整齐划一的，那么高那么大，又挡风又遮光，而且还遮挡视线，一点美感都没有。这些大城市的建筑物都非常死板、单调，这和中国景观似的建筑理念是完全不一样的。我想我们的孩子也不想在这种由墙堆砌成的盒子里生活，这种建筑是不美的。我倡导的是建筑之间应该相互对话，这些建筑应该有高有低，形态各异，错落有致，如此才能体现和谐、体现美。然后我还想说的是，例如在以色列，甚至在浦东，所有的高楼都像塔一样，又高又大，而且非常刻板，非常单调，简直就是视觉的噪声。中国的哲学理论是自然、和谐、美，我们应该把这些理念运用到我们的建筑设计中去。我们不一定要去学英国，不一定要去学法国，也不一定要仿效美国的那种建筑设计风格。在建筑设计方面，我们中国文化里面的所有元素已经足以让我们设计出非常美非常和谐的建筑了，也是我愿意在华中师大做教授顾问的原因。我想倡导的是让中国回到自己的本土文化当中。中国的文化已经一应俱全了，完全可以让我们设计出非常美、非常和谐的建筑。而其中的文化价值观，中国对自然、对美、对家庭的定义，我们都可以容纳到今后的设计当中，而非去建造那种又挡风、又遮光、又挡视野的大房子。中国人完全有能力设计出风格绝对与众不同的，而且绝对比外国人都好的建筑。在未来的十年，我会在中国生活工作，在中国教书，我也想以这样的方式来回馈中国人民对我外祖父母的救命之恩。

采访人：我真希望您这些精彩的讲话能让上海市民听到……

Haim Dotan：某天吧。我想给大家举两个例子，讲讲我们可以在哪两个方面进行一些合作。第一个例子是关于上海的里弄。因为我的外祖父母逃往上海的时候，就住到虹口区的里弄里。当时是一个三层的小楼，第一层是商店，第二层是住宅，我认为这个小楼应该被保护起来。我们可以这样设计：比方说现在有一个街道，旁边都是三层的小楼，然后这个街道所有的社区都保护得很好，高楼大厦可以建在这小楼后面的一层。这样的话，新的也有了，旧的也有了，未来的现代化建筑也有了，历史也保存下来了。我们不需要把一个地方全都拆掉，历史荡然无存，而后建起一个曼哈顿。毕竟我们是在中国，不是在美国。我们不需要曼哈顿，我们需要建立的社区是中国人所喜欢的，是适合中国老百姓生活方式的。比如中国老百姓喜欢在一块儿聚一聚，在街上走一走，在路边的小摊上吃个饭。我们需要设计出能够契合中国百姓生活习惯的房子，而不是金笼子，并且我们需要通过这种方式来找到一种平衡。

第二个例子我想说说世博园区。我们的世博园区里有成千上万名游客，他们在烈日底下、在倾盆大雨之下接受考验。我们每个馆都设计得很漂亮，但在馆与馆之间我们是如何处理的呢？毕竟参观者在馆里停留的时间少，而花在馆与馆之间的排队等候区的时间要长得多得多。除了把馆里面设计得很漂亮以外，我们可以把馆外设计成一个花园。这样呢，排队等候的人即使等候3个小时，也可以很悠然地坐在板凳上，坐在树荫下享受鸟语花香的气氛。所以我们一定要强调馆和馆之间的空白区域如何处理，单单设立几个遮阳伞是绝对不够的。我们的观众既有小孩，也有老人，我们一定要把这些人的需要考虑到展馆的设计中去——这就是爱的主旨所在，爱本身就是为他人着想。

采访人：以色列也是在街区、里弄后面盖摩天大楼吗？

Haim Dotan：在以色列也是。有古老的街区和林荫大道，在把这些东西都保存下来的基础上，再在它的后面建起高楼大厦。当我们以色列的开发商拿到一块地来开工建设的时候，他先会把一些老旧的房屋进行改造，包括把它的一些装饰稍微翻新一下，然后在这个基础上再建设新房子。新建筑和老房子能够相互契合，而不是显得很突兀，这样也是一种平衡和谐的理念吧。他所主张的就是不要走极端，不要把老的全都摒弃了建设新的，或者留下老的不建新的——不要走任何一个极端。

采访人：您刚才提到要在馆外设计一个非常漂亮

的花园。那么以色列馆的这个花园叫作启蒙花园，不过还有翻译成寂寞花园或者低语花园，我想知道这个花园到底是什么名称呢？

Haim Dotan：感谢您的这个问题，也给我一个澄清的机会。这个花园本来的名字是低语花园。按照我们最初的设计理念，我们的花园应该是一个鸟语花香，流水重重，非常安静的场所。但是我们的客户是政府，以色列外交部想要启蒙和学习，要有教育性。所以在花园里安装了各式各样的显示屏和摄像头，参观者可以学习以色列的农业、教育、创新和太阳能的利用。当然政府希望这个花园具有教育性、能够提高我们参观者的知识水平和知识层面的想法也很好。不过我本人更喜欢安静，于是我们就把这种安静的花园功能和教育色彩相互综合起来。我们展馆设计的本质还是对话，但是设计的主题叫做"创新，点亮生活"。因为以色列外交部希望有知识层面的东西，所以我们加入了一些医疗、高科技、环保等方面的创新。当然就我本人来讲，爱、尊重、对话是第一位的。政府呢，可能更强调创新这一方面。当两个力量相互交汇的时候，那就融合一下好了。

采访人：我们非常理解，从国家馆的对外宣传和沟通的策略层面上考虑，国家希望借助上海世博会完成一些对外交流的内容，比方说本国文化呀，本国优良的高科技呀，以及本国其他需要对外贸易的资源，为商业交流提供一些潜在机会。

Haim Dotan：政府的用意我们是非常理解的，而且在整个工程中没有哪一方是错的。每一方都对，每一方都有自己的利益所在。所以我们需要坐下来相互倾听，找到一个平衡点。我个人非常喜欢竹林，我习惯静静地坐在竹林里，等着风来。风一旦在竹林里刮起的时候，我就能听到竹子与竹子之间的相互低语，风一停就没有这种声音了。那么人与人之间的交往其实也是一样的道理，我们要等待正确的风来，然后倾听它的心声，就能顺利地开展工作了。

采访人：我下面的问题可能比较的锐利，希望您原谅。我很好奇对您本人而言，对话和创新哪个更重要？另外，在中国的老百姓获得的关于以色列的信息更多的是关于冲突等，这是中国普通老百姓对以色列的第一印象。您作为一个设计师一直在强调对话，这方面您又是如何考虑的呢？

Haim Dotan：对话与创新，对话肯定是第一位的。我在很多年前是一个舞者，在以色列和纽约跳舞。跳舞时因着那种随乐起舞的感觉，你就不会觉得孤单。那么我想说的是，创新当然是好的，但它不一定能让我们幸福、让我们快乐。创新可能让有些人富裕，有些人贫穷。但真的是不够的。人类的进步要先和家庭相处，然后和朋友相处。创新只能让我们生活很安逸，很舒适，但这是远远不够的。如果让我选择是回家看电视还是和朋友在一起，我肯定会选择后者，而且我相信大多数中国人愿意跟朋友在一起，一块到餐馆聊一聊天，小酌几杯。当然对另一些人来讲，他宁愿坐在那儿木然地看着电视，然后变胖。电视于他们而言就是创新了，但是这种创新有意义吗？我本人可能更喜欢和父母在一起、跟家人在一起、跟朋友在一起展开对话。我可不愿意和电视机去对话。

那么第二个问题呢，我只表达一下我个人的意见，并不代表我们政府的意见。首先，我相信人与人之间是平等的，每个人都有这个权利去享受美好的生活。当然，现在中国的老百姓看到我们以色列的这些矛盾，不是100年或者一二十年造成的，它是历史遗留问题，可以说有3000年的历史了。我想，不管是穆斯林，还是我们犹太人，我们都是兄弟，是一家人。所以不管是穆斯林，还是犹太人，或者是基督徒，我们的父辈祖先都是一个人。我们是一家人，不应该有这样的冲突。我想这种矛盾主要是交往方式上的问题。我们在态度上认为相

互之间是不平等的，这才是问题的所在。我觉得解决这种问题的方式是要尊重对方，要真正过得像一家人一样。所以我们为什么需要对话？我们不需要柏林墙，也不需要以色列墙。同样的，我们也不需要社区这种建筑的墙。一旦有这些墙的话，就让我们人类生活得还不如动物。动物之间可没有墙，它们可以想和谁交流就和谁交流，以一种非常轻松愉悦的心情生活在大自然。所以我觉得我们应该把这些墙破除。人之所以愿意住在这种高墙里，是出于内心的恐惧。他们相互害怕对方，但我们真的没有什么可害怕的，因为每个人都有可以自己贡献出来的力量。就像每一个建筑或者每一个住宅，它不一定是珠宝，但都可以有各自的特色——有的是传统的，有的是新的，关键是他们之间要对话，要能够共荣。这就像音乐一样，1、2、3、4有这么多个，每一个音符都是不一样的，发声也是不一样的。当这些音符以一种非常和谐的方式组合起来时，它就成了一个非常美妙和谐的乐章。但令人遗憾的是，在我们的城市里还没有这样的乐章。虽然我们有些城市花园、一些小树林、水等这些所谓的乐章，但只有当我们的建筑以一种和谐的方式存在的时候，那才是真正的一个城市的乐章。我想说的是，我们要尊重历史，尊重建筑，尊重我们的市长，尊重我们的开发商，尊重我们的银行家，尊重我们这些城市设计者。当然他们每一人的利益是不同的：我们的城市设计师，他所追求的是美；我们的开发商，他所追求的是利益和金钱；我们的市长，他所追求是名垂青史……每个人都有他们各自不同的目的，这是无可厚非的，关键是如何让这些有不同目的、不同利益的人能够和谐共处，能够共荣，能够互相理解对方的利益所在，这才是最重要的。只有这种方式，我们才能够完全消除战争。

采访人：我现在想问一个关于设计理念和设计周期的问题。我们知道在创新厅有一个高潮影像，观众参观完之后就来到世博园的公共区域，没有过渡区域，

比如很多场馆都有一些礼品商店来卖一些纪念品、咖啡吧等。那么这种设计是有什么特别的考虑吗?

Haim Dotan:我想说的是,例如中国馆有15万平方米,这也算是一个展馆,但我觉得馆这个词已经不能够来形容它了,所以我觉得我们以色列这种规模的馆才叫作馆。而且我们政府给的预算非常低,不过这是我们以色列首次建自建馆,之前我们在世博会用的都是租赁馆,我们也是第一次集合政府部门和各方人才进行合作。在这里我特别感谢我们以色列政府、以色列外交部、以色列总代表、副总代表和馆长,感谢他们的辛勤付出。以色列馆一共就2000平方米,空间规模不是很大。我本人也非常想设计这种小商店、小餐厅,可是毕竟空间所限,没有那么大的地方。但是我想说的是,我们的游客,从中国馆跑到德国馆,再跑到意大利馆,信息到处都是,根本就记不住。而且大家可以设想一下,当他排了3个小时的队,进到一个展馆里,身边那么多的信息已经让他非常疲惫了,还怎么能记住这些东西? 我倡导的理念是小而精:让我们排队等候的参观者能够在这种花园般的氛围里的等候,然后轻轻松松地进入我们馆,看一看光之厅的展品,看一看创新厅的展品,了解一下我们所强调的,在医疗、通信、环保等方面的一些创新,然后他们就可以出去了。通过这种方式,他们不可能看到我们以色列所有的创新,或者方方面面都俱到,但他们却起码能记住以色列馆的阴阳造型,以及我们着重强调的创新的方向。

我们可不想和沙特阿拉伯馆去竞争,也不想和意大利馆或者中国馆这样的大馆去比较,但是我相信有时候小而精反而更好。小而精强调的几个方面,观众能记住的东西可能会更多。也许我们没有纪念品商店,也没有餐厅,但是我们却给观众留下了记忆。所以我觉得也许一个小而精的展示留给观众的记忆,比他们吃一顿然后买点东西更有意义。我想说,我们以色列馆确实不大,

但是这种阴阳的外形结构是13亿中国人都能够了解的,中国人都懂这种阴阳的理念,这就是小而精的体现。很多人都在倡导小而精的理念,所有的东西都在浓缩、变得小而精,只有我们的建筑物变得越来越大、傻大笨粗。我家的房子也是,我们不需要什么东西都变得过大,我们需要的应该就是简洁的、浓缩的。比方说我女儿用的电脑很小,但是她可以用这个小小的电脑联系到全世界。所以,小而精的理念正在被人们所接受。

我还想说一说关于世博会的展示。比如关于科技方面,我们用科技手段来展示科技成果,但我觉得教育才是更重要的。我认为中国在世界上是排名第一的,我所指的并不只是军事实力或者经济实力,而是因为中国有5亿青年(18~30岁)。他们热爱学习,他们想成功,想通过自己的努力改变生活。这5亿青年希望通过大学或者其他方式接受教育。世博会有193个参展国,他们把各个国家的技术带到了上海,展示给我们看。因此我们可以通过各种资料来了解各个国家的创新和知识,中国人不出国门就能了解到这些智慧和成果。所以就这一点而言,我觉得中国政府、中国人民是非常聪明的,我们真的可以不出国门就能看世界。大家都知道昨天有100多万的参观者,他们中有六七十岁甚至八十多岁的老人,还有小孩。在这6个月里,他们有充足的机会来学习各国的创新理念和创新成果,而这些创新成果可是在各个国家经过20年、30年甚至是40年的发展才能够取得的。所以我想说,展示只是一种手段,就好像我喝水一样,用纸杯喝或者用塑料瓶子喝,它只是一个载体。但最主要的是它展示出来的内容是教育,它可以启迪青年一代,让他们的思路更加开阔,视野更加的宽泛。其本身比石油或者黄金都要宝贵得多——因为它是国家的未来所在。

还有一点我要说的是2008年的北京奥运会。它是一个比赛的形式,我们要评出第一名、第二名、第三名,

是要经过很激烈的对抗而产生的。但是上海世博会不是。上海世博会是合作——通过各方在一起、各方的付出，来促成一个完美的成果。所以我说，上海世博会之所以会成功，就是要在这 6 个月里通过各种展示的手段，把教育灌输到每个参观者的心里。而且这才是我认为的一个国家的财富所在。

采访人：您刚才提到了"城市，让生活更美好"的主题，其实体现的是人与自然之间的关系，同时您也强调要在自然和大都市之间寻找一个平衡。那么请问作为一个设计师，您如何通过自己的空间设计、艺术设计，在人与人之间建立这种平衡的关系？

Haim Dotan：这些在我的书里都已经写到了。关于设计和城市规划方面，我用了诗一般的简洁语言写了出来。在设计我们的社区、街道，乃至城市的时候，我们一定要想到，我们不能都设计一些像监狱一样的高墙和塔楼。我本人非常喜欢山，也非常喜欢画，我书里面的很多灵感就来自于黄山。我希望我们以后的城市住宅要像山一样，有平缓的地方，也有比较高的地方。如果我们的社区都是高楼林立，都是墙的形式，就没有任何人性可言。我们的建筑物应该是高低错落，形态各异，并且能够相得益彰地融合在一起。这样才有助于通风，而且不会遮挡我们的视线。就像中国的一些苏州园林或者其他的传统建筑，其屋顶都是波浪起伏的形式，这样就能呼应天，让人能够接地气，形成所谓的音乐，或者和谐可言。比如我们把整个城市设计成一个花园，拥有形态各异的建筑，它们能够相互对话，能够和日、月、风，以及自然的所有要素和谐共处，人就能感觉到放松。

我自己非常向往一种安静、放松的方式，我最不想见到的就是人生活在曼哈顿那样的社区：曼哈顿都是高楼林立，每个人都是上电梯，下电梯，然后拐弯走直角，就像机器人一样非常的刻板。每个人相互之间互不对话的，每个人都生活在 60 层以上的那种又昂贵又小的小格子间，完全没有生活享受可言。那么我们希望的是什么呢？把整个地面交通转移到地下，地面的空间全都让给人们来居住。比如我们可以把地面建成花园似的城市，那么人就可以随时随地的接近自然，而不用每个周末都开车跑到外面去亲近自然。我们并非简单地去复制自然，而是从自然当中找到自然的智慧，提炼出来，容纳到我们的城市规划当中去。

最后我要说的一点是，对于我们的政府、我们的城市规划者和建筑师而言，他们是任重而道远的。他们承担着很艰巨的任务——因为他们在做这个城市的整体规划时必须有一个非常到位的立足点，他们所作的城市规划关系到这个城市数以百万计的人口和居民。

（拿起他写的一本书）这是城市的街区，这是黄山。我要强调空间概念，除了山以外，我们还看到以外的空间空隙，这是非常重要的，它们给人一种空灵、上升的感觉。这个是一幢 60 层的建筑，但是你不觉得它很死板，两个楼在形态和形状上有一种相互呼应、相得益彰的感觉。中间的空隙不是这种直筒的形状，而是有坡度的，我借鉴了黄山的空隙，是很传统的、很中国式的。上海的建筑每一个单独的个体都很漂亮，但是缺少一个指挥家把这些它们都相互组合在一起，组合成一个华美的乐章。

这是我在阿联酋工作时的一个 100 万平方米的建筑群。我强调的不是楼，而是楼与楼之间的空隙是有坡度、有曲线的，两个楼之间是可以对话的，而且每一个建筑都是形态各异的。它们有起伏，有平缓，像一个城市的乐章，有低有高。最中间的那栋楼最高，然后趋于平缓——这就是建筑物之间真正的对话，而不是很死板的阶梯，每个楼都是直筒的塔楼。这就是我的设计理念，才是我要体现的中国的价值观和中国的传统文化。这也是为什么我用中文、英语和希伯来语写了这本书。中国的文字是图形文字，非常美，我的文章的布局也是有长有短，他们之间的空隙也是有曲线的，每一竖栏的文字都是在相互对话的，因为它是从左到右来读的，我通过这种方式让所有人都能够从上到下来读我这个篇章。

采访人：由于时间的原因，我再问最后一个问题。我们知道您也是一位非常优秀的诗人，您的诗中充满了自然的神秘感，比如奇迹、感恩、寂静、空无、等等。这些智慧是否能代表您的设计感觉？人类如何向自然寻求这种智慧呢？

Haim Dotan：这是最难的一个问题。我买了一个茶杯用来喝茶，把茶叶放进去，倒上开水，然后茶叶就会浮起来，接着茶叶就膨胀吸水，像舞者一样慢慢游荡到杯底。当时，我就凝视着茶叶游到杯底的这个过程，并且照此写了一首诗。我当时把这个茶杯拿在手里，感觉整颗心都暖了起来。然后当我把茶喝到胃里的时候，整个人都是一种暖意融融的状态。我想说的是，我们一定要和自然保持一种和谐一致的关系，不断地去亲近自然，像尊重我们的孩子、我们的祖辈那样尊重自然，这样我们才能有一种和谐的生活。我看到很多的中国游客去张家界和黄山旅游，我想最重要的是倾听，而不是在电视上看什么《探索》节目。我们要聆听自然，感受自然，从而唤起一种感恩的心情，这样才是我想倡导的一种方式。我们不应该只是照相，因为当你拿着相机时，你是在通过镜头看自然，并没有用自己的眼睛去看自然。我为什么喜欢画画？在画画的时候我可以仔细看我要画的这个景，并且可以通过很深的方式去了解它，这也是我在中国想要教给学生们的东西：要用自己的眼睛去看，去倾听，自己去感悟、去触摸，让我们对中国的传统文化慢慢地变得敏感起来。我们不仅仅模仿美国的文化，学习欧洲的文化，甚至非洲的文化，但最终要回到自己的文化当中，去吸收传统文化中的精髓。

我们可以在这里彻夜聊天，但是如果有一点食物，有茅台酒，一起小酌几杯就更好了。我刚到这间房子的时候和大家还非常的陌生，但是通过一个小时的交谈就觉得非常轻松了。我们没有吃什么，没有喝茅台，但是，却产生了一种非常美好的感情，在这种感情的基础上再进行合作，就会容易得多，舒适得多。酒不醉人人自醉，我没有因为酒而醉，却因着这深厚的友谊醉了。我和我的工人去世博园区的外面吃饭，我写出来给我的中国工人看，他说把这个翻译出来不正是"酒不醉人人自醉"嘛。

采访人：我非常期待再有一次和您边喝茶喝酒边对话的机会，这样我们就能有更多的交流与合作。

Haim Dotan：我每个月都要在上海呆三个礼拜，比在以色列待的时间要长得多。我要在我送给您的这本书上画一个以色列馆，在另一本书上画一个中国画——一叶扁舟的扬子江，画的名字就叫宁静。两边是两座山，轻舟已过万重山的感觉，一个垂钓的渔翁在两座山之间，这两座山就像两座建筑物一样。

邮件交流

以色列馆建筑设计师：Haim Dotan

一、展示内容

1. 贵馆的主题和理念是什么？

由我和设计师 Amir Prosper 设计的 2010 年上海世博会以色列国家馆是一个象征着对话、突破和科技创新的未来派建筑。展馆形态流畅，尽显动感和流线感，还能随着日夜光线而不断变化。

以色列馆的设计理念是"创新，点亮美好生活：与自然历史和未来需求对话"。本项目的挑战是创造一个象征对话创新主题的经典建筑，向参观者介绍以色列的基本元素，并让他们了解展馆所包含的文化背景。

展馆是两个由石头和玻璃建造的流线型建筑体组成，似环抱在一起的双手，又像是两枚贝壳。这两个动态曲线如同中国古代的阴阳，象征着人与自然，人与人，国家与国家，过去与未来，暂时与永恒之间的安静对话。这两个建筑体内是两个令人兴奋的建筑空间，代表着拥有 4000 年悠久历史和现代文化的犹太民族精神，及其对世界文化作出的贡献。

2. 如何将贵馆的设计与"城市，让生活更美好"的主题联系起来？

我认为"城市，让生活更美好"不仅仅关乎技术，更重要的是关乎人与自然，以及人与人的关系。这对于一个人口过剩，且总人口在数代之后将达 100 亿的世界来说是尤其重要的。中国正经历着高速的社会变革，似乎所有的中国城市都在一夜之间变成了大都市，全国各地建成了很多漂亮的现代社区和市政中心。但是和世界上很多城市一样，高密度的城市创造出非人性的"建筑墙"。因此，我们必须找到自然和人造现代都市之间的平衡点。

建筑师 Haim Dotan 的"我相信"理念

自然的宁静

在和谐的自然环境中，一切都是如此宁静、平衡。在自然中，我们寻找宁静的美感，内在的和平。我们在无人的地方思考宁静，倾听虚无缥缈的声音。我们爬上山峰感受自由，触碰云朵和天空，欣赏落日将世界涂抹上各种色彩和深影。我们顺应自然，自然也适应我们。自然就在我们眼前，自然将在我们消失后依然长久存在。我们无法模仿自然，只能学习它的智慧。

在未来世界的

广阔街区

阳光将被阻挡

地平线将被屏蔽

我们

必须创造

安静的建筑

宁静的街区

柔软的形式

安宁

我们要在繁忙拥挤的世界中创造安静的环境。我们需要设计出宁静的建筑和街区。不仅是高耸的水泥墙形成的储物盒，残忍地让我们窒息。盒装的高塔之间创造出无意义的垂直空间，以及可以互望见彼此的窗户所创造的静态空间。单个的高塔冷漠地树立在彼此旁边，像是行进中的士兵。我们人造的环境亦是如此。建筑物在它们周围，在彼此之间创造了空间。墙体定义了空间，为人类创造了地点。因此建筑物必须彼此关联，互相尊重，拥抱自然，让空气和光线进入。像在自然里一样，曲线形式以流畅的运动创造连续的安静空间。

当我们的建筑变得更加安宁、柔软、安静，当建筑之间互相对话、彼此尊重、传达宁静，那么我们所住的地方将变得安静而美丽。因此必须诞生一种新的语言，一种形态安静的语言，新的形状以平衡和谐的方式彼此关联。我们需要一种新的语言作为工具来创造新颖、简单甚至是基础的建筑形态、功能和动态。这些形态将互相联系，就像创造安静地点的宁静对话，带来心灵和灵魂的宁静。

一直以来我都希望以最低的建筑成本发展高新科技，在偏远和被人遗忘的城市创造带有感情且功能性强的建筑，发展先进的设计和科技。这些地方往往科技不够发达，而且很难找到技术建筑工人。我一直梦想将这些看似失落的城市转变成令人愉快、充满希望、让人自豪的城市，为我们的子孙后代提供新的建筑教育和文化。

我的梦想将会实现。

3. 有没有针对中国参观者特别进行思考和设计？

建筑理念：对话和创新

以色列参展 2010 年上海世博会旨在向中国人民介绍以色列这个国家及其文化和科技力量。目标是强调两国之间的共同点，激发人们对现代以色列的兴趣，并鼓励以中双方的经济、科技、文化和旅游合作。

创新，点亮美好生活

我们参展 2010 年上海世博会想要传达的主要信息是创新让生活更美好。以色列是一个现代国家，同时和中国一样也扎根于古老的传统。以色列的社会充满了活力，融合了各种文化价值观，并不断地致力于创新。这个信息是通过展馆的形式、视听展示内容和对现代建筑科技的运用来表达的。

2010 年上海世博会以色列国家馆是一个象征着突破和科技的创新未来派建筑结构。展馆形态流畅，尽显动感和流线感，还能随着日夜光线而不断变化。

展馆由两个流线型建筑体组成，似环抱在一起的双手，又像是两枚贝壳。这两个动态曲线如同中国古代文化中太极的阴阳。它让人联想到祝福的蜡烛和犹太教在安息日吃的 Challah 白面包。我认为其初步设计理念结合了犹太民族和中华民族的智慧。

这两个动态曲线象征着人与地球，人与人，国家与国家之间的安静对话，象征着人与自然，过去与未来，暂时和永恒、地球与天空、物质和虚拟之间的对话。这两个建筑体内是两个令人兴奋的建筑空间，代表着古老的犹太民族的精神。

二、展览设计

1. 您的设计如何优化空间利用？

项目由三个实验性区域组成：

低语花园

低语花园位于以色列馆前方，象征了人与自然的对话，呈现出安静好客的绿色环境。

这是由 54 棵橙子树组成的果园，是以色列的农业特色。在树荫下休息、遮阳避雨的同时，参观者还可以通过花园里各处原创的试听展示更多地了解以色列在农业和环保方面的创新。

光之厅

进入展馆，参观者将进入一个动态的很高的建筑空间。这个用透明玻璃封闭的空间通过自然光线照明，表达了未来、乐观和突破。沿着弧形墙面行走，参观者将体验以色列的主要旅游景点，以及对以色列土地和富有的犹太传统的历史性描绘。

创新厅

创新厅是一个 16 米高的空间，是以色列馆的高潮部分。在这里，参观者将领略以色列在科学、医学、能源和通信领域的现代创新技术。这些令人兴奋的发现对全球人类生活都产生了并将继续产生重大的影响。先进的试听科技和 360 度多媒体演示将给参观者带来难忘的体验。

2. 参观者的设计人数是多少？

以色列馆设计每小时接待人数为 1200 人，约每天 1.24 万人，即整个世博期间共预计接待约 230 万人。但是以色列馆是 2010 年上海世博会上的热门展馆，我们每天接待的人数已增加至 1.5 万人每天，到目前为止已接待总人数将近 300 万人！

3. 如何处理大量人流？

靠近展馆的低语花园将提供一个安静、宁静的迎宾环境。位于广场和以色列馆之间的低语花园象征了人与自然的对话。这个由 54 棵橙子树构成的诱人的花园给 300 位排队等待进入展馆的参观者提供了舒适的绿色果园。在低语的树木之间的小道上行走，参观者可以免受日晒雨淋，还可以在长椅上休息。参观者得以在自然的树荫下休憩，同时可以通过我们的原创展示了解以色列在农业和环保方面的创新。

三、技术问题

1. 落实设计中您使用了什么先进的技术或技巧？

2010 年上海世博会以色列馆是一个创新的未来派结构。这个建成花费仅 300 万美元（2000 万元人民币）的低成本展馆是个世界级的以色列高科技设计和中国专业技术和建筑技术的合作案例。整个展馆由中国的技术工人和其他工人建成，使用的是本地加工的材料，旨在建成一个真正象征以中合作的展馆。

以色列馆的设计是便于快速组装和拆卸，其结构是用螺栓连接的钢管组成，这些材料都是在上海预制的。世博后结束后，如果需要拆除以色列馆，钢结构将被拆卸并在中国的一个新地点重新使用（我们已联系了一些中国公司），或是运回以色列，在耶路撒冷重建为一个社区中心。

展馆由两个主要部分组成。创新厅由中国当地天然石材覆盖，象征与地球、历史和天然材料循环运用的联系。光之厅由透明的能源玻璃覆盖，象征技术、透明、明亮和未来。

"对话"是 2010 年上海世博会以色列馆的设计理念。建筑师 Haim Dotan 是展馆的设计师、建造者和总承包方，在他近期的项目和著作中都致力于这种对话的理念和建筑。这个项目有着另一方面的探索。他相信经济上可负担的建筑，而他的理念即是 "Know-Tech"（知识技术）：高科技设计，低科技施工。事务所以其低成本当地材料的运用与建筑技术的创新结合而享有盛誉。我们认为这是一个机会，因此将建筑结构设计成可快速组装和拆卸的模块。因此，我们主张运用天然材料的可持续绿色建筑，循环再利用以及低成本重建。

2. 落实设计中最大的遗憾是什么？

在以色列漫长的国家招标、随后项目的授予、在中国获得建筑许可以及展馆的施工过程中，以色列馆的设计概念得到了以色列外交部、政府官员、中国世博会官方、工程师和承包商的大力支持和尊重。

不仅仅是保留了原有设计概念，而且所有相关方，包括中方承包商和建筑商都尽其所能按照原有设计来建设一个高质量的建筑。

展馆由两个流线型建筑体组成，似环抱在一起的双手，又如中国古代文化中太极的阴阳。我认为其初步设计理念结合了犹太民族和中华民族的智慧。

我们希望这个永恒、小巧且聪明的展馆能代表古老犹太民族和遗产与伟大而古老的中国之间的对话，这一追求使得我们创造出来的展馆以尊重、合作和友好的姿态走向中国人民。

四、附加问题和回答

1. 您的设计灵感是什么?

我们的理念是对话: 人与人、人与自然、地球与天空、过去与未来之间的对话。我们的设计灵感来自犹太传统,来自中国哲学,也来自自然。

(这座在上海的展馆对于建筑师 Haim Dotan 来说有着特别的意义。"我与中国的联系早在 100 年前就开始了。我的外祖父母当时住在上海,我母亲于 1919 年生于上海。"由于这样的家庭记忆,Haim Dotan 熟知中国古代哲学,还曾游历中国的大河山川,因此他把这些因素都注入了该设计中。)

2. 你是和一个设计团队合作,还是独自完成的?

建筑师 Haim Dotan 与设计师 Prosper Amir 合作设计了展馆,是共同设计的。此外,还有富有才华的专业建筑师、设计师、工程师、管理人员、多媒体专家和制作人组成了我们成功的团队。

日本馆

主题陈述

心之和·技之和

心之和：对自然充满感恩，与自然和谐共处。推进人与人之间的交流，推崇一起工作、一起创造。这就是一颗热爱和谐、和平和共存的心。

技之和：学习"自然的智慧"并通过"连接和积累"以及"珍惜不浪费"，从而完美和高效地利用有限的资源。

由"和"产生的普适的生活方式、价值观和文化将会在新时代和谐呈现于世界，并成为"21 世纪可持续的都市生活"以实现"城市，让生活更美好"的目标。

展馆概况

日本馆位于世博园区 A 片区，展馆面积 6000 平方米。其主题是"心之和·技之和"，所要传递的核心信息为"连接起来！为了和美的未来"。

通过"过去"展区的遣唐使和西阵织等中国文化技术在日本传承的展示，"现在"展区的动漫和机器人等技术影像的展示，"未来"展区的音乐剧等表演，用"技之和"解决人类面临的环境问题，

来达到"心之和"。3个展区参观时间约为1小时，可容纳1500人参观。而日本馆的主题将通过拯救"东方宝石"朱鹮的故事完美演绎出来，中日两国人民通过环境保护和共同努力，使日本又重归西天。

日本馆长95米，宽54米，建筑外形成弧形穹顶，内部形成一个开阔的展示空间。淡淡的紫色映衬着蓝天，一个巨大的蚕茧点缀着世博园，给人一种难以名状的神秘感，夹杂着被后现代工业文明重重包围的错觉，让我们在广阔的世博园内非常容易识别。

展馆爱称"紫蚕岛"，馆外覆盖超轻的发电膜，采用特殊环境技术，是一幢"像生命体那样会呼吸、对环境友好的建筑"。馆内通过实景再现和影像技术，展现2020年的未来城市生活，介绍日中两国的文化渊源、与自然共生的日本人生活、充满活力和时尚的日本当代城市、为解决水资源和地球环境问题而开发的先进技术，以及守护自然的市民活动。

日本国家馆分为"过去"、"现在"和"未来"三大展区，形态融合了日本传统特色与现代风格，参观者可以通过视觉、触觉和听觉等感受到日本馆所传递的信息和魅力。日本馆的建筑理念是"像生命体一样会呼吸的环保建筑"，展馆外部覆盖一层利用太阳能发电的超轻"膜结构"。"过去"展区展示保护文化遗产的"精密复制"技术，参观者可近距离鉴赏日本名作。"现在"展区通过照片透视画及实物展示、影像装置呈现2020年的未来城市。"未来"展区展示具有超高清及望远功能的"万能相机"、会演奏小提琴的"伙伴机器人"和实现客厅墙壁与电视机一体化的"生活墙"。

日本馆融合了日本传统特色与现代风格两种形态，通过过去、现在和未来三部分的讲述，让参观者在视觉、触觉和听觉的感受下，了解一个真实的日本，以及可持续发展的21世纪新型的城市生活形态。

上海世博会日本馆同时可容纳1800人进行参观。在进入展馆前，参观者不知道即将出现在眼前的是怎样的场景，他们踏上了从过去到现在，并穿越未来的旅程。尖端的科技、大型影像剧场、高科技机器人……参观者沉浸在不断涌现的新奇氛围中。内部展示的视觉效果总处在宏观与微观之间的不断变换中，恐怕只有身处现场的人，才能在各自不同的心境下有所感触。

在现在展区中，则有六组展示空间。其中一部分展示了节能技术、净水技术等有助于解决全球性难题的尖端科技；另外还展示诸如屋顶绿化、节约用水等个人便能付诸实施的成果。让参观者在体验"技之和"的同时，亦能由此察觉到里面所蕴含的与心灵的联结。

在未来展区中，人们对美好未来的期待通过精彩表演具体呈现。在能容纳600人的大型影像剧场里，展区向参观者呈现心灵的连接，实现"心之和"，即安心、舒适感、对未来社会的信心是极其重要的。

日本馆的活动大厅在整座建筑中也发挥重要的作用。活动大厅里在 184 天的展期内举行各种各样的活动。从您与高科技机器人相伴的场景中转过头，就能品尝到精致的日本料理……总之，"重要的不光是你看到了什么，而是你感受到了什么。"

专家点评

日本位于亚欧大陆东部、太平洋西北部，由数千个岛屿组成，众列岛呈弧形。日本东部和南部为一望无际的太平洋，西临日本海、东海，北接鄂霍次克海，与朝鲜，韩国、中国、俄罗斯、菲律宾等国相望。总面积为 37 万多平方公里，人口 1270 多万。森林覆盖率高达 67%。首都是东京，也是全球最大的都市之一，人口约有 860 万人。

创意非凡的日本馆

在上海世博会最震撼人心的国家馆中，日本馆是其中之一。日本馆前面的观众是最长队伍之一，它最具创意的地方有四点。

第一，爱称的创意。至日本馆爱称征集活动的最后一天共收到 3588 个作品，其中 96% 的作品来自于中国人。评审委员会经过反复评审最终决定，中国女性提出的"紫蚕岛"作为日本馆的爱称。日本馆建筑外形成弧形穹顶，淡淡的紫色映衬着蓝天，像一个巨大的紫色蚕茧。它给人一种神秘感，"紫蚕岛"极其形象地表现了日本馆的外观和特点，可以使参观者在广阔的世博园内更容易识别。"紫蚕岛"这一爱称也体现了日本馆所要传递的信息。而从蚕茧中抽取蚕丝、制成丝线、织成丝绢的工艺也是由中国传入日本的，它是中国与日本之间"连接"的一种象征。

第二，日本馆馆标的创意。日本馆馆标为"微笑相连"，这一设计要传递的核心信息是"连接"，表达了珍视"心灵的连接"的主旨。设计者用 JAPAN 的首字母"J"柔和的曲线勾勒出了相互连接在一起的笑脸，呈现给人们充满幸福笑容的美好未来社会。

第三，外形的创意。日本馆这个"庞然大物"高约 24 米，占地面积约 6000 平方米。展馆外部呈银白色，形成一个半圆形的大穹顶，宛如一座"太空堡垒"。它采用含太阳能发电装置的超轻"膜结构"包裹——面向未来，树立远大理想，永远成长与发展下去。

第四，生态功能的创意。这是一座与自然共存的"会呼吸的展馆"，似乎延续和继承了爱知世博会的主题理念，并融入上海世博会主题。展馆爱称"紫蚕岛"，馆外覆盖超轻的发电膜，采用特殊环境技术，是一幢"像生命体那样会呼吸、对环境友好的建筑"。展馆设计上采用了环境控制技术，使得光、水、空气等自然资源被最大限度利用。展馆外部透光性高的双层外膜配以内部的太阳能电池，可以充分利用太阳能资源，实现高效导光、发电。展馆内使用循环式呼吸孔道等最新技术。在结构方面，由于日本馆采用了屋顶、外墙等结成一体的半圆形的轻型结构，使得施工时对周边环境影响较小。

日本的传统的展示

日本馆的影视媒介向观众讲柔道，也非常有意思。日本人最不忘的是自己的传统，他们津津乐道着樱花、和服、俳句与武士、清酒、生鱼片、神道教。除此之外还有著名的"三道"，即日本民间的茶道、花道和书道。还有国花：樱花。还有构成传统日本的两个方面——菊与刀。和服是日本传统民族服装的称呼，它也称"着物"。和服是仿照中国隋唐服式和吴服改制的，所以在日本被称为"吴服"和"唐衣"。一般人认为日本食品只有牛肉火锅或寿司，而近年来很多游客也发现新鲜的鱼及肉质鲜嫩的炸虾。"生鱼片"、"寿司"则是唐代时由中国传入日本，现在在日本很受欢迎的一种食物。生食也是健康的食用方式，比烹煮更能减少营养物质的流失。在日本馆的展示中，传统文化得到了淋漓尽致的发挥，从实物，到图片，到4D，人们看到了日本人对于传统的热爱。日本馆此次山里餐厅推出的秋季怀石料理套餐，是地地道道的日本传统美食，该料理在每日晚餐时提供，定价2000元，限定10位。在上菜时，服务员会详细介绍每道菜，若运气好，可能会遇到厨师长亲自讲解说明。

经济与文化产业大国

馆内通过实景再现和影像技术，介绍日中两国的文化渊源、与自然共生的日本人生活、日本当代城市、为解决水资源和地球环境问题而开发的先进技术，以及守护自然的市民活动。日本馆也展示了自己的经济成就。日本经济高度发达，国民拥有很高的生活水平。GDP方面，2009年日本国内生产总值5.068万亿美元，居世界第2位。政府以资本扶持工业与企业、强大的高科技的发展以及较低的军事预算比例（占GDP的1%），帮助日本经济高速发展，并成为当今仅次于美国的科技强国。日本学校教育非常发达，大学众多。日本是世界报纸大国，报纸在日常生活中拥有很高的地位，世界上唯一的两份日发行量超过1000万份的报纸即《读卖新闻》与《朝日新闻》。日本旅游业非常发达，东京铁塔、金阁寺等，也吸引了许许多多的游客。

"心之和"与中日友谊

日本馆的参展主题为"心之和·技之和"，所要传递的核心信息为"连接起来！为了和美的未来"。日本馆利用了几个故事来说明。

第一，通过"过去"展区的遣唐使和西阵织等中国文化来达到"心之和"。参观日本馆，首先会看到遣唐使和鉴真东渡等一系列反映日中两国源远流长交往历史的展示。这些先驱用信念写就了传奇，历经千余年，仍然感动人心，在日中之间呼唤着"和"与"信"的回音。

第二，演绎西阵织回娘家。西阵织被称为日本的国宝级丝织艺术，在日本已有 1200 年历史。这种编织物利用各种颜色的丝线和金线来编织，编织出来的锦缎因为艺术价值极高而闻名于世。这门艺术曾经是中国宫廷编织技术，500 多年前，这套宫廷技术包括金线、银线材料传入了日本。如今，纯手工的西阵织品依然是华贵与身份的象征。日本馆介绍说，西阵织在上海世博会日本馆里"回娘家"。

第三，日本馆的主题通过拯救"东方宝石"朱鹮的故事，来演绎中日两国人民通过环境保护，使日本又重归西天。在日本馆，专门辟有一座可容纳 500 名观众的传统木制剧场。在世博会期间，这里每天上演 35 场日中共同拯救朱鹮活动的音乐剧。音乐剧大约 20 分钟一场，由三组演员循环演出，半年累计演出 6400 多场。

"技之和"与未来

"技之和"是通过几个科技表演，来展示自己的信念。

第一，机器人"乐手"拉响小提琴。参观者能够体验未来的各项技术，如在全球范围内首次推出的搭载超高清及超望远功能的"万能相机"，它能够在拍摄视频的同时，识别笑容后自动进行摘拍。可满足老龄化社会的需求，提供"看护及医疗援助"、"家政援助"的伙伴机器人，以及拥有娴熟揉弦、拉弓技巧的会拉小提琴的机器人。

第二，日本馆的活动大厅也发挥传播科技的作用。活动大厅里在 184 天的展期内举行各种各样的活动。从您与高科技机器人相伴的场景中转过头，就能品尝到精致的日本料理……总之，"重要的不光是你看到了什么，而是你感受到了什么"。

第三，技术在日本传承的展示；"现在"展区的动漫、机器人等技术和影像的展示；"未来"展区的音乐剧等表演，用"技之和"解决人类面临的环境问题。在"现在"展区中，则有六组展示空间。其中一部分展示了节能技术、净水技术等有助于解决全球性难题的尖端科技。另外还展示诸如屋顶绿化、节约用水等个人便能付诸实施的成果。让参观者在体验日本高科技的同时，也能由感觉到科技里面所蕴含心灵的力量。

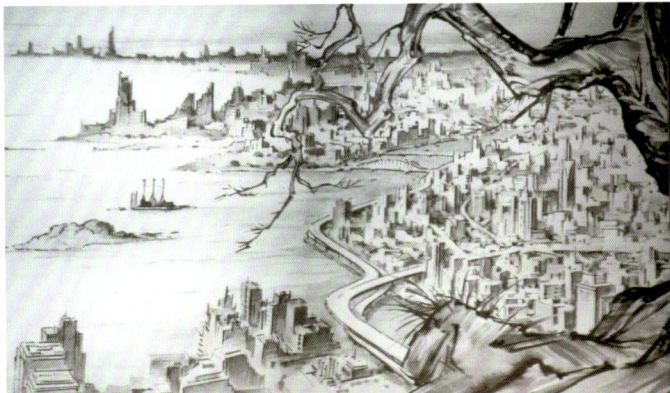

民间的力量

日本馆主要是依靠民间的力量承办。参加者有株式会社，通过向日本馆提供最新技术支持，为上海世界博览会的成功举办做贡献。日本馆内，松下利用世界最大的 152 英寸超高精细等离子显示器、最新的高精度传感技术以及网络技术，运用整体墙面设计而成的信息之窗的"生活墙"，为参观者展示影像和沟通未来。

丰田汽车自创业以来一直为"通过汽车创造富裕社会"而不懈努力。在日本馆，您可以欣赏到丰田开发的 i-REAL，它是使用最少的能源实现了人类自由移动愿望的个人移动交通工具。操作简单、轻便、优美，自由自在，一边感受着阳光和微风拂过肌肤，一边与陌生人邂逅，确实让您进入一个与周围世界融为一体的新的概念车。

除此之外，佳能公司、三菱集团、富士通株式会社、日立集团等，都在展区大显身手。"现在"展区的动漫、机器人等技术和影像的展示；"未来"展区的音乐剧等表演，用"技之和"解决人类面临的环境问题，来达到"心之和"。

日本国家馆分为"过去"、"现在"、"未来"三大展区，参观者可以感受到日本馆所传递的现代化信息和科技魅力。日本馆融合了日本传统特色与现代风格两种形态，让参观者了解一个真实的日本，以及 21 世纪新型的城市生活。

BIE 点评

A 类奖项：创意展示奖

银奖授予日本馆，因为该馆通过创造力和深厚文化底蕴的结合，展示了传统与现在的和谐共存。日本馆整体体现了很强的教育性和很好的创新性。

SILVER goes to Japan for presenting the alliance of tradition and modernity through innovation and a deep sense of culture. The Japan pavilion presents a strong educational and creative narrative throughout the pavilion.

尼泊尔馆

主题陈述

　　设计的主线通过历史的路径寻找一个城市的灵魂：加德满都。历史的片断被快门捕捉，转化成建筑形式来表达我们对城市的理解，它的过去和现在。通过对传奇的建筑师——中国的文殊菩萨的传说、尼泊尔的伟大建筑师 Arniko 所到达的建筑高度的展现，尼泊尔展馆突显了加德满都作为艺术、建筑、文化中心的辉煌时光。

　　加德满都充满活力的城区的核心本质是"建筑式样和空间概念"，这个本质在 2000 多年从 Kirat、Licchavi、Malla 到 Shah 统治王朝间一直得到发展。强烈的文化延续，使城市空间即使在不同政治统治期都得以塑造。城市的灵魂，它似乎已存在于城镇的中心——如社会、经济、宗教、文化节日密集的 Darbar 广场。空间分级规划是使城市和谐的关键。夹着狭窄道路的城市格局密如细胞核，让人思考山谷中农地的重要性。

由几何曼陀罗形式体现的分层和谐是展馆整体规划的基本。围绕核心有可修整的 Satal（一种尼泊尔房屋——译者），如画的风景和清澈得能照出人影的水体组成总体规划。

展馆核心所体现的加德满都河谷的宗教包容性与和谐有两种宗教标志：有佛陀眼睛的佛塔（stupa），和宝塔（pagoda temple），加德满都河谷的地图是一个池塘的样子——普遍认为，加德满都河谷是一个湖泊——构成了 Harmika 的心脏。

Satal 围绕一个庭院为社会、经济和文化活动创造了一个平台，反映了人民过去和现今在城市中心的生活。这是对 Darbar 广场的提炼或是一种抽象的表达——城镇的灵魂。策划的另一半着重于描绘山谷如画的自然风景。虽然这种风景已浓缩成绿色的草坪和清澈的池塘，水与标志性的宗教雕像并排放置，创造一个宁静和平的环境。

城市，让生活更美好——对未来的展望是建立在对过去的整体审视并整合城市的各个方面的基础之上的。在中间放置一个锥形小山，上面旋绕着两条弧形的坡道。这两条坡道的交汇处——相交点——提供一个平台，来回顾加德满都山谷代表创新方面的右倾和代表实用方面的"左倾"，同时又展望未来。

环境和可再生能源成为未来关注的焦点。如果绿色建筑是未来建筑的方向，那么最大限度地使用可再生能源，是拯救地球的唯一方式。对于尼泊尔来说，水是利用率最低的自然资源，也是清洁能源的来源。在建筑形式上，建筑和环境的融合会将丰富、繁荣和富裕的尼泊尔建筑的境界推向一个新的高度。

艺术

正如受到很多影响的世界其他地区，艺术是最神圣的。在尼泊尔，艺术是文化和宗教的一部分，每一种艺术代表了自己的文化，不论是尼泊尔雕刻、雕塑或绘画。精美和装饰性的艺术工作在尼泊尔发展到相当高度，也是宗教对东部哲学的一种影响。

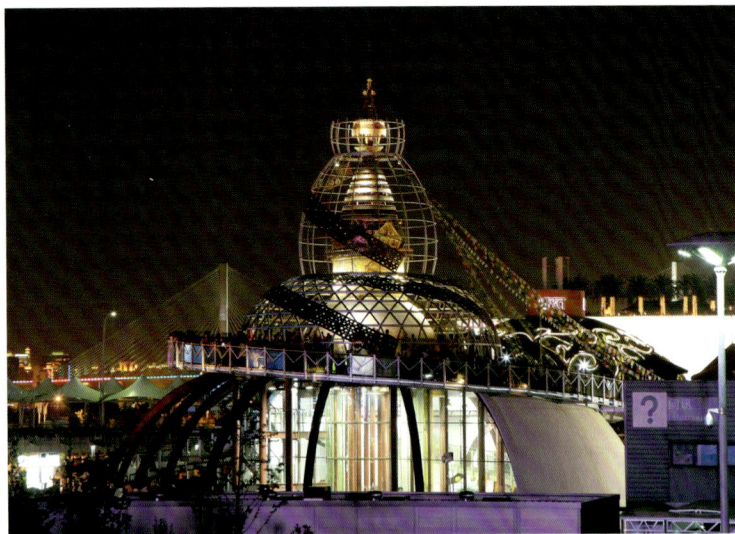

展馆的展示厅 / 画廊将会通过尼泊尔木雕、石头、金属和陶瓦来展示尼泊尔艺术。宗教或东方哲学是影响这些艺术的主要因素。尼泊尔艺术将以小的规模和最多的细节来表现。这些在展馆的各种细节中都将得以表现。

建筑

关注的焦点再度转移到了加德满都河谷黄金时期的尼泊尔建筑。通过详细清晰的阐述，精心设计的各种建筑物，宫殿、庙宇、bahil、bahal，将我们的生活空间提高到另一个层次，给城市环境带来了生机。

标志性建筑形式有佛陀眼睛的佛塔和宝塔，形成展馆的核心。传统的 satal 创造供交流的庭院，是展馆社会经济和文化庆祝活动的中心。

地理和自然资源

加德满都甚至整个尼泊尔在这么小的地理跨度上却拥有如此多样的环境，本身就让人惊叹了。展馆将通过结合建筑与风景，表达加德满都山谷丘陵环绕、拥有喜马拉雅山的如画风景的美妙环境。这融合的一体位于硬结构庭院和草地、绿水等软结构的中央，宁静不张扬。

水，对于尼泊尔来说是洁净能源的最终可再生资源，因此是整个展馆的焦点之一。我们将展示传统的 Dhunge Dhara（一种石头水龙头——译者）与深陷的庭院以及它们在中世纪到达该城市各地方的令人惊叹的方法。同时，还将展示净水技术。

文化方面

365 天内将有 300 场活动：丰富的文化节目将会以从加德满都现场转播的形式展示，有可能的话，还要在上海世博会现场进行表演。

尼泊尔是个种族大熔炉，若要将他们的文化遗产提升到另一个层次就一定要挖掘这些不同社会经济背景的可能性。展馆将展出各种社会经济背景的假人模特作为教育世界其他地区的手段。

加德满都河谷和尼泊尔其他地区的宗教包容性对那些宗教冲突和暴力强力升级的国家或地区来说是一个很好的教材。两个标志性宗教膜拜场所——佛塔和宝塔的融合将会和展馆的设计结合在一起。

尼泊尔材料

在展馆建造中用到的主要材料有：

（1）尼泊尔木雕的木材；

（2）镀金的顶棚；

（3）Flagstones；

（4）本地砖 dachi itta；

（5）teilia 砖；

（6）陶瓦。

尼泊尔工作坊

展馆的设计、建造、运营都完全由尼泊尔工作坊完成。拥有专业知识和海外建造经验，该团队对所有可能变化有完全预期。

建造期

尼泊尔艺术品的准备和生产，雕塑和传统结构零件：1 年。

在世博园区建造展馆：1 年。

环境

这个展馆希望把环境融入现在城市钢筋水泥丛林。自然对城市环境的介入在我们现今社会非常必要。同时，展现利用率较低的清洁能源——水，也是展馆的焦点之一。

展馆概况

尼泊尔馆位于世博园区 A 片区，建筑面积3600平方米。其主题是"加德满都城的故事——寻找城市的灵魂；探索与思考"，截取了加德满都在 2000 余年历史上作为建筑、艺术、文化中心的几个辉煌时刻，通过建筑形式的演变来展现城市的发展与扩张。尼泊尔展馆重点突出本国在环保、可再生能源，绿色建筑方面所做的努力。

展馆以大型佛塔形式为主体，周围环绕数个代表不同历史时期的尼泊尔民间房舍，展现尼泊尔工匠杰出的建筑和艺术才华。馆内展现寺庙之城——加德满都城 1000 年历史中作为建筑、艺术、文化中心的几个辉煌时刻，探索它的过去及未来，为城市寻找灵魂。尼泊尔的首都加德满都是一座"寺庙之城"。而尼泊尔国家馆的主题正是希望通过加德满都，为城市寻找灵魂，探索它的过去及未来。

尼泊尔馆回顾加德满都的发展历程，展现其 2000 余年历史中作为建筑、艺术、文化中心的几个辉煌时刻，加德满都古都正在发生的城市的发展与扩张，以及自然与环境保护方面的机遇与挑战。

展示还包括传统工艺，尼泊尔的艺术思想和装饰材料将完全融入到整个场馆的建设和布局中，其中包括用木料、金属、砖片、瓷料和石料加工而成的约 500 吨展品和装饰品。尼泊尔馆的展品和装饰品都是用纯手工工艺制作的，木雕、陶塑上都有非常精美的图案，由约 350 户尼泊尔家庭耗时近两年完成，一些尼泊尔的能工巧匠还赴上海工地，亲手为尼泊尔馆添上艺术之笔。

特色活动拉力赛：众多尼泊尔本地艺术家、音乐家、舞蹈家和表演者来沪演出。尼泊尔馆内外还举行了一些特色活动，诸如从佛祖诞生地蓝毗尼至上海的汽车、摩托车拉力赛。拉力赛的主旨是将象征和平的永恒之火从蓝毗尼带到上海。

阿尼哥中心：尼泊尔馆被命名为"阿尼哥中心"，以纪念尼泊尔古代杰出建筑工匠阿尼哥在建筑方面以及为增进古代中尼两国友好交往而作出的杰出贡献。尼泊尔馆仿照 11 世纪之后的尼泊尔阿尼哥时代的建筑形式，通过建筑形式来体现城市化的发展。阿尼哥是尼泊尔的国家英雄，也是一位在中国有着较高声誉的尼泊尔古代杰出建筑工匠，他有生之年建造了众多的佛塔，北京也留下了他的伟大杰作——白塔。

专家点评

尼泊尔全称尼泊尔联邦民主共和国。尼泊

尔国会于 2008 年 5 月 28 日宣布废除君主制，结束了 280 多年的沙阿王朝，成立尼泊尔联邦民主共和国，是世界上最年轻的共和国。尼泊尔是内陆山国，位于喜马拉雅山南麓，北邻中国，其余三面都与印度接壤，人口 2642 万，面积 14 万多平方公里。

骄傲的青山绿水

尼泊尔展馆的另一个亮点，是突出尼泊尔在环保、可再生能源和绿色建筑等方面所做出的努力。加德满都甚至整个尼泊尔在这么小的地理跨度上却拥有如此多样的环境，本身就让人惊叹了。展馆通过结合建筑与风景，表达加德满都山谷丘陵环绕、拥有喜马拉雅山的如画风景的美妙环境。这融合的一体位于硬结构庭院和草地、绿水等软结构的中央，宁静不张扬。关注的焦点再度转移到了加德满都河谷黄金时期的尼泊尔建筑。通过详细清晰的阐述，精心设计的各种建筑物，宫殿、庙宇、bahil、bahal，将我们的生活空间提高到另一个层次，给城市环境带来了生机。

尼泊尔民主联邦共和国国歌《唯一百花盛开的国度》。加德满都位于中部加德满都河谷，历史名城，1768 年起成为尼泊尔首都。加德满都四周青山环绕，常年鲜花盛开，被称为山国的"春城"，还有"寺庙之都"的美誉。尼泊尔历代王朝在此兴建了大批庙宇、佛塔、神龛和殿堂，日久年长，形成了"寺庙多如住宅，佛像多如居民"的奇特景观。佛教圣地蓝毗尼、世界遗产萨加玛塔国家公园，加德满都谷地，奇特万皇家国家级森林公园，蓝毗尼佛祖诞生地等。尼泊尔为农业国，经济落后，是世界上最不发达国家之一。但是他们的可持续发展理念值得人们学习。

发达的旅游业

尼泊尔文化教育相对落后，全国有 5 所大学，两份日报均为官方报纸：《廓尔喀报》《新兴的尼泊尔》。一家通讯社，一家广播电台。

尼泊尔，一个神秘、美丽而又贫穷的地方，面对几个世纪前留下的古老城堡，面对雪山脚下充满宗教气息的生活。旅游业比较发达。尼泊尔地处喜马拉雅山南麓，自然风光旖旎，气候宜人，徒步旅游和登山业比较发达。尼泊尔丰富的文化和宗教遗产、精美的古典建筑可供印度教和佛教徒朝圣，它还有 14 个国家野生动植物保护公园，可供旅游者徒步旅游和狩猎旅游。

悠久的历史

建筑外观异域之魂：充满艺术色彩的尼泊尔馆以大型佛塔形式为主体，周围环绕数个具有代表性的不同历史时期的尼泊尔民间房舍，述说几个世纪以来尼泊尔工匠们展现的杰出的建筑和艺术才华。因为尼泊尔的首都加德满都是一座"寺庙之城"。而尼泊尔国家馆的主题正是希望通过加德满都，为城市寻找灵魂，探索它的过去及未来。展馆的主题为"加德满都城的故事——寻找城市的灵魂；探索与思考"，截取了首都加德满都在两千余年历史中，作为建筑、艺术、文化中心的辉煌，通过建筑形式的演变来展现城市的发展与扩张。文化遗产有杜巴广场，是加德满都最有名的广场，也是观赏尼泊尔寺庙建筑的好地方。斯瓦扬布纳特寺，也是一座圆佛塔，博达哈大佛塔是全世界最大的圆佛塔，白色巨大的穹形，气势不凡，给人以宽大为怀的感觉。帕斯帕提那寺、蓝毗尼：是佛教创始人释迦牟尼的诞生地，位于尼泊尔南部特莱平原，距印度只有 20 多公里。是世界各地佛教徒渴望朝拜之地，也是当代佛教复兴的基地。

传统理念的诠释

尼泊尔馆回顾加德满都的发展历程，展现其两千余年历史中作为建筑、艺术、文化中心的几个辉煌时刻，加德满都古都正在发生的城市的发展与扩张，以及自然与环境保护方面的机遇与挑战。

展馆展出了尼泊尔的传统工艺，尼泊尔的艺术思想和装饰材料完全融入到整个场馆的建设和布局中，其中包括用木料、金属、砖片、瓷料和石料加工而成的约 500 吨展品和装饰品。尼泊尔馆的展品和装饰品都是用纯手工工艺制作的，木雕、陶塑上都有非常精美的图案，由约 350 户尼泊尔家庭耗时近两年完成，一些尼泊尔的能工巧匠还赴上海工地，亲手为尼泊尔馆添上艺术之笔。

特色活动

正如受到很多影响的世界其他地区，艺术是最神圣的。在尼泊尔，艺术是文化和宗教的一部分，每一种艺术代表了自己的文化，不论是尼泊尔雕刻、雕塑或绘画。精美和装饰性的艺术工作在尼泊尔发展到相当高度，也是宗教对东部哲学的一种影响。展馆的展示厅、画廊通过尼泊尔木雕、石头、金属和陶瓦来展示尼泊尔艺术。宗教和东方哲学是影响这些艺术的主要因素。尼泊尔艺术以小的规模和最多的细节来表现。

中尼友谊的象征

尼泊尔在世博会期间，开展了拉力赛，众多尼泊尔本地艺术家、音乐家、舞蹈家和表演者来沪献演。尼泊尔馆内外还举行一些特色活动，诸如从佛祖诞生地蓝毗尼至上海的汽车 / 摩托车拉力赛。拉力赛的主旨是把象征和平的永恒之火从蓝毗尼带到上海。

展馆展示了阿尼哥的传统与现代的结合。尼泊尔馆被命名为"阿尼哥中心"，以纪念尼泊尔古代杰出建筑工匠阿尼哥在建筑方面以及为增进古代中尼两国友好交往而作出的杰出贡献。尼泊尔馆仿照11 世纪之后的尼泊尔阿尼哥时代的建筑形式，通过建筑形式来体现城市化的发展。阿尼哥是尼泊尔的英雄，也是一位在中国有着较高声誉的尼泊尔古代杰出建筑工匠，他有生之年建造了众多的佛塔，北京也留下了他的伟大杰作——白塔。

设计的主线通过历史的路径寻找一个城市的灵魂：加德满都。设计者通过历史上的宗教人物——传奇的建筑师，中国的文殊菩萨的传说，与尼泊尔的伟大建筑师 Arniko 所到达的建筑高度的展现，诠释两国人民的友好。

尼泊尔国家馆注重了自己国家的自然景观，悠久的历史传统的介绍，注重中尼友谊的宣传，有自己的民族特色，是个很成功的场馆。

韩国馆

主题陈述

展示目的

通过文化（Culture）、人性（Humanity）、自然（Nature）、技术（Technology）这 4 个构成韩国城市的主题来展现韩国国家、人民和城市的魅力，由此增加观众对韩国城市的好感。同时，通过展示韩国城市和韩国人民的生活景象，与观众一同展望我们梦想的城市蓝图。

展示主题

在多彩人生中自由沟通、和谐融合、四处洋溢的活力，让整个城市更加充满魅力，使城市中人们的生活更加丰富多彩。各种各样的多彩生活汇聚在一起形成魅力和谐的有机体。散发着健康美丽的韩国城市和生活景象，拉近了中国人民及全世界的城市人民之间的距离，让全世界各国之间的人民共同沟通和融合。

展示内容

观众通过认识 4 位韩国朋友感受韩国多彩的生活。这 4 个人物分别代表韩国的文化、人性、自然、技术，并以此定位展示空间的性质和展示故事情节。这 4 个人物作为传递韩国城市信息的使者，不只局限于抽象形象的传达，而是与观众通过更为具体、细致的形象进行沟通。

展示内容由欢乐街市（Smiling street）、多彩生活（Colorful life）、和谐城市（Friendly city）、可看到的梦想（Tangible dream），4 个阶段组成。

欢乐街：以"韩文字母"为建筑风格主题，通过独特的外观和多彩的颜色来吸引观众的视线。观众带着激动心情参观韩国馆欢乐街，会发现许多有趣、生动的食物，从而引发观众对韩国人民和韩国城市的好奇心。

多彩生活（Colorful life）：接下来进入形成韩国城市主体的多彩生活之中，体验韩国人的活力生活。以构成城市主体的人类希望（Hopewith humanity）、绿色自然（Green with nature）、伴随技术（Abound with technology）和活跃文化（Alive with culture）4 个主题为中心，具体展现当今韩国城市的特点和魅力。4 个主题空间和 4 种多彩生活构成了精彩的故事情节，让观众深深陶醉其中，像见到老友般带着激动的心情一路参观，从而对韩国人民的生活产生好感。

和谐城市：通过大型高清晰影像，让人们感受韩国城市的综合和谐。

可看到的梦想：最后一个展示空间综合了魅力城市和多彩生活，尽显韩国的潜力和创造未来城市的梦想。观众将对韩国的未来梦想产生共感，并面带微笑走出展示馆。

展馆概况

韩国馆位于世博园区 A 片区，占地面积 6000 平方米，其主题是"和谐城市，多彩生活"。展现世界人民都成为朋友来进行沟通和融合的城市文化及蓝图。展馆不仅运用 IT 技术来展示尖端展览影像，也通过多种文化交流和活动成为一个增进韩中两国互相了解、和睦相处的平台。韩国是一个半岛，被陆地文化（中国）和海洋文化（日本）所包围，因此有着引进文化与国际影响的倾向，这些因素积极融合，构成了当代韩国社会。设计师建造的展馆表达、展示了韩国文化的开放性和多元性。采用了"会聚"的主题，韩国馆融合了"符号（象征）"和"空间"：符号成为了空间，同时，空间变成了符号。

韩国馆主要从两个方面体现"城市，让生活更美好"，一个是开放性，一个是交流。即表达和2010年上海世博会观众有这样一个交流，韩国是一个开放的民族，它善于或者说热情地期待与各国的参观者进行交流。

Han-geul，即韩文字母，是展馆内"符号"的主要构成元素。整个主体离地7.2米，聚合了大量的韩文字母，使得符号构成了展馆空间，参观者由此得以在水平、垂直和斜线的移动中感知几何形态。构成韩文字母的几何形状也存在于其他文化之中，因此可以视为"开放"的符号来吸引所有参观者。

游客们可以在上海"踏上"首尔的土地，展馆一层就是缩小了300倍的韩国首都首尔；文化、人性、科技、自然这些韩国的城市信息，在二层通过各种高科技的手段演绎，在这里，游客们可以体会韩国城市的各个图景，包括韩食、韩服、韩国音乐等。2012年的丽水世博会，在这里提前展现。在描述未来的"I Ocean"部分，游客可以看到形象化的"海浪"，了解丽水世博会的海洋主题。

在韩国馆内你可以遇见象征着韩国的科技、自然、文化、人性的四位虚拟朋友，带领你畅游不同展厅。活力四射的B女孩会带你穿过动态艺术廊；看外国厨师的日记，收获很多韩国美食的制作、品味经验；而来到生态女孩的家，环保材料随处可见，"绿色设计"简便可行；进入IT人房间，灰银和黑色渲染强烈的科技感和未来主义风格。酷似"Rain"的虚拟人在另外一个房间候客，在他的引领下将参观实

际空间和网络空间的未来生活，两种截然不同又在同一个城市里互相融合的生活方式。

韩国馆的设计意在诠释出技术与文化融合在一起的未来城市，这与上海世博会提倡的主题"城市，让生活更美好"相得益彰。引领城市发展的信息、生物、纳米、宽带技术以及韩食、韩服、韩文、韩屋、韩纸、韩国音乐都将是展示的亮点。

韩剧里经常出现雪花飘飘的浪漫场景，让不少观众为之动情。世博会期间，参观者每天都可以在黄浦江畔的韩国企业联合馆里，欣赏到美丽的雪景。考虑到上海即使在冬季也很难接触到大雪，韩国企业联合馆将利用造雪机人工降雪，"降雪"的频率将达到一天 3 次，每次 20 分钟。

专家点评

韩国是位于东亚朝鲜半岛南部的国家，首都为首尔。朝鲜半岛地处亚洲大陆的东北部，自北向南延伸，全长 1100 公里。韩国山地占朝鲜半岛面积的 2/3 左右，地形具多样性，低山、丘陵和平原交错分布。矿产资源较少，由于自然资源匮乏，主要工业原料均依赖进口。韩国的国歌是《爱国歌》。木槿花是韩国的国花。花开时节，木槿树枝会生出许多花苞，一朵花凋落后，其他的花苞会连续不断地开，开得春意盎然，因此，韩国人也叫它"无穷花"。韩国总人口 5000 多万，主要为朝鲜民族，占全国总人口的 99%，是一个单一民族的国家。

挖掘传统 不遗余力

韩国馆的多媒体、IT 技术影像，尽情地展现自己的文化传统。韩国在文学艺术等方面都有自己的特色。韩国的美术主要包括绘画、书法、版画、工艺、装饰等，既继承了民族传统，又吸收了外国美术的特长。其中假面具又称"假面舞"，在韩国传统戏剧中占有极为重要的地位。

韩国文化在古代时受中国影响十分明显，早在唐朝时期，新罗国就专门派人到中国学习，甚至有

些东西直接照搬照抄地拿回去运用。在近代受到日本的影响较大。韩国是一个十分重视教育的国家，全国各类大专院校数以千计。

至 2009 年 10 月，韩国拥有 8 处世界文化遗产和 1 处世界自然遗产，被收入进世界遗产的韩国文化遗产包括：首尔宗庙、海印寺等。韩国其他名胜有景福宫、青瓦台、乐天冒险世界、龙头岩、城山日出峰等。韩国馆不忘这些文化产业的成就的展示。

高标准的绿色与环保

韩国馆的参展口号是技术和文化融合在一起的未来城市。韩国企业联合馆的主题是"绿色城市，绿意生活"，其建筑设计也体现了绿色、环保的概念。展馆内用各种影像手段，展示绿色成长、节约资源等主要内容，给参观者带来视觉、理念上的冲击。为了不污染环境，整个展馆的外立面由合成树脂做成。在上海世博会结束后，这些树脂外立面被全部拆除下来，"变废为宝"，制成环保袋，分发给上海市民。

新颖、开放的设计

韩国馆是设计非常奇特、新颖的展馆之一。韩国馆占地 6000 平方米，参展主题鲜明、设计独具特色，成为上海世博会上最吸引人的展馆之一。韩国国家馆以"和谐城市，多彩生活"为主题，展现世界人民都成为朋友来进行沟通和融合的城市文化及蓝图。展馆不仅运用 IT 技术来展示尖端展览影像，也通过多种文化交流和活动等成为一个增进韩中两国互相了解、和睦相处的平台。

展馆外立面以立体化的韩文和五彩像素画装饰。远观展馆，由几个硕大的韩文字母连接而成；近看外墙，则为无数凹凸有致的韩文字母。韩文是韩国的发明，其创造性和重要性体现了韩国整个国家的文化独立性。韩国馆使用韩文来构成全部的空间，让参展者们可以全方位体验韩文。以造型独特的韩国文字作为上海世博会韩国馆的外观设计，是韩国馆的最大创意，这一"立体化"韩文，以五彩瓷砖装饰外表，以"沟通、融合"为文化内涵。

全开放底层设计引来自然通风，韩国企业联合馆共分为三层，底层是一个全开放性的空间，展示12个参展企业对绿色经营的思考，介绍各参展企业的尖端技术和经营理念。参观者可在此一边排队等候入场，一边了解韩国企业的情况。展馆设计方介绍说，底层的开放式空间还能够增加空气的循环量，通过自然通风而不是人工造冷，来解决世博会期间可能遇到的高温天气。

行走盘旋斜坡观看360度电影。在参观韩国企业联合馆时，参观者先从一楼乘坐电梯到三楼，然后再通过一段盘旋的斜坡，抵达二楼展区。在这条斜坡的上下左右，都安装有液晶显示屏，让参观者体验一场360度的电影。三楼展厅有一座"绿色城市，绿意生活"体验馆，参观者可亲身体验未来的智能型城市，包括自动化住宅、尖端交通系统、新型能源等韩国绿色IT技术。在展馆二楼，通过互动触摸屏等多种多媒体技术，展示韩国企业塑造的韩国大都市。

韩国馆地面大部分都是开放的户外空间，借此可以体现出融合城市的概念。等候区域被称为"我的街道"，参观者宛若置身于首尔市的街头。展馆格局恰似一个微缩的首尔，通过尖端数码和普适技术使两个城市间能够实现直接交流，一步一景。

与游客拉近的方式

游客们可以在上海踏进"首尔"的土地，展馆一层就是缩小了300倍的首尔；文化、人性、科技、自然这些韩国的城市信息，在二层通过各种高科技的手段演绎，游客们可以体现韩国城市的各个图景，包括韩食、韩服、韩国音乐等。

韩国城市现在和未来都在新的影像环境中加以展现。五光十色的舞台、软糯鲜香的美食、鸟语花香的房子、充满未来创意的尖端城市轮番登场，参观者就是各类生活的体验者，接触到最真实的韩国。

2010年6月29日下午，韩国馆邀请了60余名游客参与泡菜制作的体验活动。在韩国厨师的悉心面授下，亲自动手制作萝卜泡菜，大家了解了制作泡菜的主材料、配料，学会了萝卜的切法、腌制以及保存方法。

New world! Just for you!

进入6月以来，每天前来韩国馆内韩国餐厅就餐的游客超过2000名，即便过了就餐高峰时间，等候就餐的游客仍然在餐厅外排着长长的队。泡菜及腌制食品常常是刚一进货，就被抢购一空。

　　8月8日上午，在上海世博会韩国馆一层开放空间举行的韩纸太极扇工艺体验活动，每天举办3次，每日有50名游客可以亲手制作太极扇，并把自己制作的扇子带回家。游客用自己制作的扇子来遮挡火辣辣的太阳光，可以提高游客参与活动的兴趣。

　　2010年9月19日起，韩国"民俗周"活动在韩国馆和亚洲广场上举办，为期5天。来自韩国多家艺术团的72名演员专程赶来参加活动，为参观者在中秋佳节之际献上视听盛宴。观众不仅能够看到天空达来艺术团带来的"四物游戏"表演，还领略到马实演奏团用奚琴、伽倻琴、单簧管来演奏的阿里郎等韩国传统民歌和电影音乐。韩国街舞团的表演娴熟的舞技、高难度动作让参观者喝彩声不断。

频繁的中韩友谊活动

　　中韩友谊是韩国馆的主要展示内容之一，各国国家都是努力做这样的友谊工作，看谁做得最好。韩国人非常认真地做了几件事。第一件事，6月9日上午，中国近代音乐家郑律成音乐会在韩国国家馆一层舞台上演。音乐会上，数家合唱团、女高音歌唱家及上海民乐团同台演出，演奏了郑律成的代

表作。当舞台上奏响中国革命歌曲《延安颂》时，现场的上千名游客报以热烈掌声，部分游客还跟着旋律哼唱了起来，整场音乐会成为了韩中两国文化交流的大舞台。第二件事，2010年7月26日下午，上海世博会韩国馆迎来了正式开馆以来的第300万名参观游客。来自四川成都的何宇含幸运地成为了韩国馆的第300万名游客，今年才7岁的她在母亲李雪梅的陪伴下，母女二人获得了2张飞往韩国的往返机票。第三件事，韩国馆为让游客能以愉快的心情参观，每天下午都会向游客免费发送1440瓶济州岛矿泉水，让每位参观者都带着感动离开。

韩国馆是一个独特的展馆，民族特色鲜明，传统文化浓郁，具有很强的科技创意，竭尽全力打造中韩友谊的情感，各方面做得都很出色。

BIE 点评

A 类奖项：展馆设计奖

银奖授予韩国馆，因为该馆的户外空间设计得舒适宜人，同时外墙设计虽然复杂精美，但与展馆融为一体，且材料完全可以再利用。

SILVER goes to the Republic of Korea for their friendly outdoor spaces and the intricacy yet integral part of the texture which is fully recyclable.

设计师访谈

韩国馆建筑设计师：Minsuk Cho
（Mass Studies 建筑事务所）
时间：2010 年 11 月 18 日

采访人：第一个问题是，韩国馆要传达什么思想？它是如何体现世博会"城市，让生活更美好"的主题？你在之前的信件回复中已经涉及了，我想再请你谈谈一些相关的细节。

Minsuk Cho：韩国馆主要从两个方面来体现"城市，让生活更美好"的世博会主题。一是开放性。韩国受到不同的有趣的文化影响，本质上是文化的整合与聚集，这与它的地理位置有关。二是交流，也是重点。我们想把韩国馆做成具有标识性的建筑，因而使用了许多标识。虽然韩国在几百年前建国时是一个君主制国家，但百年来的发展已经使它成长为一个非常非常民主的国家。

采访人：我们是否可以这样理解？您设计的韩国馆建筑是希望和 2010 年上海世博会的观众有这样一个交流：韩国是一个开放的民族，它善于或者说热情地期待着与各国的参观者进行沟通和交流？

Minsuk Cho：对的。

采访人：能否介绍一下您是如何得到韩国馆外形设计的项目任务的？

Minsuk Cho：通过比选。政府在考虑设计的内容和建筑特色等设计元素后，最后选择了这份设计方案。

采访人：当初的外形设计稿就是现在这个由韩国文字组成的形象？

Minsuk Cho：是的。我们当时招标评选中的一些原始理念基本都在现在的韩国馆里用上了。

采访人：能告诉我们韩国馆现在所呈现的韩国文字是什么意思吗？

Minsuk Cho：我们认为韩文字母是一种最能代表韩国的方式，它可以体现出中韩文化的渊源。韩文有 24 个字母，每个字母都是由横、竖、圈构成。当我们用韩文字母构成韩国馆的时候，就等于韩国馆也有了水平、垂直、圆圈的形态。

采访人：当初为什么没有考虑用一些具体的文字内容来构成整个外形文字，而只是用简单的笔画或字符来呈现？作为中国人的我们，除了看到这些字母，可能还想进一步了解它们，了解这些符号组成的内涵，了解这些字母构成的色彩形象的特殊内涵。

Minsuk Cho：好，我来解释一下。我们在设计时首先想到的就是韩文字母本身是几何形态的，我们可以把它作为外表的几何图案来表现。另外我们还做了白色的凹凸切割的样式，就是把外表做成很动感的样式。韩国艺术家江益中（IK-Joong Kang）做了很多艺术面板，上面的韩文是诗歌和一些短小美好的句子。这些艺术面板是用来表现内容的，同时也用作场馆的建筑材料。因此我们的韩文字母等于有三个用处：第一，构成展馆的几何形态；第二，艺术面板上的韩文是像诗一样的句子；第三，构成字母彩色图案，远看就如同花纹一样。

采访人：请问艺术面板的装饰在哪里？

Minsuk Cho：艺术面板贴在展馆的外表，在等候区内侧的两边和顶棚也可以看到这些艺术面板。

采访人：好的，谢谢。我们得知每一块艺术面板上都有韩国明星的签名，这是出于展馆结束后回收利用的考虑还是从纪念的角度考虑的呢？或是想利用明星的感染力来与中国观众进行沟通？

Minsuk Cho：是的，我们从一开始就已经考虑到了建筑材料的回收和利用。韩国面板实际上都是由江益中设计师签名的，结束之后会用作慈善事业。

采访人：谢谢，我们进入下一个问题。您是一位建筑设计师，那么展馆的设计和内部的展示设计以及等候区、表演区的设计是不是同步进行的？你和展示设计师的协调与合作是怎样的一种情况？

Minsuk Cho：展示设计也是通过评选产生的，两方面的设计同时进行。我们基于同一个主题，就是文化的聚合、文化的交流。韩国在声光电、多媒体技术、高科技方面非常先进，高科技也是双方交流的非常重要的工具。韩国馆的内外设计都使用了高科技的理念，使其成为真正开放、交流的展馆。

采访人：我们注意到在展馆内设置了很多互动展项，比如有一个文字转动的展项，还有一些屏幕可以让观众直接触摸韩国馆的理念等。在这个过程中，外形与内部空间的展示设计是同时完成的？还是你把大致的空间给到他们，他们有什么改动再请你在空间上做一些调整？

Minsuk Cho：我们相对还是比较独立的。一般来说，双方在开始的时候合一合彼此的设计，之后还是比较独立的。

采访人：理解，你们采用的也是既合作又独立的工作方式。接下来我想问些关于特别展项的问题。能否向我们介绍一下一些展项的特色？比方说在剧院的等候区有五六个吊灯，上面是镂空的剪纸，这些灯想要表现什么内容？

Minsuk Cho：不太清楚。

采访人：最后一个"和声城市"的剧院采取真人与动画结合、影像与表演结合的形式，让我们大家看到一个很受感动的故事。您能否介绍一下它的创作过程？

Minsuk Cho：因为我是建筑师，不太清楚它是怎样创作的。但从我个人来看，它是使用韩国先进的科技和通信技术的一个很好的例子，体现了展馆的交流主题，是与参观者之间的科技交流。

采访人：最后影剧院的空间框架门是打开的，这个空间结构是不是和您有比较多的交流之后才形成的？

Minsuk Cho：是的，但没有深入到细节，只是讨论到大的框架和出口的位置。

采访人：韩国馆的整个建筑外表采用了韩国的文字，既代表了韩国文化，也是中国文化的延续。馆内有些参观者的等候区域，是不是您当初接到这项任务时就考虑到世博会的观众会需要一个大空间作派对等候用？还是说你进行了设定，一部分观众是在里面看节目的，一部分观众等候是为了看展览的？

Minsuk Cho：其实两个方面都考虑到了。韩国馆本身就是一个开放的展馆，我们在设计时考虑到上海会出现的高温、雨天、热带风暴等天气情况，因此在等候区域留出了非常宽敞的空间。而且我们的等候区是有遮蔽的，这样对于参观者来说就会更加舒适。另外我们也考虑到了布展这一块。我们会让等候的观众看一些半小时左右的影片，这样可以使他们在等候时就能了解一些相关的情况。

采访人：我还想了解一下，在您的展馆从图纸变成现实的过程中有没有遇到困难？并且，作为设计师、作为监制，您在建筑施工的过程中有没有亲自来过上海？

Minsuk Cho：现场施工的时候我来了两次。我们有常驻的现场设计师，这位同事在上海待了很久。他刚来的时候不会讲中文，回去时已经会讲一些了。

另外，挑战肯定是很多的。首先面临的问题就是时间比较紧。我们韩国馆在做方案设计的时候，其他展馆的设计方案已经完成了，韩国馆几乎是最后一批动工的展馆。而且我们的展馆面积很大，结构也比较大，所以时间上是一个问题。另外，我们来到中国，面临一个新的工作环境，以及因为文化差异带来的问题，也是一个挑战。但我们所遭遇的最大的挑战就是经费上的挑战。

我们的预算是 900 万美金，而且我们当时认为，如果你花很多钱去做一个只使用 6 个月的展馆，本身就是与世博会的可持续发展理念背道而驰的，所以我们希望能够控制投入，多快好省地做出一个很好的展馆。

采访人：那么你们在上海找的是哪个施工团队？你们跟中国团队在工作中肯定会有文化上的差异和由此带来的不便。能否举一些例子告诉我们你们是通过怎样的交流来改变一些看法和推进工程的？

Minsuk Cho：我们比较大的困难是语言问题。刚开始接洽的时候，中方基本上是没有人说韩语的，但之后还是寻求了一些方法进行交流。到工程差不多结束时，我们与中方已能借助一些方法就相关问题沟通得很好了。

采访人：我们知道韩国馆的钢结构曾碰到过一些困难，最后是如何解决的？

Minsuk Cho：钢结构是一个比较早期的问题，还是一个是施工方面的问题。我们花了比较多的时间与施工方沟通，最后在世博局的协调帮助下解决了这个问题。双方耗费了比较长的时间，中方也有派专家来帮助解决。

采访人：钢结构是设计上的合理性问题，还是施工上达不到？或是碰到了具体构件上的问题？

Minsuk Cho：不是设计的问题，是当时施工方认为做不到。

采访人：钢结构的深化设计图纸是谁画的？

Minsuk Cho：是上海的一家建筑事务所。

采访人：他们在设计了图纸以后发现施工有困难？

Minsuk Cho：是的。这个是机密的信息，不太好说。

采访人：好吧。我想问一下您个人对世博会感受的问题。您在上海世博会参观过几个国家馆？

Minsuk Cho：大概十来个展馆。

采访人：上海世博会有 80 个自建馆展馆，除了

韩国馆您最喜欢哪一个国家馆的外形？

Minsuk Cho：丹麦。

采访人：为什么？

Minsuk Cho：它是一个非常新鲜、非常有创意的设计，而且造得很好。

采访人：我也很喜欢丹麦馆。那么除了外形上，从展示形式和展示内容上您最喜欢哪个馆？

Minsuk Cho：丹麦馆。

采访人：是因为它提出的生活方式你比较赞同吗？

Minsuk Cho：我喜欢丹麦馆是因为小美人鱼，也很认同它提出的生活方式。丹麦馆的整个展示内容和形态都很好。另外，我还喜欢瑞士馆。

采访人：我比较欣赏的是丹麦馆把小美人鱼的梦想带到了中国，也把丹麦人对生活的梦想和实践带到了上海。我觉得这种方式是非常可取的，而且整个展馆的设计也比较简易。

Minsuk Cho：是的，而且它的表达方式是很现代的。这么小一个国家来到中国，展示出这样的内容是很好的。

采访人：说完了对展馆的一些感受，我想请教一个问题。你有没有注意到，丹麦馆和芬兰馆相邻，它们表达的一些方式、色彩视觉的语言方式上都采用了白色，你对这个问题有关注吗？设计理念是什么？

Minsuk Cho：我只能从自己理解的角度来谈。我觉得可能白色代表了纯洁、纯粹，同时白色的造型无论在阳光下还是阴影下都会很好看。其实韩国馆也大量使用了白色，作为和彩色的一种交替，体现我们的精神。还有另外一种可能，在丹麦和芬兰文化中，白色有自己的寓意，所以他们都选择了白色作为他们的主题色。

采访人：那您对上海世博会的总体感受是怎么样的？我们知道 2012 年韩国将在丽水举行世博会，上海

世博会的一些相关的理念或者接待人流的总量可能会给丽水世博会带来一些影响，您可不可以谈谈你的想法？

Minsuk Cho：我觉得丽水世博会在规模上面肯定不可能与上海世博会相提并论，因为上海世博会在中国举行，中国是一个日益强大的国家，大家都对世博会非常感兴趣，所以会有很多的游客。韩国本身就是一个比较小的国家，丽水又是一个位于南部的比较小的城市。我们当然会从上海世博会学到很多经验，但丽水世博会会有自己的特色。

采访人：上海世博会在人流量上取得了突破，也汇集了非常多的国家和组织参展。您觉得上海世博会有没有需要改善的部分？从哪方面入手？

Minsuk Cho：我的世博经验还不足以提出什么建议或意见。中国在短短的几年间举办了许多全球性的盛会，这是非常惊人的。尤其是上海世博会的规模和总人数都是前所未有的，我觉得主办方完成得非常出色。所以我想我们做丽水世博会时，从筹备一直到最后的撤展拆馆，都希望能从上海世博会这儿学到一些经验。

采访人：谢谢。能否与我们分享一下您对上海这座城市的感受？

Minsuk Cho：上海是一个大都市，给我印象最深的就是上海这个大都市的活力。每天都有丰富多彩的事情在发生。在它高速发展的过程中，整个城市给人一种生机勃勃的感觉。我知道上海也正致力于建成一个商业中心、一个金融中心，它在这个过程当中吸纳了很多不同的文化、不同的理念。上海是一个很开放的城市，尤其上海世博会又从另一个层面加强了它的进化。而且上海世博会给上海带来了非常积极的正面影响。上海正在逐渐成长为一个国际化的城市，对外国人非常友善、非常好客。我希望有机会再来上海拜访。

采访人：欢迎再来上海。你有没有了解到上海最近发生的事情？

Minsuk Cho：高层着火？

采访人：你有没有设计过高层的住宅建筑？

Minsuk Cho：设计过 36 层高的楼。

采访人：那么您在设计高楼时是怎样设计避免火灾的？

Minsuk Cho：肯定要把消防放在非常关键的位置，一定要遵守法律法规。建筑造到 50 层、60 层，危险性也会随之增加，所以要特别注意。

采访人：谢谢您今天能接受我们的采访，不仅就韩国馆的建筑外形为我们作了那么多介绍，也让我更深层次地了解到了建筑方面的相关问题。

Minsuk Cho：谢谢，我也很高兴。

采访人：我们也很想了解韩国馆的内部展示设计，我们对里面呈现的一些文化现象很感兴趣，能不能把展示设计师的联系方式告诉我们，我们也想和他进行一个深入的交流。

Minsuk Cho：我会发一封 E-mail。

采访人：再次感谢您接受采访，以后我们还会有些相关的问题希望能与您交流。

Minsuk Cho：我也很高兴，而且也愿意和您保持联系，同时祝贺世博会取得了圆满的成功。

邮件交流

外观设计师：Mr. Minsuk Cho
（Mass Studies）

一、展示内容

1. 贵馆的主题和理念是什么？

韩国是一个半岛，被陆地文化（中国）和海洋文化（日本）所包围，因此有着引进文化与国际影响的倾向，这些因素积极融合，构成了当代韩国社会。我们希望建造的展馆可以表达、展示我们文化的开放性和多元性。我们采用了"会聚"的主题，韩国馆融合了"符号（象征）"和"空间"：符号成为了空间，同时空间变成了符号。

2. 如何将贵馆的设计与"城市，让生活更美好"的主题联系起来？

韩国馆设计方案征选的时候，许多国家馆的方案选择已经尘埃落定，因此我们不得不与时间赛跑。但这一点对我们也是有利的，因为我们已经知道了周边展馆的设计，这帮助我们可以更好地完成主题设计。尽管我们知道世博园将是一个为期6个月的临时性城市，我们还是因为延后的关系，得以在一个真实的"城市"环境中进行设计，而非如其他大多数展馆一样，在空白的空间中设计。

因此，我们利用这一城市环境的优势和其他情况，在设计展馆时特别考虑了参观者的需求——例如：将展馆整体抬高，为参观者留出遮阳避雨的等候空间；设有可以俯瞰江景的餐厅；有可以看到全景的天台等等——特别强调了在世博园中创造更美好的生活方式。

3. 贵馆是如何考虑参观者对展馆设计的感知？

Han-geul，即韩文字母，是展馆内"符号"的主要构成元素。韩国馆整个主体离地7.2米，聚合了大量的韩文字母，使得符号构成了展馆空间，参观者也由此得以在水平、垂直和斜线的移动中感知几何形态。构成韩文字母的几何形状也存在于其他文化之中，因此可以视为"开放"的符号来吸引所有参观者。

4. 有没有针对中国参观者特别进行思考和设计？

在设计的过程中，首尔和上海两座城市的相似之处（硬件和文化方面）给了我们很多灵感。我们想象中的韩国馆应该成为两个城市互相理解的桥梁，是两个城市文化融合的产物。我们知道绝大多数的参观者将是中国人，因此大部分的设计（包括布展）都考虑到了这一点。

二、展览设计

1. 您是如何使用设计语言来诠释展馆和世博会的主题的？主线、重点和亮点是哪些？

对于仅持续6个月的世博会来说，我们深感"可持续性"（本届世博会的重要内在主题）的挑战性，甚至是矛盾的。因此，在这一特定环境下，我们决定侧重"可持续性"，用艺术面板（韩国艺术家姜益中设计）通过金属电镀包层的方式来处理大部分的非外围表面。每一块面板都会由这位艺术家签名，并在世博结束后出售，所有的销售所得将捐赠给国际慈善机构。这不仅是一个募集资金的过程，通过这个兼具社会性和艺术性的过程，将外层建筑材料作为艺术品回收利用，也以一种独特的方式直接而有效地体现了韩国馆的可持续性。这可能是发达国家展馆中成本效率最高的展馆了。同时，包括钢结构在内的90%的建筑材料都是可以回收再利用的，因此降低了10%的建筑成本。

2. 您的设计如何优化空间利用？

通过将展馆主体和结构主体及外围边缘架高7.2米，

留出了宽敞达 2/3 个足球场面积的有遮蔽的等候（演艺）空间。进入展馆第二层，是一个幽暗的、3700 平方米的展示空间。黑暗为展示提供了可控背景。我们将空间设计为开放的平面，保证能应对大量人流。第三层主要是贵宾室、媒体室、会议室和员工办公室。

展示空间（建筑的西北端）的对面是一个独立运营的餐厅，从这里可以通往屋顶花园，在那里可以俯瞰黄浦江和上海的天际线。

3. 参观者的设计人数是多少?

在人流控制方面，展厅每 30 分钟可容纳大约 1000名参观者。展馆底层提供遮阳避雨和降温设施(造景小河，降温设备) ，可容纳约 1400 名参观者等候。加上外面的排队等候区域，大约可容纳 3400 名参观者。在室外舞台区域，还有大约 650 个座位。

4. 如何处理大量人流?

除了遮阳避雨的设施外，展馆底层还有户外文艺表演，以及乙丙橡胶质地的山石供参观者休息、嬉戏。同时还有一些放映展馆和首尔信息的大屏幕监视器和大型显示器来促进和参观者的互动。

三、技术问题

1. 落实设计中您使用了什么先进的技术或技巧?

展馆的大部分外部为两种铝板电镀包层：白色的韩字（韩文字母）面板和彩色的艺术面板。这两种面板叠加的效果体现了我们尝试大量定制化以达到数码建筑的优势。例如，韩字面板的电脑数控切割和折叠技术，还有艺术面板像素的彩色印刷技术。如果没有如此先进的技术，简单的重复将是我们保证成本效率的唯一选择。现在这两项技术让我们得以创造一个电镀金属包层架构——包含 4 万块面板，不仅控制成本，还几乎毫不重复。我们作为建筑师，只需要比普通的建筑多画图即可（电

脑数控切割面板使用电脑绘图，彩色印刷使用数码图像）。同时，这两种重纹理重色彩的面板也是应对快速廉价建筑的良策，因为他们掩盖了建筑的细微缺憾（例如，不平的连接处等），但我们必须明白，完美建筑所能支撑的简约设计在这一项目中是难以负担的。

2. 落实设计中最大的遗憾是什么?

我想我们对于在有限条件和预算下完成的结果相对较为满意。

沙特阿拉伯馆

主题陈述

主题名称

Vitals of Living 生机勃勃（生活的要素）

基本情况

沙特阿拉伯王国因以下盛名而驰名世界：

（1）通过横跨阿拉伯地区的贸易路线与外界建立稳定的联系而产生的延续数千年的文明所造就的世界历史遗产。

（2）作为当今最大的能源生产国在国际上的经济和战略地位。

（3）作为伊斯兰教的发祥地以及圣寺的守护神赋予王国的精神地位。

（4）王国广袤的地域以及位于阿拉伯半岛的独特地理位置，国土面积约为 225 万平方公里。

沙特阿拉伯王国是孕育文明的摇篮。在古老的贸易和朝圣路沿线以及老绿洲的周围建立起大批定居点。现代沙特阿拉伯目前拥有 200 多座大型、中型和小型城市，在全国 2400 万人口中，超过 80％居住在这些城市。沙特的城市可以分为以下几类：

1）海港城市；

2）边境城市；

3）能源城市；

4）沙漠城市；

5）绿洲城市；

6）山地城市；

7）神圣的城市；

8）知识（智慧）型城市；

9）现代经济型城市。

沙特的城市在恶劣的环境中发展起来，这样的环境几乎或根本没有居住的条件。在发现石油和改善经济后，沙特阿拉伯的城市化和城市建设进程以前所未有的速度迅速发展。大规模的城市化在沙漠中蓬勃发展——只不过花了几十年的时间。

目标和信息

沙特阿拉伯王国的展馆综合展示其成功的城市和人文发展，并突出沙特在气候和地形的限制下进行城市建设的经验。展馆还将展示王国对提高所有城市、农村和游牧人口生活水平的追求。

展览的主题

沙特馆将展示沙特阿拉伯的城市生活以及城市中的人文生活，以便参观者对沙特阿拉伯王国整个地区的情况获得初步的了解。展馆将展示沙特蓬勃发展和为居民提供更美好生活的五个重要因素：

（1）一捧沙；

（2）水滴；

（3）油滴；

（4）知识的火花；

（5）政治上的团结。

展馆将展示沙特如何运用这些要素建设更繁荣的城市和获取更美好的生活。

展览设计的线索

线索1：一捧沙

这部分象征地大物博。简单地突出了沙特阿拉伯王国地域和人的多样性，随后描述了条件恶劣的海洋、沙漠和山地环境，即沙特阿拉伯地形的主要自然特征。参与展出的还包括沙特人民与这些恶劣环境成功共生的模型。

线索2：水滴

这部分揭示了水滴对沙特城市的重要性。水滴是伊斯兰最古老和最神圣的城市－麦加发展的象征。水滴来自干旱的河谷，挽救自井中冒出的水泡，自先知伊斯玛依的母亲，为了给孩子解渴，在荒野中用双手从泥土里舀出涌泉，渗渗井至今仍在流淌。展览将向参观者介绍沙特人民的先锋从沿海、沙漠和山地城市获取淡化海水的经验。

线索3：知识的火花

在这部分中，参观者将欣赏到促进沙特城市外貌形态发展的社会文化和精神文明传统。展品包括展现优秀阿拉伯书法的壁画艺术品，其中的字母代表其道德和知识。参观者在缓步欣赏这部分展览时，将会逐渐发现阿拉伯文明在人类知识发展和与其他世界文明交流人类知识过程中所起的作用，以及沙特王国通过大型现代大学、健康和知识型城市，不断增强发展知识的兴趣。

线索4：油滴

在沙特阿拉伯王国，石油的发现和石油相关行业的兴起对沙特人社会经济和城市生活的提高起了很大的作用。出现了一类称作能源城市的新型聚居地。这部分将集中介绍这类城市，石油和石油相关行业对出现这类城市的作用，导致的环境污染，以及为这类城市的居民追求更好的生活而采取的解决污染的政策措施。

线索5：政治上的统一

阿拉伯半岛曾经遭受内部斗争，竞争派系，交战部族和政治动乱，直到沙特阿拉伯王国的创始人、国王阿卜杜勒阿齐兹为现代国家的统一奠定了基石。王国更在1932年成为一个正式的国家。自那时起，国家就开始致力于改善国民的生活。这部分展示了首位国王和继任国王在城市发展、人力资本和制度建设等方面的显著成就，并介绍了 13 个行政省份的主要城市中心，突出了他们的社会经济建设和与周边农村地区的互动关系。

线索 6：繁荣的未来

在这个剧院中，参观者将观看沙特阿拉伯十大经济城市的录像。这十大城市将创造 130 多万个就业机会，拥有 500 多万居民，创造超过 7000 亿美元的成本。

线索 7：沙中双边关系

这部分将展示沙中两国重视具有悠久传统的相互友好关系。在国王阿卜杜拉和国家主席胡锦涛的领导下，双方关系得到了进一步加强。参观者从一进入到离开展馆的过程中将强烈感受到这是沙特馆的一个重要展出部分。

线索 8：纪念品一角

沙特馆将设计和制作各种礼品，并在参观者离开展馆之前作为沙特的纪念品派发给他们。

展览布局图解

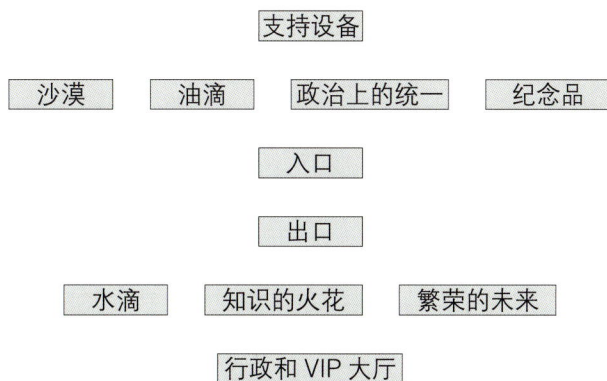

	支持设备		
沙漠	油滴	政治上的统一	纪念品
	入口		
	出口		
水滴	知识的火花	繁荣的未来	
	行政和 VIP 大厅		

展馆概况

沙特馆位于世博园区 C 片区，展馆面积 6000 平方米，其主题是"多元合一，生命的活力"。展馆展现对沙特阿拉伯城市崛起和发展以及对当地居民生活产生巨大影响的五大核心，与 2010 年上海世博会"城市，让生活更美好"的主题相契合。

场馆着重展示在没有河流和湖泊的严酷自然环境下，如何创建美丽的城市，营造美好的生活。四种类型城市构成了沙特馆的展示特色：一是能源之城，二是绿洲之城，三是文化古城，四是新经济之城。从中可以看出，水、石油和知识，是沙特城市发展的安身立命之本。

沙特在城市发展过程中，还特别强调团结统一。因为没有团结，就不会有多元文化并存，就不会有和谐发展，就不会有国家和老百姓的未来。

场馆灵感来自于沙漠中的绿洲，主体建筑更像一艘高悬于空中的大船，底部和甲板种满了沙特标志性植物：枣椰树。在地面和屋顶栽种外观类似椰子树的枣椰树，形成一个树影婆娑、沙漠风情浓郁的空中花园，这是沙特馆的一大特色。掩映在枣椰树树荫下的沙特馆，如同一颗绿宝石；被钢铁立柱悬空支撑起的圆弧形展馆，又像一艘"宝船"破浪前行。

主体建筑虽然没有一扇门和窗户，但光线十足，空气畅通。它不是从太阳那里直接得到光线，而是利用并转化光能。风则是从悬空的底部缓缓吹来，实现能源的环保利用。馆内除了展示绵延数千年的丝绸之路交流，还介绍沙特地理位置、人口、历史、政治等国情。沙特在馆内建立一个充满创意的 WA 空间，将建成世界上最大的 IMAX3D 三维影院，影院屏幕达 1600 平方米，相当于两个足球场，以全新体验方式让观众感受沙特古老的手工艺等。展馆的墙上和地上还以水幕形式展示中沙两国的文字书法。

专家点评

沙特阿拉伯，位于亚洲西南部的阿拉伯半岛，东濒海湾，西临红海，同约旦、伊拉克、科威特、阿联酋、阿曼、也门等国接壤。沙特是名副其实的"石油王国"，石油储量和产量均居世界首位。沙特是世界上最大的淡化海水生产国，其海水淡化量占世界总量的 21% 左右。沙特实行自由经济政策，石油和石化工业是沙特的经济命脉。

幸福的沙特人民

"沙特"取自于沙特阿拉伯王国的创始人伊本·沙特之名。而在阿拉伯语中，沙特是"幸福"的意思，"阿拉伯"则指"沙漠"。人口 2611 万，其中沙特公民约占 70%。绝大部分为阿拉伯人，信伊斯兰教，讲阿拉伯语。

沙特阿拉伯展馆的划定区域总面积达 6000 平方米，其主题为"生命的活力"。沙特国家馆展现沙特阿拉伯城市崛起和发展居民生活，与 2010 年上海世博会"城市，让生活更美好"的主题相契合。沙特政府重视教育和人才培养，实行免费教育。全国共有各类学校 2.28 万所，其中综合性大学 8 所，学院 78 所，高等宗教大学 5 个，全国发行 13 种报纸，24 种杂志，1 家沙特通讯社，3 家广播电台，5 个电视台。展馆展示了沙特人民的收入和幸福生活。

浓情枣椰树

沙特的国徽呈绿色，由两把交叉着的宝刀和一颗枣椰树组成。绿色是伊斯兰国家喜爱的颜色。宝刀象征圣战和武力，象征捍卫宗教信仰和保卫祖国的决心和意志；枣椰树代表农业，象征沙漠中的绿洲。沙特人民最喜爱枣椰树，并把它作为捍卫宗教信念的象征。沙特馆共需要 150 棵枣椰树，虽然可以通过海运从沙特长途引进，但由于枣椰树对环境非常敏感，引种成功的难度非常大。这一问题始终困扰着沙特馆的工作人员，他们几次都快放弃了。没想到最后一刻，在中国科研机构的帮助下，终于在中国南方找到了一种枣椰树。

沙特国家的沙漠中的绿洲生长着枣椰树，宝船的底部和甲板种满了枣椰树。在地面和屋顶栽种的枣椰树，形成一个树影婆娑、沙漠风情浓郁的空中花园，这是沙特馆的一大特色。

充满活力的设计

沙特馆的参展主题是"生命的活力"，展馆面积 6100 平方米。造型亮点："丝路宝船"。掩映在枣椰树树荫下的沙特馆，如同一颗绿宝石；被钢铁立柱悬空支撑起的圆弧形展馆，又像一艘"宝船"破浪前行。沙特是个沙漠中的国家，绿洲对于沙特具有非常的意义。沙特在"月亮船"的顶部和底部建造绿洲花园，展厅悬空于两个花园之中。底部由沙特植物和中国植物组成，两国植物的和谐共生象征着中沙之间深厚的友谊。

沙特馆之所以引入枣椰树，一是因为千百年来，枣椰树养育了沙特人。在沙特，有枣椰树的地方，才有村庄和城市。沙特人对枣椰树感情极深，以致让其"生长"在沙特国徽上；二是枣椰树多产而长寿，象征了沙中两国之间悠久的交往历史以及紧密的合作友谊。沙特面向全球征集参展上海世博会的国家馆设计方案，而最终入选方案来自一家中国公司。这座展馆的采光和通风充分考虑了上海地域特点，占主导的坡道设计便利了肢残和盲人群体，称得上是一座以人为本的环境友好型建筑。

大船的构造更是高科技。主体建筑虽然没有一扇门和窗户，但光线十足，空气畅通。原来它不是从太阳那里直接得到光线，而是利用并转化光能。风则是从悬空的底部缓缓吹来，实现能源的环保利用。

现代化的内部展示

沙特馆内建立一个充满创意的 WA 空间，建成了世界上最大的三维影院，影院屏幕达 1600 平方米，相当于两个足球场，以全新体验方式让观众感受沙特古老的手工艺。展馆还着重展示在没有河流和湖泊的严酷自然环境下，如何创建美丽的城市、营造美好的生活，展示

了能源之城、绿洲之城、文化古城和新经济之城。从中可以看出，水、石油和知识，是沙特城市发展的安身立命之本。更具有诱惑力的是沙特馆还引入了超大规模三维影视屏，用水流书写中阿文字的现代高新科技。

有"石油王国"之称的沙特阿拉伯参展中国2010年上海世界博览会，建造的并不是一座石油馆，而是一艘"丝路宝船"。乘上这艘船，回头可望见1000多年前中国与阿拉伯世界之间"海上丝绸之路"的兴盛场景；朝前看，象征中沙两国交流合作、中阿两大文明融合共生的一棵棵枣椰树，枝繁叶茂、生机盎然。

中沙友谊的展示

沙方实际投入资金超过2亿元人民币。沙特方面表示，建筑结构可以封顶，资金投入"不会封顶"，沙特馆展示结束之后，沙特人民把它作为一份珍贵的礼物奉献给中国。

2008年5月12日中国四川汶川大地震发生之后，沙特阿拉伯为中国提供的援救物资和捐款总价值高达5000万美元现金和1000万美元物资，是所有提供援助的国家中资助数额最大的国家。另外，各个阿拉伯国家的王室成员也积极组织捐款、义卖。

9月23日迎来沙特馆国家馆日。沙特城乡事务部大臣曼苏尔亲王出席了馆日庆祝仪式。曼苏尔亲王在致辞中说，上海世博会是巩固沙中关系的良机，为此沙特建造了本国参加历届世博会以来最大、最先进的展馆，这充分反映出沙特对沙中两国和两国人民友好关系的重视程度。他表示，在过去4个多月里已经有数百万游客参观了沙特馆。"最令我们感到欢欣鼓舞的，是游客参观完沙特馆后的积极反映，尤其是青年游客的反映。参观完沙特馆后，他们对沙特的人民、社会和文化有了更好的了解。在当前世界相互融合不断加深的趋势下，我们很高兴看到，沙特馆成为各国人民相互了解的平台。"同时，曼苏尔亲王高度赞扬世博会组织者们的不懈努力和敬业精神，并为沙特馆在世博会取得的成功向中国政府和领导人表示感谢，他期待这种合作在今后能够继续。

在馆日庆祝仪式上，来自沙特阿拉伯的吉达艺术团为观众们带来了精彩的民间歌舞表演。平时排队等候入馆参观的观众们可以在接近展馆大门处，欣赏到这个艺术团成员的歌舞表演。

BIE 点评

A 类奖项：创意展示奖

金奖授予沙特阿拉伯馆，因为该馆使用了最先进的创新型技术，清晰而有力地呈现了一幅艺术画面。

GOLD goes to Saudi Arabia for the presentation of an artistic, clear and powerful vision using the latest innovative technologies.

设计师访谈

沙特阿拉伯馆总设计师：王振军

时间：2010 年 12 月 17 日

采访人：首先请介绍一下您和您的团队在沙特馆中所参与的工作。

王振军：我们负责的是沙特馆的建筑、内部装饰装修以及景观的设计。我们参加了第一轮的国际竞赛，当时大概有来自 20 个国家的团队提交了 40 多个方案。我们一共准备了 3 个方案，2008 年 3 月，我们收到通知，"月亮船"和"阿拉伯魔方"两个方案分别以第一名和第五名的成绩进入了第二轮比选。2008 年 5 月，我们在第二轮比选中提交了"月亮船"的设计方案，最终取得了沙特馆的建筑设计和景观设计、室内设计的设计权。

采访人：那你们的室内设计包括哪些？多媒体影片包括吗？

王振军：多媒体不包括在内，它是由西班牙公司 GPD 完成的。室内展示设计，也是他们在做。

采访人：展示设计包括走廊上的展项以及巨幕影院吗？

王振军：对，多媒体制作都是他们做的。

采访人：还想了解一下，沙特馆政府方面有一个机构在负责世博会参展事宜，这个机构是怎样的？

王振军：沙特方一个是城乡事务部，还有一个是沙特世博委员会。

采访人：他们主要做哪些工作？

王振军：他们就是甲方。甲方的人员很专业，是一个大学教授，同时也是一个建筑师。他以甲方的身份参与进来，给我们提出更好的建议。

采访人：包括招标、主题确定这些方面，是吗？

王振军：对。他是甲方、是投资方。

采访人：那么在招标的过程中，他对你们的设计有没有提出过什么要求？

王振军：他的要求非常简单，就五六句话。比如说要体现本届世博会的主题，要体现绿色建筑，要表现中沙友谊，要表现现代沙特等。但在中标以后，他也提出了许多意见。比如说在入口的地方有两片墙，在我们原来的设计方案里都是阿拉伯风格的窝卷墙（沙特特有的景观手法）。但是后来他们提出建议，一个保留沙特的风格，另一个采用长城的片段。我觉得这个建议就比较好，两片墙扣在一起，反映中沙的友谊。包括在植物选择上，在入口种植了许多中国的牡丹，原来我们也全都是沙特的植物，后来被建议有一部分改成中国的花卉，我觉得都是非常好的建议。还有在展示的方式上，他们也参与了很多意见。基本上总体设计是我们中方独立完成的，但是他们提了很多好的建议。

采访人：就是说，沙特方主要提大的概念，之后的主题演绎、展示、主要希望传达内容方面是不断通过不同的建议合在一起的这样一个过程。

王振军：对，他们在我们的设计基础上提了很多建议。

采访人：能再举一些例子吗？

王振军：其实作为设计方，具体的展示内容可能很多需要听甲方的意见。但是我们提供了这样一个空间和这样一个展示方式。

采访人：我们想多了解一下，他们是希望展示一个怎样的沙特馆？提了哪些意见？

王振军：因为我们建筑的外形是"月亮船"，所以我们就想能不能在内部也把这个空间体现出来，就建议要打破原来传统的展示方式。比如现在我们把楼板抽掉以后，就是一个桥架在上面，观众和展品之间是看与被看的关系，从传统的二元并置变成一个融合的关系，即展示部分和观众变为一个融合的关系。全景立体、融入式的立体参观流线，这应该是沙特馆的独创吧，颠覆了传统的二元并置的展示方式。具体内容上的就多了，比如说影片放什么，墙上放什么，这就由沙特方来决定了。因为我们是建筑设计，展示的内容就由它和展示公司来完成。

采访人：那么这些具体内容可能会在具体的展项中体现出来，待会如果我们涉及的话，还希望您能为我们具体介绍一下。请问在准备沙特馆设计之初，您是不是对沙特文化进行了研究？能否向我们介绍一下您从中得到怎么样的启示？

王振军：对。我们在设计时查阅了大量的世博会资料，我们看到了世博会的历史。实际上，从20世纪60年代末西方经济危机爆发以后，世博会已经从一个技术性的博览会变成了一个文化的博览会，偏重文化的越来越多。从这届世博会大家也可以看到，技术已经具有了文艺性，没有文艺性就失去了展示的意义，所以每个国家馆都在展示国家文化的精粹。在投标之初，第一轮的时候我们只有十一二天的时间，我们花了很大的精力去调研、去学习沙特的文化，包括它的宗教、城市建设、景观和艺术，我们请了专家、北大的教授来了解相关的文化背景。因为我们当时的判断就是，在这届世博会上，每个国家馆更应该是一个文化的容器，他们就是希望把本国文化的精髓最大限度的装进去，展示给全世界观众。现在看来这个判断是对的。设计之时，我们花了大量的精力补这课，最后在众多方案里选择了非常具有阿拉伯特点，或者说反映阿拉伯文化精华的《一千零一夜》的故事，找到了月亮船的故事，最后也得到了沙特方的认同。这种文化的学习、概念的选择是比较正确的，建筑具有很高的感知度。一方面得到了沙特方的认可，另一方面也得到了中外观众的认可。

采访人：您指的感知度就是从参观者角度来看？

王振军：对，就是比较容易感知，比较容易形成共鸣。

采访人：那您知道其他竞标团队是从什么角度设计的吗？沙特馆对于它们是什么想法？

王振军：他们的方案没有正式让我们看，但是我在利雅得翻过一次，各种概念都有，现在说不清楚，可能我们这个更符合沙特方的意图吧。

采访人：就是你们从文化角度出发来考虑得到了沙特方的接受和认同。那么月亮船的概念是你们在建筑设计时就融入进去了是吗？

王振军：这就是原来方案构思里最基本的基点。在沙特的概念里，月亮船是一个真主赐给人间的装满幸福、吉祥、财富的宝船。另外我们也查到，中国的海上丝绸之路很早就有了，沙特在当时是一个非常重要的站点，所以中沙友谊从几千多年前就开始了。这是一个能很好反映中沙友谊的题材，这个题材再进一步与他们传统的船和我们丝绸之路上的船吻合，就做成了一艘船。

采访人：我们在准备这次采访的过程中，看到一本采访世博建筑师的书，上面有一句您说的话："真正的建筑师需要追求建筑的本质，也就是空间影响力。建筑是供人体验的，参观者的每一步，都在进行非常丰富的建筑空间的体验。"那么设计沙特馆时，您所设想的参观者的体验应该是怎样的？

王振军：我们查了很多世博会的资料，排队是个常态，当然这次沙特馆还有点反常，但是排队的现象是个常态。那么我们设想，作为一个观众在这里排队，最希望有一个什么样的感受。比如说排队的时候，希望有一个舒适的环境，希望等候的时间没那么枯燥，所以我们在等候区域里已经加入了展示的内容。如果你去过的话，就会看到在排队的时候观众是可以看到阿拉伯的舞蹈表演的。这就是我们当时设计的第一个参观舞台。整个沙特馆有三个参观舞台，一个是等候，一个是正式的参观，第三个就是屋顶上的总揽，三个步骤。那么第一个就是等候，是由我们负责的。另外就是把船架起来后形成一个小的、相对舒适的微气候环境。世博会期间是上海天气最热、气候最不好的时候。所以通过这样架起来的方式，形成一个相对舒适的小气候，提供舞蹈表演等，也起到参观前的预热作用。

在这个等候的过程结束以后，就进到第二个参观舞台。那么在这个舞台我们又有一个设想，能不能让观众从这个现实嘈杂的世界里迅速地换到一个比较浪漫的环境，我们就想到了阿拉伯飞毯。我不知道你去过没有。它里边有个自动步道，模仿了阿拉伯飞毯的感觉，让观众乘上阿拉伯飞毯，有一种在浪漫的环境里飞翔的感觉。就是让它和现实有一个比较大的反差，这样观众才会兴奋，才会有一个与众不同的体验。这就叫作立体融入式的参观体验，另外就是引入了自动步道。通过 GPD 公司的展示设计，沙特馆内有着非常震撼的画面和美妙的音乐，里面还点了阿拉伯的香，营造出一个比较浪漫的阿拉伯场景，成为一个超脱于现实的展厅。

采访人：接下来我还想问一个建筑设计方面的问题。月亮船是通过立柱将整个建筑悬空的，这样的设计在结构设计上是不是比较困难的？

王振军：底层架空对中国设计师来说已经不是什么困难了。刚才有一点我没有说完，就是第二个舞台说完以后，我们还剩一个"屋顶阿拉伯花园"。这个花园的设置是想让观众通过等候和浪漫体验以后继续往上走，来到目前世博会最完整的一个屋顶花园，能对整个 5.28 平方公里的世博园有一个总体的印象，所以我们叫总揽，不叫总结。除了参观沙特馆外，也对整个世博会园区有一个概念。这个屋顶花园确实后来得到了很多人的赞扬，特别是到晚上，会非常浪漫。他们后来布置了贝都因帐篷，是沙特人的前辈居住的，也是比较成功的。

一个等候、一个参观，还有一个总揽，三个舞台。在参观完以后，内部是一个螺旋坡道。下来的时候，墙

上也有一些展示的屏幕、书法之类的。我们当时设想是这个叫回味，三个舞台加一个回味构成了整个沙特馆的体验。这就是我在书上说的，其实建筑创作的本质，特别是文化创作的本质，就是要为观众创造一个比较震撼的体验，相对于外形来说，它比外形更重要。

采访人：沙特馆确实因为您这样的考虑在世博会上取得了非常大的成功。之前您说到，架空的设计目前已经不是什么困难了，那么其他方面是否有您觉得是比较有挑战的？

王振军：我觉得中国的建筑通过改革开放这么多年的学习吸收和实践，在通用技术方面已经没有什么难题了，只有在一些尖端技术上可能还稍微弱一点。整体来说应该和西方没有太大的差别了，所以从技术方面回顾，整个沙特馆没有什么难度。

比较有难度的还是文化沟通方面。例如，沙特方对某一个材料的理解上，对于把船架起来的外装饰材料上，我们本来的设想是希望它弱一点。但是沙特方强调奢华、强调高级，这个和我的创作概念是有冲突的。包括在颜色选择上的争议，可能也是文化背景或者说价值观的不同。又比如说我希望这个柱子弱一点，他要把它做得很亮，恨不得搞成金色的，所以这就是一个差别吧。

采访人：那么你们是直接找沙特政府，还是您前面提到的那位大学教授沟通？

王振军：阿姆迪博士。

采访人：还有建筑方面的问题，沙特馆的整个建筑空间非常大，展馆外有等候区、表演区，你们还设置了 VIP 区，地下还有工作区，展馆内也有各个展区的分布。您在空间布局上是怎么考虑的？尤其是你们还需要与展示公司进行合作，两者之间的沟通是怎样的？

王振军：这个展馆最主要的组成部分就是展示部分。刚才我说的"三个舞台，一个回味"，那么还有一个辅助空间，就是刚才你所说的 VIP 室。除了展示方面受到

赞扬以外，我觉得沙特馆的成功之处还在与 VIP 室的设置上。据我所知，沙特馆的 VIP 室是除了中国馆外，所有国家馆里最大的。我们在方案阶段查了很多资料，一般的 VIP 室是按比例计算的，一个 6000 平方米的展馆，它的 VIP 室最多做到 100 平方米。但是阿姆迪博士和沙特王子特别要求沙特馆的 VIP 室要做到 1000 平方米，等于放大了十倍。展馆主要的是展示部分，VIP 室要占所有空间的 1/6，当时我不太理解为什么要做得那么大。但是现在看来，沙特方的这种选择是对的。因为我经常在 VIP 室参加沙特馆的活动，不单单是世博展示的部分，沙特方通过 VIP 室很好地发挥了这个馆的世博外交的作用，甚至可以称为世博商务或世博公关。除了接待外国元首，包括胡锦涛、江泽民都来过以外，沙特馆的 VIP 室里举办了很多商务活动，非常成功。1000 平方米和 100 平方米的概念是完全不同的。空间到了这个规模，就会让人感觉非常隆重，非常高贵。

那么现在要说的就是，VIP 室到了 1000 平方米后，对月亮船的外形是个干扰。后来我们建议说，1000 平方米可以，那么 600 平方米放地上，400 平方米放屋顶上，沙特方就同意了。地面上的叫 VIP，屋顶上的叫 VVIP，更高贵一些。后来有一些他们觉得更高档的客人，就放在屋顶花园里接待，也是非常成功的。我觉得这一点也反映了沙特人的睿智，他们很会宣传，很聪明，不仅体现在对观众开放的一部分，也体现在 VIP 部分取得的成功。

还有地下室一些辅助的部分，但在这里最主要的就是有一个祈祷室，这个是阿拉伯国家的一个特点，他们都有为员工祈祷用的祈祷室，这是一个很重要的空间，我们把它放在地下，沙特方也非常满意。

说到与 GPD 公司的合作，我觉得也是中外合作的一个典范。大家非常理解，都非常职业化，非常专业。GPD 也是一家非常优秀的公司，我觉得在这里也要感谢他们，这次合作非常成功。

采访人：从您之前的介绍来看，其实你们在设计沙特馆建筑的同时已经大致规划了一个展示方式了，"三个舞台，一个回味"是你们在设计时同步就设想好的。

王振军：这个是必须的，设计展览馆这个是最基本的。

采访人：那么巨幕投影也是你们原先就设想好的吗？

王振军：对，我刚说到要颠覆传统，传统的方式实际上就是实物的展示，可能有的就是把实物变成电视，但这种展示的本质没有变。一个雕塑、一幅油画、一个电视，我就想颠覆这种看与被看的关系，用现代的技术创造一个全新的参观体验。沙特馆的外形是一艘船，那馆里的船能不能利用起来？于是我就想到了在船的内壳上做屏幕。所以有的观众会和我说，你这个建筑非常本质，我说为什么，他说你设计的馆外形像船，里面的展示内容又利用了船的形态，当观众进到船里、进到展区以后，人会随着大海的影响而波动，感觉就像在船上一样——这就是形式、内容和体验三者融为一体，或者说统一了。这也是我听到的最喜欢的评价，因为这三者融为一体是一个建筑师创作的最高境界。

采访人：我们之前采访过的一些设计师也表示说，有些多媒体的运用导致展示形式大于了内容。

王振军：嗯，我觉得他说得也有道理。不过你可以把所有展馆比较一下，就会发现我虽然使用了多媒体，但是这个多媒体和观众的关系是不一样的。因为这个弧形的自动步道，你看到前面一个人在走，从你的角度来看，他就像电影里的一个演员一样。而从他的角度来看，你也是电影里的演员。我觉得很多馆即使用了多媒体，却还是一个传统观看方式，只不过把原来的一张画变成了多媒体大屏。但是沙特馆不一样，沙特馆是你完全融入的，立体融入式的，我觉得这是一个独创。

我看到有些对沙特馆展示内容的评价，如果说缺点的话，我觉得可能是太抽象。就是说太大场面了，没有细部的东西。但是，世博会给我一个这样的体验：如果一个展示太零碎，一个观众在参观了这么多展馆后很难留下印象。展示内容一定要提炼，不能面面俱到。从观众对沙特馆展示内容的反应上，我觉得说好的还是占了大部分的。但是有些观众在被空间体验震撼到以后对展示内容就不是特别关心了，留下了印象，像在大船上，感觉像泰坦尼克号，那种感觉掩盖了展示细节上的一些缺憾。我觉得那部影片还是比较成功的，但是可能因为时间的关系，也有一些缺憾。据我所知，沙特馆为了加快观众的流动，把自动步道的速度调快了。我们原先设计的时候是 0.5 米 / 秒，调快后感觉有点晕。如果时间再稍微慢一点，人没有那么多就会好一点。

采访人：那么是不是技术方面也是由你们来负责的？包括自动步道？

王振军：自动步道采用了德国的技术，是我们找厂家做的。

采访人：巨幕投影的技术就是由 GPD 来做？

王振军：对。GPD 是一家展示设计公司，他们也是选了设备的。

采访人：这个问题不知道您是否了解。据说这是世界上最大的巨幕投影，这在技术上的有没有什么困难？

王振军：沙特馆投影相对于我们常见的平面投影而言是比较难的，因为首先它是一个内曲的曲面，另外就是参观者的参观流线是架在屏幕上的。我觉得在做无缝对接上是需要一些技术的。吊顶上共有 27 个高清投影，它要补位，要调试，也是一个比较专业的技术。

采访人：那么影片的拍摄上有没有一些新的技术或是突破？

王振军：这个高清电影是 GPD 他们做的，我具体

不是非常了解。他们在当地拍摄，取得素材再来编辑。

采访人：那我们还是继续关于建筑设计方面的问题。在整个建筑当中，有哪些部分是特别体现沙特或者阿拉伯风情的设计？

王振军：比如"月亮船"本身已经有阿拉伯神话在做铺垫了，这是一个。另外的可能就是你看到的这个 VIP 的部分，我们把节能遮阳系统与阿拉伯风格结合到了一起。我们使用了 GRC 板，就是玻璃纤维加压水泥板，刻成阿拉伯的花纹，显得非常典型。我们做了一个设计，把图案镂空刻在墙上，这个就感觉就非常有阿拉伯风格。因为景观也是我们做的，再比如在景观树木的选择上，我们选择了沙特的母亲树——枣椰树。沙特人在发现石油之前，靠卖枣椰为生，因此枣椰树对他们来说有很重要的意义。我们在地面和屋顶上都种了这个树，这也是很有阿拉伯特点的。另外就是在室内装修上，包括墙面的处理、材料的运用、图案的选择、吊顶的设计、家具的选择等，都参照了很多阿拉伯的风格。当然这是一种简约的阿拉伯风格，通过这些把它来实现。还有包括在 VIP 的设计和空间布局上，我们参照了很多阿拉伯皇宫的布局。他们喜欢圆形的大厅。我们都做了一个很好的借鉴。

采访人：沙特方面给了你很多资料？

王振军：对，他们给了资料。因为阿拉伯的这种资料在公开的资料上很难查到。

采访人：您前面说到有一个螺旋坡道的部分，这个部分建筑上面是有阳光透射的，整个坡道的灯光非常柔和，下面还有一个喷水池，这部分设计您能不能介绍一下？一方面它充满了浓郁的阿拉伯风情，一方面它的设计又让人感觉非常舒服。

王振军：对，实际上这个设计又牵涉绿色设计的概念。沙特这个国家常年平均温度将近 40℃，它非常强调建筑的隔热性，也是由于它的太阳辐射比较厉害，所以他们建筑的一个非常典型的特点就是开窗小。但是他们

古代采光怎么解决的呢？他们会通过一个装置间接采光，我们觉得这种方式非常好，因为上海在10月份的时候太阳辐射也很厉害。所以我们沙特馆的建筑就是一个船的造型，它本身就是应该叫自遮阳系统，阳光会直接晒到墙上，墙上是一个屏幕，没有开窗。很多人问我采光怎么解决，我们就是通过光纤把光线引进来。中厅空间一个倒锥形的结构，最大限度地把自然光收进来，照到每个坡道上。我们又在底层的地方做了一个阿拉伯的遮阳格栅，让阳光不直接射进来，既解决了隔热问题又解决了照明问题，还体现了阿拉伯的建筑风格，可以说是一举几得。这个天井还有另一个作用。大家都知道烟囱效应，热风都是往上走，我们通过天井把室内的热风往上抽走，从底下把新风引进来，把空调问题也解决了，所以沙特馆是一个节能的建筑。

采访人：那么绿色建筑也是你们设计中比较看重的一点，除了中厅，还有哪些地方体现了绿色的概念？

王振军：比如说屋顶花园。屋顶作为一个展示平台，除了体现我们空间体验的概念以外，还可以通过屋顶花园加强屋顶的隔热功能——土是最好的隔热材料。刚才还说到了VIP室的外墙，在增加建筑表现力的同时也解决了建筑的遮阳功能。包括底层架空，在没有用任何耗能的东西就把等待区域的小气候进行了调整，可以说我们是把建筑节能和建筑美学、建筑表现力充分融合在了一起，没有为节能而节能。

采访人：沙特馆在世博期间承载了非常大的人流，在设计时您对人流的考虑是怎么样的？

王振军：曾有人问我，沙特馆的展示方式是否会导致它人流量减少？我觉得不存在这个问题。沙特馆所有的流线都是连续性的，虽然它的一次性容量较少，但是里面的参观过程是非常连续的，所以并不会影响参观的。当然你里面转得慢了，参观的人就会减少。对这个问题我这样看，人数多少并不能作为评价一个馆的标准，好

的馆应该是让人流连忘返的。如果参观者转一圈就想走，那肯定不是好的馆。

采访人：那么您是怎么看待沙特馆所取得的巨大成功的呢？您之前有没有这样的预期？

王振军：我们当初完成设计的时候还是很自信的，因为我们的参观方式应该会引起观众不同的感受。但是没想到会排第一。我觉得其他馆也非常精致，这个排名是很难预料的，包括等候时间。当时我们查了一些资料，日本爱知世博会是6000万人，最好的馆排队时间是2.5小时，我说那我们就按这个时间来设计，没想到最后是这样一个结果。

我想可能观众喜欢沙特馆有几个要素吧。第一，这个馆的设计概念比较新颖，感知度比较高——"月亮船"大家都知道，老外也知道。第二，它的空间体验比较生动感人，许多年轻的学生进去会大呼小叫，这种体验比较不一般。第三，我们用了现代高科技的创新手段，满足了生活在当代的人们对空间体验的要求。什么要求呢？一种更逼真、更震撼、更加融入的参观。第四，沙特馆虽然用了很多创新的手段，但在文化传承上还是做得比较到位。观众看了以后虽然感觉很浅，但是你能感觉到这是在看一个沙特阿拉伯的馆。我觉得这四点是它比较成功的原因。

采访人：在沙特馆的展示内容是由你们来做的吗？

王振军：展示内容不是我们做的。

采访人：有一个介绍沙特文化、城市的展览区，艺术走廊上也有沙特书法。

王振军：那个内容不是我们做的，放书法也好，放什么也好，都不是我们做的。

采访人：那是展示公司去做的？

王振军：展示公司和业主。

采访人：您是否知道沙特馆在内部展示方案的确

定方面是怎么样一个过程？

王振军：在空间格局、展示方式确定了以后，展示内容主要就是多媒体。多媒体影片的内容是展示设计方和业主讨论的，我们就不知道。片子多长？是拍沙特石油还是拍沙特文化？拍什么？这是他们的问题。

采访人：那么在他们内容在确定的过程中，你们的建筑设计有没有让步或者沟通？

王振军：有沟通，但是不存在让步，他们只要在我们的格局上做就可以了。但是我们之间会有很多配合。比如多媒体的智能控制是我们来设计的，他们要知道我们的系统，比如灯光、安全电源UPS、每个投影仪……每个投影仪的发热量都很大，每个投影仪上都有一个小空调，这也需要我们来设计。我们就是给予充分的配合。因为主体设计还是我们，展示工程是附在我们的设计上的。

采访人：我们还有最后一个问题。因为上海世博会也是一个建筑师的盛会，不同国家的建筑师在园区里展示各自的作品，沙特馆也是少数几个由中国设计师完成的展馆。请问在中国设计团队和外国设计团队在工作方式、机制上有没有什么差异？您的感受是怎样的？

王振军：具体到这个项目而言，刚才说了，通过改革开放的30年，中国建筑师已经得到了大量的实践和磨砺，我觉得基本上没有什么差别，这一点也得到了外方的一些肯定。中国建筑师的经验可能还不及西方的建筑师，当然一开始他们是有偏见的，但是通过磨合、经过验证，他们对中国建筑师非常肯定。我举个例子，比如说这个作为展馆主要交通的螺旋坡道，外方总是怀疑我们的坡道会不会舒适，是不是太陡了。其实在我看来是一个很小的问题，但是他总是不太相信。那天竣工验收的时候，我说感受怎么样？他说非常好。这里多说一点，因为同样一个圆，外环的直径肯定要大，相应的坡道就会长，那么这段坡道就会比较缓，正好往上走；内环是

下行，半径稍微小一点，坡道稍微陡一点，但因为是往下走的，所以你就感觉不到。当时负责工程管理的公司叫ISG，他们老总就老是怀疑，但现在做下来就非常好。我觉得通过这次世博会，也让国外的业界看到了中国的实力，听到了中国建筑师比较清晰的声音。这应该是中国制造、中国创造的一个比较好的例子。每个行业都在产业转型，上海有许多标志性建筑都是老外的设计，老外的创意，而沙特馆应该就是产业转型的一个比较好的例子。

采访人：您在沙特馆的设计中，你们和国外的很多团队在合作，像GPD、ISG等。在合作中有没有一些有趣的故事值得分享的？

王振军：我们和外国人一起开会，中方要对"多国联军"。ISG他是一个英国公司，里面有英国人、奥地利人、韩国人等等，一个公司里就好多国家的人，西班牙公司也有好多西班牙人、捷克人。因为我们是总负责，所以什么事都有我们来决策，我觉得这个过程很锻炼人。总的方面没有什么困难，讨论的都是技术问题。技术问题相对来说都是有标准的，大家说清楚，以理服人就可以了。我觉得对我是一个很大的锻炼，了解了各个国家的人他们不同的思维方式。不过大家的目标是一样的，所以没有什么太多的困难。

采访人：那么您的设计团队的构成是怎样的？

王振军：我们设计团队全是中国人。

采访人：有多少人呢？

王振军：最多的时候有20多个人。建筑师有大概18个，因为我们有建筑、景观、还有室内，光这个团队加起来就有十一二个人吧。还有给排水、空调、电器、智能化，包括概算，加一块儿就是20个人左右。从2007年11月开始一直到开幕前，忙了两年半吧。还包括开幕后的维护。现在一个消息说沙特馆要保留，你们知道吗？

采访人：我们知道了。

王振军：保留为什么不开放呢?

采访人：珍宝剧场里的影片可能要重新制作一部更好的，应该没那么快再开放吧，可能要再过一阵子。

王振军：因为上次我们 10 月底开会的时候，说沙特馆是要在 12 月份的时候和中国馆一起开放。那么现在这个影片要重新做是吗?

采访人：好像是这样的。我们也是前几天才知道说要保留。还有其他其他一些展馆好像也要保留。

王振军：还有其他一些展馆?

采访人：还有石油馆、法国馆什么的可能会保留。

王振军：哦，就这几个馆是吗?

采访人：具体几个馆不知道，现在确定的是沙特馆和石油馆肯定会开吧。

王老师，谢谢您接受我们今天的采访，不知道您这边能不能提供一些图片和您的手稿，方便我们以后资料整理得更加完整。

王振军：可以，邮件发给你。

阿联酋馆

主题陈述

2010 年上海世博会主题："上海，城市让生活更美好"尤其切合阿联酋自身的历程，不仅体现在历史背景方面，而且还因为其在可持续生活方面取得突破性的发展，而在这一点上阿联酋正扮演着重要角色。

随着阿联酋城市以惊人的速度发展，为阿联酋人民的未来提供更好的城市生活环境成为焦点，因此在阿联酋可以看到一些世界上最令人激动，最具创新的城市建设项目。

例如马斯代尔城，是国际可再生能源机构的所在地，正挑战传统城市发展模式，为可持续的环境友好型城市发展设计树立新的标杆。马斯代尔城是"马斯代尔计划"的一部分，阿联酋在此计划中对未来能源和清洁技术的开发、发展及商业化方面进行多元化的投资。

阿联酋的其他诸多发展项目同样具有创新性，将设计、功能与可持续性融合在一起。它们的共同标准在于以人为本，注重人的健康与幸福，生活社区与环境相协调，并体现出阿联酋的价值观与文化精髓。

从地中海到东亚，阿联酋与外界有着悠久的文化与贸易交流，虽然不大，但由于我们的梦想带来了巨大的力量，阿联酋的国家影响力远远超出了国界。我们向您介绍阿联酋宝贵的经验，也希望与你们一起分享我们的梦想。

阿联酋——梦想的力量

阿联酋将"梦想的力量"作为 2010 年上海世博会参展的主线。我们将阐述这一核心概念，展示阿联酋如何依靠梦想，创造更美好的生活，以及如何在 21 世纪的城市发展规划中运用创造性思维。

我们从历史、社会和当代背景探讨这一主题，将集中展示科技创新如何促进经济发展，使阿联酋从乡村社会转型为繁荣的城市社区，让200 多种不同的文化和谐共处。

2010 年上海世博会的 5 个副主题将在展示过程中得到阐述和体现，且特别关注诸如发展与可持续性、社区与互通及文化与多样性之类的核心概念，构成了阿联酋打造更美好城市生活的核心。

展馆

可持续性首先体现在阿联酋展馆的实体结构上。展馆由世界知名的福斯特建筑事务所设计，其结构引人注目，呈蜿蜒起伏状，设计师从阿联酋一个主要环境特征，即阿联酋著名的沙漠"空虚区"的沙丘形状汲取了灵感。展馆的独特之处还在于 2010 年上海世博会结束后，展馆将被拆除，并在阿联酋重新建立起来。

展区地皮面积很大（6000 平方米），有足够的空间修建一座宏伟的展馆，并在展馆周围布置景观，这样参观者自排队那刻起就能获得最佳参观体验。

展示

阿联酋展馆将提供浸入式展示环境，展示阿联酋独特的国家个性，邀请参观者对话，探讨 21 世纪城市生活的内在张力，使用最新科技，向世界展示阿联酋的精彩故事。珍珠不仅有着无与伦比的自然美，而且对阿联酋人民有着深厚的文化意义，将在阿联酋展馆各个展区起着连接作用。

沙漠中的篝火边，参观者遇到一对父子，从中可以体验到阿联酋的历史发展和奇迹般的进步，这些都得益于经济发展，一座座城市从沙漠中崛起，带来教育、卫生设施和就业机会，朝着"更美好的生活"这一共同梦想前进。

在探索阿联酋的城市化历史的进程中，我们突出表现了对于稀缺自然资源的创造性地利用，特别是具有传奇色彩的阿拉伯珍珠，以及在石油尚未开采，并带来一座座更大更美好的城市前，为适应该地区恶劣的气候条件而在这个国度形成的独特的城乡关系。

创造型能源

我们跟着男孩进入阿联酋发展中的城市，体验城市化的社会文化背景，感受阿联酋人民、他们的生活方式以及城市发展的动力，以及他们如何在创新型、多元化、互通性的生活中迎接现代世界的挑战，将"更美好的生活"的梦想变成现实。

梦想之旅

我们揣着珍珠，同男孩和他的中国朋友一同踏上梦想之旅，体验一个多元融合，富有魅力且充满活力的当代阿联酋，其引人注目的城市中心、文化遗产和抱负、礼貌好客及其同外部广阔世界的连通。

持久的印象

离开展馆，我们邂逅许多以阿联酋为家园的民族，并且与梦想之旅中结识的各位朋友道别。传统的帐篷还可以让参观者亲身体验阿联酋的古老习俗。

商业与友谊

参观阿联酋馆的 VIP 和商业参观者将有机会进入阁楼，那里将介绍阿联酋的商业环境，参观者有充足的机会了解阿联酋公司。

文化联系

阿联酋世博项目还将包括一系列特殊的艺术和文化展览、学术讲座和各种活动，探讨阿联酋在连接东方和西方、沟通遗产、现代化与全球化方面所起的作用，同时反映阿联酋作为"居住地和生活空间"真实的文化和艺术。

展馆概况

阿联酋馆位于世博园区 A 片区，占地面积 6000 平方米。其主题是"梦想的力量"。展馆外形设计灵感来自于沙丘，沙丘代表阿联酋在沙漠里，在有人类的建筑之前自然环境的样子。其展馆建筑师在有了设计理念以后研究了有关沙丘形成、在风向中的偏向等问题，最后建造出脱颖而出的建筑外形。

展馆设计灵感源于富有传奇色彩的沙漠中陡然起伏的沙丘，体现出阿联酋不断变换和绚丽多彩的自然风光与城市风貌。展馆由五部分组成，馆内影院播放名为《一眨眼的瞬间》的宽银幕短片，反映阿联酋建国以来人民生活水平和城市居住环境的惊人巨变。

建筑远观，犹如烈焰红唇；近看，仿佛是流动的沙丘；用手去触碰，发现原来是"魔术戏法"：建筑表面的玫瑰金色不锈钢板材呈现出的富于变幻的色彩，角度、色泽不同，形成流动沙丘的光感。整个阿联酋馆由三座高达 20 米、连绵交织、大小不同的"沙丘"组成，分别代表古代、现代和未来。

为体现逼真的效果，阿联酋馆的外部呈现沙丘特征：在向风的一面，呈"沙丘"弧形的不锈钢板在阳光下金光闪闪，变换出沙漠特有的玫红色和热浪，呈现出天然沙丘的瑰丽；同时，它又将上海的风偏转，保护光滑且半透明的背风面，使其免受强风和烈日的伤害。这种特殊的结构使整座建筑产生一种流动的感觉，每当微风吹过，观众似乎能感觉到"沙丘"在移动。

阿联酋馆是一座真正可循环利用的世博会展馆，世博会后，被整体拆卸运回了阿联酋国内，作为一个文化中心重建并长期使用。

第一展厅：回顾阿联酋 50 年来的发展历史，了解阿联酋怎样从世界上最贫穷的国家演变成世界上的先进国家之一。在"沙漠"中的一堆篝火旁，观众邂逅了一对"父子"，然后目睹一座座城市在沙漠中崛起。

第二展厅：重点展示阿联酋的人民，观众了解阿联酋人的生活，了解到阿联酋如何在中东保持着国家的稳定和繁荣。

第三展厅：是一个巨大的影院，有着超大的屏幕，通过奇妙的特效，让观众犹如亲身来到阿联酋。一个 18 岁的中国女孩和一个 18 岁的阿联酋男孩，将带着观众开始一段梦想之旅，他们会在空中飞行，在海中潜水，观众会有身临其境的感觉。

专家点评

阿拉伯联合酋长国是世界上最大的沙漠国家之一，位于阿拉伯半岛东部，北濒波斯湾，海岸线长 734 公里。西北与卡塔尔为邻，西和南与沙特阿拉伯交界。人口 508 万，外籍人占 83%，主要来自印度、巴基斯坦等国。阿拉伯语为官方语言，通用英语。国民信奉伊斯兰教，绝大部分居民是穆斯林。2010 年人均国内生产总值 36176 美元。

沙丘体现阿联酋特色的创意

阿联酋国土面积的 96% 是沙漠，是世界上沙漠最多的国家。这本来是恶劣的自然环境，但是阿联酋却以此为傲，阿联酋国家馆的造型亮点，恰恰就是模仿陡然起伏的天然沙丘。这灵感，演示源于自己国家独特雄伟的自然景观——沙丘，阿联酋的展馆名称就叫沙丘。

展馆由三个"沙丘"连绵交织，代表着古代、现代、未来。外形逼真到无论从哪个角度去观察，都能清楚地辨识出沙丘的特征，它"坡面"高达 20 米，微风吹来，竟然感觉到沙的微微的流动。其实是魔术戏法：沙丘表面的不锈钢面板呈现出一种富于变幻的色彩，从不同角度观察，呈现不同色泽，由此来模仿沙丘的流动。展馆设计体现出阿联酋不断变换和绚丽多彩的自然风光与城市风貌。

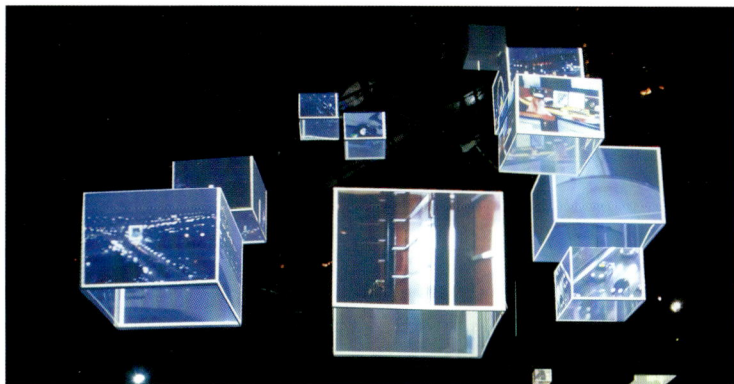

宏伟的结构、可循环的建材，与大自然相得益彰。步入"沙丘"，位于通往入口的溪涧，你立即感受到一阵清凉。这是设计者给每一位客人的见面礼。展馆充满情趣，沿途的花床、树木比比皆是，名人的语言随处可见："阿联酋首先是一个心脏鲜活的地方。""人，是美好城市的核心。""一座城市如果没有了人民及其理想，也就会成为一个空壳。""更美好的城市，基于市民的梦想与慷慨。"

从传统到现代的演示

每个国家都有自己的发展历史，都有值得骄傲的地方。阿联酋以"珍珠"为故事主线来叙述自己的历史。珍珠曾经是阿联酋在石油发现之前国家的经济命脉。所以在第一幕的时候

就引入了珍珠这个概念，并以一个传家宝的形式讲述这个故事。第二幕的时候，找了 15 个来自于不同职业的人，请他们讲述不同的故事，设计师希望借由这个展示方式打破外界对于阿联酋的一种神秘的感觉。在第三幕的时候，把珍珠当作一个魔力的珍珠引出来，来为参观者奉献一场幻想秀。

在气候炎热、缺乏水源的阿联酋，却拥有世界上最美丽的公众花园，沙漠和绿洲形成了一道独特的风景，如今这种风情被带到上海。这片沙漠的绿洲诠释了"城市，让生活更美好"的理念。发展到现代，不能忘记自己的传统；有了美好的传统不能停步，要走向现代，这是阿联酋人民的选择。

令人骄傲的旅游业

阿联酋的旅游业快速增长，近年来，特别是迪拜旅游业发展非常迅速。阿联酋政府重视发展旅游业，迪拜已成为海湾地区的旅游、购物、会展中心。目前，阿联酋旅游业年增长率达 4.4%，来阿旅游的境外旅游人数年均 550 万人，饭店和餐饮业的收入达 16.4 亿美元，年增长 10% 以上，游客主要来自欧洲、亚洲和其他一些国家与地区。阿拉伯塔酒店、迪拜世界贸易中心、棕榈岛，这一个个奢华的建筑出自阿联酋；第一座"零碳、零废物"的城市也出自阿联酋。奢华与环保，奇妙地融合在上海的世博园区。

迪拜是阿联酋第二大城市，有"阳光之城"之称，海湾乃至整个中东地区的重要港口和最重要的贸易中心之一。迪拜世界贸易中心是中东最重要的贸易展览中心，面积 31955 平方米，具备一流的国

际标准展览设施。所有中东最重要的展览都是在该中心举行，每年举办 100 多个国际大型展览。

环保、绿色的阿布扎比

环保是当代的世界潮流，阿联酋在这方面紧紧把握住了时机，在这方面作出了巨大成绩。

在阿联酋的展馆，他们骄傲地展现了阿布扎比的环保成就。从炎热的"沙丘"步入展厅，一阵清凉扑面而来。溪涧、花床、树木，另一番迥异的景致梦幻般出现，在树荫下休息，在溪涧旁漫步，在视听互动中，和阿联酋人一同享受这样的惬意。在阿联酋的阿布扎比正紧锣密鼓建造的"零碳城"里，阿布扎比是阿联酋首都、第一大城市，面积占国土面积的 80%，其中包括大约 200 个岛屿。阿布扎比市就坐落在其中一个岛屿上，拥有一切作为一个首都的魅力和激情。尽管阿布扎比大部分是沙漠，但阿布扎比市是一个绿意浓浓的天堂，宽阔的街道、美丽的公园和视力所及的远方尽是绿树。阿布扎比开始兴建一座零污染的绿色城市，标准是什么呢？这里一辆车都没有，电力供应完全依赖自然能源，号称没有排放废气的问题，预计在 2020 年完工。号称全世界第一座无碳城镇马斯代尔城，这个绿色城镇开发金额高达 1481 亿元人民币，总占地 6.5 平方公里，预计可容纳 5 万人居住。整座城镇的电力大部分由长达 21 万平方米的太阳能板提供，号称全中东规模最大；而水则是利用海水淡化及雨水回收。该城的交通系统当然也是由太阳能发电。

总之，阿联酋的国家馆外观创意新颖，体现了自己国家的民族特色，体现了现代化的成就，尤其是展现了绿色环保的理念。

设计师访谈

阿联酋馆总协调官（运营总监）：Peter J Vine
时间：2010 年 10 月 19 日

采访人：我们团队所有的成员都非常喜欢阿联酋馆，所以很想了解阿联酋馆的设计。我们会先从主题理念开始，然后再到它的展示形式以及多媒体。

我们知道上海世博会的主题是关于城市和生活的，阿联酋国家馆也根据本国的特点寻找到相关的主题。阿联酋馆内有三个影像的装置，影片开头是一个有关珍珠的影像，并将珍珠作为主要元素贯穿到整个设计里面。请问你们当时怎么会想到把它作为展示的起点的呢？

Peter J Vine：这是一个非常好的问题。不过在解释珍珠的概念之前，我要先谈一谈整个展馆的外形设计，它和珍珠的理念是直接相关的。两年半之前，我们开始做阿联酋馆设计的时候，我们也想象过 2010 年的世博会将会是什么样子？这可以说是一个万种建筑汇聚的博览会，我希望我们的展馆可以从中脱颖而出。我们从一开始就不想造一个寻常的楼宇，因此最后决定采取沙丘的概念作为建筑的中心理念。于是我就问了我们的建筑师。他说，我们不可能造一个真正的沙丘，但你可以造一个展馆，它的外形取自于沙丘这个外形的灵感。所以我们就做了一个研究：沙丘是怎样形成的？在风的吹动之下，它的第一个偏向是怎样的？最终我们造出了一个沙丘外形的展馆，事实上它也代表了阿联酋在有人类建筑前的自然环境风貌——沙漠。我觉得整个展馆的外形首先就是我们对于"城市，让生活更美好"这个主题的一种陈述。

那么接下来我再来谈谈珍珠这个理念。我希望我们的阿联酋馆是一个会讲故事的展馆——参观者不只是简单地走马观花，而是能记住他们在这个展馆看到了什么。

让他们记住的最好方法就是讲一些故事。于是我们用了一个故事串联的方式，并且用珍珠来贯穿其中。在石油被发现之前，珍珠是阿联酋国的经济命脉。千百年来，人们都以珍珠为生，所以珍珠对阿联酋的人民来说是至关重要的。我们在第一幕就引入了珍珠的概念，它就是父传子、子传孙这样一个传家宝的形式。而到了第三幕，就把这颗珍珠当作一个有魔力的珍珠引出来，这颗魔力珍珠为我们奉献了一场幻想秀。

采访人：你们邀请了一些外方团队加入到阿联酋馆的设计团队里，请问你们是一种怎样的合作方式呢？能否向我们介绍一下外国团队是如何与阿联酋方面交流合作、沟通协调的呢？这是在设计中非常关键的一步。

Peter J Vine：我自己是整个展馆的总协调官（运营总监），在阿联酋的工作历史已经有 20 年了。在这 20 年间，我对于这个国家、这里的文化有着非常深切的了解和研究。而且我们这个团队主要的核心人物还是阿联酋方的总代表，我们二人有非常紧密的合作，所以我们能够保证所有的设计、所有的提案都完全反映了阿联酋这个国家的文化。当然了，如果你请国际团队参与的话，需要的是他们不同的专业背景。不过他们很可能缺乏与阿联酋相关的文化和知识，因此我们在使用外方时要保证所有的理念、灵感和指导，完全都是由阿联酋方提出的，外方和技术人员只起到协助、合作的作用。总代表在这一方面也起到了一个比较决定性的作用。阿联酋馆的这些概念都来自于阿联酋人民、阿联酋外交部和阿联酋政府的肯定，都是能够完完全全体现阿联酋特色的。因此我们掌握着绝对的控制权，不会让外方的合作伙伴来决定我们的日程。

例如像第一幕的电影故事，如果你问一个阿联酋人这个电影怎么样，他肯定会说"非常棒"。这部影片可以说是正中靶心，它完完全全地讲述了阿联酋的故事，我们为此感到非常的骄傲。在第二幕的时候，我们希望由阿联酋人来讲述自己的故事，所以我们提供的只是技术和拍摄而已。我们找了15位从事不同职业的阿联酋人，请他们来讲述不同的故事。我们希望借由这种展示方式来打破外界对于阿联酋人的一种既定观念——觉得他们很神秘，其实阿联酋人是非常开放，非常慷慨，幽默和热情的。所以我们在选择好了人物之后进行拍摄，并将他们的生活影像在小屏幕上放映。这个空间是让参观者亲自和阿联酋人面对面的交谈，所以我觉得并不存在文化冲突的问题。

采访人：我打断一下，请问第二部分为什么要用一个一个小魔方的形式来让阿联酋人讲故事？

Peter J Vine：其实我们更多的是把它当作人物的立柱。我们希望创造一个空间，当中是一根一根的人物立柱，参观者进来后就如置身在人群之中。所以这个装置在一定程度上提供了个人与公共空间的一种交流。我们使用了一种全新的技术，有42台投影仪，2TB的数据流，还有很多的屏幕。它的神奇之处在于，即使是从外部打的投影，就算人靠近立柱也不会留下任何阴影，而且由于投影仪的角度，投影本身也不会产生阴影。这就是我们想到的一个比较好的解决方案。

采访人：对不起，从外部打的投影时，如果有人经过挡着那个投影的话应该还是有阴影的。虽然从现场看基本没有阴影，但是偶尔在少数局部的位置还是有的。

Peter J Vine：对，这个并不是十全十美的。因为我们展馆空间是倾斜的，在顶棚较低的位置，投影仪的角度正好和人平齐，这可能会有遮挡问题。

我们的第三幕也是想提供一个平台，打破观众对于阿联酋这个国家的既有观念——到处都是沙漠、大城市、海岸线，到处都是土地翻新的形象。我们称第三幕为"梦之旅"，它是一个帮助参观者深入了解阿联酋的过程，

使他们意识到：阿联酋是一个多姿多彩的国家，从高山到深海无所不有。我们也希望和中国的参观者有一个互动，所以才选了中国女孩和阿联酋男孩的组合，希望能够吸引更多的年轻人，通过这个故事更加了解阿联酋这个国家。

我们故事的起点是阿联酋的南部，一个有着海洋、岛屿、珊瑚礁的地方，紧接着越过世界上最大的沙漠，然后到达阿布扎比和迪拜，最后再回到阿布扎比——这样一个城市推进的方式是阿联酋国家所有的连点所在。我们所采用的拍摄方法不是数码，而是用胶卷拍摄，这样可以保证画面的连贯性、流畅性。而且我们的动画合作方是迪斯尼公司，他们也为我们设计了很棒的动画，我们对效果很满意。在整个第三幕开始之前有一个全息影像，但是因为它非常的真实，很多人都以为看到的是两个现实中真人的小孩，并且我们设计的这个投影系统可以保证参观者是看不到、找不到任何的投影仪的，他们不会知道这个投影仪在哪里。我们做得太成功了，以至于发生了一次意外：有个中国男性参观者，他很喜欢这个演出，也很喜欢这个两个小孩，他就想跳到舞台上去祝贺这两个孩子，但不幸的是他掉进了那个舞台的深坑。其实我们把所有的投影仪都埋在深坑里面了，那个坑大概有21英尺的深度，这位观众是在6英尺的地方被悬挂结构挂住了，而他的身下是非常昂贵、非常精细的屏幕。我们还是想办法把他垂直地拉了上来。他当时惊呆了，没有抱怨什么就默默地走了。但在那之后我们就安装了安全设备——只要有人走近舞台就会有灯光亮起，把下面的坑照出来，告诉你这不是舞台。

观众看完这三部电影后就来到了第四幕，也是我们的出口区。我们已经说过了故事，人见过了，也经过了梦之旅，还有什么没有表达呢？事实上，有超过来自200个国家和地区的人民居住在阿联酋，他们非常和谐地在这片土地上生活、工作。因此我们在出口区的屏幕

上放的是这 200 多个国家的人谈论阿联酋的影像，同时你也会听到他们的声音。在制作的时候，我们就走到大街上问路人："你们是如何看待阿联酋这个国家的？"然后把这些内容制作成视频和音频，观众可以一边出去一边听到。

我已经参加过五届世博会了，而每一次世博会都会让我有同样的感慨。特别是这一届世博会更加强了我这种感慨——尽管我们来自不同的国家，有着不同的背景，但从本质上来说，人类都是一样的：我们对家庭都有着同样的愿景，会遇到同样的问题，会产生相似的理念，也对于进步有着同样的渴望。也许平时你看到其他国家的人会觉得你们之间是有差异的，但是当你参观了整个世博会之后就会发现，我们的差异并没有想象中的那么大，很多方面我们都是一样的。这是我做世博最大的感受。

采访人：谢谢你给我们做了这么详细的介绍，也让我们了解了阿联酋馆这三个展区背后，整个设计团队对阿拉伯文化有着如此深刻的理解。

美洲篇
America

美洲位于西半球，自然地理分为北美洲、中美洲和南美洲，面积达4206.8万平方公里。美洲地区拥有大约9亿居民，占到了人类总数的13.5%。美洲文明的代表有玛雅文明、印加文明和阿兹特克文明。此外，奥尔梅克文明、瓦哈卡文、特奥蒂瓦坎文明和托尔特克文明等在美洲发展史上也占有重要地位。美洲的民众基本上信仰基督教，还有一些民众信仰新教、犹太教、伊斯兰教、锡克教、佛教、印度教、巴哈伊信仰和各种印第安人信仰。

美洲33个国家参展，包括古巴、加拿大、多米尼克、玻利维亚、美国、哥斯达黎加、危地马拉、特立尼达和多巴哥、阿根廷、乌拉圭、智利、秘鲁、圭亚那、海地、牙买加、苏里南、厄瓜多尔、委内瑞拉、格林纳达、墨西哥、尼加拉瓜、巴西、安提瓜和巴布达、萨尔瓦多、多米尼加、巴巴多斯、巴哈马、巴拿马、巴拉圭、洪都拉斯、伯利兹、圣卢西亚、圣基茨和尼维斯、圣文森特和格林那丁斯。

迷人的中南美洲，有激情澎湃的拉丁舞、浩浩荡荡的亚马逊河、连绵万里的安第斯山脉。在世博园，有中南美洲联合馆和加勒比共同体联合馆，还有巴西馆、秘鲁馆、哥伦比亚馆、墨西哥馆、智利馆等，都充满了创意。

中南美洲联合馆具有巧妙创意和独特风情，超过1万平方米的中南美洲联合馆展示了这些国家多元的义化、各具特色的风土人情和骄人的社会经济的成就。中南美洲联合馆包含 11 个国家场馆，各国展馆把本国最有特点的历史文化和风景展示出来。危地马拉馆的蒂尔卡金字塔最醒目，层层叠起的平台充满神秘色彩；萨尔瓦多馆中央矗立着巨大的"火山"，里面在售卖咖啡；尼加拉瓜馆墙面是一个巨大的瀑布，哗哗的流水声，湖面、绿地展现出奇妙的自然景观；巴拿马展馆再现巴拿马运河场景，游客如同行走在船甲板上，一艘载满集装箱的大船模型展现货轮起航时壮阔的场面。这些场馆通过巧妙的创意展示自己独特的生态环境和物产资源。比如，厄瓜多尔馆正中的"太阳穹顶"表达和谐城市的理念；哥斯达黎加馆门口是一座把身体蜷缩成球形的女子托着一颗巨大咖啡豆的雕像，游客们能够现场品尝到当地的咖啡；乌拉圭馆内的小房子是巨大的奶牛雕塑，背部又像一个足球；巴拉圭馆展示了能源利用与大片未开发的土地。

加勒比共同体联合馆则体现了海洋风情，以天空的蓝色、大海的蓝色构成的加勒比共同体联合馆，造型别致，布局巧妙，给人与自然和谐的印象。各场馆新颖别致，各具特色，海地馆是几颗心相连的雕塑，寓意感恩和对美好生活的憧憬；巴哈马馆外是海滩壁画、人工椰树和白色沙滩的景色；圭亚那馆的游客行走在模拟的吊桥上，可以感受到雨林和野外生活的魅力。总之，碧水蓝天的海岛风光、繁忙壮观的现代化港口、精美绝伦的稻草编织的手工艺品，儿童阳光般的笑脸，洋溢着浓郁的加勒比风情。

远远望去，翠绿色的巴西馆惊艳夺目，别具一格，非同凡响。在场馆里面，顶棚上一个巨大网兜装着无数只足球，出口处的巴西草帽和与足球相关的特色产品也吸引众多游客。巴西馆宣传"动感都市，活力巴西"，展厅将呈现巴西馆的中心主题是"跳动的城市：感受巴西的城市生活"，以及巴西的舞蹈和音乐等，介绍巴西的文化多样性。最核心的部分和最大的亮点在于"可持续发展"，巴西46%的能源来自可再生能源，这在世界各国中都是很难得的。哥伦比亚馆通过多媒体视频、互动触摸屏、模型等从过去、现在和未来三个角度展现哥伦比亚的风土民情、自然资源及其城市的发展。墨西哥馆摆着墨西哥艺术大师的油画、雕像等作品，具有很高艺术欣赏价值。智利馆中有一口虚拟的"井"，观众向井内张望，会看到地球另一端的智利风土人情。美国馆展示空间里将由一位美籍华裔青年带领游客徜徉于未来时空，亲身体验 2030 年的美国城市，让参观者通过感性游历领悟"可持续发展、团队精神、健康生活、奋斗和成就"这四大核心理念。加拿大馆是枫叶印象，传承历史，面向未来，追求更加美好的生活。他们的主题是"充满生机的宜居住城市：包容性、可持续发展与创造性。"

加拿大馆

主题陈述

　　加拿大包容的城市是建立在民主的表达自我和民主参与的价值观上的，反映了语言和文化的多样性，并尊重个体的平等和权利，具有安全、宽容的社会环境。加拿大可持续城市努力保持人们需求和环境之间的平衡，包括城乡生活的互相依赖。加拿大创新的城市是现代、繁荣、充满活力的革新与创造的中心，在这里，技术、商务、科学和艺术的知识与才能互相交融，使它们成为游览、学习、工作和生活的理想地方。

展馆概况

　　加拿大馆位于世博园区 C 片区，展馆面积 6000 平方米。半包围的外形，在展馆中央圈起一片开放的公共区域，各种精彩的文艺表演将在这里上演。蜚声世界的太阳马戏团将成为这座展馆的主角，为加拿大展馆量身定做一套创造性的内部设计方案。 美丽的自然风光和丰富的资源让加拿大人对"可

持续发展"尤为重视，因此在建筑上处处都体现了可回收利用的技术。展馆外部的墙体上覆盖着一种特殊的温室绿叶植物；雨水将使用排水系统进行回收并重新利用；展馆内没有大型的展品或物件，这样就确保了展示区域内的空气流通；同时展馆内还营造一个了无障碍和无烟的环境。

加拿大馆的亮点在于它的标题"Living City"，其完整的主题是"充满生机的宜居城市：包容性、可持续发展与创造性"。该主题突出反映了加拿大城市发展的特色。展示主题分为三个部分：包容型城市、永续型城市和创新型城市。该主题生动地勾画出加拿大城市发展的特点：多元和开放。加拿大早在二三十年前就在全球树立了多元文化（multi-culturalism）典型，其多元文化主义政策为多民族文化融合奠定了制度基础，这种多元文化的价值观，是加拿大发展和创新的重要基础。加拿大馆的设计基于开放多元的理念，它通过位于中央的公共区域向周边辐射，连接到三个几何体建筑。

其展示主要有由蜚声世界的太阳马戏团，从城市中的公共空间角度出发并延展，设计制定展馆内部展示方案。以一个半包围外形中的开放式公众活动广场为中心，上演富有创造性的文艺节目。此外，一群年轻、热情、博学的接待人员也为加拿大馆增色。

加拿大馆的另一大特色将会是它的表演，其文化名片太阳剧团将会把这个6000平方米的展馆打造成一个超级剧院，每一个来到这里的观众都体验到了一次奇妙的旅程。加拿大馆的入口处，设有一个排队等候区域，大约占到整个展馆的1/4，在这里等待参观不会是一件枯燥的事，因为太阳剧团的演员们将在等待区域为参观者献上精彩的街头表演，参观者们一边等待，一边就有节目看。

加拿大的高科技及多元化会在展馆中得以体现，展馆中会设立一个大型的瀑布，在瀑布中呈现各种画面，当人们的手触摸到瀑布时，画面也会随之转换。

专家点评

加拿大位于北美洲北部，东临大西洋，西濒太平洋，西北部邻美国阿拉斯加州，东北与格陵兰岛隔戴维斯海峡遥遥相望，南接美国本土，北靠北冰洋达北极圈。海岸线约长 24 万多公里。国土面积 997 万多平方公里，居世界第 2 位。人口 3400 多万，人口密度仅仅 3.4 人 / 平方公里。国内生产总值 1.563 万亿美元，人均 GDP 排名世界第 11 位。

大国、富国的展示

加拿大的人口虽然只有中国的一个小省份那么多，但却是世界上最富有的国家之一，也是西方七大工业国家和世界十大贸易国之一。制造业和高科技产业发达，资源工业和农业亦是国民经济的主要支柱，还是世界上第三的产矿国。矿产有 60 余种，镍、锌、铂、石棉的产量居世界首位。领土面积中有 89 万平方公里为淡水覆盖，淡水资源占世界的 9%。加拿大是世界上农业机械化最高的国家之一，渔业发达，75% 的渔产品出口，是世界上最大的渔产品出口国。加拿大以贸易立国，外贸依赖性很大，经济上受美国影响较深。加拿大社会保险体系涵盖广泛，幸福指数很高。人均国内生产总值 4 万加元左右。

所以这次加拿大建设了一个庞大的国家馆，是世博会最大的国家馆之一，占地 6000 平方米。加拿大国家馆是半包围的外形，在展馆中央圈起一片开放的公共区域，各种精彩的文艺表演在这里上演。

枫叶之国与环保的理念

加拿大是枫叶之国，国徽就包涵了一枝三片枫叶。国花也是枫叶；国树也是枫树。枫树、枫叶已被加拿大人民视为国家、民族的象征。加拿大的森林覆盖面积为占全国总面积的 44%，居世界第二。森林覆盖面积达 440 万平方公里，产材林面积 286 万平方公里，分别占全国领土面积的 44% 和 29%；木材总蓄积量为 172.3 亿立方米。为了表现自己的国家特色，加拿大馆墙体由钢结构组成，外立面铺设有红杉木板条，非常美丽与环保。用于建设展馆的红杉木为加拿大本国的特产，全部产自魁北克，由飞机运送到上海。红杉木不易受侵蚀，不怕潮湿，在上海也不用担心发霉变质。红杉木还具备了良好的保暖和隔声效果。红杉木建材的成本当然很高，每立方米 1 万元。世博会结束后，红杉木能够继续利用，被制成其他装潢材料和家具等。

发达的文化产业

加拿大文化产业非常发达，共有 110 家日报，日发行量 580 余万份。主要杂志有《麦克林斯》新闻周刊。通讯社有加拿大通讯社，由 110 家日报共同拥有，加拿大广播公司是主要的全国性电台，覆盖率达全国人口的 99.4%。加拿大社会的多元文化环境被加拿大政府和人民引以自豪，不但是区别于其他移民输入大国的显著标志，而且是吸引移民的主要原因之一。

加拿大著名古迹众多：位于纽芬兰省圣约翰斯港、哈利法克斯城堡、多伦多电视塔、卡博特之路、芬迪国家公园、白求恩故居，旅游业十分发达，在世界旅游收入排名第九。主要旅游城市有温哥华、渥太华、多伦多、蒙特利尔、魁北克市等。交通运输发达，水、陆、空运输均十分便利。在馆外的美洲广场上，排队等候参观的游客可以欣赏到来自加拿大知名流行乐队和原住民舞蹈团带来的精彩音乐和舞蹈演出。加拿大国家馆的展示体现了文化的多元化。在过廊的多媒体，展现了加拿大的文化产业的发展与繁荣。

可持续发展的理念

加拿大展馆建筑上处处体现了可回收利用的技术，外部墙体由一种特殊的温室绿叶植物覆盖，雨水也被排水系统回收，在展馆内需要水的地方重新使用。为了让展示区域的空间最大化，展馆内部禁止摆放大型展品和物件，以确保展示区域内的空气流通和视野开阔。同时，馆内营造一个无障碍和无烟的环境。展馆中设有反映孩子梦幻中的城市的"神奇之水"，以及通过亲自骑自行车，在大屏幕上来领略加拿大最佳城市风貌的"轮转之都"等。

文化的多元化

加拿大馆的亮点在于它的标题"Living City"，其完整的主题是"充满生机的宜居城市：包容性、可持续发展与创造性"。该主题突出反映了加拿大城市发展的特色。展示主题分为三个部分：包容型城市、永续型城市和创新型城市。该主题生动地勾画出加拿大城市发展的特点：

多元和开放。加拿大早在二三十年前就在全球树立了多元文化典型，其多元文化主义政策为多民族文化融合奠定了制度基础，这种多元文化的价值观，是加拿大发展和创新的重要基础。导演：Jean-Francois Pouliot（让－弗朗索瓦．波略特）在加拿大馆第三展厅放映了《印象·兴旺之城·人性解读》的宽屏（150度广角的荧幕）电影，此片由从加拿大拍摄的5万多张人物和风景照精选制作，生动再现加拿大普通城市生活的一天。从白天到晚上，从万木葱茏的春天到白雪皑皑的冬天，从唐人街到现代金融中心，从黄灿灿丰收的田地到潇洒的冰上运动，从百姓们大街上匆匆脚步到静悄悄郊区的墓地，都呈现在人们的眼前。电影的配音轻轻松松，伴随着参观者的脚步，使人们一再驻足观看。

传播中加友谊

在中国的文艺舞台上，中国人可能不知道马克·罗斯威尔，但是中国人都知道"大山"。而大山就是加拿大国家馆的名誉馆长，这是中国人乐意接受的笑星。而在中加两国的历史上，还有一个不能忘记的名字："白求恩"。白求恩是中加两国人民深远的友谊的象征。加拿大总督米夏埃尔说："今天的加拿大有100多万华裔人口，华人已经成为除了欧洲后裔之外的最大族群，而中文已经成为英、法两种官方语言之外的第三大语言，这显示出我们之间联系的广度和深度。借此机会我想引用一个中国成语——'顶天立地'，用来赞扬华裔人口对加拿大做出的特殊贡献。"总督的话是在加深中加两国人民的友谊。

设计师访谈

加拿大内容策划专家：Ingrid Kadoke
时间：2010 年 11 月 24 日

采访人：我们通过一些相关资料得知您从 1999 年就开始参与世博会的工作了，我也是从 1999 年就开始参与上海世博会的申办工作的。我们当初就听取了很多来自加拿大世博会专家的建议和指导，所以不得不说我们之间很有缘分。我们准备了五六个问题，希望能就这些问题与您进行沟通。

首先，您在 2000 年汉诺威世博会时担任了项目经理，负责了包括主题演绎、展示设计、施工布展以及撤展拆除的整个加拿大馆的项目。请问您在操作这个项目时是怎样开展工作的？我们想分享一下您的经历。

Ingrid Kadoke：我不知道在中国具体是如何操作的，在加拿大会有这样一个流程。首先，加拿大联邦政府会进行招标，告诉我们展馆的主题。我们需要根据这个主题提供一些创意和设计，告诉政府我们准备怎么做，还有一些细节性的图纸。主要是给政府一个方法，还有一个预算。我们拿到合同后可能还要经过两到三个阶段的竞赛。最开始是提交一个初步方案，政府会筛选出大概四家公司作进一步的设计和深化。最后赢得合同就和客户直接合作，接下来的情况应该就跟所有国家差不多。

采访人：请问您在这个过程中担任了怎样的角色？

Ingrid Kadoke：我负责整体的组织工作，确保预算和时间都可以按照计划来进行。我们公司不大，包括展示设计师、多媒体设计师还有室内设计师。

采访人：您是公司方面的，还是政府方面的？

Ingrid Kadoke：我是来自公司的。不过这家公司

由政府负责管理，包括一些文化项目等，主要代表的是一个官方的形象。然后具体到加拿大馆的建设和设计的话，就是我的公司负责的。

采访人：就是说您的公司已经得到了这个项目，您是公司方面的总协调人。可以这样理解吗？

Ingrid Kadoke：是的。

采访人：您负责和政府接洽，再把从政府方面得到的相关信息带回到公司？那么公司内部的组织协调工作是由您来具体执行的吗？

Ingrid Kadoke：是的，我也和加拿大的世博组织进行沟通。

采访人：请允许我介绍一下我们上海世博会的一些操作方式。例如我们现在的角色是代表组织方的。我本来是城市生命馆的项目主管，我的任务就是把一些政府相关的、需要的东西和已经选择好的团队进行沟通。然后这些团队的一些情况也由我们在整理之后通过一定的渠道向相关的政府组织方汇报。我们在组织方和团队之间起到一个桥梁作用。其中那些团队中也有总协调人，由我和总协调人做经常的沟通。这大概跟您的角色差不多。

Ingrid Kadoke：加拿大方面的规模要小得多。我们政府一般就和一两家公司签订合同，一般是一家公司负责建设，一家公司负责展示。之后就由公司方面严格按照预算和进度开展工作。我们与政府之间的咨询和沟通一直都有，但是因为有一个合同在那里，所以不会有很大的变动。

采访人：公司一定会严格按照既定计划进行下去？

Ingrid Kadoke：我们在与政府合作的时候，政府方面首先要确保他们所要传达的信息能够被非常准确、非常恰当地传达出来。因此我们在执行的时候也希望尽可能地按照政府的意愿来做。但是其中可能也会有一些小的变动，这是没有问题的。如果有大变动的话，我们

就需要签另外的合同。实际上，这种情况可能国家跟国家之间基本上是一样的。

采访人： 我们对您在这项工作中的角色了解清楚了，接下来还一些其他方面的问题。我们了解到您现在正在做一些关于上海世博会加拿大馆的资料汇总工作，那么在这个过程中可能是得到政府方面的委托。另外我也很想知道，在上海世博会加拿大馆的筹备工作中，您的公司跟您有没有参与一些其他的相关工作？

Ingrid Kadoke： 我在做的是资料汇总的工作，展馆的筹备工作由另外一家公司负责。我做的是爱知世博会。

采访人： 那您现在汇总的资料是不是除了展馆的展示内容外，还包括展馆184天运行中的其他相关资料？

Ingrid Kadoke： 可能还会记录整理一些与主题相关的、与展馆运行相关的内容。重点不是主题的概念是什么，而是如何来演绎这个主题的；重点也不是建筑的特色是什么，而是怎样来建这些东西的，我们可能更注重一些方式。我们资料汇总的工作是方方面面的，与展馆有关的，与运营有关的等。当然也包括如何处理人流，如何换班等一些组织方面的问题。还包括一些餐厅一次可以接待多少人啊，菜单啊，在网站上公布的信息等，是一个非常全面的总结。

采访人： 我们大概了解了一下您目前工作的状况。加拿大馆在世博会结束后会有一个资料的汇总。其实从政府层面来讲，这么一个大型展览的经验的汇总非常有参考价值。

Ingrid Kadoke： 其实这项工作在世博会之前和世博会期间一直在进行。就像一件产品一样，会有很多人参与到创作中来，所以我们也希望留下一个关于展馆的回忆。我们并不是想要记录世博会，而是要记录我们这个展馆是如何完成的。我们收集了很多信息，这是一项非常有意思的工作。

采访人： 我参观了四五次加拿大馆，感觉加拿大馆的整个创意设计做得非常好。例如，在底层安排了很大的等候空间能够让参观者遮风避雨。进入展馆后展区的分布也很清晰，最后还有一个令人感动的电影。我的问题是，您对本届世博会加拿大馆的展示设计的整体感受是怎样的？您作为一个加拿大人在参观了加拿大馆后，印象最深刻的是什么？

Ingrid Kadoke： 我认为加拿大馆整体做得非常好、非常棒。从选用的木材和内部设计等方面，也基本表现了加拿大的特色。但是我认为从一个加拿大人的角度来说，这个展馆没能非常全面地展示所有加拿大人的特色，例如它没有展示加拿大的北方、加拿大的西部。我也跟馆方的人谈过这个问题，主要是因为展示设计受到了展馆空间和预算方面的限制。我基本上同意您的观点，觉得这是一个非常棒的展馆，但作为加拿大人看来是不够的。这个馆不仅是为加拿大人设计的，也是为所有的参观者设计的，所以能有这样的效果还是非常棒的。

采访人： 你有看过最后一个展区的影片吗？

Ingrid Kadoke： 看过。

采访人： 我非常喜欢这部电影。

Ingrid Kadoke： 这部片子拍得非常美，非常感人。作为一个加拿大人来说，我感到非常吃惊。

采访人： 为什么？

Ingrid Kadoke： 一般我看到的关于加拿大的影片，可能都是介绍风光旅游的介绍，没想到这次会拍得这么有深度的。

采访人： 它完全反映了一天当中，各个行业、各个领域的加拿大人的生活状态。

Ingrid Kadoke： 影片里有一群小孩坐在火车上，火车停下来之后他们就消失了。

采访人： 它是在一个早晨，几个学生从车上走下来的场景。因为它是一个完全由照片组成的动画，所以没有人从车上走下来过程。它只是照片在重叠，然后这些小朋友就一个接一个地消失了。

Ingrid Kadoke： 那个地方有点奇怪，我是可以理解导演想表达的意思的，我也想知道中国人是怎么样理解的。

采访人： 我们看得懂。我第一次看这部影片的时候没能搞清楚，但是当我第二次看去的时候，我就明白了。它是一个用照片组合成的影像，又配上了如此美妙动人的音乐，确实让我们深受感动。后来每次去加拿大馆，我都会坐在那里连着看三四遍。

Ingrid Kadoke： 你看了很多次的话就可以有更好的理解。

采访人： 请问这种电影创作方式是现在加拿大的主流创作方式吗？

Ingrid Kadoke： 这个方式可能是魁北克地区，就是讲法语的那边的一种拍电影的方式，在其他地方可能会有不同的方式。开始时，我也希望加拿大馆可以有更多不同的角度。和中国一样，加拿大也有许多不同的文化和不同的人，他们的观点也会不同，但是都是正确的。现在我们看到的加拿大馆非常棒，但还是有其他的一些声音没能展示出来。

采访人： 我问的就是加拿大魁北克比较流行这种创作方式，这可能也是整个世博园区里唯一的一部，我们觉得很有启发性的。当初在提交方案的时候，政府是基于哪些理由采纳的？

Ingrid Kadoke： 在选择这个提议的时候我不在，所以不是很清楚。我个人认为，加拿大人为魁北克文化感到非常骄傲，那里有很多著名的电影人和纪录片创作者，这样的一种视觉上的文化是根植于整个魁北克地区的。我觉得这个问题具体还得问加拿大政府。加拿大人还是希望加拿大被看作是一个双语国家。虽然很多人认为加拿大是一个英语国家，但是魁北克地区是讲法语的，

所以我觉得出于政治方面考虑也是其中的一个原因。

采访人： 您提到魁北克是法语地区的时候，我一下子就联想到这部影片的风格和法国电影是有一些内在的文化渊源的。

Ingrid Kadoke： 主要还是在于拍影片的人的想法，这部影片是从他的角度来看待加拿大的。我觉得这是一个很妙的地方，如果让加拿大东海岸的人来拍的话，从他们的观点来看加拿大可能会从渔业、从村庄、从海洋的角度来看；如果让北方人来拍的话，可能又会从另外一个文化的角度来表现。但是魁北克是加拿大的一个文化中心，因此他们就选择了这样一个角度。从我的角度来看，我还是希望所有人的观点都能表现进来。但对于一般参观者而言，这样已经很棒了。

采访人： 从上海世博会参观者的角度来看，我们已经了解到加拿大的一些形象上的特点。比方说枫叶，加拿大馆的外形全都是由枫叶的形状组成的。我们也看到了加拿大有这么一个丰富多元、兼容并蓄、持续发展的文化概念在其中。我们也了解到了加拿大是如何尊重自然、利用水资源的。最后还有一个反映一天的加拿大人的影片。虽然从您身为一个加拿大人的角度来说还不能完全反映加拿大的整体风貌，但庆幸的是我们已经了解到了加拿大的一部分。

Ingrid Kadoke： 所以你问我和问一般的参观者回答是不一样的，但是目前这样的展示还是可以传达给普通观众加拿大最好的一些方面。

采访人： 加拿大国家馆已经达到它所有的目的了。

Ingrid Kadoke： 是的。

采访人： 接下来我想问一下，您已经经历了2000年、2005年和2010年三次世博会。您能不能从公司的角度或者您个人的角度，向我们介绍一下加拿大在这三届世博会中是怎样推介加拿大的文化价值观，或者说国家的政治价值观、经济价值观的？您认为哪一

届世博会是将加拿大的国家形象表现得最完整的?

Ingrid Kadoke:2000 年汉诺威世博会的主题是关于人类、自然和科技的;2005 年爱知世博会的主题是关于可持续发展的;2010 年上海世博会的主题是关于城市的。作为一个加拿大人,我为加拿大感到非常的骄傲和自豪。加拿大有非常多的资源,地广人稀。从我个人的角度来说,不代表任何政府或者公司,我认为加拿大是非常美的,每个展馆的团队都非常热情。要说哪个是最好的话是非常难以选择的,不过我个人认为可能上海世博会的加拿大馆是最好的。

我在塞维利亚、温哥华看过很多展馆,虽然上海的加拿大馆不能百分之百地展示加拿大的情况,但是我还是认为这个是最好的。从政治、经济角度来说可能还要将来做一个评估,现在还不知道。其实这也是一个加拿大销售国家形象的工具,具体的投资回报我还不是很清楚。我认为世博会是一届比一届更好的,上海世博会的规模非常大,也给了加拿大馆一个非常好的展示机会。

采访人:您是一位经验丰富的专家。从您的角度来看,就政府推介整个加拿大形象而言,上海世博会是这三届里最成功、最完善吗?

Ingrid Kadoke:我认为我可能不是回答这个问题的最佳人选,我既不代表政府,也不是客户。但是从我个人观点来看,成功与否可能还是要取决于加拿大参与世博会的目的是否达到。如果说政府的目的是为了让加拿大在世界舞台上展现出自己的形象,告诉人们"加拿大的城市生活是怎么样的?""他们怎么样来管理加拿大的可持续发展城市?"……那么从这个方面来看我们是非常成功的。如果说政府的目标是为了向中国人展示加拿大的话,这一方面来看其实也是非常成功的。但是如果你要问一个加拿大人这一笔投资是否是值得的话,我就不知道了。因为这个问题可能也要看你为什么要问这个问题?回答问题的是什么人?加拿大是从第一届世

博会开始就参与到世博会中来的。我认为现在能够让世界各国集合在一起的机会不多:一个是奥运会,一个是世博会,还有一个就是战争。我不想谈战争,体育运动是一方面,但是世博会应该是一个让人们可以来交流文化和经济的最佳机会。

采访人:谢谢。我们最后一个问题:凭您参与了这么多年的国际展览以及大型活动的经验来看,加拿大的展览展示行业是否经历了一个不断发展和成熟的过程?能不能介绍一下加拿大或您的公司在参与这些大型活动当中经历了一个怎样的过程?能不能分享一下您的经验?

Ingrid Kadoke:我参加的第一届世博会是 1986 年的温哥华世博会,我参与了法国馆的安装工作。这是一个预先建设好的展馆,我当时还非常的年轻,我还记得自己曾经趴在地上刷法国高铁模型的样子。现在的技术发展得非常快,可以说世博会是一个把最好东西都集合起来的场所,包括技术、理念和设计。我在上海世博会上也看到了很多先进的技术,很多先进的理念。这里不只有最新的技术,还有一些新的技术应用的方式。我认为上海世博会在接下来很多年以内都肯定会是最大的一届世博会,因为我不认为还有其他哪个国家可以举办这么大规模的世博会。我不知道有没有回答您的问题。

采访人:您刚才提到当初蹲在地上直接给建筑结构上涂料的事情,也我联想到自己曾经也经历过我们中国设计或者说装饰行业的变化和发展。比方说以前贴在墙面上的字都是手工做出来的,而现在完全是依赖于机器的。这 20 多年来,装饰行业的技术正日新月异地进步着。就像在我们今天的上海世博会上,多媒体展示已经成为世博会里一个主要的沟通手段。很多场馆采用了 4D 影院的方式吸引了众多愿意等候六七个小时的参观者——这是上海世博会的一大特色。世博会上也有像加拿大馆这样,通过各种方式让

观众参与互动、观赏影片等。那么您对上海世博会上多媒体技术的大量使用是如何看待的？

Ingrid Kadoke：我认为世博会可以展示全世界最新、最好的科技成果，这也是一种全新的传达一个国家、一个产品、一个信息的方式。展示还是要根据空间和预算来进行的。随着科技的发展，人们可以看到一些新的理念用不同的方式展示出来。听说沙特馆要排9个小时的队，我觉得非常惊人，但也很高兴看到这种情况——人们非常乐意看新的东西。我觉得这也是需要征求观众的意见，了解观众的期望是什么。因为普通的参观者不可能排4个小时仅仅是为了看一部一般般的电影、一般般的科技，就算是免费的他也不会这么做。所以我觉得运用这种方式也是非常不错的，可以实现和满足参观者的一种期望。

采访人：这也可能是世博会的一种特性。人们来到这里就是想要看新奇的、以前没有看过的东西。像沙特馆这么一个大规模的360度环形体验，我想是值得参观者六七个小时，甚至9个小时的等待的。

Ingrid Kadoke：是的。

采访人：一开始我不太赞同参观者排那么长的队伍去看沙特馆影片的做法，但是后来我到现场看了以后，觉得观众如此高涨的热情应该是能给予肯定的。他们能够克服种种困难，坚持接受一种新的视觉体验，这是一种学习的方式。他们进入到沙特馆后，至少能够感受和体验到来自沙特阿拉伯的沙漠文化，可以看到一个前所未有的观赏视角，可以看到伊斯兰文化所造成的人文氛围，可以看到植物慢慢生长的难得景观，可以看到宏大的麦加朝圣场面……我觉得这个经历是非常难得的，是独一无二的。

Ingrid Kadoke：这是一种方式，观众通过自己的眼睛、通过别人的眼睛来看待其他文化。现在是一个科技发达的时代，就像我们此刻用SKYPE来沟通，我觉得

这样的方式来传递文化的信息已经非常成功了。就好像世博会里的加拿大馆、沙特馆等，他们都用自己的方式、非常有意思的方式来传达他们的理念，表现他们的城市，这些都非常棒。上海世博会非常大，我们不仅可以在这里看到人们如何来应用这些技术，还可以看到人们的热情，我觉得这就是为什么大家都非常喜欢上海世博会，为什么上海世博会是一届成功的世博会的原因。

采访人：谢谢您对上海世博会能有这么高的评价。

Ingrid Kadoke：上海世博会非常棒不仅因为它的规模非常大。世博会可以展现整个世界的文化和现状。就像19世纪早期在水晶宫举办的第一届世博会，当时还不是展馆，大家都是来进行一些展示，但那时候大家已经觉得这是一个非常巨大的表现形式了。在中国也是一样的，这种个人和集体的展示非常棒。

采访人：非常谢谢你。你还有什么东西要问我们的吗？如果没有的话，我们今天的交流就结束了。我们保持联系，还有什么问题可以通过SKYPE来进行交流。

Ingrid Kadoke：我有很多问题。

采访人：你可以写E-mail给我们。

加拿大文化遗产部国际参展司司长、
加拿大馆项目执行负责人：Robert Myers
时间：2010 年 12 月 10 日

采访人： 首先告诉您我们课题的目的。这一届世博会汇集了全世界优秀的展馆设计师和相关领域的最顶尖的设计师，所以我们想了解一些相关背景，为上海世博会留下一份关于场馆设计方面的资料，作为本届世博会的一部分遗产。请问您在加拿大馆的具体负责哪些工作？

Robert Myers： 我是加拿大馆的运行负责人。我负责所有与项目有关的事情，比如合同、计划安排、执行、建筑、雇工，还有商业策划、吸引投资这些等，只要和项目有关的我都会负责。

采访人： 那您是代表政府来主管这件事情？

Robert Myers： 是的。

采访人： 那么您是政府的官员吗？

Robert Myers： 是的。

采访人： 是属于哪个部门的呢？

Robert Myers： 我是加拿大文化遗产公证处的负责人，官方职称是加拿大文化遗产部国际参展中心主任。

采访人： 好的，那我们就正式进入到今天的提问当中。第一个问题：加拿大馆的参展主题是"兴旺之城，兼容并顾，持续发展，改革创新"。能不能为我们介绍一下这个主题的内涵以及加拿大要表达的中心思想？我们刚才也了解到您是来自政府的，那么这个主题是不是由您所在部门提出的？

Robert Myers： 加拿大的主题首先从讲我们世博会的主题说起。"城市，让生活更美好"是关于城市，关于人们如何快乐地住在城市中的问题。当加拿大接受到中国政府的邀请参加这届世博会的时候，我们就与多

方面进行接触和联系，这其中包括一些在城市领域方面非常精通的专家。我们也和一些真正在城市当中的社区联系。当然，我们同时也跟在加拿大的华裔社区联系，与他们交流对社区的理念是怎样的，怎样的社区是更加适宜居住、生活更加美好的。在采访过很多专家和社区之后，我们就会形成一个主题文件，并将这个主题文件交给主题演绎部。之后对于加拿大馆来说，还是要与加拿大全国很多城市进行联系，比如去验证一下城市是如何兼容并济的。来自世界各地的移民受政府邀请来到城市里。他们具有改革创新的理念，可以让城市的生活更美好。也可以把一些文化活动、体育活动引进到城市当中，这样城市的发展就是可持续的发展。一般来说，首先和各种各样的人、专家、团体进行交流，形成这样一个文件，找到加拿大人相信的"什么样的城市才能让生活更美好"这样一个主题，根据这个的主题来设计相应展馆并体现主题理念。

采访人： 我了解了加拿大馆主题形成的过程。请问在形成这些文件、主题概念以后，你们的设计团队也同时形成了吗？比如说加拿大馆是通过怎样的方式来确定由太阳剧团来承担创意设计的？

Robert Myers： 这其实是两码事。太阳剧团和主题的选择并没有太大的关系，他的主要作用是怎样把主题表现出来，让观众能够体验到我们的主题理念。

采访人： 我的问题是，在选主题时，您的工作一是形成主题，二就是选择由谁来承担加拿大馆的整个建设、展览、影片的拍摄工作还有其他所有的一切？

Robert Myers： 其实主题文件的形成和太阳剧团的竞标并不是同时进行的。作为一名政府官员，我要和各个方面取得联系，进行咨询。我有一个 8 人的团队，其中有专人负责和承建商签订合同。全国各地的承建商过来投标，最后我们选择了加拿大的建筑公司 SMC。整

个展馆的建设是由这家公司和中国的公司共同承担的。对于展馆内部的展示，主要的展示元素、多媒体技术的应用都是由太阳剧团进行创意设计的。太阳剧团和我的团队最后决定要把什么样的东西通过怎样的方式来展示给观众。

简而言之，我们的第一步就是形成主题文件。我们大概咨询了150多个人和团体，其中包括使领馆、专家等。然后我们会把这份文件交给政府或领导人，等待他们的批复。政府通过了之后才能去找承建商之类的。在主题文件形成的过程中，我们也在中国进行了这样一个调查：向老师、年轻人、家庭来了解他们已知的加拿大的一些信息，以及想知道的一些信息。在整个创意阶段，太阳剧团其实是创意设计的主体。

采访人：您已经回答了我们的第二个问题了。在中国人的概念当中，枫叶、白求恩、移民是我们对加拿大的认知符号，可能你们在调查当中也了解了这个部分。那么加拿大馆在这次展览当中增加了哪些符号、哪些元素来丰富我们中国观众对加拿大的理解？

Robert Myers：太阳剧团把加拿大馆分成了5个部分。第一部分"创史回顾"是一个字幕墙，这些文字体现了加拿大的一些价值理念：比如对自由、对和谐的追求，这些都是中国人共知的。

第二部分"城市之心"就是有几何形状凹凸的地方，上面有很多图片来显示一些多层次的文化，讲加拿大的城市如何把这个社区变成一个多元文化的社区，然后去适应各种各样不同的人。在加拿大有这样的华裔社区，也有其他各种各样的社区，就像上海一样。我们想通过"城市之心"来展现城市里的多样性文化。在这里我讲的文化是一个广泛的定义，既包含了艺术、体育，也包含了休闲方面。讲述加拿大的城市如何把大家聚集在一起，更美好地生活。城市只有在一些节日或者音乐会的时候，

大家聚集在一起，这时候的城市会显得非常有生气。在这样一个展示空间里，人们也可以聚集到一起，一起学习，一起娱乐，这就是加拿大馆通过"城市之心"展示给观众的理念。

第三部分"神奇之水"展示了加拿大富有想象力的青年的风采。这部分设计主要由太阳剧团的Johnny负责。他找了一些当地儿童，跟他们要一些图片来想象一下未来城市的样子。在"神奇之水"部分，通过多媒体的展示，游客可以在池塘的底部看到一个小小的城市，悬挂在700多根管子上。光可以从这里出来，颜色也可以不断改变。游客可以把手放到水中，在手触摸池塘的同时，水的颜色和形状会发生变化，会有一些花和一些鱼的出现。

第四部分就是"自行车互动"，就像自行车之城一样，通过自行车向游客解释法语里"自行车"的含义。在加拿大，自行车是一个非常重要的交通工具。加拿大馆也认为自行车可以很好地传达我们的信息，体现城市的可持续性发展。在这里有很多的动画，参观者自行车踩得越快，动画也就走得越快。这些动画主要展示了一些从加拿大的乡村到城市的风景。游客可以看到很多弄堂，也可以看到大众交通，还可以看到很多太阳能的应用……这些都体现出加拿大的可持续性发展，就是生态友好的方面。

最后一部分是一个150度的全景小剧场。加拿大有一个电影管理局之类的政府机构，雇佣了John——一位非常著名电影制片人来制作这部影片。这部影片展示的就是加拿大一天是怎样度过的。让一个人带着4部照相机走遍加拿大，拍摄了大约6万张照片，通过专业软件把这些照片连接起来，形成了这样的小影片，展示加拿大人非常典型的一天的生活是怎样。在这部小影片里观众会看到：在凌晨太阳还没有出来的时候，一个农民带着他的农场生产出来的一些产品，离开乡村往城市去。接着他就上了车，把这些东西带到城市的市场里去卖。

这时候，人们登上了很多各种各样的交通工具，感觉好像城市苏醒了。然后我们可以看到一位女士起床了，形形色色的人去工作了。接下来展示的就是各色各样的人生活在很充满活力的城市里，有工人、有购物者……加拿大的一天开始了。在这些图片当中，每显示一张图片，背后都有三四幅图片显示同一城市的不同场景，整幅画面看上去就是一个城市。举个例子，比如说现在放的是多伦多的场景，我们可以看到一些当地非常著名的建筑。在屏幕的中下部分就展示了人们一天的工作结束了，城市的灯亮了起来，有的人回家了，有的人去餐厅，还有人去剧院听音乐会等，城市休息了。从早上醒来一直到晚上，还有季节的更替交换，影片刚开始的时候是夏天，结束的时候就到了冬天。城市很有活力，人们在城市的生活很幸福，这就体现了加拿大馆的参展主题——兼容并顾、持续发展、改革创新。

除了这些，还有很多背景音乐、很多艺术品在展示，同样还有一个商店，观众可以在这里购买一些纪念品。庭院里，大约有5组演员全天轮流演出。观众可以在缓慢移动的过程中很赏心悦目地看表演，就不会觉得排队是件很枯燥的事情。我们在世博中心有5个比较大型的表演，浦西和美洲广场也有，大概每两周安排一次。加拿大馆的二楼是商务区域，我们在世博会期间举行了大约115次与商人、教育者、各行各业的人交流会。我们也非常有幸请到大山作为加拿大馆的总代表，大山大家都知道了。你们还有没有其他想问的问题？

采访人：其实您把我们大部分的提问内容都已经讲到了。您刚才讲到5个展区的分布及其内容，那么在这个过程中，内容和展示空间之间有没有产生过一些矛盾？或者说有很难落实的部分？这些矛盾是由谁来协调？是政府方面还是太阳剧团的一些项目主管人员？

Robert Myers：每届世博会都涉及很多的人，需要很多的创意。加拿大馆在建设过程中，我们可能因为语言、文化方面的障碍产生一些理解上的不同，在物流方面可能也出现过问题。不过加拿大馆和主办国、和我们的团队都保持了很好的沟通和交流，有什么问题提出来后都能得到及时解决。加拿大馆的设计师是太阳剧团的Johnny，整个展馆的内部展示元素的设计都是由他创作完成的。他知道要展示什么内容，包括展示的空间，他都心里有数。

采访人：这就是加拿大馆的特别之处，由太阳剧团来控制整个展馆的空间，内部规划、一些内容的细节呈现都是由太阳剧团来承担的，所以内容和空间之间的矛盾是很小的。

Robert Myers：Johnny负责建筑设计和一些内部的设计。他不可能一个人负责所有的设计，还有其他的设计师的参与。不过他会在这里协调，有什么问题就及时解决。

加拿大馆在整个创作过程中可能遇到的最主要的问题就是时间。中国提出上海世博会大约要吸引7000万左右的观众，而加方提出只要有其中10%的观众来参观加拿大馆就可以了。这就意味着每天要接待3万～3.5万名观众。在正常情况下，如果每天接待3万名游客，那么每人的参观时间大约是20分钟左右。但是真正开幕的时候，加拿大每天接待游客的人数可能有4万左右，这意味着平均每人的参观时间要缩短到15分钟左右，你要加快你参观的步伐。这应该是我们遇到的最大的一个障碍。

采访人：加拿大馆参加世博会的经验其实是很丰富的，从我的判断来看，您也已经参加过好几届的世博会了。我们想了解一下，加拿大所主张的世博会展示理念和有效的展示方式是怎样的？

Robert Myers：我参加了很多届世博会，也主办过世博会。在这个过程当中，每一届世博会我们主要考慮"如何去选定你的主题"、"如何将你的主题通过某种方式去展示给观众"。加拿大主要想通过各届世博会，把加拿大的市民塑造成世界市民。当然还会考虑"在传达信息的同时要考虑到用怎样的元素"，"采用这种方法来表达这样信息所需要的成本是多少？"

采访人： 另一个问题就是，加拿大馆在展示时采用了一些多媒体的方式。从您政府官员的角度，或者从世博会项目管理者的角度来看，您认为在世博会上的多媒体运用是不是一种最有效、最必不可少的、与观众沟通达效果较好方式？

Robert Myers： 通过这些多媒体技术的展示说明了一点：加拿大的技术很先进，我们有非常有创新能力的人才。其实每一届世博会上都会有很多多媒体技术的使用。当然我们也发现，仅仅让观众看看大屏幕，看看图片，看看视频是不够的。我们竭尽所能地找到了各种各样的、非常具有创新意识、创造才能这样的青年人才，通过他们把展示内容和多媒体技术连接起来，让视频图像能与观众互动，能够更好地去展示，让观众有更好的体验。

采访人： 我接下的问题是这样的：你们用了一个150度的环幕影院，采用的一种新的电脑拼接方式，给我们介绍了加拿大典型的一天。创造这样一个个性的影片——用照片连接的方式来表达加拿大的一天，是不是想更加突显加拿大的表现特性？

Robert Myers： 其实这主要还是太阳剧团 Johnny 的创意。他们让导演和国家电影局合作，使用这些图片来展示加拿大的生活场景，这是非常有创意的。而不是像其他展馆那样，人文背景就只是视频，我们是用一些图片连在一起。

采访人： 那么说这是这位导演的一贯作风？

Robert Myers： 不是。除了150度的全景小剧场，IMAX 在加拿大也是一种比较先进的多媒体技术。这次导演并没有用以往电影院里面 IMAX 视频来展示，只是通过图片来展示，让人们觉得图片的展示也可以非常有创意，也是一种极具艺术性的讲述故事的方式。这位导演第一次采用图片来讲述一个故事，这是一次创新。这些照片通过全景图的方式能够让观众感觉身临其境，有非常好的体验感。

采访人： 我个人非常喜欢这部影片，看了多次，影片的音乐也给我留下了很深刻的印象。这是一个非常令人感动的体验。我很想知道影片的音乐是如何做到这样恰如其分地烘托影片内容的？

Robert Myers： 关于电影配乐，以及其他方方面面的背景音乐，都是原创的。国家电影局找到了这方面的相关人才来创作这些音乐。如果您想知道更多关于音乐、关于影片的内容，可能还是需要跟太阳剧团的人去联系。对于这些原创的背景音乐而言，创作者不仅仅是把它当作背景音乐来使用的。在音乐播放的过程中，会有中、英、法三种语言来吟唱，让观众体验在展馆里能有更好的参观体验。

采访人： 就是让音乐成为演绎的一部分。您看，我现在用的笔记本上有加拿大馆的设计图片，它的外形是绿色的，不是红杉木的，可能是从设计稿到最后的建筑过程中有过一些改变。那么这个改变的过程中也体现了施工布展中的一些问题。我的问题是：从项目管理的角度来看，加拿大馆从设计图一直到建成、施工布展的过程中，有没有碰到过什么困难？

Robert Myers： 是有一些改变。导致改变的首要原因是成本因素。我们对于建筑有个很好的想法，当它落地时发现成本很高，这是一个问题。第二个就是在和中方的员工、相关职能部门沟通的时候可能会在理解上存在差异。他们在建筑建造的过程中可能会涉及消防、建筑等的管理部门。对我们来讲，我们要尽可能地去理解中国人做事的方式，同时还要和中方员工保持沟通，让中国的员工了解我们在加拿大是怎样做事、怎样把这些元素组合起来表现某个理念的。

采访人：好的，谢谢。有关加拿大馆的展示问题我们差不多都了解了。接下来有两个问题是问关于您对上海的一些感受的。第一个问题：您有没有参观过中国国家馆或主题馆？如果有参观的话能不能介绍一下您的感受？

Robert Myers：我去过中国馆三次，大家对中国馆的评价都很不错。主题馆我也参观过某些部分，并没有参观所有的展区。我还在浦西也参观了一些城市馆和企业馆。

采访人：你最喜欢中国馆哪一层？

Robert Myers：我对清明上河图感触很深。中国馆是迄今为止最壮观的一个展馆。

采访人：最后一个问题，上海最令您难忘的是什么？

Robert Myers：上海人民很友好。我最难忘的就是在世博会建造期间，有一天我在园区里，走到卢浦大桥下边，我问那个人，我有园区工作证，能不能到大桥上看看？那个人很友好，我忘记名字了，他让我坐电梯到了卢浦大桥，然后又走了四五百步到了卢浦大桥的顶端，我可以从上面俯瞰整个城市。

采访人：这个角度看世博园区是最漂亮的。

Robert Myers：我上卢浦大桥的那天阳光很好，可以看到很多东西：整个园区的建设，浦江两岸的景色……都是非常好的，主办方很热情好客。

采访人：今天的采访就到这里，非常感谢你！我们可能还会有一些小问题来麻烦你，会通过 e-mail 的形式联系你，到时候要请你回答我们的问题。

Robert Myers：没问题。关于这个影片和音乐的话，如果需要我可以写信向你们介绍一些相关的情况。

智利馆

主题陈述

  智利馆主要展览目标是引起人们关注城市发展中经常被遗忘的问题，例如，城市首先是人与人之间联系的空间和场所这个事实。

  智利馆将展示城市应为城市居民提供的各种关系，市民间存在的各种关系，以及他们与自然环境的关系。这将是一场文化的展示，旨在呈现城市居民之间的关系，城市之间的关系以及居民与自然环境关系，创建一个全新的模式，改善未来的城市生活。

  依照这一主要目标，展览将传达一个极具吸引力的原创意念或观点，为智利留下正面、深刻的印象。这些具体的建议或意见最终可能成为未来城市发展的基础，为全球的城市发展项目提供概念性指导。

  以上对于主要目标的阐述将成为回应主办方提出的众多问题的有力基础：什么样的城市可以创造更好的生活，什么样的生活和实践理念可以创造更好的城市，什么样的城市发展可以将我们的地球变成大家的美好居所。届时，参观者将体验"关系"，相互交流，并且融入智利、智利人民，以及智利的美景当中。

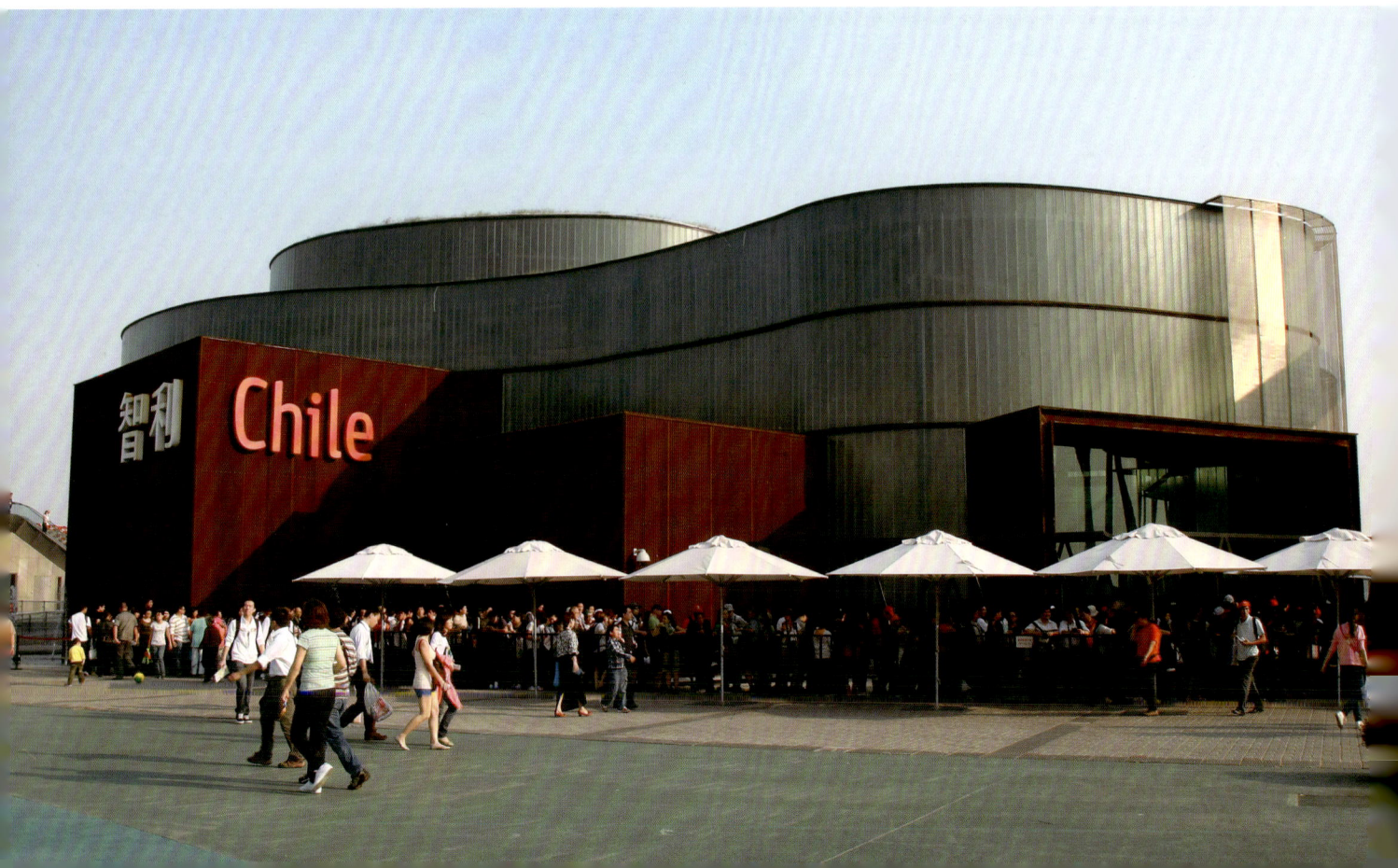

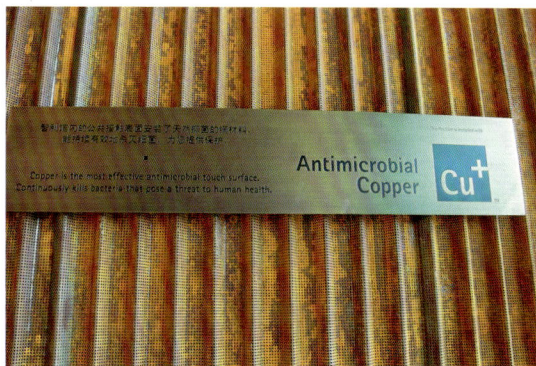

展览主题

智利馆"关系之城"的提议符合2010年世博会的主题"城市，让生活更美好"，并且与其五个副主题相契合：

城市的多元文化

人类倾向于聚居在乡村以及随后聚居在城市的习惯主要取决于经济因素：与人交流越方便、容易，创造力往往越大。因此，在人类发展过程中，城市总是慷慨地接纳文化背景各异的不同群体，而各个群体之间同样地又总是能运用特殊的交流方式来和谐共存。智利馆将展现城市发展应如何恰当地融入以上观点，开辟"不经意的联系"的特殊区域，展示城市居民关系的网络。

在全球化的背景下，城市文化总能产生多重效应。因此，在"全球化"的盛行下，文化趋于标准化。与此同时，信息和人们自由流动，强势文化和弱势文化的交流达到史无前例的顶峰时刻。人与人之间的社会关系结构发生全新的转变，这也构成了全球化社区的一大挑战。智利馆的展区将在展览中体现以上要素，提出解决方案，也许最终能成为未来城市美好生活的基石。

城市的经济繁荣

积极的交流萌生创造的活力。同样地，价值的创造是建立在积极的联系和交流的基础之上。从根本上说，城市的存在是因为人们需要相互联系，进行创造。

全球化已经为创新成为城市经济可持续发展的主要驱动力创造了比以往更多的条件。城市居民间创造性的关系是构成一个城市创新潜力的主要因素。创新和企业家精神必须由民众来实现和培养；因此一个城市的经济潜力取决于它用来吸引优秀人才的工作环境和生活质量。此外，合格的基础设施和高质量的服务已经成为城市地区经济繁荣所必需的一块基石。智利将会就如何通过"自由供应"和"集体工作"来兴建能展现城市居民关系的两个特殊展区，并结合上述这些观点提出一套方案。

城市中的科技创新

如果城市管理者仅把城市理解为高耸的楼宇，错综的公路和繁杂的交通网络，那么生活在其中的

城市进步八大主旨

Eight principles to improve your city

居民将不得不继续承受巨大压力，安全隐患和幸福感的缺失。管理者们应该将科技创新应用到新灵感的构想和实现中去，从而为城市发展创造基础条件。城市中具有创造力的居民们彼此深入的交流可以促成创新，然后研究机构再将这些灵感转化为技术，并而进生产出能够造福城市居民的产品和服务。

技术上的飞速进步已经使城市发展的拓展成为可能。在日常生活、交流、医疗和财富积累方面，市民们已经极大地体会到了科技进步带来的益处。然而，大多数情况下，城市管理者们并没有意识到民众之间在城市发展层面所具有的联系，而这一点恰恰会造成城市居民间的孤立。科技进步不是万能的，它应该成为沟通人和自然的一座桥梁。在"远程联系区"里，我们会展示在城市里如何有效地应对这个问题，从而为市民创造更好的生活条件。

城市社区的重新塑造

城市通常被视作一个高楼鳞次栉比，交通错综复杂的地方。城市管理者已经忘记了人类聚居在一起是要彼此互动的，城市最初的含义就是给这种互动和联系提供一个空间。正因为如此，我们付出努力和资源来增进人们之间的这种关系和交流是非常重要的，这样一来城市可以在应对困难时消除能源浪费，并避免产生隔绝孤立以及由此引发的无效率问题。智利展馆将会就如何在"私人区"和"庆祝区"的展示中整合上述观点提出一套方案。

未来的社区应该提供就业机会并创造商业机遇，以此促进环境的和谐融洽。社区应该有很强的社会凝聚力，与社会及其成员之间也应该有和谐融洽的互动。社区的构建和重塑一直是城市管理者的首要任务，居民之间的关系始终应该是创造更好的社区生活所必需的基石。

城乡互动

全球化促成了一类城市的出现，这类城

市自给自足，拥有一整套诸如建筑物，高速公路，街道和公园等人工设施，往往会对所处的自然环境造成影响。现代城市很少与它的自然环境融合，相反地，它却忽视甚至破坏自然环境。

这样不顾自然环境的结果反过来对城市本身不利，因为城市失去了自己的身份，不论对居民还是游客都失去了价值。

城市需要和环境密切联系，我们要在城市设计中把环境因素包括在内，不让自然空间受到影响，要保持其地理特征清晰可见，保持空气质量良好。我们也要使用太阳能以便尽可能多地降低电力消耗，还要发扬一种适合的，并且展现当地风土人情的建筑理念。

城市与乡村之间必须保持互惠互利的平衡关系，否则，城市将加剧农村小镇人口缺失的情况。创新的城市规划理念、崭新的建筑和动力技术可更好地帮助修复城乡不平等关系。

城市与野外的联系和交流逐渐增多，迫使我们帮助乡村居民改变生活方式，使其更加多样化，以此增加他们的竞争力。智利馆将提议如何将这些观点融入城市建设中，开发一个特殊的区域："环境联系"。

展览内容

智利馆的展览将包含以下七个区域，每一区域都将展示城市应向城市居民提供的一种关系：

（1）不经意的联系区：观众可在此区域聚集，并建立联系。

（2）自由供应区：观众可在此区域与人交换物品。

（3）集体工作区：观众可在此区域与人合作，共同生产。

（4）远程联系区：观众可在此区域与大洋彼岸的智利以及智利人民交流。

（5）私人区：观众可在此区域体验公共环境中的私人空间。

（6）庆祝区：在此区域，将举行艺术和美食庆典。

（7）环境联系区：观众可在此区域体验智利的自然与都市。

展馆概况

　　智利馆位于世博园区C片区，其场馆主题是"纽带之城"。面对国际金融危机冲击，智利参展上海世博会也做出了调整，但不是减预算，而是将原来的租赁馆升级为自建馆，成为南美洲第一个以独立建馆方式参展的国家。从面积上看，智利馆占地由2000平方米增至3000平方米，展览面积达2500平方米，建设和布展的政府投入达六七百万美元。智利馆被命名为"新城市的萌芽"，传递一种重视人与环境、人与人之间关系的理念。

　　国土狭长如丝带的智利，选择了"纽带"作为其国家馆阐述的主题。进入展馆，小男孩"Nio"引领参观者见证智利城市的发展变迁，通过孩子的视角，体悟城市与人的深层关系，触发对未来城市理想之路的思考。在馆内，"挖出"一眼神奇的"深井"。观众探头向井内张望，会看到地球另一端的智利风土人情。与此同时，无法来上海观展的智利人，或许也正在地球另一端的"深井"中，遥望着中国的美好风光。智利是地球表面上与中国相距最遥远的国度，而一口虚拟的"井"，连接起了地球两端的人们，目光在此交汇，文化于此相融，可谓最遥远的距离，最贴近的心灵。

　　踏进智利馆的大门，首先进入的是一个幽暗的圆形房间。房间的地面上投影出智利城市的影像，有鳞次栉比的楼群、车水马龙的街道和川流不息的人群。墙上的电子屏幕中端坐着一个可爱的小女孩，她托着下巴，睁大眼睛，用充满天真疑惑的眼神，向每一位路过的人们追问："城市到底是什么？""为什么人类总是孜孜不倦地重建城市？"中英两种文字的字幕在房间的墙上滚动播放，灯光、音效配合着地面上不断变幻的城市影像，小女孩的声音萦绕耳边，让人们一下子被这些平常不曾思及的问题所震撼。

　　走进下一个房间，里面空荡荡的，没有任何陈设。正诧异间，抬头一看，房顶上倒挂着一个真实比例的房间，工作人员介绍说，这就是门口那个小女孩的家，全部家具物品是原汁原味的智利风格——木制的装饰、稍显拥挤的厨房和卧室、南美印第安式的床单。颇具心思的是，家里的灯光不断由亮到暗变化着，表现白天、夜晚的不同景象。隔"窗"外望，是模拟成"摩天大楼"的展示装置，循环放映着"邻居们"的生活片断。有人在自家跑步机上一边运动一边用挂在脖子上的毛巾擦汗，有人刚刚起床在卫生间梳洗，有孩子在客厅打电动游戏，有的夫妻在房间吵架。当你看着繁忙的生活场景，禁不住扪心自问："城市的生活，难道就是待在自己的小格子里，忙得连邻居的名字都记不住？这，当真是我们需要的城市吗？"

　　在参观线路的末端，你还会被一口神奇的"深井"所吸引。它出自智利艺术家之手，采用了网络在线链接技术，24小时实时联通，井的这端在上海世博会的智利馆内，另一端在智利首都圣地亚哥的一家餐馆内。观众探头向井内张望，便会看到圣地亚哥的这家餐馆内的实时场景，甚至有行人走过，会从对面的镜头看过来，热情地冲你打招呼。智利是距离中国最遥远的国度，但此刻，一句简单的问候连接起地球两端的人们。或许，我们已经找到了城市密码：那就是人，以及人与人之间的温情。

专家点评

智利共和国，面积75万多平方公里。位于南美洲西南部，安第斯山脉西麓。东同阿根廷为邻，北与秘鲁、玻利维亚接壤，西临太平洋，南与南极洲隔海相望。海岸线总长约1万公里，南北长4352公里，东西最窄96.8公里、最宽362.3公里，是世界上地形最狭长的国家。由于国土横跨38个纬度，而且各地区地理条件不一，智利的气候复杂多样，包括多种形态。

"纽带之城"与真实的智利

智利馆主题是"纽带之城"，国土狭长如丝带的智利，选择了"纽带"作为其国家馆阐述的主题。智利属于中等发展水平国家，预计在2019年前成为南美洲第一个发达国家。矿业、林业、渔业和农业资源丰富，是国民经济四大支柱。矿藏、森林和水产资源丰富，以盛产铜闻名于世，素称"铜矿之国"。已探明的铜蕴藏量达2亿吨以上，居世界第一位，约占世界储藏量的1/3。铜的产量和出口量也均为世界第一。

从空中俯视，展馆呈不规则波浪起伏状，形如"水晶杯"。建筑主体由钢结构和玻璃墙构成，类似木桩的棕色长方体穿越整个"水晶杯"，长方体的侧端构成智利馆的出入口。馆内有五个主题展厅，重点展示智利人对城市的理解，包括如何建造一个更好的城市，如何提高人们的生活水平等。

文化产业的发展

智利国家馆利用多媒体注重文化产业的介绍。智利全国有报社87家，电台1095家，是南美的图书出版大国，年均出版图书2500多种。智利政府重视发展旅游业，2005年全国有旅行社1024家，2005年旅游外汇收入13.9亿美元，共接待外国游客202.7万人次，主要来自阿根廷等周边国家、北美和欧洲。智利还是拉美文化艺术水准较高的国家之一。全国有图书馆1999家，总藏书量为1790.7万册。有电影院260

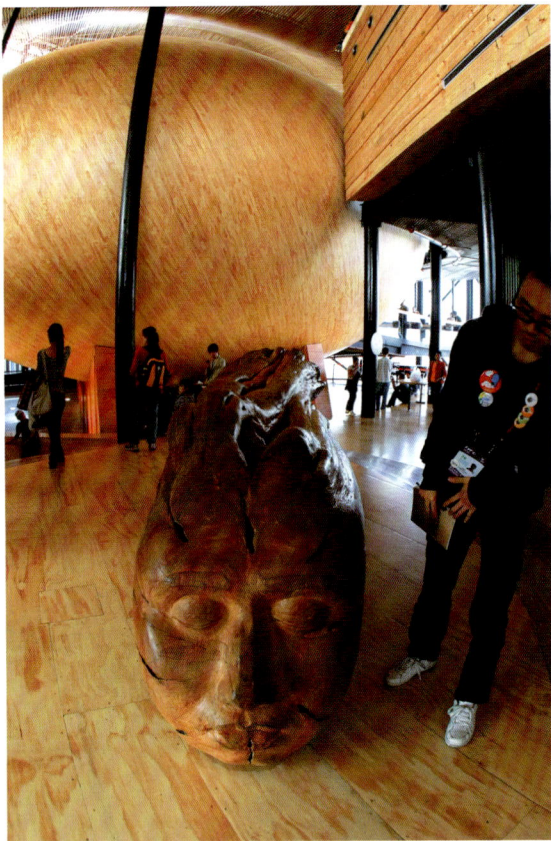

家。首都圣地亚哥是全国文化活动中心，有25个美术馆。诗人加夫列拉·米斯特拉尔，巴勃罗·聂鲁达分别获得1945年和1971年诺贝尔文学奖。

关于环保问题：认为环境问题日趋国际化。主张强化"责任分摊、区别对待"原则，认为工业化国家应承担全球环境恶化的特殊责任，各国有开发资源造福于民的主权权利，但在发展的同时不应忽略环保。反对任何国家单方面强加环保标准。

奇特的创意

智利国家馆的创意引起人们的注意。首先，展馆形似一个呈波浪般起伏的水晶杯，又有大海中航船的意象。展馆建设使用了大量绿色环保的U形玻璃，其横截面呈"U"形，具有透光而不透视的特性，隔热、隔声性能优良。在造型复杂的钢结构和玻璃墙之外，覆有特制的钢丝网，加上大面积的屋顶花园，可起到遮阳节能的作用。

其次，智利矿井的深度全世界出名，这次世博他们设计了透过"深井"看智利。参观者探头从"挖出"的两三口神奇"深井"向内张望，能够看到地球另一端智利的风土人情。

再次，进入展馆，小男孩"Nio"引领参观者见证智利城市的发展变迁，通过孩子的视角，体悟城市与人的深层关系，触发对未来城市理想之路的思考。

最后，变化着的种子，在展馆中央的"巨蛋"里，可以看到一颗种子在不断变化，寓意城市的现状是可以改变的。

科技创新与发展

智利馆被命名为"新城市的萌芽"，传递一种重视人与环境、人与人之间关系的理念。

如果城市管理者仅把城市理解为高耸的楼宇，错综的公路和繁杂的交通网络，那么生活在其中的居民不得不继续承受巨大压力，安全隐患和幸福感的缺失。管理者们把科技创新应用到新灵感的构想和实现中去，从而为城市发展创造基础条件。城市中具有创造力的居民们彼此深入的交流可以促成创新，然后研究机构再将这些灵感转化为技术，并进而生产出造福于城市居民的产品。在"远程联系区"里，我们会展示在城市里如何有效地应对这个问题，从而为市民创造更好的生活条件。

珍视自己的历史

展馆内还介绍神秘的复活节岛、古老的印加文化以及现代智利的成就等。智利的复活节岛位于太平洋东南部，以神秘巨像名闻遐迩。岛上有600多尊面对大海的古代巨大半身石雕像。1996年2月，该岛被联合国教科文组织宣布为世界文化遗产。

智利国家馆展示了自己国家美丽的自然景观，多彩的文化，发达的科技，悠久的历史与文明，是很有特色的展馆。

BIE点评

B类奖项：主题演绎奖

金奖授予智利馆，因为该馆以令人叹服的方式展示了智利人民对城市及其对如何通过建设更美好的城市来提高未来生活质量的理解。

GOLD goes to Chile for the impressive representation of Chilean understanding of the city and the future-looking vision on how to build a better city and improve the quality of life.

墨西哥馆

主题陈述

城市由其历史所创造，其良好的功能以一种或者其他方式满足其人口的需要。文化和传统形成了让我们区别于他人的生活方式。正是文化中的遗产以决定性的方式影响着现在，向我们传递出我们应当有计划地使我们的城市更美好。

展示目标

向参观者提供我们的历史、艺术以及文化，让它们对墨西哥有个大致印象。这一方式能够使我们推广旅游、商业贸易以及吸引更多投资来到我们国家。

展示主题

城市的功能由历史、文化和地理决定，这些要素丰富了城镇并且创造出区别性。正是这些区别让

我们独一无二，让我们以一种非常有创造力的互相交换的方式提供和接受其他事物，这种方式正是城市的起源和未来。"城市，让生活更美好"，尊重我们的习俗和传统，为找到人与自然之间的平衡和和谐提供选择权，其进步总是基于可持续的发展以及在市民服务方面的技术。

美洲最大，也是最古老的市场位于现在著名的墨西哥城，它现在是全球最大、人口最多的城市之一。它的特征由它的起源决定，同样的原因还涉及和反映在社会地图、地理、移民、文化和制度管理方面。这一变化过程允许我们发现城市面向未来的潜在计划。文化和历史的多样性丰富了人类遗产的意义，形成了生活。提议互相交流是为了在21世纪生活得更好。

展馆概况

墨西哥馆位于世博园区C片区，建筑面积4000平方米，以"更好的生活"为主题。展馆外观是由色彩斑斓的风筝和碧绿的草地组成的"风筝森林"，"风筝"的支撑柱上布满小孔，会喷出清凉的水汽，交互式触摸屏展示墨西哥主要的可持续发展项目。

展馆设有代表墨西哥历史、文化和梦想的"过去"、"现在"和"未来"三大展区，分别对应地下空间、入口和室外绿地。馆内陈列琳琅满目的墨西哥艺术品。

风筝广场是墨西哥馆的核心。风筝在纳瓦特尔语（民族方言）的名称是"papalotl"，也就是西班牙语中的蝴蝶。风筝是连接墨西哥文化和中国文化的一个要素。参观者可以在墨西哥馆里购买风筝，或者亲手做一个风筝，然后在风筝广场上放飞。由风筝组成的森林代表着墨西哥人对未来的期待，广场上的人造绿草表达了墨西哥人对城市绿地的关注。人们可以在绿地上进行各种活动，诸如读书、野餐或是在阴凉处随意地休憩；绿地上空，风筝在飞翔。

进入墨西哥馆，参观者就好似开始了一段从史前时代到未来的墨西哥历史旅程。

第一部分为"回顾过去"，投影到地板上的三个屏幕将分别反映墨西哥史前城市、殖民地城市和19世纪城市的风貌；

第二部分为"了解现状"，空间中充满了不断运动和投映的元素，代表着城市的现实动态。在这里，就好像站在现实的窗口前，参观者能够看到墨西哥的现状；

第三部分则为"展望未来"，主办方为参观者提供了一些互动表格，其中列出了一些信息，用于交流与创设更好的墨西哥发展计划、未来项目以及可持续环境计划。在整个旅程的终点，参观者将通过一个有三个屏幕的狭小空间，看到位于展厅顶部的风筝广场的实时图像，图像将显示正在广场进行的活动，随后参观者会被邀请登上广场，成为广场活动的一部分。

专家点评

墨西哥位于北美洲，北部与美国接壤，东南与危地马拉相邻，西部是太平洋，东部有墨西哥湾与加勒比海。首都墨西哥城。面积197万平方公里，是拉美第三大国，也是南美洲、北美洲陆路交通的必经之地，素称"陆上桥梁"。

别出心裁的外部景观

墨西哥馆是一座由山坡上飘扬着135个大型风筝组成的奇幻世界。"风筝"一词来自纳瓦特尔语中的"蝴蝶"。在墨西哥，风筝代表人们对未来美好生活的期盼。而风筝又起源于中国，它作为中国和墨西哥两种古老文化中的共同因素，也作为两国友好进程的象征和见证。风筝广场是墨西哥馆的核心。独辟蹊径的外形设计，使墨西哥馆被不少游客称为"世博园区最好识别的场馆"之一。

"风筝森林"最容易让人记忆，最给人以震撼力。"风筝"的支撑柱上布满小孔，会喷出清凉的水汽，交互式触摸屏展示墨西哥主要的可持续发展项目。"斜坡的造型可以让人联想到我们墨西哥令人印象深刻的金字塔，而古代的玛雅人也喜欢在地下建造迷宫，我们展馆的设计也受到了玛雅文化的启迪。"作为本届墨西哥馆世博会上唯一一个主体位于地下的建筑，深藏不露的墨西哥"珍宝"全都位于地下的"三维影像博物馆"内。

骄傲的经济实力

在展馆的展示中告诉人们，墨西哥也是一个拉美经济大国，国民生产总值在拉美仅次于巴西，居第二位。全国六分之五是高原和山地。矿业资源丰富，地下天然气、金、银、铜、铅、锌等15种矿产品的蕴藏量位居世界前列。美国、加拿大和墨西哥三国于1994年1月1日宣布成立北美自由贸易区，墨西哥的经济得到了长足的发展。

古老文化的展示

玛雅文化与西方文化的融合，产生今天的墨西哥文化。进入墨西哥馆，参观者就好似开始了一段从史前时代到未来的墨西哥历史旅程。墨西哥是美洲大陆印第安人古老文明中心之一，闻名于世的玛雅文化、托尔特克文化和阿兹特克文化均为墨西哥古印第安人创造。公元前兴建于墨西哥城北的太阳金字塔和月亮金字塔是这一灿烂古老文化的代表。太阳和月亮金字塔所在的特奥蒂瓦坎古城被联合国教科文组织宣布为人类共同遗产。杜伦古城是玛雅文化后期的重要遗址，坐落于尤卡坦半岛东北部，曾是14世纪玛雅文化末期的宗教城市，现今遗址保存尚好，当中有超过60栋石建筑。

墨西哥馆将国内30件价值连城的艺术精品陆续运至上海世博园，其中包括玛雅文明、瓦斯特卡文明的历史遗产，墨西哥现代雕塑及当代著名画家的杰作，它们跨越了墨西哥的史前城市、殖民地城市、现代都市等历史时期。其中最引人注目的是玛雅文明遗迹，作为玛雅文化的发源地之一，墨西哥馆把当地保存下来的玛雅蛇形装饰、图腾、面具等带到展馆中。入馆后最先看到的是高近4米的"羽毛蛇神艾卡特石碑"。在古老的墨西哥，艾卡特神被认为是人类的创造者，它向人们提供玉米颗粒，为人类文明发展创造机会。这座石碑是从墨西哥湾旁的一家博物馆运抵上海的，也是其首次在墨西哥以外的地方展出。

此外，展馆中由63块石头组成的玛雅文

明时代的"身披羽毛人物版画"石板雕刻也颇为引人瞩目，版画中的"巴卡巴斯"手举天空，寓意确保宇宙继续运行。

玛利雅奇音乐和萨巴特奥舞蹈融合了西班牙和印第安音乐舞蹈的特色，成为墨西哥独特的民族艺术形式。墨西哥已有21处古迹被联合国宣布为"人类文化和自然遗产"。

文化产业与科技的繁荣

展馆尽情地展现了墨西哥的文化产业的发展。墨西哥全国约有300家报纸和100多种全国性刊物。平均每百人订报14.4份。墨西哥通讯社为官方通讯社。全国有广播电台1365家，电视台556家，墨每年出版1.2万种书刊，总发行量达2.5亿册。墨西哥是教育大国，公共教育基本为免费教育。墨有较完整、系统的科研体系。科研领先优势为：环境和气候、生物医药研究和卫生、农林渔业、工业和制造技术、材料和度量学、非核能源、生物技术、航空、空间研究及应用等。看到这些，你才感到墨西哥不是我们想象中的第三世界，而是一个了不起的有实力的具有古典文化与现代科技的国家。

世界第一辣的国家

每个国家的饮食都具有自己的特色，墨西哥当然毫不例外。谈到吃西餐，人们可能更多光顾的是法国、意大利、德国和俄式餐厅，其实，在当今世界墨西哥菜肴是和法国、印度、中国和意大利菜齐名的世界五大菜系之一。墨西哥菜肴的特色就是口味浓厚、色彩绚丽。墨西哥是辣椒的发源地，全球约一半辣椒都生长于墨西哥境内，红的、黄的、青的、绿的应有尽有。墨西哥是名副其实的天下第一辣国。

除了第一辣，古印第安人培育出了玉米，故墨西哥有"玉米的故乡"之称。玉米一直是墨西哥食品中的主角，玉米饼是墨西哥最基本，也最有特色的食品。墨西哥人一直保持着吃昆虫的传统，墨西哥昆虫的数量和种类世界

闻名。墨西哥馆内还设有地道的墨西哥餐厅，让参观者能品尝到精致、传统的墨西哥菜肴；馆内还陈列传统的墨西哥手工艺品和书籍。

传统与现代的结合

墨西哥国家馆是把传统与现代结合得很好的展馆之一。在"城市与自然"区域，体现了墨西哥对城市和自然遗产两者和谐共存。墨西哥是仙人掌的故乡，在仙人掌的2000多个品种中，墨西哥有一半以上，因此享有"仙人掌王国"的美誉。在图片与多媒体的展示中，我们可以看到石林一般模样的仙人掌。

"城市与文化遗产"区域让游客"飞跃"墨西哥上空的6个"沙丘"，从空中俯瞰墨西哥的城市演变。而在最后的"城市与人"区域，游客进入一个特殊的互动区域，在大约两个篮球场大的场地内，竖立了40根柱子，而每根柱子上都装着一幅"头像面具"，有戴着大檐帽的墨西哥大叔、可爱的少女、狡黠的海盗、神话中的鬼怪等。这些面具都内置有小屏幕，通过两个如同猫眼的观察装置，游客可以直接看到墨西哥人的日常生活、传统音乐、文学美食等视频。游客看视频的时候，自己也成为这片公共空间区域的表演者。

墨西哥国家馆外部景观奇特，在外观的创意上，可以说在世博园独树一帜，对历史文化传统诠释得非常美妙，既展示了自己的民族特色，又展现了现代的科技文化。

美国馆

主题陈述

"庆典2030"

美国馆将讲述一个生动的、富有感情的故事：中美两国人民共同的核心价值观——可持续发展、团队精神、健康和一个基本的信念：美国充满了机遇，来自世界各地的人都能在此获得成功。

可持续发展——中美两国都敏锐地意识到，双方必须在保护全球环境问题上发挥主导作用。两种文化在许多环节都能积极地推动可持续发展，理解并倡导健康的生活方式是个人可持续发展的关键。中美双方正在寻找各种途径以确保后代的健康和福祉。

团队精神——中美两国通过团队合作都收获了惊人的成果。这种团队精神体现在充满活力的社会组织、强而有力的机构，以及成功的企业当中。

健康——无论是中国文化还是美国文化，都以其独特的方式强调着身心健康的重要性。健康的身心对创造一个拥有积极的环境、社会价值、文化价值的蓬勃发展的社会起着至关重要的作用。

中国人在美国——在美国，任何事情都可能发生。在这里，一个人若能辛勤工作和创新——这是

中美两国人民共有并且看重的特质，他便能收获成功和幸福。如果谁想要使这个世界变得更加美好，那么他在美国就能找到自己的用武之地。

展馆概况

美国馆位于世博园C片区，展馆面积6000平方米，其主题是"拥抱挑战"。设计师希望向所有参观者展示"美国人乐观、友好、富有创新和合作精神，人们团结起来可以创造美好的世界"。美国展馆的理念可以总结成一个词：庆典。这是一场"全球派对"。

其设计是基于一个非常简单的理念——创造一个大型"城市"绿化广场，在入口处就给人鲜明的体验。建筑形态方面，广场两侧是不对称的"翅膀"，可视为一种欢迎的姿态，也让人联想到北美雄鹰伸展的双翅。建筑的几何形态非常简单、强健且优雅，反映出美国的力量、热情和包容。

展馆外观如一只展开双翅的雄鹰，欢迎远道而来的客人。展馆是未来美国城市的缩影，包括了清洁能源、绿色空间和屋顶花园等元素，通过多维模式和高科技手段，引领参观者在四个独特的展示空间踏上一段虚拟的美国之旅，讲述坚持不懈、创新以及社区建设的故事。

展馆解读展示内容进入美国馆，游客将徜徉于四个不同的展示空间，每个体验区都展示了中美两国共同的精神——乐观、创新和合作。在每个展示空间，都有时长约为8分钟的影片展示和4分钟的休息时间。

第一个空间是序幕部分，展示美国是个具有异域文化和地理奇观的地方，由世博会美国展区总代表费乐友向游客热情问好，欢迎大家的到来。

第二个展示空间三块大屏幕上播放美国人伸出友谊之手、用普通话热烈欢迎游客到来的画面。这些问候来自大学、企业和其他社会团体，共同传递的信息是——"为建设更美好的世界，我们紧密团结在一起，无论我们来自哪个国家，拥有何种国籍。"

第三个展示空间是一部名为《花园》的影片。一个小女孩看到了一片废弃的空地，想象着一个繁茂的花园。她的激情和决心启发了她的邻居们，在共同的乐观、创新和合作精神的指引下，使曾经破败和灰暗的城市呈现出梦幻般的美好景象。影片将通过风和雨等四维效果，让观众沉浸在惊奇的情感和视觉体验中。美国馆设计公司创始人罗杰斯介绍说，影片的最精彩之处在于，故事中没有任何语言对话，都是通过图像、音乐和音效来表达，不需要翻译，每个人都能理解这个故事，无论

欢迎光临美国馆

大部分财富又会给你带来

他们的母语是什么语言。

最后一个空间，将展示五大主题区域，着重介绍美国人如何使他们的社区变得更加健康、可持续和具有文化多样性。

专家点评

美利坚合众国是一个由50个州和1个联邦直辖特区组成的宪政联邦共和制国家。东濒大西洋，西临太平洋，北靠加拿大，南接墨西哥，国土面积超过962万平方公里，位居全球第四；其人口总量超过3亿，居世界第三。1776年7月4日，大陆会议在费城正式通过《独立宣言》，宣告美国诞生。这次世博馆体现了美国人如下的观念：

大国的气魄

在世博会，除了中国馆之外，就是美国馆最大了，充分显示了美国人的自傲。演示厅的高度是13米，美国总统与国务卿都在媒体大厅作了演讲，讲述了他们的成绩与价值观，显示了他们的经济、军事、文化力量与价值的自信。美国国内生产总值14.780万亿美元，超过全球22%，其在经济、政治、科技、军事、娱乐等众多领域的庞大影响力均睥睨全球，雄居世界第一。人均国内生产总值47132美元，居世界国家和地区第7名，依然是大国的首富。美国气候温和，自然资源丰富，煤、石油、天然气、铁矿石、钾盐、磷酸盐、硫磺等矿物储量均居世界前列。森林面积约44亿亩，覆盖率高达33%。美国是世界第一军事大国，在世界各地设有374处军事基地，海外驻军约为28.78万人。美国有高度发达的现代市场经济。20世纪90年代，以信息、生物技术产业为代表的新经济蓬勃发展。

硕大的双翼式外部景观

美国馆的设计是基于一个非常简单的理念——创造一个大型美国鹰形象，在入口处就给人鲜明的体验。广场两侧是不对称的"翅膀"，可视为一种欢迎的姿态，也让人联想到北美雄鹰伸展的双翅。建筑的几何形态非常简单、强健且优雅，反映出美国的力量、热情和包容。美国国徽外围为两个同心圆，内有一只白头海雕（秃鹰）雄踞中央，双翼展开，其右爪握一束橄榄枝，左爪握13支利箭，尖嘴中叼着一条飘带，上用拉丁文写着"合众为一"。因此，美国馆又称"鹰巢"。展馆是未来美国城市的缩影，包括了清洁能源、绿色空间和屋顶花园等元素，通过多维模式和高科技手段，引领参观者在四个独特的展示空间踏上一段虚拟的美国之旅，讲述坚持不懈地创新以及社区建设的故事。

发明创造与科技制胜的理念

美国认为，科技的投入是对未来的投资。最后一个展区的五个主题分别是：可持续发展、健康与营养、高科技、生活方式及发现美国。来宾们有机会直观地领略到未来发展趋势。人类工业史上许多最重要的发明，都是源自美国，包括飞机、电灯与电话。美国还在20世纪策划了著名的曼哈顿原子弹计划、阿波罗登月计划和人类基因组计划。美国为计算机与网络发展史上贡献极大。在科学研究方面，美国学者赢得了大量的诺贝尔奖，尤其是在生物和医学领域。展馆的赞助商们也向观众展示，它们的技术和理念能如何帮助人们实现"城市，让生活更美好"的目标。

多样的民族文化与创意产业

美国的大学很多，从360多年前发展到今天已有2600多所颁发学士、硕士和博士学位的四年制大学。教育的发达带动了美国的创意文化产业。除此之外，美国多样的民族文化使它成为极具吸引力的旅游大国。从著名的大峡谷国家公园和黄石国家公园，到风光旖旎、阳光灿烂的加利福尼亚；从五大湖特别是尼亚加拉大瀑布，到夏威夷群岛，这些都是美国人值得骄傲的天然资源。美国人创造的文化产业更是辉煌，好莱坞成为人类电影发展的重镇，绝大多数电影技术的创新和发展都是发源于此。从查理·卓别林的喜剧、《乱世佳人》，到创下史无前例票房的《泰坦尼克号》《超人》等电影流传至几乎每个大陆和国家，成为家喻户晓的美国品牌。除了电影之外，由迪士尼开创的卡通技术也是源自美国。在多媒体的演示过程中，到处都是美国的创新发明的介绍，使人们看到美国在科技上的地位。

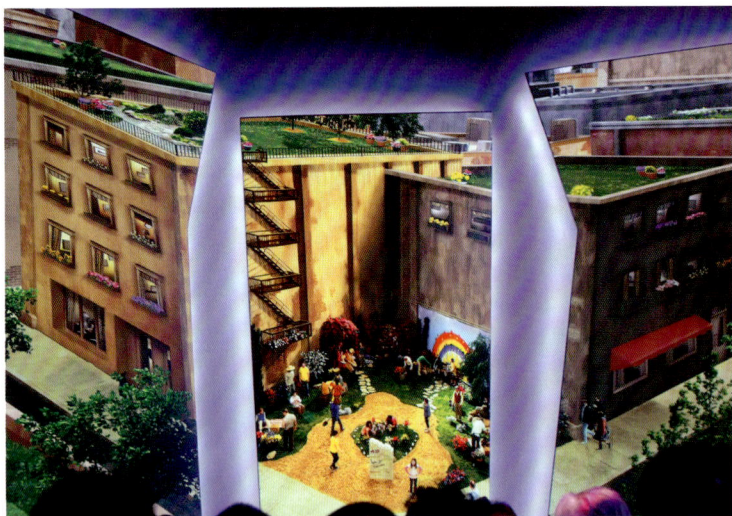

这次美国馆的创意从外面开始，入口处巨大的绿色藤蔓搭建成凉亭，右侧的人工瀑布飞泻而下，为展馆注入一份清凉。

公共精神的解读

美国的公共精神是全世界都认可的，人们还记得，在世贸大厦被炸的时候，美国人献血的队伍络绎不绝，组织者劝阻大家：血用不完了，不要去排队了。第三个展示空间是一部名为《花园》4D的影片。一个小女孩看到了一片废弃的空地，想象着一个繁茂的花园。她的激情和决心启发了她的邻居们，在共同的乐观和合作精神的指引下，使曾经破败社区呈现出梦幻般的美好景象。

美国馆以"可持续性、团队合作、健康环保和美国华裔社区"为主题，展示美国的文化、价值观和创新精神，与中国人民共庆中美之间的美好友谊和积极合作。

美国馆展示空间里由一位美籍华裔青年带领游客徜徉于未来时空，亲身体验2030年的美国城市，让参观者通过感性游历领悟"可持续发展、团队精神、健康生活、奋斗和成就"这四大核心理念。展示美国人民的文化传统和民族精神，展示美国的商业、科技、文化和价值观。美国的国旗别称"星条旗"，呈横长方形，50颗星代表美国50个州，红色象征勇气，白色象征自由，蓝色则象征忠诚和正义。美国是现存历史最悠久的宪政立宪共和国，有世界上最早并仍在运作的成文宪法。

美国各界名人助阵美国馆，包括格莱美获奖者和NBA球星等。美国馆的代表就是美国公共精神的一个典型。记者对费乐友进行了一次专访，他说，"为了美国国家馆，我放弃了自己原本的工作，放弃了原本的生活，但现在我要说的是，我认为自己所牺牲的一切都是值得的！"与其他参展国家的总代表不同，费乐友在担任美国馆总代表之前没有任何政府背景，他只是一名私营律师事务所的普通律师，为了上海世博会美国馆，他毅然辞去原本的工作。回首自己在过去整整一年中所做的努力和牺牲，费乐友说："在上海世博会上，我就是一名志愿者，美国馆有很多人和我一样都是志愿者，为了世博会他们一样作出了牺牲，但在我们的成就面前，一切牺牲都值得。"

美国国家男子职业篮球联赛（NBA）洛杉矶湖人队球星费舍尔3日来到世博园美国国家馆和生命阳光馆，当罢"志愿者"又作"亲善大使"。在美国馆第一个短片展映处，当观众们等待短片上映时，志愿者忽然宣布一位特殊的人物将为大家进行解说。费舍尔的出现让游客喜出望外，现场顿时响起了一阵欢呼声，许多观众马上举起了相机。

中美友谊的诠释

第二个展示空间三块大屏幕上播放美国人伸出友谊之手、用普通话热烈欢迎游客到来的画面。他们传递的信息是——"为建设更美好的世界，我们紧密团结在一起，无论我们来自哪个国家，拥有何种国籍。"

"百人会"设于美国馆中的"百姓墙"展览，所展示的是定居美国的华裔上传的照片，体现了华裔在美国如同一个大家庭，共同为中华民族的传统感到自豪。一些杰出的美国华裔，包括建筑大师贝聿铭、大提琴家马友友、宇航员焦立忠、花样滑冰世界冠军关颖珊、雅虎创始人杨致远、美国能源部长朱棣文、YouTube创始人陈士骏等许多为美国及世界发展作出重要贡献的美国华裔都参与了展览。

2010年5月22日，美国国务卿希拉里·克林顿访问美国馆时曾评价道："美国馆中最令人感动的展览就是'百姓墙'，它向为美国文化、经济的发展作出巨大贡献的数百万美国华裔致敬。"

2010年10月31日中午，上海世博会美国馆举行了闭馆活动。仪式上，美国馆主题电影第二幕"未来花园"中的小主人公瑞恩特地从美国来到世博园，与观众进行互动。在活动现场，瑞恩向参观美国馆的观众派发了美国馆电影《花园》的纪念版光盘，并同游客们合影留念。在接受记者采访时，这位在电影中执著而坚强的小女孩显得有些羞涩。她想告诉广大中国观众的是，虽然一个人的力量微薄，但是她相信只要努力，就能改变世界，改变周围的人的看法。

邮件交流

创意总监（展示设计师）：Greg Lombardo
（BRC Imagination Arts）

一、展示内容

1.贵馆的主题和理念是什么？

美国馆的主题是"拥抱挑战"，我们希望向所有参观者展示"美国人乐观、友好、富有创新和合作精神，我们团结起来可以创造美好的世界"。

我们展馆的理念可以总结成一个词：庆典。这是一场"全球派对"。Greg Lombardo，BRC公司的品牌发展创意总监这样说道：

"2010年上海世博会本身就是一场庆典。我们问自己，'如何在这场精彩的庆典中体现我们对中国人民的友谊和热情？'我们通过很多方式找到了答案：普通的美国人用普通话向中国人民问好；在大学的教室里，我们坐在一起想象更美好的未来；以及8岁小女孩应对改善社区这一挑战的故事里。"

2.如何将贵馆的设计与"城市，让生活更美好"的主题联系起来？

许多展馆力图通过呈现一个视觉上"更美好的城市"来诠释主题。美国馆的设计另辟蹊径，我们将其之称为"情感参与"。我们的设计融合了艺术、技术、媒体、环境和故事讲述来创造一种情感体验，创造一种乐观向上、期望"城市，让生活更美好"的精神。我们设计所表达的核心价值——合作、创新、友谊和乐观——都是实现"城市，让生活更美好"的基础。

3.贵馆是如何考虑参观者对展馆设计的感知？

我们衡量参观者对于展馆理解的方式是通过衡量观众数量和他们的热情。截止世博结束，美国馆接待了超过720万参观者，平均每天接待4.5万人。

离开展馆的参观者往往都十分惊喜，对我们传递的合作信息感到很兴奋。他们重新发现美国是一个友好的国度，愿意和其他国家携手合作，共创一个可持续发展的富足世界。我们相信这证明了参观者理解了我们的设计。

4.有没有针对中国参观者特别进行思考和设计？

最简单的回答："整个展馆都是"。每个设计都考虑到了中国游客对于展馆理念的理解。BRC公司知道本届世博大部分参观者将来自中国。我们花费数月研究中国参观者，阅读正式的研究材料，倾听谈话。我们和美国国务院、上海美领馆、美籍华裔，尤其是在上海的中国人进行了交流（恰好BRC在上海设有办公室并有一些在中国开展的项目）。这些信息帮助我们的设计师想象出能够愉悦参观者并提供愉快参观体验的设计。

二、展示设计

1.您是如何使用设计的语言来诠释展馆和世博的主题？主线、重点和亮点是哪些？

BRC公司运用设计语言创造空间，向参观者介绍我们乐观、创新和合作的核心价值。美国馆通过故事讲述来阐释这些主题，向参观者提供发现改善城市和生活的工具的机会。

我们的"主线"故事通过讲述四段式经历来实现目标

前奏——参观者济济一堂，接受快乐、微笑、热情的美国朋友的祝福。

美国精神——参观者会看到孩子们梦想一个充满希望的未来，然后倾听美国国务卿希拉里·克林顿和总统奥巴马的演讲，邀请中国和美国携手合作，实现"城市，让生活更美好"的目标。

花园——个多彩愉悦的都市寓言，讲述了愿景、爱、合作与勤劳工作能将一片空地变为多姿多彩的社区花园。

机遇与创新——梦想着"城市，让生活更美好"的人们能够寻找到全新、创新的工具来实现梦想。

BRC公司运用设计语言创造空间，向他们介绍乐观、创新和合作的核心价值。美国馆通过故事讲述来阐释这些主题，向参观者提供发现改善城市和生活的工具的机会。

2.您的设计如何优化空间利用？

参观路线分为四个主要区域。前三个区域主要是讲述故事，最后一个区域则是让参观者探索前三个故事中提到的见识和态度带来的积极行为。每一个区域都从设计上优化了和参观者交流故事内涵的可能性。

3.参观者的设计人数是多少？

我们能接待4.5万人/天，3500人/时。

4.如何处理大量人流？

美国馆每天都几乎迎接着巨大的人流。等待时间有时超过3个半小时。BRC在设计的时候就考虑到了大客流，因此一切运行都按计划进行。由于展示设计的"脉动"特性，我们不仅能够迎接大客流，还能为每位参观者都提供丰富的体验。每位参观者平均参观时间40分钟。

三、技术问题

1.落实设计中您使用了什么先进的技术或技巧？

展示"花园"主题的影视厅采用了先进的技术。花园在参观者周围五个"屏幕塔"上展开。这是五面巨大的屏幕，每一面都高达10米（30英尺），侧面转向（人像式）挺立。每一面屏幕都像是一座高塔。我们在这些屏幕上用先进的10K投影仪投射高清图像。通过不同的投影和图案，屏幕塔可以变成高楼、窗户、公车站、传统电影银幕或你想到的任何东西。屏幕旁的LED图案加强了

效果，并根据影像动作改变色彩。影视厅内的4D效果，如真实的风、雨和震动都带来了一种感官效果，使观众沉浸在情感和视觉的震撼中。展示还通过800盏高科技照明灯具的声光表演加强了观众的感受。

随着故事的讲述，当代摇滚音乐通过360度环绕式音响在影视厅内播放。附加的低音效果创造出震动的层叠效果，加强了故事的影响力。

2.落实设计中最大的遗憾是什么？

美国是最晚签约参展上海世博会的国家，尽管因此带来少许不便，但我们对结果还是很满意。超过700万参观者拜访了美国馆，听到了美国馆关于友谊、合作与乐观的信息。我们很高兴参与其中。

外观设计师：Clive Gout
（Architect Inc.）

一、展示内容

1.贵馆的主题和理念是什么？

美国馆的主题是"拥抱挑战"，我们希望向所有参观者展示"美国人乐观、友好、富有创新和合作精神，我们团结起来可以创造美好的世界"。

2.如何将贵馆的设计与"城市，让生活更美好"的主题联系起来？

我们希望这座建筑体现的是2030年任何一个市中心所建造的房子，能反映最新的科技，与自然环境的融合，形态简单优雅并具包容性。

3.贵馆是如何考虑参观者对展馆设计的感知？

设计是基于一个非常简单的理念——创造一个大型

"城市"绿化广场，在入口处就给人鲜明的体验。建筑形态方面，广场两侧是不对称的"翅膀"，可视为一种欢迎的姿态，也让人联想到北美雄鹰伸展的双翅。建筑的几何形态非常简单、强健且优雅，反映出美国的力量、热情和包容。

展馆的主要特征是入口处绿色藤蔓搭建的顶棚，这是典型的城市广场的特色，展示了一种城市设计的方法，表示在城市中将开放空间和建筑结合起来将是未来的一项挑战。

城市景观价值的概念是非常重要的，这也在屋顶两翼间的"城市花园"的设计中体现出来，希望这里可以为展馆VIP室提供食物。这是展馆作为未来城市可持续建筑和生活方式所提出的众多范例之一。展示内容包含了这些愿景和挑战。

4.有没有针对中国参观者特别进行思考和设计？

没有，这是一个普遍的设计。

二、展览设计

1.您是如何使用设计的语言来诠释展馆和世博的主题？主线、重点和亮点是哪些？

参见以上介绍。

2.您的设计如何优化空间利用？

设计是基于非常具有逻辑性的客流次序，通过预展，到两个剧院体验区，最后是后展示区以及零售区。规划非常紧凑且具有逻辑性，参观者进出展馆都在同一区域。另设VIP入口，以方便VIP参观者的出入。

3.参观者的设计人数是多少？

设计容量是每小时3500人。实际运营中，展馆平均每天接待4.5万人。

4.如何处理大量人流？

入口排队区域经过精心安排，可以让参观者等待一个展示播放完成的时间，不至于造成混乱。还特别安排了残疾人和快速通道入口。展馆展示每12分钟循环一次，保证人流稳定移动，确保能够应对大量人流。

三、技术问题

1.落实设计中您使用了什么先进的技术或技巧？

本馆是一个碳中和建筑，通过购买碳补偿来抵消二氧化碳排放。屋顶花园和绿化入口广场支持生物多样性，减少了热岛效应。光伏电池为展馆标志供电。太阳能热水系统为展馆部分用水加热。大多数照明是LED节能灯。

2.落实设计中最大的遗憾是什么？

我们希望有更充裕的时间来让屋顶花园和入口绿化在开馆那天做得更加完善。我们需要对VIP进行更细致的划分，为快速入馆提供更多的便利。对于其他设计方面我们非常满意。

大洋洲篇
Oceania

大洋洲一般包括澳大利亚大陆、塔斯马尼亚岛、新西兰南北二岛、新几内亚岛，以及波利尼西亚、密克罗尼西亚、美拉尼西亚三大群岛。共有一万多个岛屿。面积897万平方公里，是世界上最小的一个洲，人口2900万。共有14个独立国家，较大的国家有澳大利亚联邦、巴布亚新几内亚、新西兰。其余十几个地区为美、英、法等国的属地。绝大部分居民使用英语。

大洋洲绝大部分居民信奉基督教，少数信奉天主教、印度教。大洋洲土著居民的祖先最早来自东南亚。大洋洲的文化主要是西方文化，其次是土著文化。澳大利亚与新西兰是典型的西方文化领地。

1901年英国国会通过由澳洲六个殖民区联合议定的宪法，正式成立了澳大利亚联邦。澳大利亚现在是大洋洲经济最发达的国家。新西兰1947年，获得完全自主，成为主权国家，也是英联邦成员。

大洋洲16个国家和地区参展，包括新西兰、澳大利亚、巴布亚新几内亚、瓦努阿图、帕劳、汤加、密克罗尼西亚、萨摩亚、斐济、库克群岛、纽埃、所罗门群岛、图瓦卢、基里巴斯、马绍尔群岛、瑙鲁。

在太平洋联合馆，最先看到的就是法属波利尼西亚展台，从上方垂下的一串串白色花朵形装饰，显示了当地人对栀子花的喜爱。萨摩亚被称为南太平洋的宝岛，《金银岛》的作者、英国小说家罗伯特·路易斯·史蒂文森就在这个宁静祥和的美丽国度度过了自己人生的最后两年。库克群岛是充满舞蹈、歌声和花朵的岛屿，当地也盛产黑珍珠。在所罗门群岛能看到用于打仗的独木舟，展台外有个巨大的人像雕塑，人的手上抱着一只小鸟。据说这种雕塑通常被放在独木舟的前端，小鸟代表着船为和平而来，如果换成了人头，就预示着将有一场腥风血雨。汤加国王的御用雕刻师里昂纳迪这次也来到世博会，而汤加展台外的大座椅就是里昂纳迪花了一个月时间亲手雕刻的，上面有鲸鱼、箭鱼、乌龟等。图瓦卢有一样东西很有名——邮票，而发行邮票也是当地主要的经济来源之一。在基里巴斯这个国家能最先看到日出，这里也被称为地球的"中心"。在马绍尔共和国，姑娘头上的插花非常精致，因为太平洋岛国的居民大都擅长编织，马绍尔也不例外。另外，帕劳展台中央的"男人会馆"；斐济用桑树皮制成的衣服；瑙鲁曾以丰富的磷矿；瓦努阿图被称为世界上最幸福的国家；巴布亚新几内亚是户外旅游爱好者的好去处，也是著名的"天堂鸟之国"。南太平洋岛国风光秀丽，极具岛国的文化特色，来自大洋洲的演员们和来自法属波利尼西亚的舞蹈表演者还献上了精彩的演出，飞扬的裙摆和忘情的呐喊把岛国的淳朴热情释放得淋漓尽致。

澳大利亚馆则是大洋洲的代表，展馆流畅的雕塑式外形如澳大利亚旷野上绵延起伏的弧形岩石。展馆内设置"旅行"、"发现"和"畅享"三个活动区，领略到澳大利亚的历史并体会它的独特之处，感受澳大利亚的多元文化。新西兰展馆主题为"自然之城：生活在天与地之间"，展馆不仅展现新西兰的自然之美，同时将表现新西兰人多情好客、创意创新和利用科技的匠心独运。毛利族服装的舞者载歌载舞地欢迎大家；精通中文的新西兰年轻人欢迎所有参观者的到来；新西兰作为"自然之城"的不同风貌；展馆的屋顶花园最适合参观者一享漫步的惬意。在有"白云之乡"美称的新西兰的优美自然风光，参观者们在原始的自然风景中，欣赏着异域风情的原始舞蹈，别有情趣。

澳大利亚馆

主题陈述

战胜挑战：针对城市未来的澳大利亚智能化解决方案

澳大利亚城市一直享有"世界上最适宜居住地"的美誉。智能型的城市规划与精妙的设计和技术相结合，缔造了城市建设和自然环境之间可持续的和谐，而我们世界一流的文化、教育和科研设施又激发出创造和创新意识。我们的生活方式充满着休闲放松的契机，把工作辛劳与成果享受平衡得恰到好处。

澳大利亚人以开放、友好、热情好客而广受赞誉——这并不令人惊讶，因为现代澳大利亚经济充分融合于全球经济，而移民又为创建我们多元文化的社会发挥了重大作用。我们在家庭和工作场所中所使用的语言，我们的文化节日，我们对各式料理风格的吸收再创造辅以新鲜"绿色"的产品而使澳式烹饪和澳洲厨师名扬世界，这些无一不体现出澳大利亚现代社会的多样性。

选择进入澳大利亚的大学接受一流但学费适中的教育或开展尖端技术研究的海外留学生的数量持续增长。而受澳大利亚城市和自然环境的魅力、强大且多元化的经济实力、高学历且多语言的工作人员以及无与伦比的生活质量所吸引，众多国际领先的跨国公司纷纷在我国的城市设立地区总部。

澳大利亚幅员辽阔、资源丰富，然而大部分地域干旱且人口稀少，换言之，澳大利亚是世界上以城市人口为主的国家之一。与此同时，澳大利亚也同许多其他国家一样，面临着诸多挑战：

（1）在保护环境的同时，保持强劲的经济增长势头；

（2）提供必要的服务和基础设施，以满足城市和农村社区不断变化的需求；

（3）推行全国性的政策，以确保经济和社会能够充分利用全球化所带来的机会。

通过充满视觉吸引力的国家馆设计和精良展品、当代文化和艺术的推广项目以及与年轻的澳洲双语工作人员之间的友好交流，我们将引领数百万中国游客踏上一次深入展示我们国家不同于以往为人们所熟知的形象。我们将帮助他们发掘我们的城市在几乎所有的领域都成为卓越的全球中心的奥秘，并展现出澳大利亚人面对挑战的创造性和实效性思维的才能，而这些挑战体现了本次世博会所要表达的主题——"城市，让生活更美好"。最为重要的是，我们保证游客们会喜爱此次体验，使他们在参观过展馆后能更加深刻地认识澳大利亚，更热切盼望中澳能通过贸易、投资、旅游、学术、民间和文化交流建立更紧密的联系。

国家馆简介

以粗犷大胆的雕塑式外形呈现澳大利亚的古代景观，伴以视觉鲜明的手法展现精妙的现代城市设计，是2010年世博会澳大利亚国家馆的基本表现形式。馆内陈放着各类动静结合的展品，游客可以在3个截然不同又相互关联的"活动区"中观赏、娱乐和汲取知识。所有这些将会引领游客彻底超脱其对我国熟知的印象，并向其展现：

（1）一块拥有富饶资源，先进技术及雄厚经济实力的土地；

（2）一个积极推行环保型可持续发展来促进经济增长的国家；

（3）一个文化和种族多元化的和谐社会；

（4）一个满怀信心地屹立于地区和世界的独立国家；

（5）一个创新务实、积极面对未来挑战的民族。

第1区——旅行

旅行是代表澳大利亚特性的必要组成部分。澳大利亚最大的城市分布在富饶的海岸沿线，相距非常遥远，即使在现代数字时代也无法完全克服障碍。这些散布于我国古老大陆沿岸的城市年轻而充满活力，标志着澳大利亚与世界其他国家之间以及跨越我国大陆旅程的起点与终点。

进入第1活动区，游客们会渐渐忘却世博园区的喧闹、高温和忙碌而完全被引入我们所要讲述的故事。在这里，他们会深入了解澳大利亚人口的多面性，从最早的居民，即原住民开始，他们在至少5万年前澳洲大陆仍与亚洲相连的时候就抵居至此。他们的深厚文化从那时起持续存在了数万年，并将继续影响我们对自己与居住地之间关系的认识。

自1788年欧洲人到澳洲大陆定居算起，尤其是在过去的60年中，来自全球各地的数百万移民及其后裔凭借其自身的能力使我国的城市成为全球化的社区，为澳大利亚现代社会带来了丰富性和多元化。全国半数以上人口的母语不是英语，超过四分之一的澳大利亚家庭使用英语以外的语言。自19世纪初期开始，华人移民在我国的发展中发挥了重要作用。目前，澳大利亚3.5%的人口拥有中国血统，汉语也继英语之后成为澳大利亚家庭的第二大常用语言。

在第1活动区，我们会介绍澳大利亚各州和地区的首府城市，与游客分享某些缔造我国历史、创造当前成就以及帮助引领澳大利亚走进未来的个人事迹。

第2区——发现

来澳大利亚访问的客人，无论是游客、学生、商人或投资者，都将欣赏澳大利亚壮观的景色、奇异的动植物，并感受到当地居民的热情和友好。但是游客参观第2活动区时还会了解到这个国家还远不止这些。通过绝妙的视听介绍会了解是什么创造了第1区中所述的成功、和谐的多元文化社会。

大家将领略到澳大利亚内陆广袤的空间与国际化城市枢纽之间的联系，还将了解到这里拥有丰富矿产资源和由全世界最高效的农民培育的富饶土地如何推动了澳大利亚现代都市的社会发展——这个社会尽管快速深入地采用新技术，仍乐于实现与大自然的重新融合，即便在城市范围内也采取了诸多措施创造这样的机会。

澳大利亚多个城市一直跻身于世界最适合居住的城市前10名之列。澳大利亚在以可持续和有效利用资源的方式创造充满活力的现代化社会及符合全球经济一体化需求的城市生活中心方面创

造了卓越的成绩。参观展区的游客将见识到世界上城市设计和发展的最佳典范,感受澳大利亚在可再生能源、运输、现代化基础设施和人居方面的创新和成就。

当然,我们的城市不仅仅是商业和经济发展的中心,还维系着世界一流的文化、教育和科研机构,共同造福我们的社会,并推动经济和社会各个领域的创造力和创新意识。在第2活动区,游客们还能了解到有关澳大利亚城市这些方面的内容。

第3区——畅享

从澳大利亚边远的红色沙漠到茂密的北部热带雨林,从孤立的海岸线和悠闲的农村社区到快节奏的全球化城市,到澳大利亚的游客们可以尽情感受我们国家美丽的自然风光、生机盎然的文化、友好开放的人民和高品质的生活。

在第3活动区,参观澳大利亚国家馆的游客将亲身体验到若干澳大利亚城市和乡村风情。这里设有3层高的遮顶大厅,游客们可以在此畅游,体验在我们国家城市和乡村"旅行"的快感,以及旅途中的种种发现。

第3区还设有悠闲美观的庭园,出售各类澳大利亚"清洁、绿色"产品和纯正饮品,游客可前往购买优质的澳洲商品,以作纪念。常驻展馆的优秀演艺人员将展示我国都市中心充满活力的文化生活以及地区性的节日盛会。来自澳洲的艺术团体将定期进行巡回演出,上演一系列世界级的视觉和表演艺术,为其增辉添色。

展馆概况

澳大利亚馆位于世博园区B片区，占地面积4800平方米，其主题是"畅想之洲"。澳大利亚馆的展品集中展现了澳大利亚强大而富有活力的经济、保持经济可持续发展的努力、技术优势和创新精神、世界一流的研究和教育机构、丰富多彩的多元文化、自然美景和优质的生活品质。

展馆内设置"旅行"、"发现"和"畅享"三个活动区，讲述这片神奇大陆上奇异的物种、丰富的文化和宜居的城市。

"旅行"展区：沿着一条长达160米，环绕展馆的全封闭玻璃通道，人们从沿途的6个小型展区中，领略到澳大利亚的历史并体会它的独特之处，感受澳大利亚的多元文化。

"发现"展区是展馆的中心区域。这里有一个可容纳1000人的环形剧场，上演视觉与听觉的饕餮盛宴。跳跃的袋鼠、繁茂的植物、澳大利亚的城市，以及居住其中的人们的生活……凡此种种，任由您用眼睛耳朵去"发现"。澳大利亚通过一个10～15分钟的短片，让游客感受澳洲这片充满想象力的热土。

在"畅享"活动区，参观者可以选择鲜美多汁的澳大利亚美食和红酒，购买澳大利亚风情的纪念品。享受美食和购物的乐趣之后，还能在舞台表演区观看融入了音乐、哑剧、舞蹈、幽默和视觉艺术的小型演出。澳大利亚馆集趣味、休闲等于一体，通过探讨环境保护以及城市化和全球化等人类面临的共同挑战，以及展示其自然风光，向参观者呈献"世界上最适宜居住地"——澳大利亚如何缔造城市建设和自然环境之间可持续发展的和谐。

除展品之外，澳大利亚政府还特别安排各种商务、文化和交流活动。来自澳洲各地的艺术家们将在馆内"天天演"，集中展示澳洲的文化生活。

专家点评

澳大利亚联邦，位于南太平洋和印度洋之间，由澳大利亚大陆、塔斯马尼亚岛等岛屿和海外领土组成。东濒太平洋的珊瑚海和塔斯曼海，北、西、南三面临印度洋及其边缘。海岸线长36735公里。面积769.2万平方公里，人口2264万（2011年6月）。首都堪培拉。最早居民为土著人。

澳大利亚是一个年轻却拥有古老土地和土著文化的国度。其旖旎绚丽的自然风光、充满活力的现代城市和多元交融的人文景观，让人们分享了澳大利亚解决城市问题、提高生活质量的智能方案。红色泥土是澳大利亚最具代表性的自然景观，而"北领地"那片遗世独立的红色沙漠以及屹立于此的巨石更是此类代表。那种特别的红色泥土正是形成于这种风化石之中。澳大利亚文化的多样性在世界上首屈一指。多种文化在这里和谐共生，相互融合，使澳洲成为新兴艺术和新媒体艺术成长的热土。澳洲人喜爱文学艺术、看电影、听音乐。艺术家则利用新媒体和数码技术对艺术品进行加工再创作，并热衷于探讨人与自然关系的全球性主题，使得澳洲当代艺术焕发出勃勃生机，充满创新意味。

以别有意味的"红土"颜色表达澳大利亚别致的创意

出现在上海世博会上的澳大利亚国家馆不是以闻名于世的袋鼠、考拉和黄金海岸作为外观设计来吸引游客，而是以反映本土文化、令人充满想象力的红土来吸引眼球。展馆的设计灵感来源于澳大利亚广袤的土地，场馆外形象征着艾尔斯巨石。在澳大利亚北领地"红土中心"，有世界上最大的巨石——艾尔斯巨石。巨石屹立在沙漠中心，像一座守护神一样保护着这片土地，巨石闪耀出的幻变光彩比阳光还要夺目，从黑变紫，蓝变棕，橙变红，色彩还会随天气变化而变化。北领地被称为"世界最古老活文化的所在地"，约50%的地域是原著民的保留地，现在仍有80多个土著语族生活在这里。像巨石会变色一样，耐候钢表面的颜色在上海湿润的气候影响下和时间的推移中，也会发生演变。安装之处是银灰色，之后变成橙色，再渐渐加深，最终变为浓重的红赭石色。澳大利亚土著民族崇拜自然的力量，这在那些土著民族的图腾中已有体现，也许这就是为何澳大利亚人选择最能代表土著文明的红土颜色作为澳大利亚国家馆外墙的主色调，这一理念彰显了人与自然环境的和谐统一，可以说是澳大利亚馆的亮点之一。

以迎接挑战的"畅想之洲"演绎世博会的主题

　　澳大利亚馆的外围采用曲面，从上空俯视，围合一体的曲线犹如澳大利亚的海岸线，绵延不绝。这是对澳大利亚这个四面环海国家的一种生动诠释。其主题是"畅想之洲"，试图以"战胜挑战——针对城市未来的澳大利亚智能化解决方案"进行阐释，其展示内容主要探讨环境保护以及城市化和全球化、信息化等人类面临的共同挑战。同时向游客展现了如何促进城市建设和自然环境之间可持续发展的和谐，体现了澳大利亚"世界上最适宜居住地"的本土风情和人文地貌，以及内涵深厚的历史文化领域。展馆分三个主题区，第一展区的主题是"旅行"，游客通过一条长达160米的全封闭通道，从沿途6个小型展区中感受澳大利亚的独特历史和多元文化。而澳大利亚馆的"发现"展区是一个可以容纳1000人的体验中心——高端环形剧场。在这里时时上演着视觉与听觉的饕餮盛宴，很多参观者是第一次震撼于这里的音视频技术，深刻感受到现代技术的惊心动魄与妙不可言。这里播放着一个9分钟的循环专题片，展示着美丽国度的方方面面：跳跃的袋鼠、繁茂的植被、土著人的歌舞、现代化的建筑……澳大利亚的城市，以及居住在其中的人的生活……种种妙不可言的自然美景和引人入胜的城市人文景观，都有待游览者用眼睛和耳朵去"发现"。更令游览者惊赞的是故事是由三个不同文化背景的孩子讲述的，展示了澳大利亚作为新的移民国家文化的多样性和多元文化交融的现实，显示出澳大利亚是一个包容性极强的宽容的国家，正是这种文化的多元化建构了今日辉煌的澳大利亚形象。在环形剧场中，座席设计也别有创意，都是可以"靠坐"的位置。在座席的背后，是可以调试环形屏幕光线和角度的放映室，这可以说是澳大利亚馆的又一个亮点。

　　走出剧场，游客将步入以"畅享"为主题的世界，感受澳大利亚的现代化生活，体现出人与自然的和谐，以及澳大利亚城市环境对自然要素的高度重视。置身"畅想之洲"，有一只可爱的"小鸟"翻飞其中，它就是澳大利亚馆的吉祥物，名叫"鹏鹏"的笑翠鸟。取名"鹏鹏"，意喻鹏程万里，表

明澳大利亚利对成功参与上海世博会的渴望，又音同朋友的"鹏"字，寓意友谊，蕴含着中澳两国人民以及企业之间紧密的合作关系。世博会期间，澳大利亚馆至少6名吉祥物操作员身穿笑翠鸟的服饰，在馆内到处游走。此外，游客可以选择澳大利亚美食和红酒，购买澳大利亚风情的纪念品。享受美食和购物的乐趣之后，该展区还特设一个表演区域，届时将会有来自澳大利亚的艺术团每天带来丰富多彩的世界级艺术和文化演出。

澳大利亚馆的造型颇有雕塑感，凝重、神奇，充满了未知和想象，其展品设计和布展引导游客超越已被熟知的澳大利亚形象，而展现出：

（1）一块拥有富饶资源，先进技术及雄厚经济实力的土地；

（2）一个积极推行环保型可持续发展来促进经济增长的国家；

（3）一个文化和种族多元化的和谐社会；

（4）一个满怀信心地屹立于地区和世界的独立国家。

文化创意产业发达的澳大利亚，给了上海世博会一个惊奇，给了游客一个惊喜，可以说，这种颇有创意的设计和国家形象的展示值得中国学习。

非洲篇
Africa

非洲位于亚洲的西南面。东濒印度洋，西临大西洋，北隔地中海与欧洲相望。面积约3020万平方公里，为世界第二大洲。人口10亿多，约占世界总人口15%。尼罗河流域是世界古代文明的摇篮之一，下游的埃及是世界四大文明古国之一。古埃及在建筑、雕刻和绘画等艺术方面也取得了巨大成就。巍然屹立在尼罗河畔金字塔和狮身人面像是公元前27世纪前后古埃及人的杰作,它们是人类建筑史上的奇迹。

居民主要分属于黑种人（尼格罗－澳大利亚人种）和白种人（欧罗巴人种）。语言十分复杂，将方言土语计算在内约有1500多种，基本语系四大类：苏丹语系，班图语系，闪米特－含米特语系，科侬桑语系。非洲居民多信天主教和基督教、伊斯兰教，少数信原始宗教。有700多个民族和部族。

非洲的文化是西方文化与土著文化的结合体，许多国家采取了民主政体。非洲是全球最贫穷的大洲，全非洲一年的贸易总额只占全世界百分之一。根据联合国在2006年发表的人类发展报告，人类发展指数排名最低的23位都是非洲国家。

非洲有43个国家参加了上海世博会，包括布隆迪、多哥、厄立特里亚、佛得角、刚果（布）、几内亚、科摩罗、莱索托、马里、毛里塔尼亚、塞舌尔、赤道几内亚、吉布提、贝宁、中非共和国、科特迪瓦、坦桑尼亚、塞内加尔、津巴布韦、赞比亚、纳米比亚、苏丹、肯尼亚、加蓬、喀麦隆、卢旺达、突尼斯、塞拉利昂、马达加斯加、刚果（金）、乌干达、埃塞俄比亚、毛里求斯、尼日尔、莫桑比克、几内亚比绍、利比里亚、乍得、索马里、加纳、博茨瓦纳、马拉维、布基纳法索、冈比亚。

非洲各个国家的展馆统一于非洲联合馆，建筑外观由1万多件钢结构搭起来。树木、沙漠、海鸥、动物、建筑这些富有强烈非洲特征的元素将呈现在非洲联合馆的外立面上，勾勒出非洲大陆独具多样性的风貌，展现非洲的古老文明和勃勃生机。非洲联合馆外立面还采用国际先进的喷绘贴膜技术，喷绘工程材料采用国际先进的UV墨水，具有环保、对人体无公害、防紫外线、不易褪色等优点。

苏丹以"城市与和平"为主题，通过展示历史风貌、和平建设和城市发展成就。埃塞俄比亚馆将展示其传承数个世纪之久的古代文明、智慧精华和城市文明的进程。展馆中最引人注目的是"哈勒尔古城"展区，有古城门和城墙、街巷。在富有埃塞俄比亚当地特色的巨伞下讲述咖啡的故事，参加咖啡派对，欣赏埃塞俄比亚的8个世界遗产。冈比亚展示重视道路、通信、电力和清洁水供应等基础设施的建设的努力，展馆以"为美好生活改变我们的生活"为主题。纳米比亚别选用了"体验生活多样性"的主题，展示一个绚丽斑斓的纳米比亚。"城市经济的繁荣"，是中非共和国带来的主题。坦桑尼亚以"可持续发展的城市化"为主题，在世博会上展现城市生活、艺术和文明的画卷，让参观者体验其中的"和谐之韵"。刚果（布）的主题是"现代化的自然生活"，表达了刚果（布）人有关城市与乡村和谐互动、人类与自然为邻的美好心愿。尼日尔的主题是"控制城市扩张，推动城市发展"。

非盟的主题是"清洁能源对非洲城市管理的巨大影响"，从中可看出非洲大陆与全球一致的现代化眼光，具有"绿色发展"的理念。

非洲联合馆

展馆概况

　　非洲联合馆位于世博园区C片区，其建筑面积达2.6万多平方米，4个外立面的面积总和达9500平方米，是上海世博会11个联合馆中规模最大的一个。由1万多件钢结构搭起的非洲联合馆已挺立在世博园区内。树木、沙漠、海鸥、动物、建筑……这些富有强烈非洲特征的元素将呈现在非洲联合馆的外立面上，勾勒出非洲大陆独具多样性的风貌，展现非洲的古老文明和勃勃生机。

　　场馆由布隆迪、多哥、厄立特里亚、佛得角、刚果（布）、几内亚、科摩罗、莱索托、马里、毛里塔尼亚、塞舌尔、赤道几内亚、吉布提、贝宁、中非共和国、科特迪瓦、坦桑尼亚、塞内加尔、津巴布韦、赞比亚、纳米比亚、苏丹、肯尼亚、加蓬、喀麦隆、卢旺达、塞拉利昂、马达加斯加、刚果（金）、乌干达、埃塞俄比亚、毛里求斯、尼日尔、莫桑比克、几内亚比绍、利比里亚、乍得、索马里、加纳、博茨瓦纳、马拉维、布基纳法索、冈比亚、非盟（43国+1组织）联合组成。

非洲联合馆以其浓郁跳跃的色彩，呈现各国独到的理念和独特的展品，演绎多样的非洲主题和深厚的文化底蕴。

苏丹：以"城市与和平"为主题，通过展示历史风貌、和平建设和城市发展成就，展现和平对苏丹发展的重要意义，憧憬更美好的未来。展馆内传统的展示元素和多样的展示形式一同赋予这个古老国度以内敛的时尚气息。入口处采用苏丹传统建筑——萨瓦金门造型，威严高贵。整个展区具有浓郁的阿拉伯风格，充满了神秘的撒哈拉沙漠气息。

冈比亚：展馆以"为美好生活改变我们的生活"为主题，展示冈比亚的自然和城市生活。跨过班珠尔市入口拱门，观众立刻被中央蓝色海水、帆船、沙滩椅和遮阳伞吸引，感受非洲微笑海岸的魅力。举世闻名的朱富雷村和世界遗产詹姆斯岛，增添了展馆的人文气息。

埃塞俄比亚：展示主题是"城市的综合遗产——埃塞俄比亚经验"。埃塞俄比亚馆将展示其传承数个世纪之久的古代文明、智慧精华和城市文明的进程，以及如何用包容的态度来保护文化传统和遗迹，应对城市化的挑战。展馆中最引人注目的是"哈勒尔古城"展区，在穿越城门和城墙、漫步于街巷的过程中，观众感受到了哈勒尔古城非凡多样的建筑、熙熙攘攘的人群和生机勃勃的街市，体验最真实的哈勒尔古城人民的生活场景。街巷的尽头，在富有埃塞俄比亚当地特色的巨伞下讲述咖啡的故事，参加咖啡派对，欣赏埃塞俄比亚的8个世界遗产。

纳米比亚：别具一格地选用了"体验生活多样性"这一主题，围绕探索、发现和梦想三个副主题，演绎纳米比亚的传统生活方式、城市社区的重塑、自然和野生动物保护等，展示一个绚丽斑斓的纳米比亚。展馆的入口处，是一座令人印象深刻的大象岩，侧面矗立着一棵高大的猴面包树。顺着具有浓烈传统风格的路标，参观者将穿越11个美丽的纳米比亚主要城市和地区。

坦桑尼亚：以"可持续发展的城市化"为主题，在世博会上展现城市生活、艺术和文明的画卷，让参观者体验其中的"和谐之韵"。坦桑尼亚馆整体以该国特有的乌木色为主色调，以富有现代造型

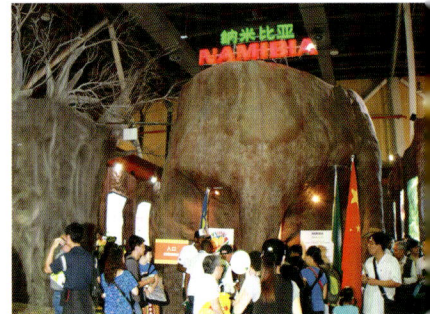

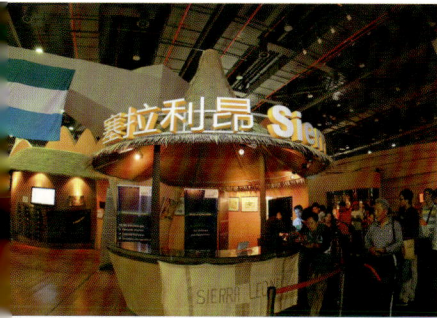

感的整体结构搭配古老的草秆屋檐，彰显国家城市化进程与自然的和谐。参观者在坦桑尼亚国宝——长颈鹿的雕塑下欣赏非洲之顶乞力马扎罗山和最具特色的国家公园的雄伟风姿，并了解在城市化进程中坦桑尼亚政府所采取的一系列重要举措。

中非："城市经济的繁荣"，展现城市繁荣的动力以及因此而给城市人带来的美好生活和梦想，是中非共和国带来的主题。踏入中非馆，在中非珍稀动物的陪伴下，穿过蜿蜒的道路，踏着热烈的俾格米音乐节拍，走近中非自然的生态和丰盛的物产，感受中非城市的魅力。带有浓郁中非建筑风格的圆顶房屋供游客歇息和免费品尝当地的咖啡和特产酒，使观众感受到鲜活的中非风情和味美色香的中非经济产品，让参观者的视觉、听觉和触觉都得到极大满足。

刚果（布）：主题是"现代化的自然生活"，一座与乡村毗邻的城市展示案例，表达了刚果（布）人有关城市与乡村和谐互动、人类与自然为邻的美好心愿。

尼日尔：主题是"控制城市扩张，推动城市发展"，城市之于尼日尔，不仅是对发展的促进，更是作为反贫困斗争中不可或缺的组成部分。

非盟：主题是"清洁能源对非洲城市管理的巨大影响"，从中可看出古老的非洲大陆同样拥有全球眼光，担负着全球责任，描绘着"绿色发展"的路线图。

其整体意义在于向全世界人民展示一个真实本色的非洲，让更多的人了解、热爱非洲，是参加本次世博会所有非洲国家和世博会组织者共同的愿望。诺拉纳·塔·阿玛代表非洲驻华使团对中国政府和上海世博会组织者倾力协助非洲国家参展上海世博会所付出的努力表示感谢。他说，中国作为第一个发展中国家举办世博会，对于全世界发展中国家是一件具有历史意义的大事。为体现非洲大陆的多样性，非洲各展区将把丰富多彩的非洲文化活动带进上海世博会，这将是让人们了解非洲国家的生活方式、推动各国同非洲合作的一次绝好契机。他呼吁所有非洲同胞要进行坚持不懈的努力，在盛会来临之际以骄人姿态，用看得见、摸得着的成就来向世人展示美丽神奇的非洲大陆。

非洲联合馆外立面采用国际先进的喷绘贴膜技术，喷绘工程材料采用国际先进的UV墨水，具有环保，对人体无公害，防紫外线，不易褪色等优点。

非洲馆内部的展示区域分为参展方展区和公共区域。非洲各参展方的展示是非洲馆的展示主体。公共区域作为各参展方展示的辅助和延伸，如加以充分利用，则可进一步扩大非洲大陆总体的影响，展示充满生机、丰富多彩、和谐共处的整体非洲形象。

专家点评

在众多国家馆中，非洲国家联合馆以其浓郁的地域风情和多样化的展品陈设吸引了大批游客，可以从中感受到非洲多样化的文化和深厚的历史底蕴，徜徉其中的游客，可以体验一下真实本色的非洲，近距离地了解非洲人民的生活方式。它由43个国家和一个国际组织组成，除却外立面跳跃的颜色，展示内容主要以民族特色和历史遗迹为主，并辅之以数量颇多的旅游纪念品和手工艺品，加上一些风情歌舞来吸引眼球，凭着好奇心和对遥远记忆的追忆，非洲联合馆吸引了无数的游客光顾，实现了让更多的人了解、热爱非洲的愿望。

城市文明不能遗忘的角落：城市与乡村的互动

非洲馆是上海世博会11个联合馆中面积最大的，有2.6万多平方米，43个非洲国家和非盟在这里展示非洲历史与文明。其展示理念和特色可概括为：从农村看城市。从展馆的布置设计和展示可以看到非洲人对城市发展的共同关注：平等与可持续的城市主题，而切入点则是城市与乡村的互动。例如，莱索托馆提出的"农村实现有序管理的最终受益者是城市"的

观点，加蓬馆突出表达"城市和乡村间的均衡互补流动有助于保证两者间的紧密联系和各自的再生能力"。"留住农业人口战略"是几内亚馆的一大特色，因为有效遏制农村人口向城市盲目流动，才能确保城市有序发展。

由于非洲最大的问题是贫民窟和脱贫问题，因此平等与可持续成为非洲关注的焦点。为了营造人与自然和谐共处的关系，实现2020年建设一个城市国家的远景目标，位于非洲大陆最西部的冈比亚尤其重视道路、通信、电力和清洁水供应等基础设施的建设，努力减少城乡差距，让城市和乡村并行。展馆以"为美好生活改变我们的生活"为主题，展示冈比亚的自然和城市生活。跨过班珠尔市入口拱门，游客立刻被中央蓝色海水、帆船、沙滩椅和遮阳伞吸引，感受非洲微笑海岸的魅力。举世闻名的朱富雷村和世界遗产詹姆斯岛，增添了展馆的人文气息。

文化的多样化与个性化展示

联合馆的特点是个性化和多样化（非洲馆的展品和纪念品）。只有鲜明的个性特征才能吸引更多的游客。如埃塞俄比亚，它以"城市的综合遗产——埃塞俄比亚经验"为主题。该馆展示的重点是哈勒尔古城，位于埃塞俄比亚首都亚的斯贝巴东部500多公里处，7世纪时由阿拉伯人所建。哈勒尔是至今保存完好的为数不多的几个产业革命前的古城之一，2006年被列入《世界遗产名录》。漫步展区，游客可以感受到哈勒尔古城非凡多样的建筑、熙熙攘攘的人群和生机勃勃的街市，体验最真实的哈勒尔古城人民的生活场景。

北部非洲的苏丹，以"城市与和平"为主题，通过展示历史风貌、和平建设和城市发展成就，展现和平对苏丹发展的重要意义，憧憬更美好的未来。展馆内传统的展示元素和多样的展示形式一同赋予这个古老国度以内敛的时尚气息。

来自南部非洲的纳米比亚，别具一格地选用了"体验生活多样性"的主题，围绕探索、发现和梦想三个副主题，演绎纳米比亚的传统生活方式、城市社区的重塑、自然和野生动物保护等，展示一个绚丽斑斓的纳米比亚。顺着具有浓烈传统风格的路标，游客将穿越11个美丽的纳米比亚主要城市和地区。

"城市经济的繁荣"，展现城市繁荣的动力以及因此而给城市人带来的美好生活和梦想，是中非共和国带来的主题。踏入中非馆可以一睹珍稀动物的风采，穿过蜿蜒的道路，踏着热烈的俾格米音乐节拍，走进中非自然的生态和丰盛的物产，感受中非城市的魅力。

使游客感受最深的是，进入非洲联合馆参观，更像是进入集市——各种传统的手工艺品、旅游纪念品、艺术雕塑和工艺沙盘、各种饰品和民俗的风情展示，尽管展品和卖品是初步的，甚至是粗糙的，但却展示了人类文化的多样性和差异化，其中不乏一些颇有情趣和意味，以及具有艺术含量和独创性的艺术品，在此可以更深刻地理解了人类文明和非洲文明的古老及其可能的生机。非洲馆从另一个侧面揭示了人类的发展进程，以及城市化给人类文明带来的变化和影响，从而为人类如何发展树立了另一重参照系。非洲馆以独特的魅力向游客展示了一个充满生机、丰富多彩、和谐共处的整体非洲形象，它们是世界文化和生物多样化的重要组成部分，也是维护全球秩序的重要文明力量，非洲的发展对全世界的发展具有重要意义。

设计师访谈

非洲联合馆管理部部长 陈锦田
时间：2010年10月18日

采访人： 众所周知，非洲联合馆面积特别大，有26000平方米。请问这么大的展馆，其内容规划和设计以及人流动线是怎么展开的？能不能结合你们的大胆实践来谈一下。

陈锦田： 非洲联合馆共有43个参展方，每个参展方的平均参展面积是324平方米，这就使我们非洲馆成为一个超大馆。非洲馆首先是一个联合馆，如此多的国家在一起展示，要用什么样的理念来设计、来统筹呢？我们研究了历届世博会的案例，也分析了非洲特点，提出了一些观点。

第一个观点就是：在非洲联合馆里，每个国家必须要展示它的独特性。对于大多数参观者来说，他们还不太了解非洲国家之间具体的差距是什么。很多人只是有一些比较含糊的认识，认为非洲国家都差不多，甚至有些人认为非洲是个国家，或是一个大国，这就是我们当时的一个切入点。非洲在中国人的记忆层里是一个整体，但在联合馆里面，一定要让每个国家的独特性展示出来。如果我们再强调它的统一性，这就真的强化了人们心目中的原来错误观念。所以首先必须是独特性，每个国家必须把你独一无二的东西拿出来，否则非洲就被同化了。只有一个情况是例外的，就是当这种独特性涉及两个国家，或者说两个国家都有一样东西反而凸显了它的独特性。比如津巴布韦和赞比亚两国同时拥有维多利亚大瀑布，他们国土相邻，在上届和本届世博会上的展位也相邻。但是两个国家并不因此而产生矛盾，反而非常和谐非常统一的展示，都把维多利亚大瀑布作为他们的一个展示的元素，而且两个人彼此分享。我觉得

这是非洲馆的一大亮点。

第二，我们在设计这个展馆的时候的设计的出发点，它的中心必须是参观者的体验——以参观者的耳朵、眼睛、鼻子、身体的感受作为我们设计的核心和出发点。这就不得不在强调各个国家独特性的同时，还要强调整个展馆的和谐性。所以我们在所有服务商和参展方的设计之初就提出一个理念——非洲联合馆一定是每个国家的独特性和整个展馆的和谐性，这两者的完美结合。

我们研究了历届世博会的案例，发现非洲联合馆很难成为亮点。处理不好就成为焦点，展馆都比较大，但参观者不多。所以我们在设计布局时费了很大的心思，把原先很简单的一个横平竖直、通道就像是井字形的设计，修改成一个蜿蜒的、随性的、自然的风格。在这之前，建设部门已经把45跟柱子都立好了，每个国家就是一个方块，柱子都立在这个方块的角上。我们想要修改的话，不可能把柱子拔下来重新立，只能把它变成一个随意的多边形。但又要同时保证各个国家的面积相等，并且这个柱子不在各国的展馆里边。请想象一下，摊位本来是正方形的，形状一旦改变，柱子不是碰到了消防通道，就是在公共走道中间，这怎么办？这是一项非常有挑战性的事情，我们的布局图里集中了许多人的智慧。

除此之外，我们还有第二个改变，就是把当初在分散在每个国家展馆里的售卖点集中到了一起（按照BIE的规则每个国家有不超过20%面积的售卖点）。按原设计方案，每个参展国将有65平方米的售卖区。而这件如今回想起来是我们最不可能完成的任务，也是现在看来是最最值得做的事情。如果说是非洲馆在布局上成功的话，我看这个真是一个最大的决定。当时我们面临着来自组织方和参展方的双重压力，你做出这样的选择没有人会说你好。为什么要做这样的选择？因为如果将65

平方米放在每个国家的展位里面，就意味着每个国家仅二三百平方米的展览范围最终都会变成一个售卖区，这在历届世博会上都已得到了验证。而事实也证明，现在我们所采取的措施、严格的管理，仍旧给我们带来很大的压力：现在依然有非洲人想在展位里卖东西。我们专门成立了一个调解部门，对于在展馆内售卖的，见到就没收，见到就清理。非洲人对卖东西的欲望非常强烈，因为非洲国家对世博会的认识有个过程。他们认为世博会就是一个促进经贸、做生意的大好机会，很多经过历届世博会的非洲商人，回去后就摇身变成了当地的富人，所以售卖对他们来讲诱惑力太大了。同时，他们的经济发展水平也是决定了他们的动机。

我们对于售卖点的管理基于两个理由：第一，我不希望整个非洲馆成为一个大卖场；第二，非洲馆的售卖点，假如你组织设计得好的话，就像现在这个样子，它可以起到引导参观者行进路线的作用。你们看这两个售卖点为什么会放在这两个角？这其中有很大学问的。非洲馆非常大，它第一个吸引人的就是中央舞台。如果处理不好，很多人会看了中央舞台后调头就走，那非洲馆就如一个大卖场无异了。你要巧妙地设计，引导观众把整个展馆走一圈。因此，这两个售卖点就能够引人驻足，让人停下脚步。这两个售卖点和中央舞台共同形成一个三角形的分布。这是一个出于观众的人流动线的考虑。

采访人：这是不是你们遇到的最大的困难？

陈锦田：是，我们通过这样的设计时遭遇了非常大的阻力。工程部门和消防安保部门都坚决反对。因为当时的展示方案已经获得消防相关部门的通过了，重新调整就意味着重新获得批准。我说服了所有的人，首先是我们洪局长，我告诉他我们这样做的必要性。在这届世博会上，我们一直强调非洲个性的重要性。

我们是发展中国家，非洲是我们的兄弟，我们要在这届世博会上把非洲的事情处理好，要把非洲馆做得比往届好。原先我们一直认为往届世博会非洲馆都没弄好，都是跟组织者闹矛盾的那些情况。如果我们这次把这个问题解决了，我们就算成功了。我认为这是成功的基础，假如说仅仅以这个标准要求，我个人觉得太低了。所以我一开始就提出了，"AFRICA"的说法，你们到前面的画廊看一下。我有一个诠释，就是把AFRICA分解。

"A"就是"Africanization"。我要把非洲馆做成非洲人心目当中的非洲馆，是他们想要的非洲馆，而不是我们组织者或者是设计师强加给他们的诠释，非洲的，必须要非洲化——Africanization。

然后"F"。我是说"First-class"，我要做到一流。假如我不能做到所有的园区当中一流展馆的话，我要做到在历届的世博会当中非洲馆当中的一流，我们的目标是在联合馆当中做到一流。事实上现在是做到了，在我们世博园区里面，我们非洲联合馆肯定是无可争议的一流。在这个问题上当初是有不同的意见的。在当时的情况下没有人认可我的观点，联合馆不闹事就行了，你还想当一流，天方夜谭。我给我们的服务供应商说，"取乎其上，得乎其中"。所以我要求必须是一流，那么后面做到中流了也不错。你要求中流的，到最后就是下流、三流的。我们实际上是真的做到了一流。所以第二个就是"first-class"。

接下来我说说"R"。我们非洲联合馆是最穷的，因为非洲国家没有钱，靠我们这里援助，我说叫"节支"，叫"Restricted-cost"。我们只有这点钱，用完拉倒。你控制不好，到最后没人给你钱。当时领导跟我讲得很清楚，这点总额超过一分也没有。但是后来由于运作、由于金融危机，我们的汇率上升，我们还有点余额，我这个标准是一直坚持的。事实证明，现在非洲馆做完了，我们没有突破，而且可能还会有结余。这就是我们希望达到的。花国家最少的钱，达到最好的效果，让非洲人满意，让中国人也满意，这就是当时的目标。

然后是"I"——"Integration"。尽管非洲馆有43个独立的参展方，但我必须要整体化的设计、整体化的运作、整体化的管理——包括组织者、包括43个参展方、包括二十几个各类服务商，必须是整体化，必须听从非洲联合馆统一调配，统一指挥，步调一致。你一开头必须要高调提出这个问题，否则后面就会是一盘散沙。非洲联合馆就这么维持过来的，事实证明就是这样。现在他们都说非洲联合馆是个大家庭，我是一个家长，非常好。

那么"C"就是"Cooperation"，提倡服务商之间要合作，非洲国家之间也要合作。我们和非洲之间也要合作，有事好商量，相互配合。

最后"A"就是"Ahead"。我说过，非洲联合馆没有先例可循，我们的先例都是教训，没有经验。我们在世博园区里的各项工作都是走在前面。还没有任何一个片区场馆部门时，我们就先成了"非洲联合馆工作推进小组"。作为试点单位，当时我们除了一本参展指南什么都没有：包括援助资金、服务商的管理、后面的布展施工等。我们的实践走在前面，可我们的参展指南只有那么一点，我们所有要面对的都是全新的，都需要我们创新、和其他部门磨合。在遇到新的问题时，需要你去说服别人。当然你要突破、要改变的时候，又会面临很大的难度。而一旦突破了以后，面上一铺开，后面就会形成规则。所以我们部门在上海世博会参展指南的基础上，我们自己制定了厚厚一本的规则。局里找不到依据的，我们就自己出了以后发给非洲人，这就是非洲馆的组织纪律。

我们就是这样开展工作的。我首先就提出并诠释了"AFRICA"这个理念，它从各个方面为我们之后的成功奠定了非常好的基础，甚至可以说这是对我们非洲馆来说最最重要的。我和世博局、和部门领导说过，也和相关同志讨论过，非洲联合馆在整个上海世博会里，就像国际象棋当中的小卒子，最先行、最容易被吃、最容易翻船，最容易被人当作弃子，但你得一直勇往直前地拱，拱到底了，它就有机会升成皇后，变成棋盘上最有价值的一颗棋子。我一直鼓励我们的同事们，我们要一直拱到底，要升格成为皇后，成为最有价值的一颗棋子。而事实上我们也做到了，这点非常让人欣慰。

采访人：我听了您的故事非常有感触。您刚才讲的对个性化和整体两者的处理与协调，真的是非常有智慧。

陈锦田：我从头开始接手这个任务的时候，我跟领导说得很清楚。我说："一，我不懂非洲，非洲有多少个国家我都不知道；第二，我不懂建设，工程我从来没做过；第三，我不懂展览，什么叫展览我不知道。"对这些东西来说，我都是外行。而我现在就有一个体会，非洲馆做得好不是因为我们的专业人员能力强，而恰恰是因为我们能力不强、因为我们不自信。能力强的设计师他不听你的，而能力弱的就经不起别人质问。于是他就开始找其他人为他出谋划策，开研讨会、头脑风暴……所有有价值的观点都能够被吸纳，尤其在非洲这个问题上。没有人懂非洲，怎么办？你必须要听非洲人的意见。我们就找了大量的非洲人，来论证、推翻、推翻这个推翻那个……在这过程当中，每一次的推翻都是升华。所以我们非洲馆开的会肯定是最多的，任何部门没办法跟我们相比，我们头脑风暴会简直是连夜开。

当初设计师做出方案时，我说我不懂，但是观众也不懂。我就是一个普通的观众，将来非洲馆好不好，是让观众说了算的。但是在设计的时候，我拿什么来比呢？我代表了观众，我要求你怎么改，你要用你的软件，就像模拟我走进非洲馆一样，你告诉我，我在感受什么，看见非洲馆什么？进到门里看见什么？我转弯看见什么？你告诉我，我耳朵听见什么？这个展位和那个展位的音乐会不会互相混淆？我就是普通的观众，我很戆，我什么都不知道，对不对？我参观可以吗？你就告诉我，你说服我这些就可以了。我站在某一个地方，你说这个地方是这样的，高处可以看，我往上一站，你画给我看，我的眼睛在什么位置？我眼睛看到什么？马上很多问题就出来了。挡着视线怎么可能是件好的事情呢？你设计再好的图案，把距离一画，发现那个太高了，眼睛根本看不见那么人，或者是人小丁，我根本要趴在上面再看见，那你再好看的东西也不行啊，是不是这样？你这个国家设计得完美无缺，跟那个国家一拼在一起，你们两个怎么拼盘？你拼给我看，会是什么场面。你们两个墙面背靠背，这面墙是你的，这面墙你的，你们两个在一起，我是观众，对不对？你要我看得舒服。所有的这些我们都是用最最简单的这些东西，设想让观众来评价你的这些设计。这样就能避免犯一些低级错误。我觉得这个是我们管理上组织上一个很重要的经历，不是因为我们很强，是因为我们不自信，不强。

非洲馆我们为什么动了那么多心思？是因为历届的非洲馆都没人看，都不好，我们没有自信。所以我当时就说，非洲馆别的什么东西都不行，但是空调一定要好，游客一定要舒服。没人看可以，天热了我就让人乘凉可以吗？天冷了就让人来取暖可以吗？我当时就是这么不自信，所以一定把这些走道做得宽阔，让游客觉得舒服。我没有钱做广告，但是我可以领先，我可以走在前面，在别人还没建好的时候，已经有可以看的东西了，让别人回去口口相传，这就是我们扩大影响的办法，我们没有其他办法。

大家都记得，当时很多人认为整个世博园的建设进度很不乐观，不能按时开园的。我就跟我们的队伍说，我们所有的世博园区，等到其他馆建好，肯定都比非洲馆好看、高档，人家投入多嘛。但是在试运行的时候，

我再烂我也是弄好了的，别人那还没东西可看呢。所以我就说，别人不参加试运行，我一定要参加试运行。我是第一个跟局里拍胸脯说，非洲联合馆参加试运行，当时没人敢吱声。除了中国馆，还有主题馆，就是中国人自己造的这些馆，外国参展方没有一个，包括日本馆。我说我不管怎么样，一定要把它做出来。所以我们尽全力往前赶。我想，试运行至少有100多万人，别的看看都还是工地，将来好不好看也不知道，可非洲馆这儿已经造好了他能不来吗？他肯定来。来完了以后，"非洲馆蛮好"，这个口碑它就出去了，这是多好的广告。

其他的馆在试运行的时候，因为考虑成本，活动只是给大家演示一下就可以了。我说不行，我们试运行非洲馆一定要真刀真枪干。4月20号试运行，我们18、19号彩排，让大家看到货真价实的非洲演出。我有一个很简单的想法，任何一个展示，它的吸引力，不如人和人眼睛接触的吸引力大。一个活的人对另外一个活的人，是最有吸引力的事情。所以我们非洲馆再烂，我有很多非洲人在这里演出，真人秀总归是吸引人。实践证明非洲馆在所有的场馆当中，我们活动是最具吸引力的。很多外国参展方，比如美国总代表到这一看，说怪不得人说非洲馆好，它非常"Dynamic"，非洲得有活力，人和人之间的感觉真。

采访人：非洲有它独特的一种舞蹈跟节奏，这是所有其他民族所没有的。

陈锦田：人与人之间的交流，总归吸引人。汽车展上为什么再好的汽车还要有车模呢？人吸引人，这是最容易吸引人的。活的东西吸引活的东西，是不是？它总比死的东西、固定的东西吸引人。没办法，因为我们非洲馆没有自信，没有投入。

采访人：现在这100多天过去了，你应该自信很多很多，自信满满。

陈锦田：现在已经没问题了，我觉得我原来设想的

一些东西，我们的付出，我们的一些设计基本上，95%以上都达到了我们的预想。这个非常非常不容易，我觉得很欣慰，没有白白付出。不是说这样也失败那样也失败，你看到原来设想的每一个要素，一点点成为现实，这个过程是蛮有意思的。

现在已经是1930万（闭幕后已达2300多万，笔者加注）。

采访人：你有计数器的，是吗？

陈锦田：每个门口都有计数器。在刚开始的时候，我们是想每过一个100万观众举办一个庆祝活动。结果太快了，第一个100万弄好后，我们就决定，弄1000万的活动。所以到7月20几号搞1000万，百万已经不弄了。没想到会这样。在历届世博会当中，所有的统计最高的是汉诺威世博会，非洲联合馆占整个人数的23%，在日本的爱知世博会和萨拉戈萨世博会，他们分别是18%和20%。这届世博会当中，我今天早上刚算了一下有29.7%。那我们基数这么大，我们基数是历史上最大的，那我们比例又这么大。所以我相信这样的一个数据肯定是个历史记录。而且我们这次世博会规模这么大，在历届世博会，一个馆能够超过这样的人流量估计找不出来。单单一个馆能够超过2000万。等于说到了结束时，不出意外的话，一个非洲馆相当于整个爱知世博会的人流。爱知世博会2200万，我们超过2000万，不是跟它规模相等？汉诺威世博会，整个世博会1800万，萨拉戈萨世博会400万，那我们一个馆已经2000多万，所以我相信，后来其他的国家要想超过的话，除非在中国做，在其他的国家想要超过这个记录，有点难。

采访人：你刚刚提到这个非洲的活力，那个关键词我觉得是略有感触。在我们大家的印象中，虽然非洲的城市化水平不是很高，有的甚至是刚刚起步，但是我们也在展馆之中感受到了与我之前设想的完全不一样的印象。我觉得，包括您刚才提到的，要通过这

种感受的这种方式，真正地看到、听到、触摸到，来让观众直接面对面地和非洲来进行交流，我觉得这点也是非常成功的。我想问，上海世博会的主题包括了"城市"和"生活"，在非洲城市化的表现上，组织者是如何考虑的？

陈锦田：这的确是当时争论最多的一个话题。我们在给非洲联合馆起主题时曾经有这样一个过程。当时的主题叫"充满机遇和挑战的大陆"，大多数设计师都围绕着城市、城市问题、城市未来在进行设计，都被我们一一否定了。后来我们认识到，非洲联合馆是一种展示的形式，但是其中的参展方都是独立参展的。根据世博会的规定和BIE的规则，每个独立的参展方在大主题下面有自己的主题和主题陈述。假如你把整个联合馆都设成一个主题，你的潜台词是什么？你的潜台词是说这43个非洲国家是联合起来参展的。这是不对的。温家宝总理是分别地给他们发出邀请的。并没有说你们这43个手牵手，联合好了然后过来参展，不是这样的。联合馆的联合是指展示形式上，大家放在一块成为一个联合馆的形式，而不是各个参展方联合起来参展，这个不能误会。当时我在接手时，这个主题已经确定了，而且主题演绎等各方面的方案都已经出炉。我来了之后发现其中的问题，所以坚决反对。

采访人：非洲参展方没有自己提出来吗？

陈锦田：他们有提出来，但后来发现这样的方式进行下去会有很多的矛盾。我们对世博会的认知也有一步一步成熟的过程，这是第一点。第二点，各个国家的展馆存在的一个问题，就是非洲不是城市化特别发达的地方，它们处在城市化的起步阶段，他们在有很强烈的冲动要去城市化。但是你现在让他来展示他在城市化方面所取得的成就，首先就比别人矮了一截，那你怎么让人看呢？

因此，我们就需要从另一个层面去挖掘他的主题的

表述。经过反复的酝酿讨论，我们后来确立了这样一个理念：世博会是一个主题类的世博会，它展示的是每个国家的全面形象，利用这个舞台，让全世界了解你，展示你需要展示的东西，这就应该围绕一个主题展开。但是真正遇到这样的情况——很直白地描述主题和我们展示的可看性时，这和非洲本身原有的特色相悖。"城市化"的主题本身就是非洲的一个弱项，你要直接演绎它的弱项，这是不可能的。非洲的强项在于它的文化、它的活力和它的神秘性上。

当时我们确定了非洲的"人"是展示的第一个要素，然后是它的文化、它的神秘、它的活力、它的热情、它的色彩，这是能够展示非洲的方面。因此我们需要更深入地去挖掘。那究竟挖掘什么呢？我们得出一个结论：人类城市化发展的进程，是不知不觉、无意识的，是一个远离自然的过程。由于在城市化初期，我们人类缺乏在发展城市的同时融入自然、可持续的智慧，所以城市化越发达的地方反而越来越远离自然，并且出现了城市病、不可持续的发展和污染等现象。直到我们遇到了困难，遇到了警醒，受到了大自然的报复之后，我们才开始反思和觉醒，意识到我们应该走可持续的发展道路，我们的城市、我们人类的生活要到自然中去。现在我们知道，城市化的起点是源于自然的，而我们却慢慢远离，在城市化成功之后才发现我们要回归自然——这是一个圆，起点和原点都是自然。在这里，没有比非洲更能体现自然的东西，这就是我们对自然、对非洲主题演绎的理解。这个说法是得到大家认同的，即使这么说可能与主题的联系有点牵强。但是我问一个问题：假如一个普通的观众看，他是喜欢看一个好看的展示，来了解一个国家的特色重要，还是让他坐下来先上一堂课，然后再进门，再深度思考你的主题演绎重要？你说哪个重要？我认为非洲馆先有人看才是最重要的。你再高深，你的主题演绎再成功，没有人进来，就没有

用。我主题演绎哪怕失败，我那么多人进来看，最起码有人点评，说你主题演绎失败或者成功，对吗？所以我必须要有取舍，或是说取得某种融合。

我曾经打过一个比方，我说世博会是一个什么事？就像说，我们有个公园，公园里边有一个酒吧，在这个酒吧里边讨论"如何喝酒使人更健康"。公园就是地球，酒吧就是世博会，喝酒就是主题。有的人把身体毁过一遍了，再回过头来，纷纷教导后来喝的人要慢慢喝，想好了再喝。但是有的人止在瘾上，还没尝到苦头，而有的人还没钱去买酒——非洲人想喝酒还没钱买；欧洲人身体毁过一遍后正在康复阶段；中国正在烂醉如泥，在毁灭自己的过程当中——我觉得世博会就是这些人碰在一起讨论喝酒。你非要每个人都站在同一档次上，去讨论这个话题是不现实的。没喝过酒的人他能不上瘾吗？他想喝，是不是？身体毁过了他才知道，若是重来，我不会这么喝，是不是？城市化就这么回事。穷乡僻壤哪个不想变成城市？城市人哪个不向往乡村的生活？所以自然是一个显而易见的结论了。重要的是，在上海世博会这么个地方，有这么些人，在一起讨论这件事情，是非常非常有意义，是不是？我们世博会的意义在于能把这件事情促成，我们能够成功地组织世博会，把这些人聚起来。这是最有意义的事了。

采访人： 的确像您所说的一样，把大家聚拢起来讨论城市化是非常有意义的。而且从非洲联合馆的表现形式和所强调的内容上来看，"自然"确实不仅是城市化的起点，更是城市化"回归自然"的一个非常重要的目标。

陈锦田： 非洲馆的外立面是一棵金合欢树，它代表着古老，但同时又充满生机。古老和生机往往是相对的，不过在非洲的概念里，金合欢树是非常古老、非常传统，但又充满了活力和热情。用金合欢树作为非洲馆的代表，又是自然的象征。你看非洲馆大门口的金合

欢树，它有一根很粗的根，扎根于自然，充满着活力，然后蔓延开来，树下是动物，是城市，是我们生命繁衍的环节。游客入馆以后就能看到我们的中央舞台。中央舞台由29个人脸组成，因为我们首先要展示的就是非洲的人。非洲的人是全世界人类的祖宗——在埃塞俄比亚发现的露西就是人类的祖宗。于是我们用树把源头和枝蔓相连，表示这棵生命之树在生生不息地繁衍。舞台上是真人在那而欢乐地载歌载舞。整个舞台由外到里都有一个非常有内在的关联。但在非洲馆里，大多数国家都不约而同地展示了他们各式各样的、自然的树。比如你一进门左边的喀麦隆，右边从莱索托，那边的纳米比亚，展示的就是猴子面包树，再往里的塞内加尔又是一个猴子面包树。

采访人：这个关于树的概念是我们事先沟通，希望他们能够展示一些树，还是非洲人自己要展示树的？

陈锦田：这都是参展方他们自己要挖掘的主题。我去了非洲以后，发现非洲人有一个非常好的理念，值得我们中国人学习。非洲人由于受欧洲人的影响比较大，尽管现在不很发达，但他非常注重环保、崇尚自然，这个中国人做不到。如果你到中国的农村去有一位客人，一下车，一脚踩在粪上，这家主人一定还会觉得很丢脸，很没面子。我到坦桑尼亚去访问，他们的环境保护部的办公地基本上是像我们防震棚那种的建筑水平，在那种很自然的野地上摇摇欲坠。我一下车踩在牛粪上，给我们开车的司机就说，你看我们很自然，我们很环保。这种理念在非洲深入人心：即使在非常不发达的时候，非洲人已经意识到环保的重要性，他们没有盲目追求现代化。

在我们非洲馆里的40多个的国家馆里，他们大都不约而同地选择了环保、可持续发展作为展示的重点。这是他们值得炫耀的地方，他并不觉得这是我们原始，

我们不发达。他们一点这个意识都没有，反而觉得很自豪。我们很自然，我们崇尚自然，就是这样。就是这一点我觉得我们应该向非洲人学习。

采访人：您是如何判断他们是受到了欧洲的影响？

陈锦田：因为他们都是欧洲的殖民地，那么环保的理念是谁灌输给他的？是欧洲人灌输的。欧洲人为什么要灌输？因为欧洲通过工业化革命以后，环境污染严重，欧洲深深地反省。他们只有在非洲才能找到这种原始的梦想。他们特别希望非洲人不要城市化，这样就非常好，成为他们的天堂。但是非洲人当然觉得要发展，同时他们已经吸收了这种环保的理念。所以我们整个非洲馆真实地体现了非洲的理念，体现了非洲的真人真事，也体现了非洲的发展水平。观众来到这儿以后，看到的就是一个真实的非洲。你可能没钱去非洲，没关系，细细地在非洲馆品味一下，非洲你就算去过了，非洲的东西馆里基本上都有。所以我们当时有一个大家都能够接受的理念——我们要展示一个原汁原味的非洲。因为没钱，我们不可能像中国馆、主题馆，或者像其他一些有钱国家搞一些非常特别的多媒体。我们就是很真实的展示，你去摸一摸，闻一闻非洲的那个味道，皮的味道，你跟非洲人谈一谈，看一看他们的节目，这就是非洲。

采访人：他们现在演出那个的演员的费用也是我们出的？

陈锦田：也都是我们。

采访人：全都是我们？

陈锦田：全都是我们。

采访人：那你也很紧张。

陈锦田：对啊，算钱是我们这里最困难、最要紧的事情。不够了以后你就没办法收尾，但是现在算下来，我们不仅把事情做了，还可能为国家省下一点钱，我觉

得很成功。而且这个馆要是允许卖的话，可能还挣钱。

采访人：现在能卖吗？

陈锦田：不许卖，很多人要买。他不知道这馆花了多少钱，要是能卖，我就能在收回成本的同时赚一点回来。如果整个设计能整体迁移的话，就有可能赚大钱了，因为有很多人愿意出大价钱，好几个亿也愿意买。

您还有什么问题？

采访人：我们觉得很释然，我们对非洲馆一直有好奇心，一直想了解。今天你能跟我们分享这些历程，我觉得很幸运。一开始我就说非洲馆的规划很好，而且突破了爱知、萨拉戈萨还有汉诺威的非洲馆。汉诺威世博会的非洲馆已经是一个突破了，但现在你的这个成就更是非常可喜，真的，尤其是知道你那些曲曲折折背后的故事。

陈锦田：的确很多的辛酸，好在我们都过来了。

采访人：我觉得局里当初选您是没错的。您对中国哲学和宗教非常地了解，与我们昨天采访的那位以色列馆设计师有点相仿。我与您分享一下我们昨天的访谈感受。那位以色列设计师现在上海有个事务所，他对老子的"无为"、中国的阴阳非常了解。以后我想介绍你们认识，以便互相交流。您身体力行地实践中国智慧，所以能协调这么多事情。而昨天的以色列设计师给我的印象就是，作为设计师需要倾听来自各个方面的立意，各个方面的要求都可以坐下来谈、来协调。这是中国智慧的最佳体现。您真的是一个协调专家，让有各种文化、不同个性的43个国家坐下来商量、谈判、互相妥协，一些国与国之间的政治上的利益也可以坐下来协调。

陈锦田：一个非洲人跟我说，他说他是非洲人。他不喜欢非洲，但愿意为非洲做贡献，但是他不愿意做非洲人。非洲国家自己都没办法管理好。他说他不明白我怎么把43个国家管理成这个样子，有什么秘密、诀窍吗？

采访人：中国哲学。

陈锦田：他搞不懂为什么会这样。但我觉得我是比较幸运的。重要的点都踩准了。

采访人：同时我也想问您一点，那时候局里对您的管理也是比较少，没有关注太多。

陈锦田：自从把这个事情给我管了之后，洪局长对我是完全的信任。我去找他汇报工作，他觉得，这事能不汇报就别汇报，就这么个态度。现在洪局长见到我就说："非洲馆管理的成功经验就在于领导少干预。"他完全相信我，我也非常感谢领导，他能够给我这个平台。

采访人：其实，您管理"人"跟"事"是绝对的有经验，特别是管理人有经验。这方面的经验可能更重要，此次世博会的工作从大的方面来讲，依靠的不仅仅是一个简单的、狭窄的专业经验，而是全面的系统工作思路和实践。

后　记
Postscript

　　中国 2010 年上海世博会以"城市,让生活更美好"为主题,不仅荟萃了现代文明,开阔了人们视野,而且留下了丰富的精神遗产,成为我们国家在创新驱动、转型发展道路上攻坚克难、披荆斩棘的强大精神支撑。我们在总结举办世博会成功经验的同时,努力将其转化为城市运行和社会管理的长效机制,为世界城市多元文化和多样化发展提供借鉴和样板,使人与自然、人与社会、继承与创新、科技与人文的相互交融、相互促进、相互包容达到了新的阶段。

　　本书编撰历时两年半,把上海世博会的胜景以图文并茂的方式呈现于读者面前。在此你能看到一座座风格迥异、造型别致的建筑物毗邻而居;随风舞动的英国馆,枫叶造型的加拿大馆,形容"丝路宝船"的沙特馆等各具特色,你还能在信件访谈中了解设计师天马行空般的奇思妙想;世界各国的文化瑰宝纷纷闪亮登场,中国的秦朝铜车马,希腊的雅典娜神像,法国印象派绘画大师的传世之作,丹麦的小美人鱼等世界文化珍品,让人目不暇接。

　　大纲的拟定与文稿的质量是本书的关键。为此,我们在一年多研究梳理的基础上,经过课题组反复讨论,由课题组组长许润禾、李季两位同志确定编写大纲,并约请一批高水平的专家担纲,组成执笔团队,从而确保了《映像世博》预期目标的全面实现。

　　在编辑过程中,《映像世博》还得到了清华大学人文社会科学学院、北京神舟航天文化创意传媒公司及社会各界人士的大力支持。借本书出版之际,谨向上海世博局主题部许润禾、杨雅军,还有姚琼、彭蕴琪和吴珏婷等同志,清华大学新经济与新产业研究中心的刘涛雄、郭万新、李昶、李新、刘济生、葛焰燃等同志,北京神舟航天文化创意传媒公司的杨宪敏、张键、凌建中、周文操、梁永刚等同志,以及所有参与、关心、支持《映像世博》编写和出版的专家学者、社会各界人士表示衷心的谢意!

　　同时,我们也恳请广大专家学者、读者对本书不足之处给予批评指正。

陈先进

原上海世博会事务协调局副局长

上海市商务委员会副主任

国际展览协会 2013 年度主席